Entre el humo y la niebla

Guerra y cultura en América Latina

FELIPE MARTÍNEZ-PINZÓN
JAVIER URIARTE, EDS.

ISBN: 1-930744-72-2
© Serie *Nueva América*, 2016
INSTITUTO INTERNACIONAL DE
LITERATURA IBEROAMERICANA
Universidad de Pittsburgh
1312 Cathedral of Learning
Pittsburgh, PA 15260
(412) 624-5246 • (412) 624-0829 fax
iili@pitt.edu • www.iilionline.org

Colaboraron con la preparación de este libro:

Composición, diseño gráfico y tapa: Erika Arredondo
Correctores: Tatiana Argüello y Leonardo Solano
Ilustración de la tapa: *Muerte del Coronel Palleja.* Javier López (Bate &
Cia). Albúmina, 1866. Archivo Iconográfico, Biblioteca Nacional de
Uruguay.

Entre el humo y la niebla
Guerra y cultura en América Latina

Entre el humo y la niebla:
Guerra y cultura en América Latina

Felipe Martínez-Pinzón
Brown University

Javier Uriarte
Stony Brook University

Alzándose está el humo, tendida está la niebla.

Cantares mexicanos

En medio de la guerra de Colombia con Perú en las selvas del Putumayo (1932-1934), el soldado colombiano Arturo Arango escribe en su libro de memorias *180 días en el frente* (1934): "Alguno [de los soldados] leía *La vorágine* para escribir a Bogotá sus impresiones de la selva, vista a través del prismático afiebrado del gran poeta" (31). De forma ligera, esta cita puede ser leída como la simple anotación de una escena de lectura y escritura en el frente de batalla. Sin embargo, la anécdota le devuelve su peso a la relación que existe entre el discurso estatal, la representación de espacios en guerra y el rol de la literatura al alimentar perdurables imaginarios sobre conflictos bélicos. Sin duda, un punto nodal del proyecto compilatorio que acá proponemos. La escena no es inocua. Con ella el soldado Arango hace palpable una constancia: la selva de Rivera, aquella de las caucherías de Arana de comienzos del siglo XX, va a Bogotá en el envío escenificado en *La vorágine*, para viajar desde la ciudad de vuelta a las selvas del Putumayo de los años treinta, esta vez dando representación al conflicto bélico entre Colombia y Perú.

En tal itinerario quedan cifrados los múltiples usos a los que se puede prestar el discurso literario en tiempos de guerra. Las guerras se nos muestran mediante una tecnología discursiva a través de la cual las fuerzas en conflicto luchan no sólo por recursos o tierra, sino también por reapropiarse de los diversos materiales con los cuales se construye la historia nacional o regional: novelas, figuras emblemáticas, leyendas, rendiciones literarias de paisajes o, inclusive, las palabras mismas.

En el volumen que aquí presentamos hemos buscado poner a dialogar distintas voces alrededor de lo que supone contar y hacer hablar/callar a la guerra para desentrañar su poder espacializador. Este trabajo parte de una inquietud compartida por ambos editores: la ausencia de publicaciones en el medio académico que discutan en profundidad el tema específico de la guerra en América Latina a partir de los estudios literarios o culturales. No hemos podido detectar ninguna colección de ensayos que sitúe el fenómeno bélico en el centro de la reflexión sobre el surgimiento, la pervivencia y la crisis del Estado-Nación latinoamericano. Si en el ámbito de las ciencias históricas los diferentes conflictos bélicos se han estudiado reiteradamente y en profundidad, no acontece lo mismo con los estudios culturales. Este agujero negro de la crítica cultural latinoamericana que hace referencia a la guerra –inexplicable si se tiene en cuenta su importancia en nuestro proceso político– es lo que esta propuesta busca remediar.

DECIR LA GUERRA

El discurso sobre la guerra –o, también, el discurso que hace posible la guerra, anticipándola– nunca surge *ex nihilo* sino que recicla y se apropia de narrativas neurálgicas de la nación, del Estado, de la religión o de una región determinada, dependiendo de los supuestos geográficos y políticos de cada conflicto bélico. En relación con los discursos que leen el horror como lo inefable, Mary Louise Pratt se pregunta cómo "el lenguaje puede volverse un arma en un conflicto" ("to weaponize language"): "that the horror of war lies beyond words may be not because language cannot capture the horror but because language is embedded in it" [que el horror de la guerra esté más allá de las palabras puede deberse no a que el lenguaje falle al capturar el horror, sino más bien a que el lenguaje está incrustado en él; traducción de los editores] (1516). Así, como un relámpago, la guerra se constituye, súbitamente y de manera privilegiada, en un momento para explorar la caja de herramientas (o de armas) de los discursos que construyen o destruyen el vínculo comunitario entre las fuerzas en conflagración, además de a quienes frecuentemente están en el medio de ella.

Entonces, ¿cómo *decir* la guerra? ¿Qué caminos adopta el lenguaje para acercarse a aquello que –aunque por momentos lo penetra– parece escapársele una y otra vez? ¿Cómo darle forma a eso que Fredric Jameson ha llamado, refiriéndose a la guerra, "the imposible attempt to represent it" [el imposible intento por representarla; traducción de los editores] (1533)? Es indudable, creemos, que la guerra *le hace algo al lenguaje*. Sus efectos son uno de los elementos que esta colección de ensayos recoge. El lenguaje que quiere hablar de la guerra se presenta en tensión; es un lenguaje extremo, llevado a sus propios límites; es en sí mismo una forma de la violencia que lo origina. El lenguaje que se acerca a la guerra necesita casi deshumanizarse para hacerlo. En ocasiones, se *tecnologiza*. Tenemos un ejemplo en la máquina de guerra del ejército estadounidense que traduce el inglés a las lenguas de la frontera imperial en Afganistán y en Iraq, llamada *Phraselator* (Pratt 1517), una máquina que en sí misma representa tanto un límite como una imposibilidad. Otras veces, el lenguaje se vuelve pura animalidad. Por ejemplo, "La rebelión de los animales", el artículo de Gabriel Giorgi que integra esta colección, encuentra en textos de Leopoldo Lugones, Horacio Quiroga y João Guimarães Rosa formas en las cuales la guerra se vuelve aullido animal desarticulado, sólo un grito que encuentra su significado y su fuerza justamente en la falta de significación. Los seres en guerra son seres liminales, pura excepcionalidad, pura metamorfosis. Giorgi ve esta sucesión de imágenes animales como una respuesta al orden modernizador latinoamericano que se impone en la primera mitad del siglo XX.

En "La guerra contenida", Julieta Vitullo explora las formas en que el lenguaje dice la guerra *sin decirla*. Para Vitullo, la Guerra de las Malvinas (1982) aparece en la literatura de Martín Kohan como un silencio; está presente en aquello que no se dice, o que se dice de modos oblicuos en los que presencia y ausencia coinciden. La guerra es –de un modo particularmente inquietante– *eso que está ahí* pero permanece innombrado, sobrentendido, como una sombra que no se articula jamás del todo pero que al mismo tiempo planea incesantemente sobre los personajes y la acción, modificándolos y explicando su comportamiento y sus relaciones.

El citado ensayo de Giorgi es acaso el que introduce con más fuerza en este volumen la relación entre guerra, animalidad y biopolítica, una fuerte línea de análisis que cruza varios artículos. El diálogo con la noción de excepcionalidad de Giorgio Agamben, por ejemplo, vuelve a establecer conexiones entre las inquietudes teóricas de muchos de nuestros colaboradores. Fermín Rodríguez se pregunta por la potencia política del animal, esa "criatura umbral" que es lente epistemológico para leer la pluralidad de violencias (y su tesitura política) desatadas por el Estado colombiano, los paramilitares, los "narcos" y la guerrilla sobre la población inerme. Guerra, excepcionalidad y exceso son discutidos en el artículo de Roberto Vecchi "A forma literária e o diagrama da *Gewalt*", que parte de la discusión del complejo texto de Walter Benjamin *Para una crítica de la violencia* y termina aproximándose a la literatura de Euclides da Cunha y Lima Barreto. La excepcionalidad como permanencia es un concepto que retorna en los ensayos de Álvaro Kaempfer y João Camillo Penna, sobre los que volveremos a hablar aquí.

LO QUE LA NIEBLA Y EL HUMO PERMITEN VER

Los espacios reconfigurados y resemantizados a partir de la experiencia bélica se encuentran ya presentes en los tiempos aztecas. Conviene recordar que la guerra constituía un elemento cultural primordial para esta civilización. El verso que abre estas páginas – una referencia al campo de batalla y un ejemplo clásico del *difrasismo* del que hablara Ángel María Garibay– es una manifestación de esa presencia. Pero también es un indicio de varias concepciones temporales y espaciales vinculadas a la guerra. Es precisamente entre el humo y la niebla, concebidos respectivamente como un después y un antes, donde habita el conflicto bélico. No debe olvidarse que si la guerra representa momentos inaugurales, nuevos puntos de partida, si rearticula las relaciones entre Estado, sujeto y territorio, ella también –quizá por el mismo motivo– implica instancias de desaparición, de desvanecimiento. La niebla se vuelve entonces una metáfora apropiada para leer el fenómeno bélico como una operación estatal clave de lo que el sociólogo James C. Scott –en un contexto diferente– llamó *legibilización* y *simplificación* del territorio. El Estado concibe la guerra como una operación de disipación de zonas de niebla que distorsionan su mirada al permanecer impenetradas por ella. Casos hay, y no pocos, en los que la niebla es un artificio de la máquina discursiva del Estado (o de sus antagonistas) para justificar la conflagración instigando narrativas en las que ciertas geografías –la selva y el desierto, por ejemplo– son textualizadas como lo anti-nacional y, por ende, como aquello que debe ser eliminado en la medida en que se interpone entre el Estado y el *telos* civilizatorio. Pero la niebla no es siempre un mero antes de la guerra, que ésta contribuye a borrar. Según Carl von Clausewitz, en su clásico *Vom Kriege (De la guerra,* 1832*)*, la niebla es constitutiva de la propia guerra en tanto la guerra es en sí misma indefinición, falta de certezas, un espacio de invisibilidades: "War is the province of uncertainty: three-fourths of those things upon which action in war must be calculated, are hidden more or less in the clouds of great uncertainty" [La guerra es la región de lo incierto: tres cuartas partes de las cosas sobre las cuales es preciso hacer cálculos durante una guerra, permanecen más o menos recubiertas por nubes de gran incertidumbre; traducción de los editores] (42). Esa niebla que acompaña la acción bélica es causa de deformaciones, convierte a la guerra en "a region of the unexpected" (45), casi en un elemento fantasmático o espectral: "all action must, to a certain extent, be planned in a mere twilight, which in addition not infrequently —like the effect of a fog or moonshine— gives to things exaggerated dimensions and an unnatural appearance" [toda acción, hasta cierto punto, debe ser planeada bajo una luz de penumbras, lo cual, además, frecuentemente —como el efecto de una niebla o del reflejo de la luna— le da a las cosas dimensiones exageradas o las recubre de una apariencia no natural; traducción de los editores] (90). La guerra constituye, en este sentido, una actividad de "despejamiento", un esfuerzo por enfocar la mirada.

Se trata, sin embargo, de un gesto político doble: esta operación implica también, necesariamente, la invisibilización de determinados sujetos[1] y de sus correspondientes prácticas culturales. Si hay elementos que el Estado empieza a ver y a administrar con claridad a partir del conflicto, al mismo tiempo hay espacios que dejan de verse, acaso de maneras definitivas. Esta opalescencia que el Estado administra al alumbrar y oscurecer simultáneamente es clave en nuestra concepción de lo bélico. Queremos pensar también ese resto de lo bélico, precisamente aquello que se *esfuma*. El humo, que como la niebla se interpone a la visión, es también la huella, el trauma, el conjunto de los discursos que acompañan y suceden al conflicto. El humo —lo sabemos desde Peirce— remite al fuego, es decir, a su propio origen; el humo sigue diciendo la batalla. De ahí que debamos preguntarnos por las respuestas de agentes no estatales frente a esta práctica de (i)legibilización autoritaria. Hemos procurado integrar a esta colección trabajos que piensan ese después de la guerra. "De rastros y extravíos", el artículo de Consuelo Figueroa sobre la función del museo en Chile a finales del siglo XIX con respecto a la Guerra del Pacífico (1879-1883) y a la llamada Pacificación de la Araucanía (1861-1883), muestra las formas en que las victorias en ambos conflictos son integradas al discurso oficial como una forma de dar coherencia y continuidad a ese mismo discurso. El museo, la conmemoración, las estatuas, las diversas concepciones de la figura del héroe son, así, procesos de glorificación de la actividad bélica. La guerra es incorporada por el discurso nacionalista en un proceso que busca armonizar las miradas en torno a la unidad de ese discurso en clave celebratoria. Se trata de un intento de cierre a través de la imposición de lecturas definitivas que son siempre, al mismo tiempo, formas de exclusión y de borramiento.

Si el museo es una forma del después (un después que intenta tapar –siempre incompletamente– el humo), otra de esas formas es la ruina. Javier Uriarte, en el ensayo que aquí recogemos, elige la ruina como elemento para leer *Os sertões*, de Euclides da Cunha, y propone que la omnipresencia de esta imagen y la pluralidad de significados que asume en este libro son una forma de hacer presente la masacre que acarreó la Guerra de Canudos (1896-7). Ante la imposibilidad de decir la guerra, la ruina aparece –casi a pesar del mismo narrador– como una imagen que lo persigue y que rodea su propio lenguaje al encarnar al mismo tiempo la destrucción y la resistencia, el pasado y el presente, la muerte y la persistencia. La ruina es, en suma, tanto un presente aberrante como un después que –al contrario del museo– permanece abierto, y cuyos significados se abren al conflicto y a la memoria.

En este eje temporal en el cual es posible pensar el fenómeno bélico como un comienzo que implica, al mismo tiempo, el cierre de procesos *sui generis* previos, no se nos escapa el carácter de *continuum* que la guerra ha adoptado en épocas recientes en muchas regiones del continente. En muchos sentidos, la guerra ha dejado de constituir un punto de inflexión, un ejercicio preciso y aislado de la violencia del Estado, para transformarse en una condición permanente, en una forma de relación nueva entre Estado y sujetos. Se trata de una situación de continuo conflicto abierto, de guerras civiles no declaradas, aunque asumidas por unos y otros, para las cuales no se vislumbra el final. Pensamos en las modulaciones que la guerra ha adoptado en México, Brasil y Colombia, como posibles escenarios en los que las relaciones entre los sujetos y el Estado se pueden leer en términos de un estado de guerra perpetua, a tal punto que el fenómeno bélico prolongado ha devenido en una epistemología estatal. Los textos de Fermín Rodríguez y João Camillo Penna que hemos incluido en este volumen discuten, para los casos de Colombia y Brasil respectivamente, diferentes formas en las que la literatura y las artes plásticas se han acercado a esta condición que algunos llaman guerra. Por ejemplo, Penna se refiere a las modulaciones que la guerra ha adoptado en las últimas décadas en Río de Janeiro como un "conflito militarizado entre facções privadas de 'soldados', organizados em torno de um 'general', em disputa por posições do comércio ilícito, local ou território, numa guerra civil entre pobres, com dizimação maciça da população urbana pobre" (334). En estos casos, el proyecto de nación necesita del conflicto para dar razón de sí mismo, mantenerse y consolidarse. En Estados Unidos esta necesidad alcanza su máxima expresión, según lo han notado perturbadoramente la antropóloga Carolyn Marvin y el exmilitar David W. Ingle en su libro *Blood Sacrifice and the Nation*. Allí el patriotismo es una religión que tiene como efigie la bandera y la guerra es un ritual periódico, celebrado en torno a ella, necesario para solidificar los vínculos comunitarios (3). El punto clave de esta concepción de lo bélico tiene que ver con qué significa la victoria: la nación no se fortalecería por la cantidad de bajas, o por la dimensión de la destrucción que provoca en el otro, sino por la cantidad de *muertes propias, por la capacidad sacrificial de sus propios soldados*. Esto nos lleva a pensar en la guerra a partir de la idea del sacrificio. Y, sobre todo, de la pérdida. Perder en tiempos de guerra puede ser equivalente a ganar. Fundamentalmente, la retórica de la pérdida territorial es crucial como tránsito hacia el discurso del reclamo que sostiene la soberanía originaria sobre un territorio determinado, lo que no es más que otra forma de hablar sobre la guerra, de seguir haciéndola. Es el caso de la Guerra de las Malvinas, que vuelve a estar, todavía hoy, en el centro de un reclamo que no tiende más que a fortalecer al propio Estado; o del entendible reclamo boliviano por una salida al mar, que funciona como otra forma de consolidar los vínculos nacionales a través de la ausencia o la desposesión. El fantasma de la pérdida de Panamá (1903), como nos recuerda en su ensayo Felipe Martínez-Pinzón, fue sin duda un acicate discursivo usado para insuflar los ánimos militares colombianos en la Guerra con el Perú por la frontera amazónica. Ahí se luchó bajo la consigna de impedir que el territorio fuera "cercado" nuevamente.

La guerra como ontología, es decir, como práctica militar y discursiva que da forma a la existencia/inexistencia del Estado-Nación moderno, está en el centro de las reflexiones que este libro quiere propiciar. Por una parte, buscamos analizar la manera en la que los Estados ponen en funcionamiento la guerra para justificarse; y, por otra, en una perspectiva crítica, entender esas ontologías como operaciones culturales, desnaturalizándolas —si se quiere— con el fin de mostrar su factura política, literaria, discursiva, visual, etc.

Las modulaciones de la relación entre guerra y Estado en América Latina, a partir del análisis del fenómeno cultural, serán estudiadas en una perspectiva diacrónica, sin dejar de lado la imprescindible historización. Buscamos expresamente escapar a la idea de tomar la violencia como núcleo del análisis para intentar pensar una cierta especificidad del fenómeno bélico. Centramos nuestro trabajo en una forma especial de la violencia que se caracteriza por su condición institucional o institucionalizada, y por la frecuente presencia central en ella del Estado. Si en el presente la guerra ha asumido características que la convierten en la forma de relacionamiento normal entre Estado y sujetos, en el siglo XIX la post-independencia no puede pensarse alejada de la instauración de los procesos modernizadores, y de la lucha entre la retórica del progreso que los acompaña, y aquellas poblaciones otras que se resisten a la imposición de la dinámica capitalista. Precisamente el ensayo de Álvaro Kaempfer sobre Juan Bautista Alberdi incluido en esta compilación problematiza las relaciones entre progreso, justificación de la guerra y construcción de la nacionalidad. Siguiendo a Alberdi, Kaempfer destaca la presencia de la guerra como elemento fundacional en los Estados latinoamericanos, lo cual explicaría una presencia casi estructural de la misma en nuestra historia: "en el principio fue la guerra y todo en América Latina tiene la marca de esa experiencia bélica fundacional, el *big-bang* que habría hecho posibles independencia, naciones, realidades políticas, soberanías" (89).

Así, la guerra también puede ser leída como el *modus operandi* de la modernidad, asumida por el Estado como un proceso de conquista permanente en el que, como nos recuerda Margarita Serje en *El revés de la nación*, "la guerra en zonas de frontera es una empresa particularmente lucrativa, precisamente porque reproduce la opacidad de esos espacios donde todo puede ser posible, pues el desorden legitima cualquier tipo de intervención" (225). También Marvin e Ingle subrayan el lugar liminal de la frontera, y su conexión con el desorden: "Borders are thresholds of contagious magic separating zones of purity and impurity, order and chaos. Touching both what the group is and isn't, borders are perilous zones of transformation, shifting and unstable" [Las fronteras son umbrales de contagiosa magia que separan zonas de pureza de las de impureza, zonas de orden de las de caos. Al determinar tanto lo que el grupo es y no es, las fronteras son peligrosas zonas de transformación, cambiantes e inestables; traducción de los editores] (100). Esa inestabilidad de la frontera es la misma que caracteriza a la propia guerra, como decía Clausewitz: es por ello que la frontera –ese reino de la niebla– es el espacio de guerra por antonomasia. No pensamos únicamente en fronteras internacionales sino en aquellos espacios, a veces considerados dentro de las fronteras de un mismo país, donde no existe el monopolio estatal de la violencia legítima (Duncan Baretta y Markoff 35). Se trata, claro, de la frontera no simplemente en el sentido inglés de *border*, sino también, y muy especialmente, de la frontera como *frontier*. Estas fronteras dificultan la distinción entre lo que es parte de la nación y lo que no lo es. La frontera, entendida en este sentido, escenifica aquello que es propio y es ajeno –interior y exterior– al mismo tiempo. La lógica conquistadora de la modernidad se extiende, así, a través de los más diversos espacios. Los ensayos que aquí recogemos se ocupan de conflictos no únicamente en fronteras-límites internacionales, como fueron los de la Guerra del Pacífico (Figueroa), la Guerra del Paraguay (1864-1870, Díaz-Duhalde), la Guerra de las Malvinas (Vitullo) o la Guerra Colombo-Peruana (1932-1934, Martínez-Pinzón). También hay estudios centrados en esos otros espacios de inestabilidad, la frontera interna, aquello que *es y no es*: la pampa y la Patagonia en Argentina (Kohan), la Patagonia chilena (Figueroa), la selva de Yucatán (Soriano Salkjelsvik), el *sertão mineiro* y *bahiano* (Penna, Uriarte), la favela (Penna), la ciudad de Medellín o la región del Magdalena Medio en Colombia (Rodríguez).

LA GUERRA EN/POR/CONTRA EL ESPACIO

Más allá de las connotaciones temporales que hemos otorgado a las metáforas aztecas del humo y de la niebla, es claro que la noción de guerra descansa sobre consideraciones espaciales; tanto el discurso bélico como el discurso *acerca de* la guerra son discursos fundamentalmente espaciales: hablar de la guerra es –no puede sino ser– hablar del espacio. Clausewitz señala la fundamental "connection of war with country and ground" [las conexiones entre guerra, país y suelo; traducción de los editores] (54). Ya Richard Burton, el célebre viajero inglés, sostenía en *Letters From the Battle Fields of Paraguay* (1870): "Wars, it has been said, teach the nations their geography" [Las guerras, se ha dicho, les enseñan a las naciones su geografía; traducción de los editores] (139). A esto se debe que muchos textos sobre la guerra parezcan mapas construidos por palabras, en los que abundan nombres de ciudades, de puertos, de ríos. Y es porque la guerra también es un infatigable dispositivo de nombramiento: "the space [of war] is filled at every moment with names, with all the characters of history, some known, some only mentioned in passing, and with place-names as well" [el espacio (de la guerra) está siempre lleno de nombres, de todos los personajes de la historia –algunos conocidos, otros mencionados de paso– así como de nombres de lugares; traducción de los editores] (Jameson 1539). Así, ir a la guerra es primero reconocer el espacio, tanto el propio como el ajeno, o incluso aquel que es ambos a la vez, como en el caso de la selva o el desierto a lo largo del siglo XIX en Latinoamérica. Guerrear es, así, reconocer, mirar, distinguir, ubicarse en el espacio; pero es también transformar, reconfigurar ese espacio, en ocasiones para apropiarlo, en otras para destruirlo, a veces para "liberarlo", o para volverlo mapeable, legible. Es volver a trazar fronteras y a redefinir exterioridades e interioridades. En este sentido, es clave recordar que la guerra no sólo enseña geografía, como advertía Burton, sino que la *hace*. La geografía se vuelve, entonces, no un mero instrumento descriptivo, sino una tecnología que modifica el espacio, que tiene efectos muy concretos sobre él. Esto es cercano a lo que Kari Soriano Salkjeksvik concibe, en el artículo que aquí recogemos, como *ejercer la geografía.*

Pero ir a la guerra puede ser también luchar *contra el espacio.* Dice Clausewitz que "activity in war is movement in a resistant medium" [en la guerra, la actividad es movimiento en un medio resistente; traducción de los editores] (67). Paul Virilio, incluso, ha ido más allá para mostrar cómo la guerra se libra contra las especificidades históricas y ambientales del espacio. En ese sentido, retoma la máxima de Sun Tzu: "La esencia de la guerra es la rapidez" (133).[2] Dice Virilio:

> Land-clearing, the cultivation of the earth for subsistence, the receding of forests darkness, are in reality the creation of a military glacis as field of vision, of one of those frontier desserts spoken by Julius Cesar, which, he says, represent the glory of the Empire because they are like a permanent invasion of the land by the dromocrats look and, beyond this, because the speed of this vision–ideally without obstacles–causes distances to approach. (Speed 72)

> [El desmonte, cultivar la tierra para sobrevivir, el retroceso de la oscuridad del bosque, son todos producto de una glacis militar como campo de visión, de uno de esos desiertos fronterizos de los que dijo Julio César que representan las glorias del Imperio porque son como una invasión permanente de la mirada de los dromócratas (los agentes de la velocidad, los soldados) y, más allá de esto, porque la rapidez de esta visión –idealmente una sin obstáculos– genera una aproximación de las distancias; traducción de los editores]

La guerra total, sostiene Virilio, es impulsada por un deseo que quiere el fin de la geografía, un espacio rendido y disponible para ser recorrido y dominado por la máquina de guerra: "an army is always strong enough when it can come and go, spread out and regroup, as it wishes and when it wishes" [un ejército es siempre fuerte cuando puede salir y entrar, extenderse y reagruparse, como y cuando lo desea; traducción de los editores] (Speed 145). No otra cosa era el anhelado "espacio vital" que pretendían conquistar los Nazis y que suponía "the disappearance of European geography, become an area, a desert without qualities" [la desaparición de la geografía europea, (para que) se convirtiera en un área, en un desierto sin atributos; traducción de los editores] (Speed 115-116). Así, en una contradicción sólo aparente, la máquina de guerra crea el mismo espacio que busca conquistar. Es el caso del desierto en los últimos años del siglo XIX en varios países sudamericanos. Hacerle la guerra al desierto ideológico y ficcional sobre el que escribían las elites no fue otra cosa que *generar un desierto* concreto y absoluto.

En el caso colombiano, Felipe Martínez-Pinzón discute –en el ensayo que aquí recogemos– la idea de las elites letradas, llevada a las armas por generales, oficiales e incluso soldados andinos, ya bien entrado el siglo XX, de hacer la guerra a la selva. En Argentina se llevó adelante la Conquista del Desierto (1879-1885), una vez que el presidente Nicolás Avellaneda hubo proclamado la necesidad de "suprimir las fronteras" (en Halperín 499).[3] En una línea similar, la invasión de la favela por parte de fuerzas militares, descrita por João Camillo Penna en "A imitação da guerra", es una de las modalidades contemporáneas que adopta esa intención de borrar el espacio aberrante de la otredad absoluta, de eso que se cree abyecto o enfermo. La incertidumbre y el horror de quien lucha en un espacio desconocido son clave en estas perspectivas: el espacio se vuelve, así, un enemigo a vencer, en la medida que impone el ritmo al avance de las tropas, establece por qué rutas es posible avanzar, aísla y mata. En la presente compilación, los ensayos de Martín Kohan, Felipe Martínez-Pinzón, Javier Uriarte y Kari Soriano Salkjelsvik ponen de manifiesto esta complicidad del espacio con el otro –esta "ajenidad" total de la naturaleza con respecto al proyecto bélico-civilizatorio-modernizador– en la Conquista del Desierto en Argentina, la Guerra Colombo-peruana, la Guerra de Canudos en Brasil, y la Guerra de Castas en México, respectivamente. Soriano piensa la guerra como un momento político de la crisis del espacio común imaginado, propone que la guerra evidencia la fragilidad del territorio nacional, y distingue en la novela *Cecilio Chí,* de José Severo del Castillo –su objeto de análisis–, el espacio de la selva como el de la obscuridad, la impenetrabilidad, identificado por tanto con los indígenas rebeldes. Tal como la enfermedad nos hace consciente del cuerpo (Sontag 36), la guerra es también ese fenómeno que muestra las costuras de los discursos que construyeron la nación. Por ello, no hay en esta identificación entre guerra y falta de unidad contradicción alguna con el argumento de Marvin e Ingle: la guerra muestra la fragmentación en tanto va dirigida a constituir unidad. Volviendo a las metáforas de la visibilidad, Clausewitz entiende que hacer la guerra es también un acto de imaginación destinado a recomponer una unidad "out of the fragments visible to the physical eye" [a partir de los fragmentos visibles para el ojo; traducción de los editores] (55). Así, la mirada bélica es unificadora en la medida que construye un todo a partir de un conjunto de fragmentos. Martínez-Pinzón continúa esta imagen al trabajar las formas en que la selva debe volverse, para las élites gobernantes, lo que Deleuze y Guattari llamarían "espacio estriado", es decir, un espacio atravesado por líneas precisas que determinan el tiempo exacto en que es posible avanzar, llegar de un lugar a otro (Deleuze y Guattari 381). Frente a la selva como el espacio de lo abyecto y de lo enfermo –como algo extirpable en medio del cuerpo de la nación–, Martínez-Pinzón ve la guerra como una máquina higiénica que deshistoriza espacios. Su ensayo, finalmente, insiste en la relación entre espacialidad y velocidad. Así, la guerra es también ritmo, dirección, agilidad de movimientos, a los que se opondría la espesura de la selva.

Es ésta precisamente una de las líneas que recorre "Paisaje de guerra", el ensayo de Martín Kohan que aparece en este volumen, aunque en este caso con respecto a la lucha contra los indígenas en la Pampa y la Patagonia en la Argentina de fines del siglo XIX. En el estudio de *La guerra al malón* y *Conquista de la Pampa*, de Manuel Prado, se sostiene que el desierto exige al ejército invasor la necesidad de reconsiderar la propia acción bélica. Luchar contra los indígenas exige *aprender a mirar* en el desierto, aprender a medir sus nuevas distancias: es un ejercicio de ajustar el ojo. La guerra es una cuestión de velocidad, de movimiento, de visibilidad. Una de las formas en que estos tres elementos se articulan en el espacio de la pampa es lo que Kohan formula como "de pronto encima" (102). Se trata de una súbita proximidad del enemigo que no se anuncia, no se hace visible y no puede, por tanto, anticiparse.[4] La guerra se vuelve, entonces, puro sobresalto.

ESPECIFICIDADES DE LO BÉLICO: DESLINDES TEÓRICOS

En el contexto de la celebración del bicentenario del proceso independentista latinoamericano resulta urgente pensar de manera sistemática el lugar de la guerra a partir de entonces, así como las modalidades de su presencia en el imaginario de la región. Sin embargo, corresponde aquí establecer otro deslinde. Así como buscamos evitar el empleo de una idea no específica de violencia, también pretendemos desmarcarnos de otros conceptos considerados con frecuencia cercanos al de guerra. Por ello, este proyecto no se ocupa de la noción de revolución ni tendrá como centro las representaciones culturales de las revoluciones latinoamericanas, aspectos que consideramos han sido objeto de análisis con mayor frecuencia. En la medida que la revolución no necesariamente implica la guerra (véase el proceso paraguayo desde 1814 hasta 1864 o la "Revolución Bolivariana" a la que asistimos actualmente en Venezuela) y, sobre todo, dado que la guerra, en nuestra lectura, tiende a perpetuar estructuras socio-económicas que contradicen la noción de cambio estructural implicada en la idea de revolución, estos dos conceptos deben ser diferenciados. En tercer lugar, y en conexión con este último punto, si bien los procesos revolucionarios han implicado el conflicto bélico, proponemos que el lugar que el Estado ocupa en estos dos procesos es distinto o, a veces, opuesto. Ya sostenía Sun Tzu que las tropas eran convocadas para "castigar a quienes transgreden las reglas" (23). La guerra no es transgresión, sino, más bien, legalidad, mientras que la revolución, por su naturaleza, implica un proceso que generalmente no surge desde el Estado sino contra el mismo. Instigada por él o no, la guerra cuenta con el Estado como motor; de ahí que en el discurso estatal se promueva la legitimidad del conflicto bélico frente a la ilegitimidad de la revolución.

Si en este volumen hemos optado por incluir ensayos que tocan la idea de revolución es porque los mismos discuten cuestiones que se aproximan a la batalla, porque eligen mirar el conflicto. Juan Pablo Dabove, en "Cuerpos para la horca", analiza la figura de Pancho Villa para concentrar su análisis en las modulaciones originales que adopta el hacer la guerra bajo su mando. Cercano a la figura del bandido, el liderazgo de Villa se opone al que ejercería el general que concibe Clausewitz y que adopta, por ejemplo, Sarmiento, quien en *Facundo* (1845) defiende la preminencia de la estrategia, la inteligencia y la táctica, identificadas con el General José María Paz, frente al desorden y el puro impulso que caracterizan a las montoneras lideradas por el caudillo Facundo Quiroga. De hecho, para Dabove la actuación de Villa altera completamente tanto los valores como la explicación coherente y articulada del conflicto. Vista desde la perspectiva del bandidismo revolucionario, la guerra deja de ser explicada y entendida, y surgen formas nuevas de pensar la traición y la fidelidad, el compromiso, la valentía o la resistencia. El texto de Wladmir Márquez-Jiménez se acerca al de Dabove en su reflexión en torno a las relaciones entre guerra, revolución y bandidismo. Más específicamente, Márquez-Jiménez analiza dos discursos sobre la llamada Limpia del Escambray o la Lucha contra Bandidos (1960-1966). En ellos, en gran medida, se debate la propia definición del evento descrito: ¿se trató de una guerra, de una rebelión, de una revolución, o de un episodio de bandidaje? La discusión aquí se da en torno a cómo nombrar la guerra, cómo definirla; se trata justamente de discutir las connotaciones de legitimidad que encierra el término.

El ensayo de Díaz-Duhalde, "Cámara bélica", se centra en el diario de guerra del coronel del ejército uruguayo León de Palleja –quien participa con el ejército aliado en la Guerra contra Paraguay– y en el diálogo entre este texto y las fotografías del conflicto. Si bien en un sentido diferente del señalado por Dabove para el caso de Villa, Díaz-Duhalde muestra otra forma en la cual el discurso bélico se deshace a sí mismo, en este caso a través de la representación visual. En este ensayo se ponen de manifiesto las formas en las cuales las fotografías de la guerra socavan todo sentido del fenómeno bélico hasta un punto en que el mismo miembro del ejército deja de encontrar significado a su propia acción. También en este caso la acción bélica deja de tener sentido al expresarse o visualizarse. O, mejor, la representación revela el profundo sinsentido de lo representado.

Creemos necesario explorar en nuestro trabajo esta pluralidad de significados que ha adoptado la idea de guerra. No hay teórico o historiador de la guerra que encuentre fácil plantear una única definición para la misma. El historiador Jeremy Black aboga por una definición restrictiva. Respondiendo a la multiplicidad de inflexiones que ha presentado el fenómeno de la guerra, escribe "there is need for a more precise definition in which war should be seen in (1) functional terms as organized large-scale violence, and in (2) cultural or ideological terms as the consequence of bellicosity" [es necesario dar una definición más precisa de acuerdo con la cual la guerra debe ser vista (1) en términos funcionales como violencia organizada a gran escala y, (2) en términos culturales o ideológicos como la consecuencia de la belicosidad; traducción de los editores] (3). Mientras que para el segundo punto Black parece convincente, en tanto sostiene que el andamiaje ideológico de la guerra está basado en "arousing, channelling and legitimitating violent urges, and of persuading people to fight, kill and run the risk of being killed" [provocando, canalizando y legitimando los embates violentos, y persuadiendo a la gente de morir, de matar y de correr el riesgo de ser asesinada; traducción de los editores], es decir, en encontrarle un relato político al embate bélico, el primer punto –la guerra en términos funcionales como violencia organizada a gran escala– no puede dar razón de lo que Virilio, en una entrevista reciente, ha llamado "la tercera guerra", que no es otra que "the war against civilians, terrorist war" (*Virilio Now* 29).[5] Un ataque terrorista, es sabido, puede requerir de poca infraestructura, no siempre obedece a un plan maestro que coloque esa acción táctica en el marco de una estrategia mayor y puede, incluso, no ser reivindicado políticamente por ningún grupo en armas.

Es precisamente en esta opalescencia del término *guerra* en la que encontramos su poder teórico para alumbrar problemas de la cultura latinoamericana. Por ello recogemos en este volumen ensayos que discuten diferentes formas del conflicto bélico. Más allá de la idea de guerra como condición institucionalizada que se vive actualmente en algunos de nuestros países, existen dos formas de la guerra que parecen fácilmente diferenciables: la guerra internacional y la guerra civil. Si bien en el próximo apartado volveremos sobre la dificultad real de distinguir siempre nítidamente entre estas categorías, puede decirse que en nuestro continente las segundas superan con mucho a las primeras, aunque acaso las mayores cicatrices han sido dejadas por los conflictos que involucraron a varios Estados.[6] Este volumen dedica espacio a las formas de la guerra que hemos destacado someramente, teniendo en cuenta que los límites entre las mismas pueden ser porosos, inestables, difusos. Por ejemplo, si incluimos un ensayo sobre la Guerra del Paraguay –conflicto bélico que se encuadra, como el que más, en la definición que propone Jeremy Black sobre la guerra–, también hay en él un texto –el de Márquez-Jiménez– que explora la batalla discursiva –entre castristas y anticastristas– por apropiarse de un evento de la historia reciente de Cuba.

LA GUERRA: ELUSIÓN Y OMNIPRESENCIA

No resulta una obviedad, sin embargo, afirmar que hay una fuerte presencia de la guerra en la historia latinoamericana. Uno de los pocos estudios comparativos que –en la Ciencia Política– examina las relaciones entre guerra y Estado en América Latina, *Blood and Debt* (2002), de Miguel Ángel Centeno, parte de la afirmación –sorprendente– de que las guerras fueron relativamente infrecuentes en el subcontinente: "since the early nineteenth century the continent has been relatively free of major wars. Even if we include civil wars, Latin America has enjoyed relative peace. Outside of Paraguay, Mexico, and Colombia, no country has suffered a large number of deaths during *conventional* warfare" [desde comienzos del siglo XIX el continente ha estado a salvo de grandes guerras. Aunque incluyamos las guerras civiles, Latinoamérica ha disfrutado de una relativa paz. Si exluimos a Paraguay, México y Colombia, ningún país ha sufrido grandes números de muertos durante guerras *convencionales*; traducción de los editores] (9).[7] Hay al menos tres problemas con esta cita: por un lado, el libro de Centeno continuamente señala excepciones para sus afirmaciones (la mayor de ellas es América Central, dejada explícitamente fuera de su trabajo desde la primera página). Nótese que, en la actualidad, los tres países mencionados en la cita –más América Central– constituyen un porcentaje importantísimo de la población del subcontinente. ¿Es lícito, metodológicamente, tratarlos como una "excepción" cuando se trabaja sobre América Latina (sobre todo si son excepciones para ciertas afirmaciones y no para otras)? En segundo lugar, la cita insiste en las guerras convencionales sin dejar claro qué se entiende exactamente por tales (más arriba no usa la palabra "conventional" sino "major"). En tercer lugar, el texto de Centeno asume una distinción clara entre guerras civiles y guerras internacionales, lo cual no siempre resulta claro. Esta falta de claridad no se da únicamente porque haya guerras civiles que son a la vez guerras internacionales. Un caso muy claro es la Guerra Grande en el Río de la Plata (1839-1851): se trató de una guerra civil que llegó a ser internacional, con intervención directa tanto de facciones políticas como de los gobiernos de Argentina, Brasil y Uruguay, y que contó además con la participación directa de Inglaterra y Francia. La falta de nitidez de esta división entre guerras civiles y guerras internacionales radica, además, en que el adentro y el afuera son muchas veces *aquello que está en juego* en la guerra. Por ejemplo, las guerras que el Estado emprende contra los indígenas a finales del siglo XIX en Argentina, conocidas como Conquista del Desierto, ¿qué estatuto otorgan a los indígenas y a las tierras que ellos habitan? La Patagonia, ¿es parte de la nación en acto o en potencia? ¿Es la guerra el medio de hacer interior un espacio ajeno? Esa doble y simultánea exterioridad e interioridad de la frontera a la que nos referíamos más arriba perturba las clasificaciones, y vuelve a rodearlas de humo y de niebla.

¿Puede decirse que en el siglo XIX latinoamericano las guerras civiles fueron escasas? En relación con la periodicidad con la que se desataban conflictos locales, regionales y guerras civiles en las Repúblicas latinoamericanas del siglo XIX, Colombia no es la excepción sino la regla: "[Entre 1830 y 1903] hubo nueve grandes guerras civiles generales; catorce guerras civiles locales; dos guerras internacionales, ambas con Ecuador; tres golpes de cuartel, incluyendo el de Panamá, y una conspiración fracasada" (Holguín 143-144).[8] Ni siquiera la guerra ha tenido poca importancia –como generalmente se cree– en Brasil. Una de las líneas argumentales del artículo de Penna que aquí recogemos intenta precisamente desconstruir el mito de Brasil como país ajeno al belicismo que caracterizaría a Hispanoamérica. El recorrido histórico-literario que su texto realiza, deteniéndose en textos de Euclides da Cunha, João Guimarães Rosa y Paulo Lins, resulta elocuente al respecto. También Roberto Vecchi, siguiendo la definición de guerra como potencialidad, de Hobbes, expresa: "esta disposição para a guerra é uma permanência da história do Brasil e da modernização do seu Estado" (163-4).

Del hecho de que los Estados latinoamericanos participaron en lo que llama "limited wars" y no en "total wars", Centeno concluye que los correspondientes Estados mantuvieron una existencia débil. Es decir, la teórica ausencia de guerras explica para él la debilidad del Estado en América Latina. Definir al Estado latinoamericano como débil implica una mirada centrada en el Estado neoliberal de los años noventa del siglo pasado o de la primera mitad del siglo XIX. Algunos Estados latinoamericanos son hoy otra vez considerablemente fuertes, y lo fueron aún más en la segunda mitad del siglo XIX, en gran medida gracias a la guerra. En Argentina, Uruguay, Brasil y Chile, en las últimas décadas del siglo XIX, y en Paraguay hasta la Guerra de la Triple Alianza, el Estado experimenta un proceso de centralización y militarización sin precedentes. En los tres primeros países, éste es el Estado consolidado y fuerte que la guerra inaugura. Centeno se preocupa fundamentalmente porque en América Latina no existe la herencia "positiva" de la guerra en favor del Estado (como si pudiera haber tal cosa), al tiempo que desconoce que, en algunos países, el fin de las guerras civiles, o el ataque contra rebeliones internas o contra las poblaciones indígenas, llevaron a la centralización de los países en torno a las ciudades capitales.[9]

Del carácter camaleónico de la guerra

La relación entre constitución del Estado y guerra no es nueva. El politólogo Cameron Thies, recogiendo los clásicos planteamientos del sociólogo Charles Tilly, hermana la creación de los Estados con un doble movimiento de la guerra, tras el cual está la delimitación de lo nacional y lo extranjero. Thies propone el concepto de rivalidad entre Estados ("interstate rivalry") para explicar su fortalecimiento. La permanente amenaza del conflicto con otro país puede resultar beneficiosa para la capacidad del Estado de aumentar los impuestos y su control sobre los sujetos: "External rivals [...] have significant, positive effects on the state's extractive capacity" [Los rivales externos (...) tienen significativos efectos positivos en la capacidad extractiva del Estado; traducción de los editores] (463). El análisis de Thies es fuertemente cuantitativo y analiza solamente datos sobre el siglo XX, aunque les otorga valor explicativo para el siglo anterior. Puede preguntarse uno, entonces, si hacer Estado es hacer la guerra. Esta no es una pregunta menor si pensamos que el dispositivo bélico, entonces, estaría en la nuez de la esquiva pregunta –que antropólogos como Philip Abrams se han hecho– por *qué* es el Estado. "We have come to take the state for granted as an object of political practice and political analysis –dice Abrams– while remaining quite spectacularly unclear as to what the state is" [Hemos entendido gratuitamente al Estado como objeto de práctica y análisis políticos; sin embargo, de manera espectacular, no tenemos ninguna claridad acerca de qué es el estado; traducción de los editores] (112). Podría ser que lo bélico –y sus representaciones– es lo que más dramáticamente visibiliza el Estado, materializándolo en todo su terror y esplendor,

mientras que en la relativa paz de lo cotidiano el Estado no pasa de
ser "an acceptable basis for acquiescence" [una base aceptable para el
sometimiento; traducción de los editores], para usar la definición del
propio Abrams (117).

Lo que parece claro después de una revisión bibliográfica somera
de distintos enfoques disciplinarios sobre la guerra es la ausencia de
una definición conclusiva sobre el concepto. La provisionalidad de su
definición parece ser, paradójicamente, su característica menos elusiva.
Su inasibilidad se despliega sobre todo en los textos de politólogos e
historiadores —lugares discursivos privilegiados para discutir el tema—
en los cuales los disensos argumentales se traslucen en el desacuerdo,
rara vez reconocido por los contrincantes académicos, sobre qué es la
guerra. Así, como sucede en el caso de René de la Pedraja, son simples
consideraciones númericas y materiales las que permiten distinguir las
guerras de otras manifestaciones de conflicto: número de soldados en
cada bando, duración de los enfrentamientos, victorias definitivas en el
campo de batalla, defensa armada del contrincante, etc. (De la Pedraja
47). Estas consideraciones surgen cuando nos preguntamos de qué
hablamos cuando hablamos de guerra.

Todos los ensayos aquí presentados articulan, producen o validan
distintas definiciones del significante "guerra". Parece que inclusive
la definición de un vocablo tan de uso corriente también pasa por lo
bélico: la lucha por el significado. Fredric Jameson sostiene que la guerra
es irrepresentable en tanto es virtualmente una "no-narrativa" (1543).
La guerra misma es un exceso que, si bien ha sido comodificado por
narrativas que representan la experiencia individual del conflicto, no
ha podido ser capturado estéticamente como abigarrada experiencia
comunitaria. Es precisamente en este exceso en el que Jameson
encuentra que las apuestas formales han empujado a la literatura y al
cine hacia nuevos derroteros experimentales: "War is one among such
collective realities, which exceed representation fully as much as they
do conceptualization and yet which ceaselessly tempt and exasperate
narrative ambitions, conventional and experimental alike" [La guerra es
una de esas realidades colectivas, que exceden completamente tanto la
representación como la conceptualización, y que sin embargo tientan
y exasperan las ambiciones narrativas tanto convencionales como
experimentales; traducción de los editores] (1547). Como experiencia

fuera de la paz como cotidianidad, de la familia, del salario, e incluso como mundo "prefeminista" (1535), para Jameson la guerra es también un laboratorio para presenciar *algo así* como la cruda experiencia humana. Subrayamos "algo así", precisamente porque la literatura o, más precisamente, la representación que se sirve de un cierto lenguaje, escenifica y enmarca esta supuesta naturalidad de la experiencia humana en medio de la guerra. En ese sentido, distancia y produce lo que Jameson llama "raw human experience" [la cruda experiencia humana; traducción de los editores] (1543). Por eso el lenguaje escrito y el lenguaje visual, como reproductores de una experiencia "cruda", no ensayada y a la intemperie, como la que es producto de la guerra y, a su vez, la produce, deben llevarnos a reflexionar sobre los mecanismos de su representación, artificios de lo natural, recodificándolos de distintas maneras para dejarnos ver cómo opera la guerra en tanto dispositivo epistemológico y máquina proliferante de significados. Si, como hemos visto, la guerra genera nuevas formas de decir, los objetos en este contexto adquieren nuevas dimensiones. Podemos hablar, así, de la máquina re-subjetivizadora de la guerra. Por ejemplo, en el artículo de Martín Kohan los caballos son muchas cosas: son comida, pero también transporte, e incluso moneda de cambio durante el conflicto, de la misma manera que, para Martínez-Pinzón, los mosquitos son más mortíferos que las balas del enemigo en la Amazonía. La guerra, entonces, a la vez que produce lenguaje y es producida por el lenguaje, lo trastoca, lo cambia, transformando a quienes nombra o deja de nombrar.

Como si exhibiera su propia lógica, la guerra opera entonces también mediante la excepcionalidad del discurso. Adopta diferentes formas que desafían la discusión puramente cuantitativa y cientificista, *a la De la Pedraja*, empujándola siempre al territorio de la representación, a la literatura, al lenguaje. Por eso nos parece que una colección de ensayos planteados a partir de la crítica literaria y cultural sobre el tema de la guerra, como la presente, no sólo debe reproducir la elusividad del concepto "guerra" sino que debe perseguir el itinerario de esa inasibilidad, desplegando y explicando su política y su estética. Habitar lo que Clausweitz llamaba el "carácter camaleónico de la guerra" (24), su indecidibilidad e inestabilidad fundamentales, es una de las apuestas de este trabajo. Si volvemos por un instante al verso de los *Cantares mexicanos* que abre estas páginas, resulta interesante ver que el difrasismo no es más que lo que Garibay llama "metáforas apareadas" (67). En realidad, se trata de una forma de no decir, de ejecutar un rodeo para diferir el nombrar, de una forma de la errancia del lenguaje. Aproximarse a aquello que se quiere nombrar sin nunca hacerlo por completo. Ese es también el ejercicio intelectual de gran riqueza que este volumen expone. Perseguir el significante "guerra" en toda su pluralidad de significados, y a lo largo de un período que abarca los siglos XIX y XX, tal como lo hemos intentando en esta compilación, lleva a formular preguntas que se disparan en diferentes direcciones: ¿qué discursos han resistido la constitución del Estado como guerra y cómo lo han hecho?, ¿qué imaginarios se negocian o se disputan en medio de un conflicto bélico que es también un conflicto discursivo?, ¿cuáles son las marcas, los rastros que ha dejado y sigue dejando en las naciones latinoamericanas la guerra como epistemología estatal?, ¿qué formas adopta lo bélico una vez desplegado en los discursos literario, político, fotográfico, artístico o, inclusive, periodístico? Proponemos pensar la guerra como manera de entender las dinámicas de poder que constituyen el Estado, y que espacializan la geografía imaginada de las naciones y las regiones que componen América Latina. En este sentido, nos parece clave pensar las articulaciones que ese elemento bélico –acaso fundacional– ha tenido a lo largo del tiempo y hasta el presente.

* * *

¿Cómo ordenar la lectura de un fenómeno tan resbaladizo como es –creemos haberlo argumentado convincentemente– la guerra? Luego del esfuerzo dialógico que hemos realizado en estas páginas introductorias, en las que hemos esbozado varias líneas de lectura en las que los artículos aquí recogidos pueden leerse juntos en diferentes combinaciones, no resulta fácil adoptar una única forma –temática o teórica– de agruparlos. Ese carácter camaleónico complica cualquier intento de sistematización. Es por eso que, paradójicamente, nuestra propia reflexión y el trabajo compilatorio que hemos realizado nos conducen a proponer para los artículos que siguen un ordenamiento menos original del que habíamos imaginado inicialmente. Hemos tomado como criterio ordenador la cronología, que ofrece una forma de visualizar con claridad las varias formas de la guerra a lo largo de la historia latinoamericana desde el siglo XIX. Al asumir la necesaria imposición de una arbitrariedad, propia de esta tarea ordenadora, hemos decidido tomar como punto de partida los conflictos bélicos en los que se centra cada uno de los ensayos. Así, por ejemplo, el volumen se abre con el texto de Kari Soriano Salkjelsvik, que se ocupa de una guerra que comenzó en 1847 en Yucatán, y se cierra con el ensayo de João Camillo Penna, el cual, aunque realiza un recorrido que pasa por varios escritores brasileños desde comienzos del siglo pasado, se orienta hacia la búsqueda de un relato que ofrezca una explicación a acontecimientos contemporáneos en las favelas cariocas, sobre los cuales reflexiona al comienzo y al final de su ensayo. Somos conscientes de que, como todo criterio ordenador, el nuestro es arbitrario e insuficiente, pero creemos que tiene la clara ventaja de no intentar imponer una línea crítica que borre la riqueza y la diversidad analítica que el conjunto tiene y que estas páginas introductorias han intentado poner de manifiesto.

* * *

La perspectiva decididamente comparativa que hemos esbozado en estas páginas y que orienta el presente volumen nos ofrece la posibilidad de establecer lecturas cruzadas y de pensar en conjunto conflictos bélicos diversos. Lejos de identificar procesos que presentan múltiples complejidades que los alejan, la idea de trazar un *mapa bélico latinoamericano* permite buscar aquellos puntos en los que los mismos se tocan. Así mismo, la posibilidad de articular diálogos entre diferentes formas de la guerra permite volver a preguntarse qué tienen en común, por ejemplo, el estado de guerra permanente en Colombia y la Guerra del Pacífico en los Andes o la Guerra de las Malvinas en el Atlántico argentino. El compromiso intelectual que nos planteamos es el de contribuir a la comprensión de las causas y las dinámicas de este fenómeno omnipresente que parece perpetuarse incansablemente. A través del esfuerzo colectivo que aquí presentamos, la guerra puede ser, por una vez, instrumento de acercamiento y de diálogo. En esa medida, este volumen puede resultar una contribución clave para el análisis de un fenómeno que, aunque parece hoy ineludible, deseamos ver llegar a su fin. A eso apostamos.

NOTAS

[1] El camuflaje, esa vieja táctica de guerra, es "a way that humans acknowledge the primacy of scene, just as maps are another" [una manera que tienen los humanos para reconocer la primacía del entorno, así como los mapas son otra forma de reconocerla; traducción de los editores] (Jameson 1537), pero también el camuflaje puede ser el envés de esta táctica bélica: puede ser una decisión política de *no ver* al contrincante, invisibilizarlo como práctica discursiva que anticipa su próxima eliminación.

[2] En el manual de Sun Tzu hay frecuentes referencias a este asunto. Valga como ejemplo la frase que Li Ching dice a sus hombres: "En la guerra hay un aspecto que es fundamental: ser veloces como el relámpago" (29).

[3] En el artículo de Martín Kohan que aquí recogemos se afirma que la finalidad de la guerra era la supresión del desierto.

[4] Se trata de la puesta en práctica, en el interior argentino, de algo que ya recomendaba SunTzu: "Cuando te encuentres cerca aparentarás que estás lejos y cuando estés alejado harás creer que estás cerca" (26). Disfrazar las distancias es también batallar.

[5] La primera guerra, de acuerdo con Virilio, corresponde a las guerras civiles y sus variaciones nacionales, la segunda es la guerra mundial, que él siempre ha llamado guerra total.

[6] Pensamos en este contexto en la Guerra de la Triple Alianza –o Guerra del Paraguay– y en la Guerra del Pacífico, por ejemplo.

[7] Las expresiones en este sentido, referidas a América Latina, son reiteradas: la paz general del continente (9), la ausencia general de una masacre organizada (9), la ausencia de experiencia de guerra (9), o la "larga paz" de América Latina (17) [traducción de los editores].

[8] Para el caso uruguayo, las cifras brindadas por José Pedro Barrán son elocuentes: "La Constitución de 1830 establecía la permanencia del Presidente de la República en su cargo por cuatro años. Si consideramos las 17 cabezas del Poder Ejecutivo desde 1830 a 1876 [...] la duración promedio de esos titulares apenas alcanza a 2 años y 8 meses. De estas 17 cabezas, el cien por ciento soportó levantamientos armados y el 35% fue derribada por motines montevideanos o revueltas rurales" (40). Barrán incluye la siguiente cita de José Pedro Varela: "Así pues, en 45 años, 18 revoluciones! Bien puede decirse sin exageración que la guerra es el estado normal en la República" (en Barrán 40).

[9] Sebastián J. Díaz, en su lectura de las posiciones de Centeno, concluye que "estos modelos analíticos [...] reducen y racionalizan de modo trágico la violencia entre seres humanos" (31). Ver también la referencia de Álvaro Kaempfer al trabajo de Centeno en el artículo aquí recogido (88).

BIBLIOGRAFÍA

Abrams, Philip. "Notes on the Difficulty of Studying the State". *The Anthropology of the State: A Reader*. Aradhana Sharma y Akhil Gupta, eds. Oxford: Blackwell Publishing, 2006. 113-130.

Arango Uribe, Arturo. *180 días en el frente*. Manizales: Tipografía Cervantes, 1933.

Barrán, José Pedro. *Historia de la sensibilidad en el Uruguay. Tomo 2. El disciplinamiento* (1860-1920). Montevideo: Banda Oriental/ Facultad de Humanidades y Ciencias, 1990.

Black, Jeremy. *War: A Short History.* Londres y Nueva York: Continuum, 2009.

Burton, Sir Richard Francis. *Letters from the Battle Fields of Paraguay.* Londres: Tinsley Brothers, 1870.

Clausewitz, Carl Von. *On War.* 1832. J.J. Graham, trad. revisado por F. N. Maude. Hertfordshire: Wordsworth, 1997.

Centeno, Miguel Angel. *War and Debt: War and the Nation-State in Latin America.* University Park: Pennsylvania State UP, 2002.

De la Pedraja, René. *Wars of Latin America 1899-1941.* Jefferson: MacFarland and Company, 2006.

Deleuze, Gilles y Félix Guattari. *A Thousand Plateaus: Capitalism and Schizophrenia.* 1980. Minnesota: U or Minnesota P, 2007.

Díaz, Sebastián J. *Against Paraguay. 19th Century Latin-American Visual Culture and Literature during the War against Paraguay (1864-1870).* PhD Dissertation: University of Michigan, 2009.

Duncan Baretta, Silvio R. y John Markoff. "Civilization and Barbarism: Cattle Frontiers in Latin America." *States of Violence.* Fernando Coronil y Julie Skurski, eds. Ann Arbor: U of Michigan P, 2006. 33-80.

Garibay, Angel María. *Historia de la literatura náhuatl.* Vol. I. México, D.F.: Porrúa, 1987.

Halperín Donghi, Tulio. "Una nación para el desierto argentino". *Proyecto y construcción de una nación (1846-1880).* Tulio Halperín Donghi, ed. Buenos Aires: Ariel/ Espasa Calpe, 1995. 7-107.

Holguín, Jorge. *Desde cerca, asuntos colombianos.* París: Libraire Generale et Internationale G. Ficker, 1908.

Jameson, Fredric. "War and Representation." *PMLA* 124/5 (2009): 1532-1547.

Marvin, Carolyn y David W. Ingle. *Blood Sacrifice and the Nation: Totem Rituals and the American Flag.* Cambridge: Cambridge UP, 1999.

Pratt, Mary Louise. "On Harm's Way: Language and the Contemporary Arts of War." *PMLA* 124/5 (2009): 1515-1531.

Sarmiento, Domingo Faustino. *Facundo o civilización y barbarie.* 1845. Caracas: Biblioteca Ayacucho, 1985.

Scott, James C. *Seeing Like a State: How Certain Schemes to Improve the Human Condition Have Failed.* Binghamton: Yale UP, 1999.

Serje, Margarita. *El revés de la nación: territorios salvajes, fronteras y tierras de nadie.* Bogotá: CESO/Universidad de los Andes, 2005.

Sontag, Susan. *Illness as Metaphor and AIDS and Its Metaphors.* Nueva York: Picador USA, 2001.

Sun Tzu. *El arte de la guerra.* Buenos Aires: Libertador, 2009.

Thies, Cameron. "War, Rivalry and State Building in Latin America." *American Journal of Political Science* 49/3 (2005): 451-465.

Tilly, Charles. "War Making and State Making as Organized Crime." *Violence: A Reader.* Catherine Besteman, ed. New York: New York UP, 2002. 35-60.

Virilio, Paul. *Speed and Politics.* 1977. Nueva York: Semiotext(e), 1986.

_____ "The Third War: Cities, Conflict and Contemporary Art: Interview with Paul Virilio." *Virilio Now: Current Perspectives in Virilio Studies.* John Armitage, ed. Malden: Polity Press, 2011. 29-46.

Geografía militar y humana: la Guerra de Castas en Cecilio-Chí, de José Severo del Castillo

KARI SORIANO SALKJELSVIK
Universidad de Bergen

Nada revela mejor la fragilidad del territorio nacional que una guerra, ya sea porque la extensión de su mapa se ve amenazada por fuerzas invasoras o porque el territorio se ve fragmentado por conflictos internos. Este trabajo estudia *Cecilio-Chí. Novela histórica yucateca* (1869), de José Severo del Castillo, obra que se sitúa en plena Guerra de Castas, y que evoca el enfrentamiento entre mayas independentistas, por un lado, y *blancos*, por otro.[1] Como se verá, esta narración inserta en la descripción de su territorio –en su práctica de territorialidad– discursos específicos de la geografía mexicana del siglo XIX, y traza con ellos dos mapas simbólicos de la nación: uno de geografía militar y otro de geografía humana. Estos dos mapas operan en la novela en un nivel representativo y se convierten en un tipo de conocimiento esencial para la imaginación del estado-nación como entidad unificada.

En julio de 1847, un grupo de rebeldes mayas del sur y el oriente de Yucatán atacó Tepich y Tihosuco, dando comienzo a la llamada Guerra de Castas, conflicto explicado por lo general –y sobre todo durante el siglo XIX– en términos étnicos y que arrasó la península hasta 1901. Se trató de un enfrentamiento de extrema violencia, de complicadas alianzas entre mayas y *blancos*, que involucró intereses extranjeros e inestables relaciones con el gobierno central de México. Al terminar la guerra, gran parte de los campos de cultivo de Yucatán quedaron destruidos y, aunque no se sabe con certeza, se calcula que hubo casi 200.000 muertes y que más de 1.000 pueblos fueron totalmente arrasados (Barabas 176). Lo que sí es evidente es que se trató de una guerra que dejó una profunda huella en la península, no sólo en su tejido social y político sino también en el cultural.

Severo del Castillo (1824-1872) utilizó este conflicto como marco para escribir *Cecilio-Chí* desde la Fortaleza de San Juan de Ulúa, donde se encontraba preso por haber trabajado como Jefe del Estado Mayor para el Emperador Maximiliano de Austria (1864-67). Esta novela parece haber caído en el olvido y, si bien prácticamente no existen estudios detallados sobre ella, pueden encontrarse numerosas aunque rápidas referencias, sobre todo en textos historiográficos que tratan la Guerra de Castas. La poca atención que ha recibido acaso se deba a la ideología conservadora en la que se inscribe, a su abierto apoyo al imperialismo o a la manera directa con que describe a los mayas como salvajes irremediables. Aún así, la ingenuidad del argumento social de *Cecilio-Chí* resulta provechosa a la hora de estudiar este texto como parte de una construcción cultural más amplia y llena de contradicciones. Por otro lado, la novela es de interés quizás precisamente por su parcialidad –por situarse a la derecha del discurso político–, ya que contribuye a dar una visión más compleja del siglo XIX mexicano, tan a menudo estudiado en su expresión liberal.

Como en muchas de las novelas de la época, la trama de amor predomina en *Cecilio-Chí*. El texto se abre con una escena en la que la hermosa india maya María se encuentra en secreto con su amante Raimundo, un joven soldado criollo perteneciente a la nueva burguesía de Mérida, para contarle que ha quedado embarazada. Cecilio Chí, padre adoptivo de María, los espía, y al enterarse del embarazo golpea brutalmente a la joven, por lo que María huye a casa de Raimundo, con quien contrae matrimonio. Chí quiere matarlos, pero contiene la ira, y sus incipientes planes de rebelión contra los *blancos* se vuelven más sangrientos al adquirir visos de venganza personal, haciendo que las dos líneas narrativas de la novela –la de la historia de los amantes y la de la Guerra de Castas– converjan en una relación de causa y efecto. El conflicto entre mayas y criollos se acentúa y Raimundo sale para el frente. Entonces María es raptada por los hombres de Chí con la ayuda de dos terribles beliceñas, doña Celestina y su hija Niní. María aborta por el miedo que experimenta, y sus cautivos la conducen a las ruinas de Chichén-Itzá, donde descubrimos que ella es de origen noble, nada menos que la descendiente directa de Cocom, el cabecilla de la rebelión maya de 1761 y, por tanto, reina maya heredera de Yucatán. Niní intenta envenenar a María, pero su leal sirviente Uk la salva y la ayuda a escapar a Belice, donde por casualidad se reúne con Raimundo, quien la daba por muerta. La pareja, en compañía de Uk, se marcha, y en la última escena ven alejarse las playas de Yucatán desde la barandilla de un barco de vapor. Esta historia amorosa en plena Guerra de Castas se define como histórica no sólo en su subtítulo, *Novela histórica yucateca*, sino además por la presencia de un escritor que avala su discurso como testigo presencial de dicha guerra. Al efecto cabe recordar que Del Castillo había sido general de la Séptima División Militar de Yucatán y que con este rango había dirigido la campaña contra los rebeldes mayas. Para Nelson Reed,[2] quizás el historiador contemporáneo más citado con respecto a este conflicto, la novela fue "the first historical review of the war [...], and if his [sic] facts are not all they might be, it is interesting for the atmosphere and social attitudes it describes" [la primera narrativa histórica de la guerra (...), y si sus hechos no son descritos tal como fueron, es interesante debido a la atmósfera y a las actitudes sociales que describe; traducción de los editores] (395). Efectivamente, Cecilio Chí fue un personaje histórico y una de las figuras centrales de la rebelión en la provincia de Yucatán, y, aunque la novela cuenta una historia de amor totalmente ficticia, el telón de fondo, con sus fechas y batallas, coincide a grandes rasgos con lo que describen los historiadores de esa guerra, incluido Reed.[3] Es justamente la parte de la novela que delinea el desarrollo del conflicto bélico la que presenta especial interés para este trabajo, no porque sea históricamente precisa u ostente una tesis infalible sino porque es en la narración de las batallas, desde la masacre de Tepich hasta la toma de Mérida y Campeche, y finalmente la liberación de Valladolid, donde se identifican los discursos de la geografía decimonónica.

La relación entre la historia melodramática de amor y el recuento de la Guerra de Castas es, no obstante, íntima, ya que, como he dicho, en la novela se establece que Cecilio Chí aviva el comienzo de la rebelión maya para castigar el amor entre María y Raimundo:

> En efecto, este incidente vino a precipitar los proyectos apenas concebidos; y precipitarlos por causa del despecho que se apoderó de Cecilio al sorprender la cita amorosa de su hija y oír de sus mismos labios la confesión de su deshonra.

> Cecilio no dormía la noche de aquel terrible episodio; tejía en su cabeza turbulenta los hilos de la red en que debían quedar segadas todas las cabezas de los blancos en un mismo día, en una misma hora, y en todas las ciudades, pueblos y lugares de la Península. (24)

Aun así, en la narración las dos historias aparecen estructuralmente separadas, pues unos capítulos presentan el movimiento de las tropas por la península mientras otros narran las venturas y desventuras del amor entre María y Raimundo. Los capítulos van alternando casi sistemáticamente los dos relatos y, con escasas excepciones, la separación formal se mantiene. Si bien los capítulos sobre los amantes predominan en el texto, las secciones de las batallas leídas en secuencia presentan una historia cuyo motor narrativo es la toma de ciudades y pueblos por los diferentes bandos. Es más, la historia de la Guerra de Castas, narrada aquí desde el punto de vista de las fuerzas del gobierno, toma la forma de un viaje violento a través de la Península de Yucatán.

El desplazamiento de tropas durante la Guerra es uno de los puntos que García Cubas, el famoso geógrafo mexicano, toca en su *Curso elemental de geografía universal* (1884) al clasificar la geografía militar como una de las ramas de la geografía política y descriptiva. La estrecha relación entre la geografía y la acción militar había sido foco de estudio durante todo el siglo XIX en el mundo occidental, cuando se entendía que la tarea del geógrafo militar era sistematizar las aplicaciones de la geografía para la mejora del ejército en general, y no sólo para las tácticas de guerra.[4] García Cubas explica que los mapas trazados por los cartógrafos militares son, por razones estratégicas, cercanos a la topografía, ya que están llenos de detalles. Pero, además, "expresan los movimientos de las fuerzas en combate, sus distintas posiciones y todo lo que pueda dar idea de una acción en guerra" (*Curso elemental* 40). En otras palabras, se trata de un ejercicio geográfico al que se superpone un aspecto temporal y de movimiento. Casi cien años más tarde, Michel Foucault retoma el concepto de "desplazamiento" como metáfora espacial/geográfica y lo conecta inmediatamente con el tema militar: "Desplazamiento: se desplaza un ejército, una tropa, una población" (116). Para Foucault, la descripción de movimiento por el territorio –por el mapa– deja ver el vínculo de la geografía, concebida como sistema de dispersión de conocimiento, con dinámicas estratégicas y de poder. El entrevistador del filósofo apoya este argumento cuando añade:

Lo que hay que subrayar, a propósito de ciertas metáforas espaciales, es que son tanto geográficas como estratégicas, lo cual es muy normal puesto que la geografía se desarrolló a la sombra del ejército. Entre el discurso geográfico y el discurso estratégico se puede observar una circulación de nociones: la región de lo geográfico no es otra cosa que la región militar (de *regere*, dirigir), y provincia no es más que el territorio vencido (de *vincere*). (116)

A su vez, la batalla y el consecuente desplazamiento del ejército reenvían la atención al suelo, al campo. Esto es significativo, pues para que la práctica de territorialidad militar funcione en tanto desplazamiento por el espacio y el tiempo necesita construirse sobre una base concebida como propiedad estable: el territorio nacional. Sólo de ese modo se puede justificar en nombre de la comunidad ciudadana cualquier tipo de esfuerzo —ejercicio de poder— por preservar dicho territorio, pues conceptualmente la nación se construye siempre sobre un territorio rendido, seguro y controlado. Sin embargo, cuando Del Castillo traspasa la delineación del mapa militar a *Cecilio-Chí*, cuando la narra, lo que se revela es lo contrario: lo poco natural y estable de la relación de la nación con el territorio por el que se están desplazando las tropas. Esto no es de extrañar, pues si bien toda práctica de territorialidad se formula a través de una retórica que da por sentado el territorio de la nación, cuando la propiedad de ese territorio se cuestiona es cuando más fácilmente se ve que toda configuración territorial es no sólo una construcción cultural, sino también un ejercicio político y de poder.

En *Cecilio-Chí*, el narrador se manifiesta a través de un *ojo narrativo* que ve el territorio de una manera holística, comprensiva y conectada; es decir, como fenómeno estable, natural e incuestionable tanto en los capítulos de la historia de amor como en los de la guerra.[5] A lo largo de todo el texto este narrador hace numerosas referencias a "todo Yucatán", a "aquel desventurado país" y a "la Península", reforzando su visión unitaria con menciones a los caminos que cruzan el territorio, a las distancias que separan los diferentes centros urbanos, a las selvas que cubren la parte oriental, e incluyendo comentarios sobre la naturaleza general de las zonas en disputa. Por ejemplo, en un momento en el que Raimundo, frustrado, le dice a María que "iría derecho a arrojar[se] de cabeza en el cenote*" (12), junto a la palabra "cenote" aparece una nota al calce que explica que:

Cenotes llamaban *en Yucatán* a grandes y profundos depósitos de agua cuya cavidad ha sido abierta intencionalmente en la roca que forma *el piso general de la Península.* De esta agua recogida en las lluvias se abastecen *todas las poblaciones,* pues Yucatán carece de agua totalmente *en gran parte de su territorio.* (*) (12, énfasis mío)[6]

Al describir lo material –los elementos físicos del paisaje–, este *ojo narrativo* lo presenta de una manera ordenada y en un conjunto valorado culturalmente. De este modo, el texto crea una visión del territorio vertebrada por la geografía y con una perspectiva científica, explicativa, aunada a la cultural. Aunque a veces el *ojo narrativo* que observa el territorio puede parecer limitado –pues a lo largo de casi toda la novela está lloviendo y hay oscuridad– esto no se menciona como un impedimento para su percepción totalizadora del mapa imaginario/ literario de Yucatán; o sea, el *ojo narrativo* mantiene la capacidad de apreciar y representar la totalidad a lo largo de toda la novela.

No obstante, es necesario precisar que en la visión integradora y geográficamente explicativa del narrador existe una parte que se resiste a la descripción detallada: la selva y la zona que van ocupando los indígenas sublevados son siempre presentadas como una masa oscura dentro de la península que toma forma de anomalía en la representación geográfica de la totalidad. Es decir, en la geografía de la novela la zona insurrecta se formula como lugar indescriptible y, por lo tanto, resistente al escrutinio geográfico. La rebelión, significativamente, comienza a planearse en la selva cerca de Tepich, donde Cecilio Chí y otros rebeldes se reúnen:

En este tenebroso e impenetrable sitio [...] se abría la mina por cuya explosión debió desaparecer la Yucatán civilizada; y en donde unos cuantos seres, oscuros y miserables, pero llenos de audacia y odio, trazaban en las tinieblas de la noche, el perímetro del vasto osario que debía contener dentro de poco innumerables víctimas, y los escombros calcinados de las más prósperas poblaciones de la Península con sus *más fértiles y productivas campiñas.* (35, énfasis mío)

La impenetrabilidad de esta selva enfatiza la diferencia cultural entre los dos mundos en conflicto, por lo que conceptualmente la selva oscura se convierte en un lugar donde no entra ni parece poder entrar la civilización: una masa de barbarie. De esta cita destaca el argumento que explica geopolíticamente el inicio de la Guerra de Castas: si en el territorio nacional no hubiera habido este tipo de "tenebrosos e impenetrables sitios" –lugares que escapan al control y al estudio topográfico, lugares donde los indígenas se pueden esconder–, la Yucatán civilizada no habría entrado en guerra. Es más, el peligro de estos sombríos lugares se define en términos económicos, pues al expandirse hacen que desaparezca la agricultura próspera y productiva que, en la cita, define el mapa de la península antes del conflicto. La ironía, como sabemos, es que la resistencia maya se debía en gran parte al proceso jurídico de enajenación y privatización de tierras consideradas baldías que tuvo lugar en Yucatán desde principios de siglo, que les iba expropiando a los indígenas sus terrenos de cultivo. Aun así, en la novela, la mancha negra ocupada por los rebeldes es una parte definitoria en la configuración del mapa simbólico de la península: el *ojo narrativo* presenta conceptualmente un todo en el que hay integrada una mancha negra incognoscible, una anomalía, que hay que eliminar.

El Yucatán de *Cecilio-Chí* aparece dividido, en otras palabras, entre una zona donde se puede *ejercer la geografía* detalladamente y otra en la que no. Al mostrar un mapa simbólico que delimita y presenta la totalidad del territorio, pero que incluye un área donde la misma fuerza gráfica de la geografía se va perdiendo, la novela de Del Castillo despierta el deseo de conservar la capacidad de representación; es decir, el territorio geográficamente posible, la civilización. O, dicho de otro modo, la construcción discursiva de esa mancha oscura indiferenciada legitima la campaña contra los mayas a la vez que subraya la necesidad que el *blanco* tiene de protegerse de la posible expansión salvaje. En *Imperial Eyes*, Mary Louise Pratt ya ha señalado cómo este tipo de estrategia configura una apropiación simbólica del territorio: "Always part of an expansionist narrative, this polarizing rhetoric negates indigenous claims to the land (they always came from nowhere, or some other unseen place), as well as whole histories of contact, like that between the Pampas Indians and Spanish colonialism" [Siempre parte de una narrativa expansionista, esta retórica polarizadora niega cualquier reclamo indígena sobre la tierra (ellos siempre vienen de ninguna parte, o de algún lugar no visto), así como historias enteras de contactos, como aquella existente entre los indios Pampas y el colonialismo español; traducción de los editores] (186). Por ello, la descripción de estas zonas opuestas culturalmente, pero que a su vez son parte integral del territorio

nacional, explicita la necesidad de empujar fuera del mismo la mancha
oscura –la imposibilidad geográfica, la barbarie– proyectando en el
futuro la posibilidad de una península unida, conocida, comunicada
y civilizada que pueda servir como escenario para la nación moderna.
A partir del capítulo cuatro de la novela se intensifica la narración
del mapa militar imaginario, y las secciones que narran el desarrollo de
la guerra adquieren una dinámica interna en la que, cuando los *blancos*
ganan, el territorio tiene nombres, caminos, habitantes y aguas; mientras
que cuando avanzan los indígenas rebeldes, el territorio borra nombres,
se torna vacío, negro, comido por la selva. Como consecuencia, una
vez que los mayas han ocupado casi toda la península, para el narrador
"todo Yucatán era un osario en medio de un desierto sembrado de
escombros y de ruinas ennegrecidas con las llamas del incendio" (118).
Por contraste, el avance criollo se va proyectando claramente a través del
uso de los nombres de las ciudades que se toman, sobre todo a partir
del capítulo que lleva el título "Reconquista":

> Oxkutzcab y a poco la importante plaza de Tekax, cayeron en poder de las
> tropas del Gobierno, que se las quitaron a los indios. Al mismo tiempo se
> tomaba el pueblo de Teabo, y se reocupaba Sotuta, quitándoselo a los indios,
> y ocupando los pueblos de Teabo y Yaxcabá, defendidos por más de tres mil
> indios que sufrieron grandes pérdidas [...].
> Con el fin de destruir este importante cuerpo de insurrectos, se ocupó el
> pueblo de Tahdziú, a la vez que se tomaba, después de buena resistencia, a
> Tzucacab. (176-77)

Crear una lista de plazas tomadas –reinaugurar ciudades y pueblos–
se convierte en un acto equivalente a un avance del poder de la palabra,
y con ella de la civilización. Desde este punto de vista, la lista de las
ciudades tomadas a los indígenas se lee como mero registro geográfico,
científico, del movimiento de las tropas por el mapa simbólico militar.
En momentos como éste, *Cecilio-Chí* recuerda la manera en que Cristóbal
Colón instauraba su llegada a América poniéndoles nombres españoles
a las cosas, equiparando el acto de enunciación con el acto de tomar
posesión territorial. Dar nombres se asocia entonces con la noción de
origen y con un ejercicio de dominio. La diferencia, claro, es que en la
novela de Del Castillo no se traducen ni cambian los nombres indígenas.
Esto puede extrañar, pues como Reed señala, en los años cuarenta
del siglo XIX hubo un incremento de población en Yucatán que trajo

consigo una migración de ambas razas hacia el sur y el suroeste, lo que a su vez llevó a que muchos nombres indígenas de pueblos y aldeas se cambiaran por nombres españoles.[7] En cierto nivel, la profusión de toponimias mayas en la novela puede denotar un tono de exotismo, pero simbólicamente el efecto es más sofisticado. Como ya he dicho, por un lado, el avance de los indígenas aparece en la novela descrito como un acto de destrucción: cuando los mayas entran en los pueblos o ciudades se describe en detalle lo sangriento y brutal que es su guerrear, la manera en que todo se convierte en nada. Por otro, las victorias de los *blancos* se inscriben como localizaciones en el mapa, sin descripción de batallas ni hechos de sangre, como un proceso en el que los nombres indígenas –y con ellos, figurativamente, la población indígena– sencillamente entran a formar parte del mapa simbólico de la nación. El indígena maya, presentado a lo largo de la novela como salvaje o bárbaro, no sólo es el enemigo que hay que aniquilar, expulsar de Yucatán o, en su defecto, asimilar en la nueva configuración del México independiente. Es también la pesadilla –literalmente el lado oscuro– de la civilización: aquello que le recuerda al letrado lo que podría haber sido si no fuera civilizado. Este "peligro" se extrema en el conflicto bélico cuando el letrado y el bárbaro muestran caras parecidas al perseguir la misma meta: matar al enemigo. Si bien guerrear es un acto violento y sangriento por definición, *Cecilio-Chí* necesita restarle importancia a los actos cruentos del bando *blanco*, de ahí que a su avance se le reste toda brutalidad y aparezca como un movimiento aséptico, limpio y por lo tanto civilizado, como un movimiento que incluso respeta el nombre autóctono de las cosas.

Por otro lado, el intenso enfoque en la toma de plazas en esta parte de la narración va identificando la noción de dominio militar de un territorio con el control de los centros administrativos: las ciudades y los pueblos de Yucatán. En la novela, el mapa imaginario de la península muestra una red de enclaves tomados y conectados que prometen orden y seguridad para el resto del territorio, lo que a su vez le resta importancia a la mancha oscura que representa la selva ocupada por los rebeldes, en tanto el movimiento de las tropas proyecta su futura desaparición. Este mapa simbólico de Yucatán en *Cecilio-Chí* tiene puntos en común con lo que Lauren Benton ha llamado "imaginación geográfica imperial", cuando analiza la manera en que hasta finales del siglo XIX los grandes imperios ejercían control sobre el territorio de las colonias a través de corredores y enclaves:

> Empires did not cover space evenly but composed a fabric that was full of holes, stitched together out of pieces, a tangle of strings. Even in the most paradigmatic cases, an empire's spaces were politically fragmented; legally differentiated; and encased in irregular, porous, and sometimes undefined borders. Although empires did lay claim to vast stretches of territory, the nature of such claims was tempered by control that was exercised mainly over narrow bands, or corridors, and over enclaves and irregular zones around them. (2)

> [Los imperios no cubrían el espacio de manera regular, sino que conformaban un tejido lleno de huecos, cosido a partir de retazos, (como) una maraña de cuerdas. Incluso en los casos más paradigmáticos, el espacio imperial estaba fragmentado políticamente; diferenciado legalmente; y contenido entre fronteras porosas, irregulares, muchas veces indefinidas. Aunque los imperios sí pretendían poseer vastos territorios, la naturaleza de estas pretensiones era morigerada por el control que era ejercido principalmente sobre franjas delgadas, o corredores, y sobre enclaves y zonas irregulares constituidas alrededor suyo; traducción de los editores]

La práctica de apropiación territorial narrada en *Cecilio-Chí* se despliega con un control que cubre más allá de los corredores y enclaves que describe esta crítica, pero coincide con la imaginación imperial en que se establece sobre un territorio desigual del que se han desplazado poblaciones aborígenes y que aún no se domina en su totalidad.

La creación de un mapa militar simbólico escindido en una región civilizada y otra bárbara se relaciona con la manera en que los letrados yucatecos entendían la Guerra de Castas fundamentalmente como un conflicto étnico entre *blancos* y mayas, conflicto cuyas causas, a su vez, tenían un origen histórico. El argumento etno-histórico se establece en la primera parte de *Cecilio-Chí*, en la que se presenta desde un punto de vista diacrónico la naturaleza violenta de los mayas yucatecos y, más tarde, una hipótesis sobre las causas políticas y sociales del conflicto. El capítulo 2 de esta sección, "Polvo de aquellos lodos", mira especialmente al pasado, no sólo para contextualizar históricamente la rebelión sino también para detallar características étnicas de los indígenas mayas. Resaltan en este capítulo especialmente dos puntos. El primero es el peso del linaje de Cecilio Chí, que el narrador reconstruye hasta el reino de Sotuta y que emerge en estas páginas de la novela como otro de los elementos que activan el conflicto bélico. El narrador cuenta cómo los sotutas, "esa raza indómita y feroz" (19), defendieron Yucatán en 1542 contra el conquistador Francisco de Montejo el joven. Del rey de los sotutas, Cocom, sobresale "su odio contra los aventureros españoles, su audacia y su carácter feroz y sanguinario" (20). No obstante, lo que en el comienzo del pasaje parece ser una cuestión personal de temperamento –"el odio que abrigaba *este monarca*" (18, énfasis mío)– se convierte poco a poco en una característica étnica más de todo el pueblo sotuta y de sus descendientes, quienes jamás desecharon "ese odio contra sus dominadores, demostrándoselos [sic] más de una vez con sus frecuentes rebeliones" (21). Como descendiente de los sotutas, "Cecilio Chí heredó las dotes de sus padres; era feroz y sanguinario, hombre de genio y de una audacia apenas concebible; uniendo a todas estas circunstancias una musculatura hercúlea y una voluntad de hierro" (22). Lo que delatamos aquí es la enunciación de un concepto de etnicidad en el que se aúnan elementos físicos –la agilidad, la fuerza, la dentadura– y emocionales, como el odio ancestral a los españoles. Lo importante es que la idea de una enemistad que se hereda de generación en generación posibilita la reducción del complicado enfrentamiento bélico a un problema étnico.

Una vez establecidas las diferencias irreconciliables entre *blancos* y mayas, el segundo argumento central en este capítulo es que la Guerra de Castas ocurrió debido a la ruptura política interna entre centralistas y federalistas yucatecos tras la independencia de la corona española, lo que a su vez dio pie a desatinadas alianzas entre *blancos* e indígenas que terminaron enseñándoles estrategias militares a los mayas –representados aquí por Cecilio Chí– y propiciaron así su venganza:

> Desde que, por primera vez, Cecilio Chí concurrió a la defensa de Campeche, en Octubre de 1842, pudo estimar los elementos y organización de la raza blanca, y un osado pensamiento cruzó por la imaginación ardiente de aquel hombre [...] Todo esto veía el astuto Chí, y con calma imperturbable, acechaba el momento de saltar sobre su incauta presa y devorarla. (23-24)

Esta propuesta es sustancial para el argumento ideológico de la novela y se desarrolla más detenidamente en el capítulo titulado "Centralistas y Federalistas", que comienza explicando que hasta 1840 el eco de las Guerras de Independencia y sus conflictos posteriores casi no se había dejado oír en la península; "sólo [en] el centro de las más grandes poblaciones, pero no pasó más de allá de las espesas selvas que abrigaba a *la gran masa de indios que se habían conservado pacíficos y obedientes hasta entonces*" (55, énfasis mío). Lo que expresa el comienzo de este capítulo son, además, otros dos puntos de peso. Primero, insiste en la pertenencia tanto histórica como territorial de la península al resto de la federación. Y, segundo, propone que a pesar de la turbulencia que define la primera mitad del siglo XIX, las poblaciones indígenas de Yucatán ignoraban todo tipo de práctica bélica moderna. Nos dice el narrador: "Los indios eran enteramente extraños a estas contiendas de partido, y sumidos en las profundidades de los bosques, ignorando el manejo de las armas, no tenían más idea de lo que era la guerra, que la que por tradición les habían transmitido sus antepasados" (55). Una vez presentados estos dos argumentos, el capítulo narra el conflicto entre centralistas y federalistas, la declaración de Yucatán como estado independiente en 1840 y, por último, el papel de Cecilio Chí y Jacinto Pat en el conflicto bélico, haciendo hincapié en cómo fueron utilizados para conveniencia tanto de centralistas como de federalistas.

Un elemento central del razonamiento de Del Castillo es que Cecilio Chí y Jacinto Pat sólo pudieron preparar la insurrección tras aprender técnicas bélicas con los *blancos*. El narrador de la novela explica que Chí reconoce su propia fuerza después de luchar junto a Abraham Flores, dirigente centralista yucateco, y derrotar a los meridanos por primera vez: "Este triunfo –primer ensayo de Chí– hizo latir el corazón del audaz caudillo, quien desde ese mismo instante concibió sus proyectos de sublevación, comenzando sus sueños de reconquista" (60). El instante refuerza además el interés personal que Chí tiene en la revuelta, pues ya no se trata sólo de vengar el matrimonio de su hija, sino también de satisfacer sus ambiciones personales de poder. El germen revolucionario se refuerza más tarde, cuando Flores no cumple las promesas de remuneración que les había hecho a los mayas, haciendo que Chí y Pat se conviertan en sus enemigos personales –y, por extensión, de todos los *blancos*– pasando a ser desde entonces "los caudillos de la insurrección" (62). Es decir, Del Castillo explica la rebelión como resultado de la educación militar que las luchas políticas de los *blancos* proporcionaron indirectamente a los indígenas en los años cuarenta. Considerando que Del Castillo era imperialista, no es de extrañar que viera la Guerra de Castas como un síntoma del decaimiento y el caos en que entró la región tras su independencia de la corona española. Por ende, y a la luz de que los mayas rebeldes, esos "seres oscuros y miserables" (35), forman parte de una zona negra y amenazadora, su análisis histórico añade a la retórica polarizadora antes descrita la idea de que asimilar a los mayas resultaría imposible.

A grandes rasgos, la explicación que Del Castillo hace en *Cecilio-Chí* sobre las causas que determinaron la sublevación indígena de 1847 era compartida por muchos de los letrados yucatecos de la época, tanto liberales como conservadores, que debatían sobre la naturaleza bárbara y rebelde del indígena maya, y sobre el papel que jugó en la Guerra de Castas la escisión entre centralistas y federalistas que definió la primera mitad del siglo XIX.[8] Estos argumentos son modificados y modifican la visión global que estos intelectuales conservadores decimonónicos tenían sobre los mayas. Además, las explicaciones le otorgan tanta importancia a la cuestión racial que por momentos quedan de lado causas económicas, políticas y de diferencia de clase que fueron factores determinantes en una guerra que corre el peligro de quedar reducida a un enfrentamiento entre civilización y barbarie.

Otro punto importante es el mapa étnico que esboza la novela. Las categorías étnicas en *Cecilio-Chí* podrían parecer en un principio simples, ya que, como se ha visto, los rebeldes ocupan una mancha oscura en el mapa simbólico, mientras los *blancos* dominan el resto del territorio. Pero pronto descubrimos que la distribución de razas no coincide con aquella trazada por el mapa militar sino que sigue otros criterios de organización. Durante el siglo XIX, la geografía humana era una rama de la geografía física, a diferencia de la geografía militar, que era una rama de la geografía política y descriptiva. García Cubas, al presentar las razas del globo en su *Curso elemental de geografía universal,* opera con cinco diferentes tipos de razas humanas, y ofrece una clasificación que se apoya en "el sistema moderno de Martin" (128) y en los argumentos de Buffon. Dentro de su tipificación, el blanco pertenece a la raza japética:

La raza *Japética* es la más diseminada, pues ocupa el Indostán, la Persia, la Arabia, la Palestina, la Circasia, el Norte de África, toda la Europa y la mayor parte de las dos Américas. Es la única que presenta cabellos rubios o castaños y ojos azules; es la más blanca y susceptible de una alta civilización.

> Es también la más guerrera, al mismo tiempo que la más inteligente y la
> más bella. (130-31)

Por otro lado, las razas indígenas de América del Sur pertenecen, según el geógrafo, a la denominada raza occidental, análoga a la raza mongola con su "figura informe, sus gestos repugnantes y sus costumbres groseras" (131). Esta división científica y dicotómica de la época iba a ser, en la práctica, problemática para un país que reclamaría más tarde el mestizaje como uno de los pilares de su identidad nacional. Pero en el caso de la novela de Severo del Castillo, el problema de la clasificación humana no reside tanto en la cuestión del mestizaje como en la dificultad que conlleva pensar en los indígenas como bárbaros, como inferiores y, a la vez, apoyar una ideología conservadora que ve la sangre real, sea de la raza que sea, como una institución sagrada, elegida de Dios y, por ello, intocable en el sentido más literal de la palabra. Como consecuencia de la tensión resultante entre estas percepciones, el mapa humano de Yucatán que presenta *Cecilio-Chí* se complica.

En la narración de la historia de amor que presenta *Cecilio-Chí* encontramos una clasificación tripartita de los indígenas, y no sólo la dualidad *blanco*-indio. El primer grupo de mayas es el de los rebeldes que, encabezados por Cecilio Chí, luchan contra las fuerzas del gobierno. Su descripción tiene rasgos bestiales y deterministas: son vengativos, "seres oscuros y miserables" (35), de una "altiva y guerrera raza" (59), borrachos (51), con el corazón lleno de "el deseo del exterminio y el de su independencia" (57). Además, en la guerra matan a "[m]ujeres, ancianos, niños y soldados" (97) sin diferenciar. Por último, estos indígenas son un freno evidente para la civilización y la modernización de México, pues no quieren trabajar, "viviendo en la ociosidad y el abandono; y [...] de la rapiña", ya que son "enemigo[s] del trabajo material y mecánico" (22). Este grupo de mayas "puros" queda claramente definido como el enemigo que hay que exterminar si no se quiere perder Yucatán. En el mapa literario del Estado-nación que traza esta novela no hay lugar para estos indígenas más que en la masa negra de selva y el territorio quemado.

El segundo grupo de indígenas es leal a los *blancos* en la guerra contra los rebeldes. Este grupo aparece como inferior a los *blancos* y necesitado de su protección. En la novela, según las tropas del gobierno van tomando las diferentes plazas, éstas son repobladas no sólo por los *blancos* sino también por "[m]ultitud de familias indias de los pueblos abandonados [que] se presentaron y volvieron a instalarse en ellos, sometiéndose al Gobierno y permaneciendo tranquilas desde entonces" (177). Simbólicamente, estos indígenas sumisos entran a formar parte del territorio civilizado de Yucatán y, por tanto, de la comunidad nacional.

La tercera subdivisión de los indígenas con la que opera Del Castillo en *Cecilio-Chí* la personifica María, diferenciada del resto porque por sus venas corre la sangre de los reyes mayas. María es superior a cualquier otro indígena, con una "rara hermosura" (11), con una "hechicera dentadura" y una "flexibilidad voluptuosa" (21). Su físico, descrito en términos etnográficos, muestra además "seductoras facciones" (32) y formas "perfectas y proporcionadas" (52). A lo largo del texto queda así clara la supremacía racial de María frente al resto de los mayas, pues estos son descritos en la novela en términos más parecidos a los que presentaba García Cubas al compararlos con los mongoles. La distinción puede extrañar en una novela que claramente aboga por el control o la destrucción de los mayas de Yucatán. Al respecto, en su tesis doctoral, John Kyle Echols interpreta la manera en que Del Castillo realza la nobleza de María como una restricción en la ficción fundacional del matrimonio entre *blancos* e indígenas. En su lectura, sólo los indígenas cultural y religiosamente asimilados entran a formar parte de la mencionada relación alegórico nacional que, por ende, incluye una clara dinámica de sumisión, ya que, como deja bien claro la novela, "Raimundo era dueño de María" (205). En otras palabras, sólo los mayas "buenos" tendrán acceso a la comunidad nacional, y esto en un rol subordinado al *blanco*, tanto económica como simbólicamente. El hecho de que la pareja ejemplar tenga que salir de Yucatán al final de la novela es para Echols un simple síntoma del pesimismo que el letrado sentía por el futuro de la península (412). Pero la supremacía de María sobre el resto de los indígenas se puede ver también como coherente con un elemento central del pensamiento conservador decimonónico. Sobre el tema del conservadurismo, Conrado Hernández ya ha señalado que las ideas del francés Joseph-Marie de Maistre (1753-1821) se dejan ver en la novela. Hernández argumenta que la selección de la Guerra de Castas como escenario de fondo en la novela muestra que "el conflicto bélico arrasaba con todo porque era una manifestación de la fuerza divina"

(85). En efecto, *Cecilio-Chí* se suma a la idea de Maistre de que sólo tras destruir aquello que sea malo –en este caso, los insurrectos– se puede levantar una gran nación, literalmente sobre las cenizas de la batalla; de ahí que la guerra sea concebida como un mal necesario que le dará a Yucatán la posibilidad de "hacer borrón y cuenta nueva" en su historia. En otras palabras, la guerra presenta un momento inaugural en el que se rearticula la relación entre el Estado, el territorio y los sujetos que habitan dicho territorio. A su vez, la guerra es el motor de una desaparición, que en el caso de la novela *Cecilio-Chí* ya se intuía temáticamente en la descripción del territorio maya como una mancha oscura inaccesible al escrutinio geográfico.

Hay que añadir que la novela de Del Castillo encuentra otros puntos en común con la ideología de Maistre en cuanto a la cuestión étnica, como la idea de que los soberanos representan una institución bendecida por Dios y que, por lo tanto, se le debe respeto y sumisión a la sangre real. En palabras del filósofo francés, "all sovereignty comes from God; under whatever form it exists, it is not the work of man. It is one, absolute, and inviolable by its nature" [toda la soberanía proviene de Dios; cualquiera que sea su forma, no es producto del trabajo del hombre. Es una, absoluta, e inviolable por su naturaleza; traducción de los editores] (119). Además de no diferenciar entre tipos ni nacionalidades al hablar de soberanías, Maistre añade que el soberano siempre actúa siguiendo las instrucciones que le dicta Dios, que "communicates with him, it inspires him; it engraves on his forehead the sign of its power; and the laws that he dictates to his kind are only the fruits of this communication" [se comunica con él, lo inspira; rubrica sobre su frente el signo del poder; y las leyes que dicta a los suyos son sólo frutos de esta comunicación; traducción de los editores] (58). Por eso, continua Maistre, la gente se somete a sus soberanos ciegamente, pues entiende intuitivamente que hay algo sagrado en ellos que no se puede ni crear ni destruir. En *Cecilio-Chí*, de acuerdo con este pensamiento conservador, los personajes que se acercan a María, que lleva en su físico todas las señas de ser de sangre noble –es el único personaje maya de la novela cuyo cuerpo es descrito en términos positivos–, sienten la necesidad de respetarla y obedecerla. El narrador, como si fuera un eco de Maistre, explica que esto se debe a que "[l]a estirpe regia en todas las razas se distingue a la primera ojeada por una invisible aureola que fascina y da un irresistible imperio sobre el vulgo, inspirando un respeto involuntario" (52). La dificultad estriba, claro, en que en la lógica *blanca* del novelista el "trono" de Yucatán no se le puede devolver a los indígenas, por muy de sangre azul que sean, pues esto supondría un retraso en el proceso de civilización y modernización de la nación. Del Castillo, como hemos visto, soluciona este conflicto en el texto dejando vivir a la joven noble, pero en el exilio. Por otro lado, en *La Guerra de Castas en Yucatán*, mantiene que lo mejor para la península sería que tuviera un gobernante extranjero: "Conviene para el bienestar, para la prosperidad y grandeza de Yucatán, mientras no mueran las aspiraciones personales, que lo gobierne un hombre extraño [al país] y a sus maléficas influencias; y que sepa a la vez aprovechar ese claro y sutil entendimiento con que la naturaleza ha dotado a sus hijos, y que no han querido utilizar en su propia felicidad y bienestar" (130). La propuesta no asombra en voz de un abierto imperialista mexicano, y ofrece una solución a su idea de que Yucatán se veía disminuido por conflictos internos desde la independencia de la corona española.

La superioridad hereditaria de la joven princesa maya se subraya aun más cuando tras su matrimonio con Raimundo ambos se mudan a una antigua hacienda en la selva, donde viven enamorados. Es revelador que su idilio tenga precisamente lugar en la selva, en aquel lugar que desde el principio de la novela aparecía como impenetrable. Es más, la narración insiste en que tanto María como Raimundo se encontraban allí totalmente en su elemento. En términos de conceptualización territorial, una de las ventajas de este romance nacional es que podría lograr el control de todo el territorio de la península, pues la pareja vive tanto en fincas y ciudades como en la oscura selva. Si el mapa militar, como hemos visto, no lograba dominar del todo la mancha negra, la idea de este posible matrimonio ofrece una oportunidad para penetrar sus secretos. En este lugar de encuentro es posible, además, educar al indígena noble, como ocurre con María, quien con la biblioteca y la guía de Raimundo se convierte en un "diamante" cuya compañía es cada vez más valorada por el marido y por la sociedad de Mérida. La propuesta no deja dudas: el indígena *noble*, si es bien educado, puede convertirse en una aportación positiva para la sociedad mexicana, a diferencia del resto de los mayas, que se veían condenados a la sumisión laboral y social o a la muerte. Pero este sueño, el sueño de la unión entre *blanco* e indígena —el sueño de control de esa parte impenetrable del territorio—, es interrumpido cuando Raimundo trae noticias de la sublevación y tiene que ir al frente. La guerra va a tener consecuencias funestas para este matrimonio interracial, ya que al final de la novela no hay sitio para ellos: se crea una frontera infranqueable entre el territorio maya y el *blanco*, por lo que tienen que abandonar el país. María no puede ser una indígena más entre la categoría de sumisos, ni tampoco puede ser aniquilada, debido a su sangre noble. Su salvación residía en la eventualidad del mestizaje, pero la guerra, como hemos visto, trunca este futuro.

La división en estos tres grupos étnicos en *Cecilio-Chí* es ideológica, política y cultural, y entra en conflicto con las clasificaciones científicas predominantes durante el siglo XIX en México, como la presentada por García Cubas. Mientras que el geógrafo operaba con una dicotomía en la cual los indígenas mexicanos se parecían a los mongoles, en la lógica conservadora de la novela la maya *noble* posee rasgos físicos laudables. La dificultad conceptual de la clasificación racial de Del Castillo se hace más evidente al final de la novela, cuando una vez terminada la primera etapa de la guerra la narración intenta resumir la distribución humana en su mapa étnico simbólico. Nos dice el narrador:

> ...el ejército aseguró sus nuevas posiciones y todos los pueblos conquistados, por medio de grandes líneas de defensa que separasen a los bárbaros que ocupaban el desierto, de la parte poblada que encierra verdaderamente toda la riqueza yucateca. Estas líneas de defensa, que hoy son verdaderas fronteras entre dos pueblos diferentes, se fortificaron estableciéndose cantones o puestos militares en toda su extensión, con el fin de evitar la entrada de los bárbaros en el interior de Yucatán. (194)

Es decir, si bien el *ojo narrativo* puede ya concebir toda Yucatán como reconquistada, la imagen que predomina en este pasaje es la que divide el territorio entre un "adentro" y un "afuera" del control del Estado.

Pero cuando el mapa humano simbólico de Yucatán parece ya acabado con la división por la frontera militar, surge en la novela una nueva categorización. La noción dicotómica de mayas dominados y mayas rebeldes deja paso a:

> ...tres grandes porciones según lo exigían *sus razas diferentes* [...] Los indios del Sur poblaron los terrenos desiertos de Campeche; los del Oriente, los de Chichanhá y Chan-Santa-Cruz; y los del Norte, los de Kantunil, cerca de las playas de Cabo Catoche. Distintos capitancillos se sucedieron en el mando en

cada una de estas tribus, que [...] ya fuertes con su experiencia militar, con su práctica en la guerra y con la fuerza moral que les dieron algunos triunfos que obtuvieron sobre sus contrarios, se establecieron sólida y permanentemente en sus terrenos, en donde ya formaron pueblos y fabricaron edificios que aumentan y prosperan. (196, énfasis mío)

En esta cita, las "razas diferentes" como unidad organizativa dan paso a "capitancillos" y "tribus" que delatan que la distribución humana propuesta en la primera oración es una construcción política y de poder, y no étnica. Este hecho se ve reforzado cuando tras los hechos narrados en este párrafo los indígenas vuelven a ser agrupados, pero ahora en tres grupos dependiendo de si hacen tratados de paz con los *blancos* o no: el primer grupo lo componen los sumisos descendientes de Tutu-Xiú, el segundo los de Kantunil, quienes también llegaron a un acuerdo de paz y, finalmente, los indígenas de Oriente que siguen haciendo "una guerra horrible y devastadora en Yucatán" (198). En esta última clasificación se mezclan, como vemos, el criterio genealógico y el político, por lo que el aparente cientificismo del mapa simbólico de la distribución de razas se desmorona del mismo modo que el militar. Además, esta última distribución etno-geográfica de los mayas no concuerda con la que se había ido trazando a lo largo de la narración, pues en este último mapa literario no aparece la nobleza indígena. De este modo, descubrimos que es difícil llegar a una clasificación étnica coherente, tal y como advertía García Cubas: "Muchos han sido los naturalistas que se han ocupado en clasificar con precisión las razas humanas, segun [sic] las diferencias que ofrecen; mas sus trabajos hasta el día, aunque muy útiles, no han alcanzado el fin que se han propuesto" (*Curso elemental* 128). Y, efectivamente, la clasificación racial resulta tan compleja que ni en la lógica de una sola novela se logra.

No obstante la fragilidad con la que la geografía militar y la geografía humana son trazadas en la novela, su discurso científico narrado paralelamente con la historia de amor legitima de manera afectiva y comprensible el exterminio de los indígenas rebeldes (salvajes sangrientos que quieren matar a los héroes), la salida de Yucatán de la noble maya María con su marido Raimundo (marca la imposibilidad de mantener la realeza maya, para la que no queda lugar), y la clasificación de los indígenas tras la guerra en términos ideológicos y políticos (ni científicos ni raciales). Leer en detalle el trazado del territorio nacional en *Cecilio-Chí* y descubrir su relación con diferentes ramas de la ciencia de la geografía decimonónica en México revela las diferentes prácticas de territorialidad que ejecuta la novela. En ella, definir el territorio es más que presentar un telón de fondo para las acciones de la polis, ya sea literaria o real, no sólo porque se trata de un proceso complicado y lleno de contradicciones sino también porque el territorio, por mucho que se pretenda definir en términos estrictos, no es un simple contenedor estático y clasificatorio de la nación.

Como hemos visto en *Cecilio-Chí*, el discurso científico geográfico, expresión indiscutible de la modernidad para los letrados mexicanos decimonónicos, tiende a presentar una imagen orgánica y unida de la nación necesaria para su "buen gobierno" y, sobre todo, para su administración. Como hemos visto, la geografía militar y humana, como práctica de territorialidad, se ejerce más allá de lo descriptivo. Lo que oculta esta narración son las inestables alianzas entre mayas y no-mayas durante el conflicto, las intervenciones extranjeras, los problemas relacionados con el reclamo de impuestos, los conflictos causados por la privatización de los terrenos considerados baldíos y por dinámicas oportunistas de los dos bandos involucrados. Estos factores quedan hasta cierto punto velados no sólo en *Cecilio-Chí* sino también en muchos otros textos decimonónicos, debido al énfasis que hacen en definir el conflicto bélico como un problema ante todo racial. La Guerra de Castas fue más que nada una guerra sobre la propiedad de la tierra, la cuestión agraria y el cobro de impuestos para el Estado y la Iglesia, como señalan Reed, Terry Rugeley y Piedad Peniche Rivero, entre otros. La transición de la península al capitalismo, tras la independencia de España, hizo que el gobierno de Yucatán favoreciera el fomento de la agricultura. Para ello privatizó los llamados "terrenos baldíos" en beneficio, sobre todo, de los militares y los sacerdotes. Como Peniche Rivero recuerda, entre 1843 y 1847 se enajenaron 800 mil hectáreas de tierra de las regiones del sur y del oriente, donde se inició el conflicto bélico:

> El gobierno liberal de Yucatán había promovido ampliamente el nuevo "espíritu de empresa" mediante una trilogía de leyes –sin hablar de la Ley de Colonización de 1841, que favorecía el fomento de la agricultura y la llegada de colonos– que buscaban impulsar el capitalismo agrario. Leyes que limitaron el tamaño de los ejidos de los pueblos, y en consecuencia pusieron la tierra en arrendamiento a los mismos pueblos, y recompensaron

a los soldados con concesiones de tierra, lanzando ésta al mercado como mercancía bajo la ficción de "baldío". (149)

En los años 40 esas áreas experimentaron un gran desarrollo en el cultivo de la caña de azúcar. Reed apunta que el 90% del azúcar de Yucatán provenía de las zonas fronterizas que habían sido expropiadas. Además, en 1846 el henequén[9] –que se empezó a comercializar en los años 30– ya se había convertido en el segundo producto de exportación de la península. Si bien en un principio, como he señalado, se fomentó el cultivo de la caña de azúcar y del maíz, así como la explotación de la caoba, con la introducción del cultivo comercial del henequén cambiaron dramáticamente tanto la geografía como la sociedad yucatecas. La producción de este bien se triplicaría entre 1870 y 1879, pasando de 30.000 fardos a 90.000, para sobrepasar el medio millón al terminar el siglo. Paul K. Eiss resume así el cambio:

U.S. companies became powerful agents in the Yucatecan economy, with local elites dependent on them for capital and markets. Some Yucatecan planters, merchants, and purchasing agents, however, amassed considerable profits during the henequen boom, or *auge*. Over the course of a few years, Yucatán was transformed from one of Mexico's poorest states to one of its richest, with a few Yucatecan families achieving such wealth and power that resentful critics came to refer to them as constituting a *casta divina*. The state capital, Mérida, became a modern city in which members of the henequen elite built palatial homes, constructed wide boulevards, and busied themselves importing pianos and the latest European styles. (528)

[Las compañías estadounidenses se convirtieron en poderosos agentes en la economía yucateca, cuyas élites locales dependían de ellas para procurarse capitales y mercados. Algunos hacendados, negociantes y agentes comerciales, sin embargo, amasaron buenas ganancias durante el boom del henequén, o *auge*. Transcurridos unos pocos años, Yucatán pasó de ser uno de los estados mexicanos más pobres a ser uno de los más ricos, con algunas familias yucatecas alcanzando tal nivel de riqueza y poder que críticos resentidos llegaron a referirse a ellos como constituyendo una *casta divina*. La capital del estado, Mérida, se convirtió en una ciudad moderna en la cual los miembros de las élites, enriquecidos con el henequén, levantaron casas palaciegas, construyeron anchos bulevares, y se ocuparon en importar pianos y los últimos estilos de la moda europea; traducción de los editores]

Los beneficios de este desarrollo económico no llegarían nunca a las comunidades mayas, que tras perder la guerra se vieron obligadas a trabajar en haciendas para poder pagar los aranceles parroquiales y la contribución civil que les permitían cultivar su propia tierra (Reed 9-13). La Guerra de Castas se puede ver como un intento fallido de las comunidades indígenas por frenar este injusto proceso de expropiación territorial y de enriquecimiento de unos pocos, más que como el conflicto racial que presentaba el discurso decimonónico sobre esta guerra. El *boom* del henequén dejaba ver una de las caras problemáticas de la llegada de la modernidad a Yucatán: la desigualdad social. Por otro lado, la gran producción y la comercialización de este producto trajo consigo, además de un empuje económico a la península, la introducción en el paisaje de nuevas tecnologías –fábricas, máquinas para hacer cuerdas– y el desarrollo de vías de comunicación, sobre todo del ferrocarril, lo que hizo posible que la península tuviera en 1890 la línea ferroviaria más extendida de todos los estados mexicanos (Eiss 528). Pero la explotación agrícola y el desarrollo económico llegaron a costa de una guerra que produjo heridas en el tejido social y cultural de Yucatán de las que incluso hoy quedan huellas.

El esfuerzo por describir el movimiento de las tropas en batalla y por dividir, organizar y categorizar a los indígenas, muestra una impaciencia absoluta, un deseo de controlar el territorio en disputa. Por mucho que al final de la novela los indígenas sumisos "se establecier[a]n sólida y permanentemente en sus terrenos, en donde ya formaron pueblos y fabricaron edificios que aumentan y prosperan" (197), lo que muestra este texto es que las categorías raciales de por sí no se dejan aplicar científicamente para justificar una guerra cuyas causas no eran exclusivamente conflictos de raza sino políticos, económicos y sociales. A la geografía militar y a la humana desplegadas en *Cecilio-Chí* se les escapan las peculiaridades sociales de la Guerra de Castas. Es más, el ejercicio de la geografía estudiado detenidamente nos vuelve a recordar que toda descripción geográfica del territorio nacional como unidad natural e inamovible es una ficción.

NOTAS

[1] Los escritores yucatecos decimonónicos, sobre todo cuando tratan la Guerra de Castas, describen normalmente la población de la península dividida en dos grupos étnicos, concordando con la manera en que lo hacía Eligio Ancona en el cuarto tomo de su *Historia de Yucatán* (1880): "especialmente cuando se habla de la guerra social, nuestra población se considera dividida en dos grandes secciones: los indios y los blancos. Los primeros son los

descendientes de los mayas que no han mezclado su sangre con ninguna otra, y los segundos, los individuos de todas las demás razas que habitan la península" (13). Esta es también la división que utilizan los autores que estudio en este trabajo. Por ello, y dada la dificultad de encontrar otro término adecuado que incluya la afiliación político-militar de los diferentes bandos pero que no reduzca la guerra a un conflicto étnico, utilizaré *blanco* (en cursiva) a lo largo de este capítulo para referirme al grupo que se enfrentaba a los mayas rebeldes, grupo guiado por los descendientes de los criollos, que a veces eran blancos y otras no, y por los diferentes grupos étnicos que los apoyaron durante la Guerra de Castas. Es decir, con *blancos* me refiero a una agrupación política y militar: al bando que luchaba contra los insurrectos. Hay que notar de todas formas que, si bien esta división de la población yucateca en dos bloques opuestos puede ser útil a la hora de hablar de la Guerra de Castas en la lengua del día a día, los descriptores sociales y raciales eran mucho más complejos y utilizaban términos como "gente de vestido", "mestizo español", "mestizo indio", "indio" o "vecino", entre otros. Para un estudio detallado de estos usos ver Wolfgang Gabbert.

2 Desde que Reed publicara su famoso libro en 1964, los estudios sobre la Guerra de Castas han experimentado un crecido interés, sobre todo en historia social. Para una presentación crítica de las historias de Yucatán escritas por liberales de la segunda mitad del siglo XIX, ver "Chapters of Yucatán's Past", de Allen Wells, donde aparece también un resumen de los estudios historiográficos contemporáneos más destacados sobre el tema desde Reed hasta 1996.

3 No todo el mundo es tan benévolo con la reescritura de la Guerra de Castas en esta novela. Baste, como muestra, el juicio de Leopoldo Peniche Vallado, quien en 1980 consideraba *Cecilio-Chí* una "novela que se hace llamar histórica, pero que no pasa de ser un folletín de muy mal gusto literario que además altera la historia con fines de servicio a una ficción ramplona y cursi, y a un criterio social retrógrado, como tenía que ser el de un imperialista". (en Campos García xlvii)

4 Un ejemplo temprano de ello es el tratado de Juan Sánchez Cisneros, que en 1819 organizaba la geografía física en tres grandes bloques según su utilidad para la milicia: "Primeramente con relación á la higiene, ó salud del egército en los campos; después en la seguridad y aptitud de las posiciones y marchas [...] en el ataque y defensa de las plazas en que se incluye la teoría de las minas militares, &c. y últimamente con respecto á la parte artística que tiene conexion con las operaciones de la campaña, y el influjo del clima para la eleccion de soldados á cada arma" (188). Si bien la importancia de la geografía para asuntos militares había sido reconocida ya desde la antigüedad, este campo había estado sobre todo ligado a la historiografía. El primer estudio de geografía militar se le asigna tradicionalmente a Théophile Lavallée, profesor de la escuela militar francesa de Saint-Cyr, quien en 1832 publicó *Géographie physique, historique et militaire*. No es sino hasta mediados del siglo XIX que la geografía militar empieza a concebirse como una rama científica de la geografía política y descriptiva.

5 Utilizo el concepto de *ojo narrativo* en el sentido de James Krasner, quien lo define como aquel que describe utilizando un vocabulario de percepción. Este *ojo narrativo* se identifica porque utiliza un vocabulario asociado con el proceso de percepción, lo que él llama "perceptual vocabulary". Su análisis se aleja, así, de estudios tradicionales sobre la perspectiva narrativa o el punto de vista, ya que estos últimos describen localizaciones −"locations"− de la consciencia narrativa y no el acto de observar, en el que lo importante no es *quién habla* o *quién ve*, sino *qué y cómo se ve* (7-9).

6 El asterisco que aparece aquí corresponde a otra nota al pie, de la editorial, corrigiendo a Severo del Castillo de esta manera: "El autor explica incorrectamente el significado de este nombre, que se da en Yucatán y otras regiones de América a grandes depósitos de agua que suelen hallarse en el centro de una caverna subterránea, muchas veces a gran profundidad; no siendo artificiales sino obra de la Naturaleza" (12).

7   Reed explica que la privatización del agua en 1841 y el cultivo intenso en los antiguos terrenos baldíos de la zona norte dejaron a parte de la población sin vivienda. De ahí que comenzara "a migration toward the south and southeast by men of both races. New names appeared on the empty parts of the map, strange names for that country. Dzitnump, Put, and Cholul became Barbachano, Moreno, and Libre Unión; Nojacab, Dzibinocao, and Kokobchen became Progreso, Iturbide, and Závala. Once only the names of Mérida and Valladolid had recalled Spain" [una migración de hombres de ambas razas hacia el sur y el sureste. Nuevos nombres aparecían en las partes vacías del mapa, nombres extraños para ese país. Dzitnump, Put, y Cholul se convirtieron en Barbachano, Moreno, y Libre Unión; Nojacab, Dzibinocao, y Kokobchen se transformaron en Progeso, Iturbide, y Závala. En el pasado solamente los nombres de Mérida y Valladolid hacían pensar en España; traducción de los editores] (11).

8   En *La Guerra de Castas en Yucatán. Su origen, sus consecuencias y su estado actual* (1866), manuscrito historiográfico anónimo y sin datar que se adjudica a Del Castillo, el argumento conservador entra en diálogo con los pensamientos liberales: "Multitud de escritos han visto la luz pública en los cuales se inculpa gravemente a los españoles por esa indiferencia casi absoluta para atraer [a los indígenas] a la vida civilizada [...]. No participamos enteramente de esta opinión tan general, ni menos creemos deber hacer un cargo a los conquistadores por haber conservado a los indios en el grado de ilustración que a ellos convenía [...] el verdadero origen de la guerra de castas no fue la situación en que los antecesores españoles dejaron a la masa general de los indígenas, sino de [sic] esa política imprudente, irreflexiva y temeraria de los blancos yucatecos, y a [sic] esa educación revolucionaria que les dieron haciéndoles partícipes de sus contiendas de partido" (11-12). En este manuscrito, la guerra entre *blancos* y mayas insurrectos es documentada rigurosamente y, como Melchor Campos García convincentemente muestra en su introducción a la edición de 1997, la relación entre este texto y la novela *Cecilio-Chí* es intrínseca, pues en ella encuentra "párrafos literalmente semejantes al manuscrito" (xlviii). Pero además de ser dos escritos conectados que presentan la misma explicación sobre las causas que promovieron la Guerra de Castas, descubrimos que ambos trazan mapas simbólicos militares equivalentes; es decir, sus prácticas de territorialidad, en tanto ejercicios simbólicos de poder, se formulan sobre la misma conceptualización del territorio. La autoría de este manuscrito sigue siendo debatida. Según Melchor Campos García, en 1976 Antonio Canto López comenzó la tradición de atribuirle el manuscrito a Severo del Castillo, opinión que más tarde sería secundada por Leopoldo Peniche Vallado, quien cotejó la novela del militar con el manuscrito anónimo. Campos García corrobora esta hipótesis (xlv). Por su parte, Don Dumond mantiene que el manuscrito es obra de al menos dos autores, de los cuales sólo uno tenía conocimientos militares (166). Campos García identifica párrafos enteros que son prácticamente idénticos en ambos textos, sobre todo en el capítulo séptimo de la primera parte de la novela y el segundo de la primera sección del manuscrito historiográfico inédito. Este "préstamo" literal es la clave que le permite atribuir la autoría del texto histórico a Severo del Castillo.

9   También llamado "fibra de sisal" y, en Yucatán especialmente, "oro verde".

BIBLIOGRAFÍA

Ancona, Eligio. *Historia de Yucatán desde la época más remota hasta nuestros días.* Tomo cuarto. Mérida: Imprenta de M. Heredia Argüelles, 1880.

Barabas, Alicia M. *Utopías indias. Movimientos sociorreligiosos en México.* México, D.F.: Plaza y Valdés, 2002.

Benton, Lauren. *A Search for Sovereignty. Law and Geography in European Empires, 1400-1900.* Nueva York: Cambridge UP, 2010.

Campos García, Melchor. "Estudio preliminar". *Guerra de Castas en Yucatán. Su origen, sus consecuencias y su estado actual.* 1866. Mérida: Universidad Autónoma de Yucatán, 1997. ix-lxxi.

Del Castillo, José Justo. *Cecilio-Chí. Novela histórica yucateca.* 1869. Mérida: Editorial Yucatense "Club del libro", 1950.

Dumond, Don E. *El machete y la cruz. La sublevación de campesinos en Yucatán.* Luis F. Verano, trad. México, D.F.: UNAM, 2005.

Echols, John Kyle. "Indianism: The Construction of the Image of Indigenous Peoples in Nineteenth-Century Mexican, Peruvian, and Dominican Literature." Diss. U of Wisconsin-Madison, 1998.

Eiss, Paul K. "*El Pueblo Mestizo*: Modernity, Tradition, and Statecraft in Yucatán, 1870-1907". *Ethnohistory* 55/4 (2008): 525-52.

Foucault, Michel. "Preguntas a Michel Foucault sobre la geografía". *Microfísica del poder.* Julia Varela y Fernando Álvarez-Uría, eds. y trad. Madrid: La Piqueta, 1979. 111-24.

Gabbert, Wolfgang. *Becoming Maya: Ethnicity and Social Inequality in Yucatán since 1500.* Tucson: U of Arizona Press, 2004.

García Cubas, Antonio. *Curso elemental de geografía universal. Dispuesto con arreglo á un nuevo método que facilite su enseñanza en los establecimientos de instrucción de la República, y precedido de las nociones indispensables de Geometría para el estudio de esta ciencia.* 1880. México: Antigua Imprenta de Murguía, 1884.

Guerra de Castas en Yucatán. Su origen, sus consecuencias y su estado actual. 1866. Melchor Campos García, ed. Mérida: Universidad Autónoma de Yucatán, 1997.

Hernández, Conrado. "El efecto de la guerra en el conservadurismo mexicano". *Los rostros del conservadurismo mexicano.* Renée de la Torre, Marta Eugenia García Ugarte y Juan Manuel Martínez Sáiz, eds. México: Centro de Investigaciones y Estudios Superiores en Antropología Social, 2005. 71-98.

Krasner, James. *The Entangled Eye. Visual Perception and the Representation of Nature in Post-Darwinian Narrative.* Oxford: Oxford UP, 1992.

Lavallée, Théophile. *Géographie physique, historique et militaire.* París: Charpentier, 1845.

Maistre, Joseph de. *Against Rousseau. "On the State of Nature" and "On the Sovereignty of the People."* Richard A. Lebrun, trad. Montreal & Kingston: McGill-Queen's UP, 1996.

Peniche Rivero, Piedad. "Oponiéndose al capitalismo en Yucatán. La causa de los rebeldes de la Guerra de Castas (1847-1850)". *Desacatos. Revista de antropología social* 9 (2002): 148-60.

Pratt, Mary Louise. *Imperial Eyes. Travel Writing and Transculturation.* Nueva York: Routledge, 1992.

Reed, Nelson A. *The Cast War of Yucatán.* 1964. Stanford: Stanford UP, 2001.

Rugeley, Terry. *Yucatán's Maya Peasantry and the Origins of the Caste War.* Austin: U of Texas P, 1996.

Sánchez Cisneros, Juan. *Elementos sublimes de geografía física aplicados á la ciencia de campaña. Obra utilísima á toda clase de militares y á los aficionados á las Ciencias Físico-naturales.* Madrid: Imprenta de Álvarez, 1819.

Wells, Allen. "Chapters of Yucatán's Past: Nineteenth-Century Politics in Historiographical Perspective." *Mexican Studies/Estudios Mexicanos* 2/2 (Summer 1996): 195-229.

"Cámara bélica":
escritura e imágenes fotográficas en las crónicas del Coronel Palleja durante la guerra contra Paraguay

SEBASTIÁN J. DÍAZ-DUHALDE
Dartmouth College

Figura 1: Cadáveres paraguayos. Albúmina. 1866. Bate & Cía. W. Biblioteca Nacional del Uruguay.[1]

Muertos en primer plano. Una masa de cadáveres aún insepultos, mutilados, esqueléticos, indistintos el uno del otro. Colecciones de miembros apilados en una fotografía que parece inevitablemente familiar. "Cadáveres paraguayos" (Figura 1), indica el título. Simplemente "cadáveres paraguayos", como si no hubiera nada más que agregar, como si no pudiera existir ninguna otra explicación exhaustiva sobre lo visible, o como si lo textual no pudiera más que nombrar, imitar un vacuo gesto de un índex, ante tanta muerte. Sin embargo, lo más intrigante de la fotografía es el efecto que produce el plano que eligió el fotógrafo para tomarla: el recorte de la cámara que hace que la imagen no muestre una pila de cuerpos sino un fragmento de una marea sin fin de cadáveres. La línea horizontal de tierra –falso horizonte– es la continuidad del mismo césped, y es esa misma línea la que hace a la fotografía agobiante, carente de una señal de aire, de cielo o de paisaje de fondo. La propuesta detrás del plano cerrado de la cámara en "Cadáveres paraguayos" es doble: en primer lugar, postula la repetición masiva de cuerpos como una visualización fotográfica original de la muerte en masa, producto de la reproducción sin fin de la industria bélica moderna; y, en segundo lugar –éste es el punto que más me interesa destacar– la propuesta visual es insertar la imagen en una operación narrativa que puede ser sintetizada en el enunciado: muertos sin escenario. Esto, sin duda, implica una operación retroactiva ya que solamente tenemos partes en las que hay que suponer el resto: imaginar la batalla o situar a los actores en aquellas fotos de ruinas y, finalmente, enfrentarnos a las consecuencias de la guerra en su dimensión más abyecta. La guerra se hace visible solamente a través de un resto, de las consecuencias de la violencia entre las naciones en el momento de enfrentamiento.

"Cadáveres paraguayos" fue tomada durante la guerra que llevó a cabo la triple alianza de Argentina, Uruguay y el Imperio del Brasil contra Paraguay (1864-1870) por el estudio fotográfico uruguayo Bate & Cía. Pertenece a una colección de 35 fotografías titulada *La Guerra Ilustrada* –también circuló con el nombre *La Guerra contra el Paraguay*– que, si bien no se publicó en un álbum, se comercializó como colección de imágenes sueltas.[2] Al mismo tiempo, esta colección se establece como la primera que contiene imágenes fotográficas de guerra en América del Sur, ya que la Guerra contra Paraguay fue el primer conflicto armado en la región retratado por cámaras fotográficas uruguayas, argentinas, brasileras y paraguayas.

Este trabajo pretende ser, sobre todo, un análisis de las relaciones iconológicas (relaciones entre el *logos* y el *eikon*) de diferentes producciones culturales decimonónicas latinoamericanas. Esto es, una reflexión sobre la intersección entre representaciones textuales y representaciones visuales originadas en el siglo XIX, específicamente durante la Guerra contra Paraguay. En las páginas que siguen analizo el modo en que las crónicas producidas en esta guerra se ven afectadas por la utilización del entonces novedoso método de reproducción fotográfica. Primero, estudio algunas características de las imágenes fotográficas y de su modo de circulación en el XIX latinoamericano, para luego intersectarlas con la escritura de las crónicas del Coronel del ejército uruguayo León de Palleja, tituladas *Diario de la campaña de las Fuerzas Aliadas contra el Paraguay*, y escritas durante los primeros dos años de la guerra. La fotografía adquiere un papel fundamental en la escritura del *Diario* sin estar en ningún momento presente. El *Diario* de Palleja no es un ensayo fotográfico, ya que no está ilustrado y no se publica con ningún tipo de ilustración fotográfica. Es precisamente por esta presencia textual de una ausencia visual que considero que el *Diario* puede leerse como una discusión sobre la fotografía en tanto medio de expresión y como un modo de problematizar ese medio de representación que, en el ocaso del siglo XIX, comienza a narrar por primera vez una guerra en la historia sudamericana.

I

El 13 de diciembre de 1864, el Congreso paraguayo declara formalmente la guerra al Imperio del Brasil, y tres meses después comienza la invasión a la provincia argentina de Corrientes, dando inicio a lo que la historiografía suele nombrar como La Guerra de la Triple Alianza (Argentina, el Imperio del Brasil y La República Oriental del Uruguay frente a Paraguay), o la Guerra Grande, o la Guerra del Paraguay, o la Guerra contra el Paraguay, o la Guerra del 70'. Según algunos historiadores,[3] más del 65 por ciento de la población total paraguaya murió en este enfrentamiento en el que el Imperio del Brasil, la República Argentina y la República Oriental del Uruguay pactaron, mediante el tratado de la Triple Alianza, firmado secretamente el primero de mayo de 1865, unir sus fuerzas para invadir Paraguay y derrocar al gobierno de Francisco Solano López. La guerra tiene como antecedentes inmediatos el intento de intervención económica/militar del Imperio brasilero en Uruguay y el intento del Paraguay por mediar e intentar impedir el avance monopólico imperial que, una vez más,[4] amenazaba con controlar el tránsito de mercancías por las vías fluviales —el río

Paraná, el río Uruguay y el río de la Plata– que permitían el comercio local y mundial de las cuatro naciones.

Sobre la Guerra contra Paraguay se han desplegado tres modelos historiográficos diferentes que pretenden explicar las causas del conflicto. El primero corresponde a una historiografía tradicional centrada en los personajes de la guerra.[5] Las causas, repercusiones y consecuencias del conflicto se relacionan directamente con aspectos de la personalidad de los líderes políticos que participaron y con sus decisiones en materia militar y política. El segundo modelo es el revisionismo histórico de 1960' y 70', que reevalúa aquella "postura tradicional".[6] Sin despegarse aún del personaje, esta corriente proyecta la imagen del Mariscal Solano López como héroe antiimperialista.[7] La particularidad de este revisionismo es que explica el conflicto únicamente a través de la posición imperialista e intervencionista de Inglaterra. En el mercado mundial Paraguay competía con Brasil como uno de los grandes exportadores de algodón, madera y tinturas a Europa –ante la complicada disposición de los estados del sur de los Estados Unidos de Norteamérica inmediatamente después de la Guerra de Secesión–, e Inglaterra activaba la competencia entre los países para conseguir el precio más bajo. A esta vertiente se le debe dar el crédito de hacer ingresar en los estudios sobre la Guerra contra Paraguay las complejas dinámicas imperiales y colonialistas de las grandes potencias del siglo XIX accionadas en América Latina. Finalmente, el tercer modelo reflexiona sobre los procesos de formación de las naciones que participaron en la guerra y sus respectivos intereses geopolíticos y económicos en la región del Plata (Schwarcz 8). Esta "tensión regional", como prefiere llamarla Doratioto (39), va a significar, para una larga lista de historiadores, el estudio y el análisis de las dinámicas históricas, políticas, económicas, sociales y culturales, tanto internas como externas, *de* y *entre* los países que ingresaron a la guerra.[8]

Al estallar el conflicto, y sobre todo en el momento en que los ejércitos de la Alianza entran a Paraguay, se produce un reclutamiento masivo de la población masculina en los cuatro países. El frente paraguayo se encuentra, de repente, con la concentración de cientos de miles de soldados y civiles que acompañaban al ejército (mujeres, niños, comerciantes, transportistas, etc...) que van a producir y consumir significados congruentes con dicha masividad y movilidad, y congruentes también con su contexto de producción: la guerra. Se da entonces un auge de medios visuales: para la segunda parte de la década de 1860 en el Cono Sur encontramos una revitalización del grabado en madera guaraní (por ejemplo en los periódicos ilustrados paraguayos), un desarrollo de la litografía que facilita la masificación de la prensa, la fotografía y, particularmente, la fotografía bélica y la pintura histórica.

El historiador brasilero André Toral afirma que la guerra "…era a melhor coisa surgida desde a invenção do *carte-de-visite*" (83). La *carte de visite*, o tarjeta de visita, era un formato fotográfico comercial inventado por el francés Adolphe Disderi en 1854. Se trataba de una copia de 9 por 5 centímetros (un poco más grande que el tamaño de una tarjeta de presentación, de allí su nombre) que se obtenía al mismo tiempo del negativo de una cámara que tenía entre 4 y 12 objetivos para capturar la misma imagen (Cuarterolo 152-3). Las *cartes de visite* abren un espacio completamente nuevo en el modo de expresión visual de la época. Su tamaño, su cantidad y su precio permitían una circulación masiva, y simultáneamente las convertían en objetos de intercambio. Rápidamente comenzaron a coleccionarse, permutarse y venderse entre un público más amplio, marginado de las elites intelectuales. La propagación de la fotografía en su formato *carte de visite* junto con la de la prensa litográfica, transformaron raudamente la circulación y el consumo de imágenes. Con esto quiero señalar que la Guerra contra Paraguay, dadas estas circunstancias históricas, se va a transformar en el punto de intersección entre un público masivo (los ejércitos deben aquí ser considerados como los principales consumidores de esas imágenes) y la innovación en materia de medios de comunicación. El resultado es el florecimiento de medios mixtos (visuales y textuales) como periódicos ilustrados, álbumes de retratos, calendarios o colecciones fotográficas. Tan sólo para dar algunos ejemplos, entre 1864 y 1870 surgen cinco periódicos ilustrados en Paraguay (*El Semanario, El Cabichuí, El Centinela, Cacique Lambaré* y *La Estrella)*, al menos diez en el Imperio del Brasil (incluídos *Vida Fluminense, Semana Illustrada, Cabrião, Diabo Coxo, O Arlequim*) y más de una veintena entre Argentina y Uruguay (entre ellos *El Correo del Domingo, El Correo Porteño, El Correo de Ultramar, El Mosquito, El Pica-Pica, El Nacional, La Tribuna, El Pueblo*). La popularidad de estos medios mixtos estimuló la aparición de fotógrafos itinerantes y la instalación de estudios fotográficos. Buenos Aires y Montevideo eran los puertos de ingreso fluvial más importantes de miles de soldados de la Alianza para llegar al frente y, por ende, eran lugares extremadamente competitivos para los fotógrafos. Allí se concentró la mayoría de la producción fotográfica de la guerra.[9]

La popularidad de la fotografía no significaba que los estudios enviaran corresponsales al frente: por el contrario, el transporte y los insumos eran muy costosos, y los riesgos para los fotógrafos eran demasiado altos. El Coronel Palleja comenta esta popular ausencia: "La gente no se contenta con oír solamente lo que les [sic] refieren los periódicos; quieren [sic] ver, máxime aquellas escenas principales en que se salva una dificultad o se sustenta un combate. Creo que, aunque tarde, [los fotógrafos] no dejarían de hacer un buen negocio todavía" (1: 286-287).

Las opiniones del influyente Coronel, que se publicaban semanalmente en *El Pueblo* de Montevideo, rápidamente se hicieron oír y, meses después, a inicios de 1866, el empresario y fotógrafo irlandés George Thomas Bate decidió enviar a varios corresponsales para tomar fotografías de la guerra en el frente. Surge así la colección fotográfica más grande e importante de la guerra. Lamentablemente, no tenemos hoy acceso a esa colección completa sino a través de distintas compilaciones que, por fragmentos, vuelven a publicar esas y otras tantas imágenes anónimas del frente de guerra. Algunas de las compilaciones más importantes son la del historiador argentino Miguel Ángel Cuarterolo, *Soldados de la memoria: Imágenes y hombres de la Guerra del Paraguay*, la del teórico paraguayo Ticio Escobar, *La Guerra del 70: una visión fotográfica*, y la del historiador brasilero Ricardo Salles, *Guerra do Paraguai, Memórias & Imagens*.

II

Dos cualidades caracterizan las fotografías de la Guerra contra Paraguay. En primer lugar, ninguna de ellas representa escenas de combate físico. Esta característica reinserta la fotografía en su dimensión histórica: el tiempo de exposición requerido para las placas de colodión húmedo era de 4 a 10 segundos.[10] La instantaneidad en la fotografía no era posible tal y como la entendemos hoy. De hecho, se requería que para todas las fotografías las personas estuvieran "posando" para la cámara durante el tiempo de exposición: los segundos de exposición hacen que la imagen fotográfica sea una captura temporal percibida en el producto final como un instante. Y, a la inversa, lo que parece un instante es también la captura de un lapso de 4 a 10 segundos.[11]

Figura 2: Tuyutí. Batería oriental. Albúmina. 1866. Bate & Cía. W. Biblioteca Nacional del Uruguay.

La imagen (Figura 2) de la batería uruguaya en la batalla de Tuyutí (24 de mayo de 1866), por ejemplo, muestra cómo todos los soldados posan para la cámara, detenidos en medio de la batalla. Los soldados uruguayos se ven rígidos, estáticos, como paralizados súbitamente mirando en diferentes direcciones, entregando sus cuerpos a la cámara. En el fondo, cerca de los árboles, una multitud de soldados mira a aquellos que van a salir en la fotografía, convirtiendo la escena en un espectáculo dentro del espectáculo.

La imposibilidad de la inmediatez, entonces, hace que los fotógrafos vayan *(de)trás* (en busca) de la instantaneidad, y eso provoca que capturen el momento extremo de quietud, el final de la batalla, las consecuencias del conflicto. Los fotógrafos hurgaban en los restos de la guerra como aves de carroña, como se puede ver en la imagen "Cadáveres Paraguayos" (Figura 1) y en las del resto de este trabajo. Quiero centrarme en este punto primordialmente, ya que a mi entender dicho procedimiento inaugura una operación retrospectiva que se aplica *sobre* las imágenes:

hace la guerra visible pero a través de un resto, de una traza de la violencia entre las naciones en el momento del enfrentamiento bélico. Cierto es que esta operación permite un acceso a la guerra a través de una doble mediación: la fotografía como una representación técnica del fenómeno bélico y como un fenómeno pasado –un espectro– como toda imagen de aquello que se ha ido. No obstante, mi interés reside en estos segundos de exposición, esta especificidad técnica de la cámara –su temporalidad– que hace que la imagen deba fijarse en las consecuencias, creando así escenas que tienen un impacto político avasallante en las sociedades que en ese momento viven el conflicto. Las imágenes fotográficas se establecen como enunciados políticos sobre la Guerra porque exhiben las consecuencias de la violencia ejercida contra Paraguay. Hacia el mismo momento (finales de 1866) en que las fotografías comienzan a circular en la prensa y en los estudios fotográficos, el conflicto comienza a verse como una lucha sin fin, casi más de un año después de que el presidente argentino Bartolomé Mitre prometiera concluir la campaña en tres meses. Los testimonios de los soldados de la Alianza que se publican junto con las fotografías (el de Palleja es uno de ellos), se transforman en una mezcla letal para la formación de la opinión pública en los tres países de la Alianza. Incluso cuando eran utilizados con fines propagandísticos a favor o en contra de Paraguay, todos ellos minaban los cimientos de la guerra: visualizar la guerra implicaba hacer un espectáculo público de su naturaleza violenta.

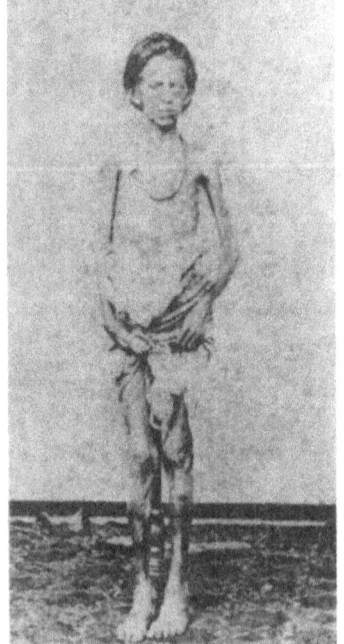

Figura 3: Soldado paraguayo. *Carte de Visite.* 1868. n/i. Museo Histórico Nacional de Argentina.

La segunda cualidad de las fotografías de la Guerra contra Paraguay es que, si bien cada una de ellas tiene un título (que en general recompone fecha, lugar, personajes o acciones, esto es, recompone la coyuntura en la cual la foto fue tomada), ninguna de ellas tiene un epígrafe en el que una narración les adjudique una historia o las extienda en el tiempo mismo de la narración. La práctica de incluir un texto para explicar la foto era bastante común en muchos álbumes –paradigmáticamente lo encontramos en el álbum de Alexander Gardner *Photographic Sketch Book of the Civil War*– en los que se imprimían en página enfrentada uno o dos párrafos con una crónica sobre lo sucedido en la situación captada en la fotografía, una opinión, una historia o una anécdota moral suscitada a raíz de la fotografía.[12] Las colecciones de fotos sueltas tomadas en el frente paraguayo no llevaban un texto que les otorgara un carácter narrativo y, en este sentido, no articulaban la imagen con ninguna historia. Ocurría lo mismo con las *cartes de visite* de los soldados: sólo llevaban el nombre de la persona retratada y, a veces, el año. En general, no indicaban una nacionalidad ni, por ejemplo, si los soldados o los oficiales estaban de traje de gala. Se asume que los retratados vestían su traje militar más pomposo y exhibían todas sus condecoraciones.

Así, el *Diario* del coronel Palleja se transforma en un texto crucial para comprender la interacción entre imágenes y textos en el período. Él habla de las fotografías como fragmentos que tienen la capacidad de iluminar o ilustrar por sí solos un texto. En su carta del 26 de septiembre de 1865 de su *Diario*, el coronel uruguayo exige al editor del periódico *El Pueblo*, Luis Magariños Cervantes, que ilumine su texto del siguiente modo:

> Mucho nos complaceríamos que nuestro amigo D. Luís Magariños llevase la amabilidad hasta el extremo de hacer poner al frente del *Diario* el retrato del General en Jefe Gobernador D. Venancio Flores y un oficial y un soldado con sus respectivos uniformes […] Esto le es sumamente fácil y vendría a iluminar convenientemente nuestro *Diario* por manera que los lectores conocerían a amigos y enemigos. (*Diario* 1: 167)

El intento de Palleja no es el de construir un discurso textual que reduzca las imágenes a una función secundaria sino, más bien, dejar que ellas iluminen el discurso. El *Diario de la campaña de las Fuerzas Aliadas contra el Paraguay* nunca sale ilustrado, muy a pesar de los pedidos explícitos del coronel. No obstante, es un texto que siempre refiere a las fotografías del frente y, más aún, es un texto que copia rápidamente los procedimientos de los fotógrafos y el lenguaje de las imágenes fotográficas. En este sentido, el *Diario* es uno de los pocos ejemplos del impacto de esa constelación de fragmentos visuales en la escritura de la época y específicamente en las crónicas de guerra. En las páginas que siguen muestro ese impacto de la fotografía en la escritura como elemento creador de un momento político positivo, un momento de crítica a la conformación de los estados nacionales a través de la guerra.

III

Nacido en Sevilla con el nombre José de Pons y Ojeda, León de Palleja luchó en la Primera Guerra Carlista en España (1833-1840). En 1836 se exilió en Montevideo, en donde decidió cambiar su nombre. En Uruguay luchó en la Guerra Grande (1839-1851) y más tarde en el Ejército Grande en la Batalla de Caseros (3 de febrero de 1852). Palleja era un militar de renombre en Montevideo y terminó como Coronel a cargo del batallón Florida del ejército uruguayo en la Guerra contra Paraguay.[13]

Al comenzar el conflicto con Paraguay, el presidente uruguayo Venancio Flores le pidió a Palleja que tomara el mando del batallón *Florida*. El Coronel aceptó y desde su primer día al frente del *Florida*, el 22 de junio de 1865, comenzó a escribir las crónicas diarias que fueron publicadas por entregas en folletín en 64 cartas en el periódico montevideano *El Pueblo* en el lapso que va del 22 de junio de 1865 al 17 de julio de 1866. Las cartas son al mismo tiempo compiladas y vendidas en 2 volúmenes por la Imprenta del Pueblo con el título *Diario de la Campaña de las Fuerzas Aliadas contra el Paraguay, por el Coronel Oriental Don León de Palleja*, lo que constituye su primera edición como libro.[14] El primer volumen del *Diario* describe la marcha desde Montevideo a través de la provincia de Corrientes, en Argentina, hasta la ciudad de Uruguaiana, en tierras del Imperio de Brasil, ocupadas por el ejército paraguayo. Luego de la rendición de Estigarribia en Uruguaiana y el regreso de las tropas paraguayas a sus tierras, comienza la invasión de la Alianza a Paraguay y allí termina el primer volumen del *Diario*. El segundo volumen trata del período que va desde enero de 1866 al 17 de julio de 1866. Aquí Palleja participa en las batallas de Estero Bellaco (2 de mayo 1866), Tuyutí (24 de mayo 1866), Yataity-Corá (1 de julio 1866),

Boquerón (16 julio 1866) y, finalmente, en la batalla por la trinchera del Sauce, en la que muere (18 de Julio 1866).

El *Diario* de Palleja es comúnmente utilizado como una fuente documental para la historia de la Guerra contra Paraguay o para la historia del ejército uruguayo. Sus crónicas son extremadamente heterogéneas e innovadoras; mezclan diferentes estilos narrativos y se ven permeadas por la fotografía y los procedimientos de composición fotográfica. En este sentido, el *Diario* es un texto bastante inestable como para encuadrarlo en un género. Podríamos decir que es un lugar de intersección de tres vectores diferentes: la crónica, la epístola y el boceto. Los tres circulan simultáneamente y tienen diferentes funciones. De los tres, el que más me interesa destacar es el boceto, una forma esencialmente visual (un bosquejo o esbozo) y, a la vez, una expresión literaria que tiende a tomar la naturaleza del boceto pictórico a través de un proceso de écfrasis (en este caso es la representación verbal de lo visual). El boceto es un retrato a las apuradas, levantado a mano, para caracterizar algo o a alguien. En Latinoamérica no es un género literario muy popular, aunque el proceso ecfrático y el retrato como boceto se pueden ver en el costumbrismo literario y pictórico.[15] Palleja se refiere muchas veces al *Diario* como "boceto", pero pocas veces compara su escritura con "pinceladas", "trazos" o "dibujos", asociándola más bien con escenas, "golpes de vista", "golpes de ojo" y "vistas". Su lenguaje refiere a una visualidad fotográfica: Palleja está constantemente pensando, sobre todo en el primer volumen, en la ausencia de fotógrafos (el primer viaje de las cámaras se hace alrededor de mayo o junio de 1866) y por ello el modo en que integra el espacio en la narración es a través de lo que se debería ver por la lente:

> [31 de diciembre de 1865] A las seis se puso el ejército en movimiento [...] La artillería e infantería a la derecha de la laguna, y la caballería a la izquierda; formando el conjunto del campamento un *golpe de vista* magnífico, por lo pintoresco del lago embellecido por las carpas, las enramadas, los pabellones y demás accesorios de un campamento estrecho donde pulula la gente en continuo movimiento. *Una vez más deploramos la falta absoluta de un fotógrafo.* (*Diario* 1: 364, énfasis mío)

El "golpe de vista" está directamente relacionado con la fotografía. Así se nos presenta un "golpe" de una imagen fotográfica. "Una vez más deploramos la falta absoluta de un fotógrafo": su escritura hasta ese momento no puede más que anhelar el registro fotográfico ante la imposibilidad de "mostrar" con su discurso textual. En cada descripción el coronel compone –como si estuviera fotografiando– una escena a ser retratada: la cámara en este caso es la escritura misma que encuadra una escena casi fotográfica hasta que, finalmente, se presenta para Palleja un imposible, y así hace explícita la necesidad de una cámara fotográfica, una cámara que acceda ahí donde el lenguaje escrito no puede acceder:

> A las doce del día, el campamento presentaba un *golpe de vista* magnífico, todos habían tendido sus ropas a secar en ramas, o sobre las carpas; era un bizarro mosaico, donde figuraban sin orden ni concierto, todos los colores, sobre un fondo verde esmeralda. *Habiendo tanto fotógrafo hoy en día en la capital de Montevideo y en Buenos Aires, admira como no se ha animado alguien a seguir los ejércitos aliados y levantar vistas.* (*Diario* 1: 286, énfasis mío)

La primera parte del *Diario* muestra constantemente esa imposibilidad hasta que, en el segundo volumen, las batallas comienzan, los fotógrafos aparecen y la obsesión por la incapacidad textual abandona el relato del Coronel. En el segundo volumen del *Diario* la escritura de Palleja copia el modo en que los fotógrafos retrataban las batallas. La primera batalla en la que Palleja participa es la de Estero Bellaco. Sobre este ataque sorpresa de las tropas paraguayas el Coronel escribe:

> A las doce del día, apenas acababa de escribir las líneas que preceden, desembocó briosamente una columna enemiga como de cinco a seis mil infantes y una gran masa de caballería arrolló nuestros puestos avanzados, y una parte de la brigada oriental formó a la ligera y marchó a repeler el enemigo. A la cabeza del batallón *Florida* cargué a los paraguayos y esta carga será memorable en los fastos militares de la República Oriental. Me esperaron a pie firme, mi columna se enterró en las filas enemigas. A las tres de la tarde estábamos formados en la línea enemiga. Los tres Generales en Jefe recorrieron la línea, hicieron recoger todos los heridos indistintamente, y a las cinco de la tarde regresamos a nuestro campo. (2: 218-219)

La narración está, sin ninguna duda, interrumpida: el ataque comenzó al mediodía y terminó a las 5 de la tarde, y no tenemos acceso al combate; tan sólo el sugerente "mi columna se enterró en las filas enemigas". Lo que sí existe es la elipsis, la prohibición del acceso a la batalla: la confrontación física, el colapso y la destrucción de los ejércitos están sugeridos pero omitidos en esta crónica de guerra. El lenguaje se paraliza ante la violencia del evento y sólo emerge en su espectralidad como un "boceto", como un dispositivo fundado en la imposibilidad de la palabra y la incapacidad de describir la violencia de la guerra. Palleja, entonces, comienza a copiar el procedimiento de los fotógrafos en tanto estos describen las "consecuencias", el momento (de)trás de lo instantáneo, y este gesto le permite acercarse a cierta experiencia final como el lugar de la imposibilidad de la representación: "ayer se han sepultado novecientos y tantos cadáveres del enemigo sin contar con otros tantos que quedaron por lo menos en el campo de ellos, de éste y del otro lado del Estero donde sufrió la mayor pérdida" (2 : 222-223). La "visualización" de la guerra se da a través de la cosecha de cadáveres, a través de los restos que enuncian la presencia de la muerte. Esto podemos verlo en varias de las fotografías del frente, la mayoría tomada por Bate (Figura 1, Figura 4).

Se puede pensar en una dialéctica inestable entre imágenes y textos en el *Diario* del Coronel: cada vez que el lenguaje textual se hace imposible echa mano de procedimientos fotográficos para "hacer visible" la guerra. Mediante esta repetición, Palleja transforma su escritura en algo diferente a la escritura misma: despliega un dispositivo visual que finalmente produce un enunciado político en tanto las fotos denuncian, por primera vez en el continente, el crimen de la guerra, la violencia y la falta de control estatal de esa violencia (el conflicto terminó en 1870, cuando se pensaba por parte de la Alianza que sólo duraría un año). Resaltar este aspecto de la escritura de Palleja es fundamental: su *Diario* deviene siempre en una crítica política a los Estados de los que él es representante, y su crítica está articulada en el despliegue narrativo de un dispositivo visual. Este dispositivo visual es una de las claves para la narración de la batalla de Tuyutí (24 de mayo de 1866). Tuyutí es y continuará siendo el episodio militar más grande de América del Sur, ya que involucró más de 64 mil soldados en un campo de batalla (24 mil paraguayos y aproximadamente 32 mil de la Alianza, compuestos por 21 mil soldados del Imperio de Brasil, 10 mil argentinos y 1.300 uruguayos). Palleja captura el ataque paraguayo desde tres puntos de vista diferentes, tres fotografías o "vistas del frente":

> A las 10 del día un cohete a la Congreve lanzado desde la derecha del enemigo, que vino a caer entre el *Florida*, fue señal de ataque. La columna emboscada se lanzó sin disparar un solo tiro, la caballería, sable en mano y la infantería a la bayoneta [...] Al mismo tiempo en que estalló, y es la verdadera expresión, el combate en nuestra izquierda, dos fuertes columnas de ataque emboscadas también fuera de trincheras, se lanzaban sobre el centro y el ala derecha; pero la que venía por el centro retardada por el Paso del Estero y las vueltas que hace el albardón, llegó a chocar después de la columna de la derecha; así pasaré a contar lo que acaeció en este costado. (2: 261-262)

Palleja continúa con la descripción del centro y de la derecha. Sin duda, estamos frente a un tríptico de características monumentales, tres paneles que construyen una vista panorámica. Nuevamente, el Coronel no puede contar la historia refiriendo sus máximas consecuencias y elige un lenguaje racional de estratega militar y, de este modo, se enfoca en movimientos de los cuerpos de los ejércitos en conflicto, en movimientos de artillería y estrategias de caballería:

> La columna enemiga, compuesta de siete batallones y dos a tres regimientos de caballería, cruzó el bañado y destacó la caballería por el Palmar, amenazando envolver el primer cuerpo del ejército argentino por la espalda; encontró a la caballería correntina que no supo contener su empuje, y envolvió un batallón de la división del coronel Rivas sin casi darle tiempo para más que para replegar los tiradores. Otros dos batallones destacados al frente formaron en cuadro, pero la caballería enemiga interponiéndose entre los cuadros. (2: 261-262)

El arte de hacer la guerra, la descripción de las posiciones y las tácticas durante la batalla, limpian el teatro de guerra de la violencia visual del mismo fenómeno. Su única descripción se produce en un momento en el cual representa el accionar de las baterías orientales. Nuevamente al final de la batalla, la imagen de la muerte emerge en detalle:

> El campo quedó repugnante de cadáveres mutilados y caballos despanzurrados y perniquebrados [...] Una compañía de ingenieros vino a hacer fosas entre líneas, en las cuales se sepultaban los cadáveres del enemigo por un destacamento del *Florida* y del *24 de Abril*. Durante la noche y aún de día no se podía pasar en las avanzadas del mal olor que despedían los cadáveres; por esta razón se están sepultando a gran prisa. El día fue poco para acabar de enterrar tanto cadáver; quedó una buena carga para mañana a los cuerpos que me relevaron al ponerse el sol.

Yo miro con dolor el exterminio que va sufriendo la población paraguaya, en tan repetidos y desgraciados combates como han sufrido de un año a esta parte, ¿y todo por qué? ¡Y en pleno siglo XIX!... (2: 272)

Figura 4: Octavo montón de cadáveres paraguayos. Albúmina. 1866. Bate & Cía. W. Museo Mitre.

La morbosa escena de los cuerpos sin vida y su entierro es producto de la operación descriptiva fotográfica, el dispositivo visual que se convierte finalmente en una declaración política contra los estados y a favor de los individuos –los soldados y los civiles de ambos frentes– que padecen la guerra. La posición de Palleja surge como crítica a la civilización que los gobiernos "pretenden llevar" a Paraguay. El siglo XIX es, para él, el de la civilización que contradice radicalmente la cantidad de muertes y las consecuencias que la guerra había dejado hasta ese momento, a cuatro años de su final. Evidentemente, el Coronel exploraba las contradicciones intrínsecas de la civilización y sus defensores. La posición de Argentina y Uruguay en la Triple Alianza pone de manifiesto fuertes contradicciones en relación con el carácter "democrático" que se le otorga a la Guerra (se la piensa como una guerra para llevar la democracia a Paraguay), ya que Brasil en ese momento era un Imperio que mantenía todos los principios que las naciones republicanas habían rechazado al conseguir la independencia de España. Para el Coronel era ridícula la presencia de un Imperio esclavista que intentaba luchar por la libertad de Paraguay: "cuando aquellos [los brasileros] conservan la esclavitud en el Imperio y consienten que una gran parte de la población sea esclava y trabaje para hacer dichosos a un pequeño número de magnates privilegiados" (1: 115).

A modo de conclusión, Palleja hace que la escritura colapse con la fotografía, al tomar prestados la terminología, los procedimientos, las tácticas y las estrategias de los fotógrafos para representar la guerra. Su escritura utiliza la expresión fotográfica como un modo de acercarse a la violencia y al trauma del fenómeno bélico. En este sentido, Palleja usa las imágenes fotográficas como un "filtro de la realidad", ya que las hace mediar entre la imposibilidad de la palabra y lo abyecto de la realidad bélica. La fotografía en el *Diario de la Campaña de las Fuerzas Aliadas contra el Paraguay* funciona como una ficción que estructura la realidad del fenómeno bélico. Ahora bien, por su imposibilidad técnica de ser instantánea, la fotografía misma es incapaz de capturar el momento de la violencia. Es precisamente eso lo que nos fuerza a mirar los resultados, las consecuencias de esa violencia, y a reconstruir con la narración aquello que ha quedado. A esto llamo el momento (de)trás de la instantaneidad. La fotografía como mediación simbólica produce algo nuevo, un momento positivo, una afirmación que se articula en una secuencia política y ética. En el hecho de sugerir la imposibilidad de las palabras para describir la guerra y establecer una ficción desplegada a partir de una dimensión visual, el texto nos muestra el trágico resultado del conflicto y nos demanda –o nos debería demandar– asumir una posición crítica en relación con la violencia de los Estados-Naciones. El *Diario* inevitablemente postula una posición anti-bélica de modo constante: "No fui partidario de ésta [guerra]; todos saben mis ideas a este respecto, [es] más, considero una guerra estúpida, la que hagan orientales y paraguayos" (2: 84).

IV

Registro sin par en Sudamérica, las fotos de la Guerra contra Paraguay implican una nueva forma de visualizar una guerra, hecho que, al mismo tiempo, significa articular una nueva práctica de representación (la fotografía) a un evento con una estructura narrativa históricamente determinada por la literatura y la pintura, primordialmente. Esta articulación o "ensamblaje" redefine, a su vez, ciertos procedimientos sobre el modo en que se relata el fenómeno bélico. Esto es, la fotografía ingresa a un evento que tiene una tradición de ser narrado a través de crónicas y diarios por sus mismos protagonistas o rearticulado por historiadores en novelas o crónicas históricas. La intervención de la fotografía en la guerra tiene un impacto sobre el modo en que se producen narraciones *in situ* de la misma y también sobre el testimonio de los protagonistas mismos al alterar la forma de hacer visible la violencia bélica. Esto no ocurre porque el medio mismo (la fotografía) sea más o menos verosímil: lo que altera la relación entre imágenes y textos durante la guerra es un cambio en el sistema de expresión tradicional (en ese entonces la novela histórica y la pintura académica).

Claramente, la imagen del conflicto que propagaba la fotografía desequilibraba el sistema de semejanzas y desemejanzas establecido en la base del sistema mimético o, en otras palabras, en la base del sistema histórico-social que establece el concepto de *mimesis*. Estoy aquí intentando aludir a las ideas de Jacques Rancière en su texto *The Future of the Image*, en el que reafirma la naturaleza socio-histórica del concepto de mimesis y, por ende, del sistema de semejanzas (*resemblance*) y desemejanzas (*desemblance*) que se establece, por ejemplo, entre medios de representación o entre movimientos estéticos. Las modificaciones en las narrativas o en la forma de narrar son explicadas y no *determinadas* por el modo en que una cultura modifica el plano ético y político de las representaciones:

> The break with this system does not consist in painting white or black squares rather than the warriors of antiquity. It does not even consist, as the modernist vulgate would have it, in the fact that any correspondence between the art of words and the art of visible forms comes undone. It consists in the fact that words and forms, the sayable and the visible, the visible and the invisible, are related to one another in accordance with new procedures." (Rancière 13)

> [La ruptura con este sistema no consiste siquiera en pintar cuadrados en blanco y negro en lugar de los guerreros de la antigüedad. No consiste, incluso, aunque así lo quiera la vulgata modernista, en el hecho de que toda correspondencia entre el arte de las palabras y el arte de lo visible se deshaga. consiste en el hecho de que las palabras y las formas, lo decible y lo visible,

lo visible y lo invisible, estén relacionados el uno con el otro al obedecer a nuevos procedimientos; traducción de los editores]

Al activar textualmente un dispositivo visual, Palleja señala el camino hacia un nuevo sistema representacional, un nuevo sistema de similitudes, un cambio social en el modo de entender el concepto de *mimesis*.[16] En muchos sentidos, las imágenes de pilas de cadáveres paraguayos o de niños quemados por bombas desmitificaban y desencantaban cualquier intento de glorificar la violencia estatal.

Figura 5: Muerte del Coronel Palleja. Albúmina. Bate & Cía. W. 1866. Biblioteca Nacional.

Así, nos queda la imagen fotográfica de la "Muerte del Coronel Palleja" (figura 5) como el centro de una nueva dinámica iconográfica. La fecha: 18 de julio de 1866. El lugar: trinchera de El Sauce. El batallón *Florida* dejó de luchar, espantado ante la muerte del Coronel. La foto de Palleja circuló independientemente de su diario. Ésta es la conclusión de la escritura (la de Palleja, la de la historia), el final sin falsificación, la foto que retrata la muerte de la palabra misma. Magariños Cervantes escribe "al lector" ante la abrupta terminación del *Diario*: "La muerte, pues, fue la única que pudo hacer que cayese de las manos del cronista popular, la pluma…" (2: 378). La fotografía toma el lugar de la muerte pero, por otro lado, toma también el lugar de la escritura y lo hace sin desplazamientos excluyentes (sin abandonar del todo la escritura misma como posibilidad de expresión) ni dialécticas negativas entre imagen y texto. Toma el lugar de la escritura como un lenguaje que ha sido expulsado de la heroicidad y la virtuosidad de la épica bélica, un lenguaje que nos recuerda que la guerra es el punto de inflexión que diluye la dicotomía entre civilización y barbarie; o, en la fórmula que propone Etienne Balibar, la violencia extrema de exterminar a otro no puede mantenerse dentro de los límites institucionales sin modificar la naturaleza misma del Estado. El lenguaje fotográfico nos recuerda siempre –como lo hace aquella fotografía de pilas de muertos en primer plano que se muestra al inicio de este trabajo– que la guerra es la imagen de la muerte, que pertenece a todos los estados y a ninguno de ellos.

NOTAS

1   Las fotografías estudiadas en este ensayo se reproducen por gentileza de: Biblioteca Nacional de Montevideo, Uruguay; Museo Bartolomé Mitre, Buenos Aires, Argentina, y Museo Histórico Nacional, Buenos Aires, Argentina.

2   La primera parte de la colección comenzó a circular para el público a partir de agosto de 1866, y en noviembre del mismo año salió a la venta la segunda y última parte. La presentación de cada foto, según refiere Miguel Ángel Cuarterolo en *Soldados de la Memoria,* era de copias sueltas de 19x13 centímetros en papel albuminado, centradas sobre un cartón de 23x27 cm., con el título de la colección al pie del cartón. Cada imagen estaba titulada, a su vez, y llevaba la firma "Bate y Cía. W" a la izquierda, y a la derecha "Montevideo".

3   Para una discusión más completa sobre las trágicas estadísticas de la Guerra en el pueblo paraguayo, véase el trabajo fundamental de Thomas Whigham.

4   El Imperio del Brasil intervino en cada uno de sus países vecinos a lo largo del siglo. A Uruguay lo incorporó como estado –provincia Cisplatina– entre 1822 y 1828, con Argentina estuvo en guerra entre 1825 y 1828, participó en la formación del Ejército Grande para derrocar a Juan Manuel de Rosas (1852) en la Batalla de Caseros, y reclamaba territorios en el norte del Paraguay.

5   Los más significativos son la mayoría de la primera mitad del siglo XX: ver Pelham Horton Box, Augusto Tasso, Walter y Efraín Cardozo.

6   En esta línea, ver sobre todo los libros de Chiavenatto y Pomer.

7   Esta postura hizo coincidir la figura del gobernante caudillo militar nacional con discursos de carisma, liderazgo, inteligencia estratégica y fidelidad por la patria, que rápidamente fue exaltada en el Paraguay por la atroz dictadura militar de Alfredo Stroessner (1954-89).

8   Algunos trabajos contemporáneos de una extensísima lista bibliográfica son los de Leuchars, Kraay y Whigham, De Marco, y Doratioto (ver bibliografía).

9   Para 1864, en el Imperio del Brasil había más de 30 fotógrafos (Kossoy 38) y otros tantos estudios en las ciudades principales: Río de Janeiro, São Paulo, Salvador, Recife y Porto Alegre. En Paraguay, la mayoría de los fotógrafos eran itinerantes (ingleses, franceses, norteamericanos e italianos) y tan sólo uno de ellos, Pedro Bernadet, abrió su estudio en Asunción durante la Guerra.

[10] El proceso es conocido como "placas húmedas al colodión": estas placas de vidrio se bañaban en una fórmula con colodión y se las exponía. El proceso inventado por Frederick Scott Archer (ambrotipo) permitía la toma de un negativo y, sobre todo, permitía acortar el tiempo de exposición del daguerrotipo a entre 4 y 10 segundos.

[11] Sobre la tensión entre movimiento y parálisis en el producto fotográfico, véase la reflexión de Auguste Rodin en *Art. Conversations with Paul Gsell.*

[12] El álbum de Gardner, que se publica en 1866, era considerado un "objeto lujoso": las fotografías habían sido montadas una a una en las páginas del álbum, tituladas y acompañadas por un texto en la página contraria; finalmente, los pliegues habían sido cosidos y cerrados con un exquisito papel marrón marroquí. Gardner imprimió 200 ejemplares al precio de, en ese momento, 150 dólares cada uno, lo que implica que muy pocos pudieron comprar una copia de éste. De todos modos, las fotografías de Gardner circulaban litografiadas en la prensa (Lee 6).

[13] Para una biografía más detallada de León de Palleja cfr. el *Prólogo* de Eduardo de Salterain y Herrera de la edición del *Diario* de 1960 por el Ministerio de Instrucción Pública y Previsión Social.

[14] Recién en 1960 aparece su segunda edición publicada por el Ministerio de Instrucción Pública y Previsión Social como el tomo 29 de la serie de Colección de Clásicos Uruguayos de la Biblioteca Artigas –la cual utilizo en este trabajo–, y finalmente en 1984, durante el final de la última dictadura militar, el Centro Militar de la República Oriental publica la última edición conocida del *Diario.*

[15] En los Estados Unidos el *Sketch* es bastante común; lo inaugura Washington Irving con su *Sketch Book of Geoffrey Crayon.* Para un análisis sobre este género, ver Kristie Hamilton. El caso paradigmático de la escritura de bocetos durante la Guerra contra el Paraguay fue el de Ignacio Garmendia en su libro *La Cartera de un Soldado,* que se acerca más a una "galería de personalidades". La excusa de Garmendia es ante todo su profesión de pintor, y después el apuro con que retrató textualmente a protagonistas y eventos de la guerra.

[16] Según Rancière, "*Mimesis* is not resemblance understood as the relationship between a copy and a model. It is a way of making resemblances function within a set of relations between ways of making, modes of speech, forms of visibility" [La *mimesis* no es una similitud entendida como una relación entre la copia y el modelo. Es la manera de hacer que las similitudes funcionen dentro de un conjunto de relaciones comprendidas entre formas de hacer, modos del discurso, formas de visibilizar; traducción de los editores] (73).

BIBLIOGRAFÍA

Balibar, Etienne. "Politics as War, War as Politics. Post-Clausewitzian Variations". *CIEPFC: Centre International d'etudes de la philosophie française contemporaine.* 2008. <http://www.ciepfc.fr/spip.php?article37>. 14 feb 2011.

Cardozo, Efraim. *Vísperas de la Guerra del Paraguay.* Buenos Aires: El Ateneo, 1954.

Chiavenatto, Julio José. *Genocídio americano: a Guerra do Paraguai.* São Paulo: Brasiliense, 1979.

Colección de tratados celebrados por la Republica Argentina con las naciones extranjeras: Tomo II. Publicación oficial. Buenos Aires: Imprenta de La Nación, 1877.

Cuarterolo, Miguel Ángel. *Soldados de la memoria. Imágenes y hombres de la guerra del Paraguay.* Buenos Aires: Planeta, 2000.

De Marco, Miguel Ángel. *La Guerra del Paraguay.* Buenos Aires: Planeta, 2003.

Doratioto, Francisco. *Guerra do Paraguai: como construímos o conflito.* São Paulo/Cuiabá: Contexto, 1998.

_____ *Maldita Guerra: nova história da Guerra do Paraguai.* São Paulo: Companhia das Letras, 2002.

Escobar, Ticio. *La Guerra del 70. Una visión fotográfica.* Asunción: Museo del Barro, 1985.

Gardner, Alexander. *Gardner's Photographic Sketch Book of the Civil War.* Nueva York: Dover Publications, 1959.

Garmendia, José Ignacio. *La cartera de un soldado: bocetos sobre la marcha.* Buenos Aires: Peuser, 1891.

Hamilton, Kristie. *America's Sketchbook: The Cultural Life of a Nineteenth-Century Literary Genre.* Athens: Ohio UP, 1998.

Horton Box, Pelham. *Los orígenes de la Guerra del Paraguay contra la Triple Alianza.* Asunción: La Colmena, 1936.

Kossoy, Boris. *Origens e expansão da fotografia no Brasil, século XIX.* Rio de Janeiro: Edição FUNARTE, 1980.

Kraay, Hendrik y Thomas Whigham, editores. *I Die with My Country. Perspectives on the Paraguayan War, 1864-1870.* Lincoln: U of Nebraska P, 2004.

Lee, Anthony W. y Elizabeth Young. *On Alexander Gardner's Photographic Sketch Book of the Civil War.* Berkeley: U of California P, 2007.

Leuchars, Chris. *To The Bitter End. Paraguay and the War of the Triple Alliance.* Westport: Greenwood Press, 2002.

Palleja, León de. *Diario de la campaña de las fuerzas aliadas contra el Paraguay.* 1866. 2 vols. Montevideo: Ministerio de Instrucción Pública y Previsión Social, 1960.

Pomer, León. *La Guerra del Paraguay: Gran Negocio!* Buenos Aires: Caldén, 1968.

_____ "La Guerra ignorada". *Proceso a la Guerra del Paraguay (colección de ensayos).* Buenos Aires: Caldén, 1968. 7-28.

Rancière, Jacques. *The Future of the Image*. Londres: Verso, 2007.

Rodin, Auguste. *Art. Conversations with Paul Gsell*. Berkeley: U of California P, 1984.

Salles, Ricardo. *Guerra do Paraguai: memórias & imagens*. Rio de Janeiro: Edições Biblioteca Nacional, 2003.

Salterain y Herrera, Eduardo de. "Prólogo al *Diario* de Palleja". León de Palleja. *Diario de la campaña de las fuerzas aliadas contra el Paraguay*. Montevideo: Ministerio de Instrucción Pública y Previsión Social, 1960. III-XV.

Schwarcz, Lilia Mortiz. "Una batalha de imagens. A Guerra do Paraguai em foco". *Guerra do Paraguai: Memórias & Imagens*. Ricardo Salles, org. Rio de Janeiro: Edições Biblioteca Nacional, 2003. 7-11.

Spalding, Walter. *A invasão paraguaia no Brasil*. São Paulo: Cia. Ed. Nacional, 1940.

Tasso Fragoso, Augusto. *História da Guerra entre a Tríplice Aliança e o Paraguai*. Rio de Janeiro: Imprenta do Estado-Maior do Exército, 1934.

Toral, André. *Imagens em desordem. A iconografia da Guerra do Paraguai*. São Paulo: Humanitas/FFLCH/USP, 2001.

Whigham, Thomas. *The Paraguayan War. Causes and Early Conduct*. Lincoln: U of Nebraska P, 2002.

Zizek, Slavoj. *Fotografía, documento, realidad: una ficción más real que la realidad misma. Museo del Traje de Madrid el día 14 de junio 2006. 'II Debates en torno a la Fotografía" en los Encuentros PHE04:* <http://altediciones.com/brumaria70.htm>. 14 feb 2011.

El crimen de la guerra, de J. B. Alberdi:
"Sólo en defensa de la vida se puede quitar la vida"

ÁLVARO KAEMPFER
Gettysburg College

Tras definir el poder como "la extensión del yo, el ensanche y alcance de nuestra acción individual o colectiva en el mundo", Juan Bautista Alberdi afirma en *El crimen de la guerra* (1870) que "cada hombre y cada grupo de hombres busca el poder por una necesidad de su naturaleza" y que, por lo mismo, "los conflictos son la consecuencia de esa identidad de miras" (83). Este deseo universal haría del poder "la expresión más algebraica y general de todos los goces y ventajas de la vida terrestre" y, posiblemente, "el motivo secreto y motor de todas las guerras de los hombres" (82). Tendremos "conflictos mientras haya antagonismos de intereses y voluntades entre los seres humanos" y, más aún, "los habrá mientras sus aspiraciones naturales tengan un objeto común e idéntico" (83). Ese choque de voluntades en abierta lucha por el poder, *objeto* último que anima su "deseo, fuente de perturbación, no puede encontrar su correctivo sino en sí mismo": por lo tanto, sanciona Alberdi, sólo cabe esperar que "se estrelle en su semejante para que sepa moderarse" (82). Dicha moderación, añade, surge "cuando el poder, es decir la inteligencia, la voluntad y la acción, dejan de ser el monopolio de uno o de pocos y se vuelve [sic] patrimonio de muchos o de los más" (82). Bajo esta perspectiva, Alberdi postula en *El crimen de la guerra* que los enfrentamientos naturales, legítimos y constitutivos de la experiencia humana deberían darse entre agentes individuales o colectivos, portadores de iguales derechos y sujetos a un mismo orden en función de moderar los conflictos que los animan. Esta perspectiva no sólo anima su comprensión de la guerra sino que enmarca los desafíos políticos y jurídicos que ésta impone sobre la convulsa comunidad de naciones latinoamericanas en formación.

Al atisbar la realidad europea y americana en torno a 1869, Alberdi subraya la falta de un marco jurídico que regule las diferencias y aspiraciones de diversos agentes nacionales. Frente a dicha falta, asume como tarea central la neutralización de la guerra como mecanismo para la solución de conflictos. El universo social, cultural y político, sobre todo jurídico, del que da cuenta gira en torno a la nación como su agente principal y su realidad articuladora. Sus reflexiones tienen como trasfondo la reciente elección de D. F. Sarmiento como presidente de Argentina, el asesinato de Justo José de Urquiza al año siguiente y las escenas agónicas de la Guerra del Paraguay. Es, por otra parte, un intelectual que vive "las hostilidades franco-prusianas" y, de hecho, se verá "obligado a marcharse unos meses a Londres para no sufrir el caos de la ocupación y de la Comuna. En 1872 estalla la Guerra de Crimea. Guerras, guerras a lo largo y [a] lo ancho del mundo", como señala Beatriz Celina Doallo, lo que habría estimulado la irrupción de ese ensayo inconcluso (21). Como consecuencia, sostiene Luis Thonis, en *El crimen de la guerra* de Alberdi la humanidad toda "se disuelve en la concepción herderiana de un pueblo-mundo y establece los argumentos de un pacifismo abstracto, que contradice las posturas que tuvo como Secretario de Lavalle en la lucha contra Rosas" (7). Aun así, esa noción de comunidad que opera en su escritura no hace sino reforzar el rol de la nación en su articulación política como, de igual manera, en la formulación de soluciones jurídicas para resolver sus conflictos.

El crimen de la guerra tiene la riqueza y las contradicciones de una reflexión en marcha, de una escritura que oscila entre juicios formados y horizontes políticos en constante mutación que inciden en el tratamiento que le da al asunto. Alberdi considera que "la guerra como crimen, vivirá como el hombre" y, por tanto, la tentativa de eliminarla es tan improbable como prácticamente imposible (147). Sin embargo, para Isidoro Ruiz Moreno, esto respondería al hecho de que "Alberdi comprendió que en países nuevos, de civilización incipiente y de escasa organización institucional, la guerra era el principal obstáculo para su progreso y engrandecimiento"; pero así mismo, agrega, "su talento, experiencia y conocimientos le hicieron ver claro, y no cayó en la utopía de creer que se podían evitar totalmente las luchas" (139). La guerra remite en Alberdi a conflictos cuya lógica se hunde en la naturaleza de las sociedades humanas, lo que sustentaría su reclamo de un marco jurídico capaz de regular esos conflictos y un orden político capaz de moderarlos.

La afirmación que se desprende de *El crimen de la guerra,* reforzada a través del texto, resulta taxativa: la guerra es un crimen y, por el hecho de serlo, no hay diferencia alguna en que "sea cometido por uno o por mil, contra uno o contra mil, el crimen en sí mismo es siempre el crimen" (78). A partir de esta afirmación, Alberdi explora "las relaciones de la guerra con la moral, con la justicia absoluta, con la religión aplicada y práctica, porque esto es lo que forma la ley natural o el derecho natural [tanto] de las naciones, como de los individuos" (78). Los puntos de partida y de llegada están ligados a la afirmación hecha por Alberdi de que "[l]a moral cristiana es la moral de la civilización actual por excelencia; o al menos no hay moral civilizada que no coincida con ella en su incompatibilidad absoluta con la guerra" (78). En consecuencia, la posibilidad de sostener racional, jurídica e históricamente una visión tan crítica como normativa ante la guerra cobra sentido para Alberdi en el interior de un mundo cerrado cuyo relato articulador asegura tanto la cohesión ética de su argumento como de la historia a la que remite. De este modo, para apoyarme en Nelson Maldonado-Torres respecto a la relación entre la ética y la guerra, creo que el planteamiento de Alberdi establece que quienes están fuera de esa comunidad global, ideológica y cultural quedan violentamente aplastados bajo la no-ética de una visión de la guerra que perpetúa la experiencia colonial (218). Cabe recordar que Alberdi apunta a un contexto global, mundial, en el que reconoce como agentes a las naciones, y en el que la guerra remite a una forma específica de zanjar sus diferencias. En tal sentido, insiste, "[e]l evangelio es el derecho de gentes moderno, es la verdadera ley de las naciones civilizadas, como es la ley privada de los hombres civilizados" (9). No se trata sólo de situar a los *hombres* en una y la misma comunidad, la humanidad observada por Julio Irazusta en escritos tempranos de Alberdi (166-7). También tiene que ver con las nociones jurídicas de igualdad que dotarían de racionalidad a un mundo formado por sujetos individuales y colectivos articulados por la colisión natural de voluntades animadas por un universal e irreductible deseo de poder.

Al explorar los orígenes de la guerra entendida como un mecanismo para la solución de conflictos, nuestro ensayista hurga en las presuntas raíces de todo conflicto humano en función de posibles explicaciones para su comprensión. Con este desafío, Alberdi establece relaciones con el derecho y con su historia. La búsqueda de la causa última de la guerra como mecanismo aceptado para zanjar conflictos es un camino que, a su juicio, conduce a Roma. Alberdi comienza explicando que "[e]l acto que era un crimen de un romano para con otro, no lo era de un romano para con el extranjero" (72). Entonces, precisa, "[e]ra natural que para ellos hubiese dos derechos y dos justicias, porque todos los hombres no eran hermanos ni todos iguales" (72). Sin embargo, ese problema fue zanjado, dice Alberdi: "más tarde ha venido la moral cristiana, pero han quedado siempre las dos justicias del derecho romano, viviendo a su lado, como rutina más fuerte que la ley" (72). Es decir, la posibilidad de imaginar lo humano como sustancia que trasciende cuerpos, geografías y culturas, que crea una hermandad de alcance universal y asume sus miembros como sujetos portadores de iguales derechos, sólo fue posible con el cristianismo. La herencia romana, explica en tal sentido Jorge M. Mayer, "calificaba a los países extranjeros de bárbaros, a quienes era legítimo avasallar y expoliar con pleitesías y tributos. El cristianismo había borrado las diferencias entre los ciudadanos de los distintos países" e, incluso, continúa el mismo Mayer, "los llamaba hermanos, en un pie de fraternal igualdad, y condenaba con el mismo rigor el asalto al extranjero que el asalto al conciudadano" (793). De este modo, la noción de extranjero y de extranjería no remitía ya a quienes se hallaban fuera de la ciudad romana sino que las diferencias tendrían que ver, a partir de entonces, con la ubicación fuera del mundo cristiano.

La búsqueda de una mirada distinta sobre los extranjeros y lo extranjero, y su fuerte ligazón con la herencia cristiana, no es menor en la medida en que Alberdi se rebeló, precisamente, contra el odio a lo extranjero legado por el colonialismo español y, subraya John Dougherty, reproducido luego por los proyectos nacionales (495). El reconocimiento de un denominador común no sólo insumía la dimensión nacional sino que relativizaba su impacto a la hora de desplegar un pensamiento global. Al margen de esa asunción fundacional del cristianismo, la que compartían intelectuales de diverso signo político, no era posible imaginar una comunidad mundial. Este relato cristiano anulaba diferencias e imponía una mirada universal tan pertinente como, a juicio de Alberdi, inevitable. La ley cobra fuerza en la reflexión de Alberdi de la mano de la religión. No deja de ser relevante que esta visión contribuya a la factura de una dinámica mundial cuya articulación nacional integra el rol de las oleadas migratorias en la composición del programa civilizador solidario de ese relato universal. El cristianismo le parecía vital al respecto: al interior de esa comunidad, matriz y agente de una dinámica civilizatoria y universal, era imperativo reconocerse entre iguales. En consecuencia, y frente a la guerra, afirma Alberdi, "[n]egar la posibilidad de su abolición definitiva y absoluta es poner en duda la practicabilidad de la ley cristiana" (78). Ser iguales y portadores de iguales derechos hacía del cristianismo un espacio en el interior del cual discutir, elaborar y legitimar ese orden universal y posible. Esta mirada supone, así mismo, la posibilidad de dar un paso más y configurar una figura rastreable en las tempranas reflexiones de Alberdi, las que, según explica Laura Demaría, siguiendo en este punto a Natalio Botana, tienen en el juez un referente decisivo (69). Es lo que permite explicar por qué para Alberdi "la guerra no es un mal como violencia sino porque la violencia es de ordinario injusta, cuando es hecha por la parte contendora en lugar de serlo por un juez imparcial", según explica Alfredo Palacios, tras lo cual agrega que para Alberdi "[e]l juez no deja de ser justo y útil porque use la fuerza para hacer cumplir su fallo" (107). Para Botana, y a partir de la visión de las repúblicas centralistas, "Alberdi despojó a esa forma europea de gobierno, que deseaba con tanto ahínco, de su espíritu guerrero, fiel compañero de siglos" y, en función de ese objetivo, añade, "la vació de gloria y vanidad militar; apartó de ella las pasiones del honor o de la virtud, que también se probaban en los campos de batalla, para reemplazarlas por el interés universal del trabajo y el comercio" (391-392). En ese universo cultural basado en el cristianismo, soporte y límite de una comunidad universal, la guerra es un crimen cuya sanción moral legitima normas e instituciones con capacidad, incluso, punitiva.

La propuesta esbozada por Alberdi sobre una eventual liga o comunidad de naciones con autoridad y capacidad de acción directa a nivel planetario, socava una noción tan central para los relatos políticos decimonónicos como la de soberanía nacional. Si bien la suya es una visión que parte de y gira en torno a la nación, se permite así mismo trazar una propuesta para cuestionar, criticar y penalizar la guerra. La posibilidad histórica de ésta hace de la nación una asociación política de soberanía restringida dentro de una comunidad ideológica mayor, global, apoyada en la presunta y altamente cuestionable universalidad de la hermandad cristiana. Allí, a su juicio, cabía consolidar una autoridad, un juez, un tribunal no sólo con jurisdicción global sino con la capacidad de desplegar también una intervención global. Frente al horizonte jurídico, político e histórico de esa comunidad universal esbozada por Alberdi, la guerra "no puede tener más que un fundamento legítimo, y es el derecho de defender la propia existencia" (85). En otras palabras, sobre una reflexión de aspiraciones universales pero con claras referencias a la América española, "el derecho de matar se funda en el derecho de vivir, y sólo en defensa de la vida se puede quitar la vida. En saliendo de ahí", precisa Alberdi, "el homicidio es asesinato, sea de hombre a hombre, sea de Nación a Nación" (85). La guerra, continúa Alberdi, "empieza a ser un crimen desde que su empleo excede la necesidad estricta de salvar la propia existencia. No es un derecho sino como una defensa" (86). A la vez, junto con el legítimo recurso a la guerra en defensa de la propia vida, es posible apelar a la guerra como medida punitiva contra quien o quienes hayan incurrido en llevar adelante una guerra de agresión. Al respecto, "conviene no olvidar que no siempre la guerra es crimen; también es la justicia cuando es el castigo del crimen de la guerra criminal", explica Alberdi, por cuanto "el homicidio es crimen cuando lo comete el asesino, y es justicia cuando lo hace ejecutar el juez" (80). El problema no es tanto la guerra sino la legitimidad de apelar a ella al interior de una comunidad jurídica, ideológica y política que la sanciona como un crimen.

Apoyado en el relato cristiano con aspiraciones de universalidad que nutre su perspectiva, Alberdi confía en que "las guerras serán progresivamente más raras por la misma causa que disminuye el número de crímenes la civilización moral y material, es decir la mejora del hombre" (80). De acuerdo con esta visión hegemónica y decimonónica del progreso, con la que dialoga, a la que contribuye y desde la que surge su propia reflexión, Alberdi tiene la certeza de apoyarse en el imparable avance civilizador de un proceso cuyo agente es la Europa cristiana. La eventual superación de la guerra, al disminuir los crímenes gracias a la mejora material y moral, iba unida a la irrupción de un nuevo hombre, de una nueva humanidad. Esta dimensión es relevante para un Alberdi que, además de ver la guerra como un crimen, la asocia con otros crímenes, dando pie a complicidades de diverso tipo, gradación y naturaleza.

Un choque bélico no sólo supone combates sino que exige movilizar voluntades políticas, recursos variados, respaldo técnico, financiero, comercial, etc. Para Jeremy Black, el diseño y el impulso de la guerra remiten a un debate político indisolublemente ligado a la discusión de culturas estratégicas que ponen en movimiento opciones y cambios de enorme trascendencia (187). La guerra, plantea Alberdi, "trae consigo la ciencia y el arte de la guerra, el soldado de profesión; el cuartel, la caserna, el ejército, la disciplina; y, a la imagen de este mundo excepcional y privilegiado, se forma y amolda poco a poco la sociedad entera" (102-103). Es un proceso que absorbe y excluye voluntades en función de consensos culturales, sociales y políticos capaces de sostener la guerra, y ese horizonte bélico arrastra la militarización de toda la sociedad.

La dinámica bélica aplasta nociones de derechos, libertades cívicas e individualidad bajo una cultura marcial que impone su lógica al conjunto de la sociedad. En tal sentido, "[l]a guerra es un estado, un oficio, una profesión, que hace vivir a millones de hombres. Los militares forman su menor parte", por cuanto "[l]a más numerosa y activa, la forman los industriales que fabrican las armas y máquinas de guerra, de mar y tierra, las municiones, los pertrechos; los que cultivan y enseñan la guerra como ciencia" y, por lo tanto, espeta finalmente Alberdi, atreverse a "[a]bolir la guerra, es tocar el pan de todo ese mundo" (110). Planteada de esta manera, la de Alberdi no es una simple formulación pacifista. No sólo por la afirmación hecha por Salvador María Lozada, quien ve a Alberdi postulando "la reconducción de la violencia institucionalizada como instrumento de corrección de los violentos" (10). En rigor, Alberdi apuntó en *El crimen de la guerra* al cesarismo: ataca los efectos de la militarización, la reducción marcial de la sociedad a causa de la guerra y la legitimación, final o principalmente, del cesarismo. Una vez instalada esa cultura marcial y activada la maquinaria bélica, "la individualidad del hombre desaparece en la unidad de la masa, y el Estado viene a ser como el ejército", asegura Alberdi, convirtiendo la sociedad en "un ente orgánico, una unidad compuesta de unidades, que han pasado a ser las moléculas de ese grande y único cuerpo que se llama el Estado, cuya acción se ejerce por intermedio del ejército y cuya inteligencia se personaliza en la del soberano" (102-103). Como una consecuencia directa de todo este proceso, "[l]a soberanía nacional se personifica en la soberanía del ejército; y el ejército hace y mantiene los emperadores que el pueblo no puede evitar" (102). La maquinaria bélica moldea la sociedad a su imagen y semejanza. Se torna así imposible forjar y, más aun, consolidar un orden jurídico que regule la convivencia de varias naciones, si se considera que la suya es una perspectiva global cuya narrativa articuladora tiene en éstas a sus agentes esenciales. De esta manera, surge una cultura política que anula toda expresión individual y borra, al interior de las naciones y en el ámbito internacional, cualquier atisbo de ciudadanía.

La reducción sistemática de la población de un Estado a un colectivo en guerra genera una masa marcialmente controlada y transforma la presunta excepción bélica en una institucionalidad permanente, cuya consecuencia directa es la precariedad de toda forma de vida social humana. No puedo evitar ligar esta línea de reflexión con las propuestas de Giorgio Agamben, en tanto la guerra es una de las figuras con las que un Estado de Excepción no sólo establece la matriz de su construcción política sino que consagra una condición permanente (105-106). En tal sentido, Alberdi considera que, "[u]na vez glorificado el crimen de la guerra, los señores de las naciones han hecho de su perpetración el tejido de su vida" (96). La vida gira en torno al negocio de la muerte, reforzando la excepción de la guerra en una matriz política, económica, social y cultural permanente. Si los mecanismos de legitimación de la guerra apelan a variadas narrativas, procesos y dinámicas culturales de formación social y afirmación política, sus agentes no son sólo los directa e indirectamente involucrados en el negocio de la guerra. Estos son también aquellos que remiten a una serie variopinta de ámbitos y actividades o expresiones intelectuales y artísticas. De hecho, observa Alberdi, la historiografía ha ayudado a la legitimación del cesarismo en tanto "la historia, constituida en biografía de los reyes, no ha sido otra cosa que la historia de la guerra" (96). Esa excepcionalidad de la guerra constituye una matriz narrativa que predomina en la historiografía. Sin embargo, el asunto no se detiene allí: "como si la pluma no bastase a la historia" añade Alberdi, "la pintura ha sido llamada en su auxilio, y hemos tenido un nuevo documento justificativo del crimen que tiene por autores a los jefes de las naciones" (96). Únicamente "la costumbre y la consagración hecha de ese crimen por los depositarios supremos de la autoridad de las naciones, es decir por sus autores mismos", dice Alberdi, "han podido pervertir nuestro sentido moral hasta hacernos ver esos cuadros no sólo sin horror, sino con una especie de placer y admiración" (97). Surge allí una clara, profunda y constante complicidad entre arte, historiografía y cesarismo. En un esfuerzo por sintetizar el escrito de Alberdi, Ricardo Miguel Zuccherino subraya varias razones por las que cabe destacarlo:

> A) su valerosa condena de las guerras injustas; B) su valiente denuncia de todos los fomentadores de estas luchas sin razón; C) su notable condenación de los traficantes y vendedores de armas; D) su viril oposición a los mercenarios o profesionales de la violencia por dinero; E) su apasionada defensa de la paz; F) su visionaria propuesta de existencia de una Sociedad de las Naciones; G) su avanzada idea de instalación de tribunales internacionales de justicia; H) su brillante propuesta de solución de las controversias internacionales por vía del principio del arbitraje obligatorio. (242)

Esta síntesis permite identificar algunas áreas de la reflexión de Alberdi en relación con los desafíos políticos que impone caracterizar la guerra como un crimen y los efectos jurídicos que ello produce. Cabe recordar que en torno al ciclo independentista latinoamericano, según indica Rogelio Pérez Perdomo, hubo un intenso esfuerzo por dar con "un nuevo tipo de legitimidad, jurídico-democrática" (173). En tal contexto, y particularmente para el imaginario nacional argentino, señala Roberto Madero, "Sarmiento es el libro, Alberdi es la ley, Mitre es la historia" (7). En trabajos anteriores a este ensayo sobre el crimen de la guerra, Alberdi ubicaba la jurisprudencia, menos abarcadora que la filosofía vista como ciencia de la razón, "en la esfera de la razón jurídica" (Rodríguez Pérsico 280). Sus objetivos no se agotan en una formulación filosófica o política sino que la suya es una empresa jurídica cuyo más importante objetivo es la propuesta de un orden no sólo nacional sino, sobre todo en este ensayo, internacional. Bajo la razón jurídica que ordena su trabajo, la ley y la letra convergen en la figura del libro antes aludida y sitúan la guerra, en la reflexión de Alberdi, como uno de los más complejos, persistentes y dolorosos problemas experimentados por la América española.

El cuadro bélico tras las guerras de independencia, los conflictos en el proceso de armar nuevos Estados y los escombros de todo orden tras cada batalla, junto con la fragilidad económica frente a los intereses y las intervenciones extranjeras, contribuyeron a la sostenida militarización de la política y la cultura latinoamericanas del siglo XIX (Loveman 28).

Lejos del limitado impacto que le endosa Miguel Ángel Centeno a las guerras latinoamericanas del XIX (127), se trató de un fenómeno que marcó diversos momentos y nutrió sostenidamente el debate cultural y político que animó la construcción de las nuevas naciones. Para Alberdi, de hecho, se trató de una dinámica integral, orgánica, que hizo de la guerra una matriz a la que no fue ajeno aspecto alguno de la sociedad. En tal sentido, al observar la persistencia y los efectos de los conflictos armados, no cabe considerar únicamente las estadísticas bélicas. Aunque en comparación con Europa, ironiza Fernando López-Alves, América Latina parece no haber tenido suficientes guerras, cabe subrayar con este mismo autor que el impacto de la guerra fue decisivo en momentos centrales de la factura política e histórica de la región (22). En tal sentido, la reflexión de Alberdi no sólo caracteriza la guerra sino que apunta a los desafíos políticos y culturales, sobre todo jurídicos, que ella impone. De este modo, añade Harold Eugene Davis, Alberdi hizo un intento por purgar la guerra de la política exterior argentina, generando así un precedente del Pacto Saavedra-Lamas de 1935 e, incluso, de la posterior formación de la Organización de Estados Americanos (54). Fue precisamente bajo la presencia y el impacto persistentes de la guerra que le dio forma a una visión (al esbozo de pautas normativas y autoridades nacionales e internacionales) orientada a deslegitimar la guerra como instrumento de la política exterior. La suya es una reflexión en torno a los conflictos bélicos protagonizados por Estados nacionales cuya función es encarar el debate jurídico, político y cultural acerca de cómo sostener un orden internacional.

Considerando tales desafíos y bajo cierta matriz cultural, basándose en un determinismo natural, Alberdi intenta darle forma a una caracterización general de la guerra. De este modo, a pesar de sus particularidades, las causas últimas de la guerra en la América española deberían responder a la misma naturaleza conflictiva de la condición humana que Alberdi señala a lo largo de su ensayo. Sin embargo, hasta esa visión parece fracturarse al analizar el caso americano. De hecho, ni siquiera el desborde de la lucha por la vida, bajo una visión darwiniana, masculina y de tono universal, como la que destaca Adriana Novoa (227) en su lectura de Alberdi, parece pertinente al explicar lo que ocurre en la región. Es cierto que Alberdi observa la misma motivación. En la América española, "por lo general", asegura Alberdi, "la guerra no tiene más que un objeto y un fin, aunque lo cubran mil pretextos: es el interés de ocupar y poseer el poder" (82). De este modo, si bien los motivos por los cuales la guerra ha sido un rasgo permanente en la América Latina son similares a los observados previamente, Alberdi subraya la presencia de una voluntad política de carácter engañoso, que busca ocultar esas causas ligadas a un deseo universal común y constitutivo de lo humano. Habría, en la región, una cierta retórica política en juego de la que guarda distancia a la hora de singularizar el fenómeno bélico. Además, un segundo aspecto relevante es que, junto a esa voluntad por cubrir y ocultar, la persistencia de la guerra en la América española guarda relación con un vacío. Es decir, hay allí una carencia casi constitutiva: "Sudamérica no ha contribuido a la obra de la civilización general, sino por el trabajo de la guerra de independencia" y, en consecuencia, sanciona Alberdi, "la única gloria que allí existe es la gloria militar, los únicos grandes hombres son sus grandes guerreros" (123). En el principio fue la guerra y todo en América Latina tiene la marca de esa experiencia bélica fundacional, el *big-bang* que habría hecho posible independencia, naciones, realidades políticas, soberanías.

Marcos Campillo-Ferrol nos recuerda, citando a John Charles Chasteen, que si bien la guerra ha sido decisiva "en la construcción imaginaria de la nación", hay que considerar también otros y variados elementos culturales a la hora de hacer un balance general (5). El Alberdi de *El crimen de la guerra*, sin embargo, subraya que la región ha girado y sigue girando en torno a la guerra como dispositivo histórico y soberano de irrupción de América Latina –en sus palabras, Sudamérica– en el mapa global. Según expone Oscar Terán, Alberdi apunta claramente al rol "de los historiadores e intérpretes del pasado nacional como Mitre y Sarmiento", todos los cuales le "han adjudicado a los grandes militares todo el mérito de la independencia argentina" (Terán 99). Por tanto, no se trata exclusivamente de la lectura que se ha hecho de la guerra sino de las consecuencias de esa lectura, las que han forjado una retórica que obnubila y oculta la falta de motivos capaces de tornar comprensible el peso de la guerra. Al echar un vistazo a la región, Alberdi destaca que entre las dieciséis repúblicas de la América hispana no observa "ninguna de las causas ordinarias de la guerra en Europa" (121). Es decir, por el simple contraste con Europa, hay una excepcionalidad que observa y le exige a la América Latina a partir de la presunta homogeneidad que la cruza, que la define. La reiteración del tópico de la extraordinaria condición americana, en el contexto de las causas posibles de la guerra, lo lleva a subrayar la falta de una lógica que torne racionales o explique los enfrentamientos bélicos sudamericanos. Todas sus repúblicas, prosigue Alberdi, "hablan de la misma lengua [sic], son la misma raza, profesan la misma religión, tienen la misma forma de gobierno, el mismo sistema de pesas y medidas, la misma legislación civil, las mismas costumbres, y –como si esto no fuese suficiente– cada una posee cincuenta veces más territorio que el que necesita" (121). Pero, "[a] pesar de esa rara y feliz uniformidad", se lamenta Alberdi, Sudamérica, "es la tierra clásica de la guerra, en tal grado, que ha llegado a ser allí el estado normal, una especie de forma de gobierno, asimilada de tal modo con todas las fases de su vida actual, que a nadie" –con la excepción de sí mismo, por cierto– se le "ocurre allí que la guerra puede ser un crimen" (121). Es decir, el rol fundacional de la guerra en la América española, el engañoso ocultamiento político de sus causas, la ignorancia respecto de sus alcances, la falta de lógica y, por ende, de racionalidad que la rodean, no son sino rasgos de una región incomprensible bajo los parámetros del provincialismo europeo.

Valga decir, una vez más, que Alberdi no llegó a terminar su escrito de *El crimen de la guerra* y que, incluso, sus contradicciones bien podrían corresponder no sólo a una escritura en marcha sino a una reflexión en curso, a un pensamiento en formación respecto de la guerra. Aun así, y al igual que otros trabajos de Alberdi de esos años, sostiene Enrique Popolizio, se trata de "escritos menores que aún hasta los días postreros, seguirán ejerciendo su influencia poderosa" (9). Para Elida Louis, editora de la más reciente y cuidadosa edición crítico-genética de los borradores de ese texto, se trata de un "*work in progress*, en ellos se despliega un pensamiento que quiere 'ponerse en orden' o 'encontrar un orden'" y, en consecuencia, recomienda: "estos manuscritos deben mostrarse con sus idas y sus vueltas y deben analizarse en su dinámica. Por eso deben editarse como borradores y leerse como tales" (28). Esa complejidad en la factura, edición o ediciones del texto, y en su lectura, responde a la relación que establece Alberdi con la historia latinoamericana. A su juicio, las causas que harían del enfrentamiento bélico un rasgo endémico de la *Sud-América* decimonónica remiten al carácter fundacional de la guerra que hizo posible forjar independencias y ejercer soberanías.

Alberdi subraya el impacto de los liderazgos y las acciones, también las bélicas, que permitieron el quiebre con España y la afirmación de lo que llama la "libertad exterior" (122). En consecuencia, el valor de la independencia no remite al protagonismo de determinadas figuras ni es reductible al desencadenamiento bélico sino que le parece un evento comprensible a partir de una perspectiva sobre la historia.

La independencia de la América española fue, en la reflexión de Alberdi, un evento sujeto a las leyes de la naturaleza de la historia. Su mirada subraya que las libertades y los límites de la voluntad humana responden a la marcha de un proceso que no fue sino "producto lógico y natural de las necesidades e intereses de la civilización" (124). Considera vital aclarar, al abordar la guerra y su impacto en la factura marcial de las sociedades postcoloniales latinoamericanas, que la independencia fue un evento inevitable e inscrito en las leyes naturales de la historia. De este modo, la trayectoria lineal, global, ascendente y emancipadora de la modernidad desplegada sobre las Américas, bajo protagonismo europeo, no podía sino desembocar en la independencia. Sería imperativo revisar la historiografía, las lecturas hechas hasta entonces de la historia sudamericana. Esta empresa intelectual, de tinte revisionista, opera entre la historia y la filosofía y, según Hugo Rodríguez-Alcalá (57), llega hasta las lecturas con y contra Alberdi hechas por Alejandro Korn. Es un desafío que posee diversas aristas. La que pone en juego *El crimen de la guerra* de Alberdi surge en abierta colisión con la historiografía latinoamericana al cuestionar precisamente "una cierta manera de hacer la historia" y acabar rechazando una visión para la cual "la América del Sud vegetaría hasta hoy en poder de España si la casualidad no hubiese hecho que nazcan un Belgrano, un San Martín, un Bolívar, etc." (124). Tal como otras revoluciones, coincide Terán, la de independencia "también fue obra más de la naturaleza que de la voluntad humana, y consecuentemente, es incorrecto atribuirla a guerreros que no fueron más que el instrumento visible de intereses profundos que operaban a espaldas de los individuos" (40-41). Esa *manera de hacer la historia*, rastreable en variados circuitos intelectuales y coyunturas decimonónicas, y ese *modo de escribirla* con base en el protagonismo mesiánico de figuras capaces de imponer su personalidad y su ritmo a una dinámica histórica que marchaba al trote de su propia, personal e intransferible cabalgata, a Alberdi le resultaban insostenibles.

Según Héctor Ciapuscio, Alberdi "rechaza categóricamente la concepción 'monumental' de la historia que adjudica a los grandes hombres la autoría de los grandes acontecimientos", porque surge "con la finalidad práctica de convertirlos en modelos de edificación patriótica, a pesar de su vigencia en gran parte del siglo XIX, de lo que es prueba el culto juvenil por Napoleón" (251). A juicio de Fermín Chávez, "[l]a crítica alberdiana apunta fundamentalmente a desenmascarar a los falsos liberales del Plata" (9). Su concepción lineal, ascendente, progresiva de la historia limita decisivamente los márgenes de la iniciativa y el protagonismo individual. La visión de Alberdi es sintetizada por su propia alusión a una expresión atribuida al "jefe militar de la revolución de Mayo, en Buenos Aires", Cornelio de Saavedra y Rodríguez, para quien "[l]a breva cayó cuando estuvo madura y porque estuvo madura" (125). En consecuencia, Alberdi se apoya en una perspectiva ligada orgánicamente a una narrativa global y maestra, al interior de la cual toda voluntad es relevante sólo si responde a esa dinámica imparable, natural y universal. Con ella restauraba el sitio que le cabía "a los grandes principios, a los soberanos intereses, a las causas generales y naturales del progreso, que gobiernan y rigen el mundo hacia lo mejor" (126). Su mirada no apelaba únicamente a principios históricos, filosóficos, de clara e indiscutible repercusión en la factura de un orden jurídico, sino que iba anclada a la certeza práctica del avance de una Modernidad sobre cuya marcha imparable correspondía situar la discusión.

Para Alberdi era imperativo denunciar "la ceguedad de un paganismo estrecho", lo cual reitera el soporte ideológico que anima su postura, al que se aludió anteriormente, por cuanto dotaba de un rol protagónico y mesiánico a ciertos hombres, a los que elevaba "al rango de causas y de principios", ignorando brutalmente "las bases en que descansa el progreso humano y que deben ser las bases firmes e invencibles de su fe" (126). Al final, por lo tanto, el progreso y la historia, la teleológica cabalgata de ésta al ritmo de aquel, no eran sino una cuestión de fe, de una cierta, incuestionable y dogmática certeza ideológica. Las leyes naturales de la historia responderían a un argumento teológico. No se trata de una visión únicamente suya, por cierto, ni de una que no hubiese manifestado públicamente con anterioridad a la escritura de este texto. Alberdi, precisa Alejandro Herrero, ya "explicaba en su lectura inaugural en el Salón Literario (1837), que la emancipación de 1810 se inscribió en la trayectoria que una legalidad trascendente imprimió a todos los acontecimientos humanos, por encima de las voluntades particulares que creían dirigirlos" (25). No se trata de una visión irreflexiva sobre la historia sino de una perspectiva largamente madurada y a partir de la cual deriva una serie de planteamientos de alcance general o particular, como la visión de la guerra que transmite esta escritura en marcha. En tal sentido, Alberdi asegura que "[l]o que no hubiese hecho San Martín, lo hubiera hecho Bolívar; a falta de Bolívar, hubiera habido un Sucre; a falta de un Sucre, un Córdova, etc." (125). Bajo esta trayectoria lineal, ininterrumpida, progresiva y universal, orgánica, la historia pudo haber sido ejecutada por actores diferentes e incluso de modo distinto, pero el evento que hizo posible la ruptura independentista era impostergable. Esa perspectiva, legible e intuitiva en las lecturas de Montesquieu hechas por Simón Bolívar, llega a Alberdi y a su generación en diálogo con las interpretaciones que Herder hiciera del filósofo francés (Jaen 567). El quiebre con la península, la independencia, de acuerdo con estas presuntas leyes naturales y orgánicas de la historia, se iba a producir tarde o temprano, de una u otra manera.

Esta visión orgánica de la historia, de su marcha, resulta clara para un Alberdi que considera que "[c]uando un brazo es necesario para la ejecución de una ley de mejoramiento y progreso, la fecundidad de la humanidad lo sugiere no importa con qué nombre" (125-126). Estas leyes permiten entender el carácter único, fundacional y, sobre todo, irrepetible de la guerra de independencia. El hecho de que sea un evento irrepetible le permite situarse lejos de una retórica bélica de liberación alimentada por las nostalgias de aquel momento primigenio cuya reiteración discursiva e institucional sólo legitimaba el cesarismo. Esa misma retórica, tan política como histórica, no hacía sino alimentar una cultura bélica cuya marcialidad se imponía sobre las sociedades latinoamericanas. Estos paisajes militares incrustados en la imaginación cultural y política decimonónica habían hecho del caudillaje, de los caudillos mismos, no sólo hijos legítimos de la guerra sino una suerte de producto de la dinámica independentista (Lynch 35). Milciades Peña pone de manifiesto esta crítica por parte de Alberdi a un modelo social en el que la militarización de la sociedad había estado y seguía estando al servicio de la disciplina, el dominio y el control oligárquico (120). Por otra parte, el rechazo de Alberdi a la guerra difiere de sus planteamientos previos en relación con el lugar que ésta habría tenido en la formación de Argentina, como lo sugirió en 1847. Esto lleva a Jeremy Adelman a sostener que Alberdi admitió el impacto de traumáticas pero constitutivas experiencias postcoloniales que en aquel año rechazara (95). Subraya el daño causado por la guerra en la historia reciente de América Latina e insiste en su rechazo al belicisimo como factor central de la consolidación del cesarismo. Si bien para Enrique de Gandia los "[l]os libertadores de América crearon la escuela de los caudillos que destruían, sucesivamente, los poderes existentes" (515), cabría añadir que la misma fue una dinámica consagrada por la historiografía pertinente que articuló y legitimó esa mirada. Es, por ende, una visión que inscribe el asunto de la guerra en la racionalidad que domina la historia latinoamericana a fines de los años sesenta del siglo XIX, tras experiencias brutales como la Guerra del Paraguay.

Frente a guerras que acababan y otras persistentes, Alberdi fija parámetros para la construcción de ciudadanía, así como de una eventual memoria cultural e historiográfica nacional. Desde su perspectiva, la guerra no sólo amenazaba todo posible nuevo orden por la carga destructiva que tiene sino por la legitimación constante de una cultura marcial a lo largo del siglo, aspectos que parecían no retroceder un palmo. Era preciso, entonces, impulsar la revisión política e ideológica de la historia vivida en función de los desafíos nacionales e internacionales para avanzar hacia un orden político fuertemente anclado a un marco jurídico. Tras generaciones de ciudadanos formados bajo las marciales narrativas bélicas de liberación, cabía volver la vista atrás y asumir la singularidad de aquel evento fundacional único, y extirpar de una vez la ilusión absurda de repetirlo haciendo de la guerra y de una cultura preparada para ella una realidad perpetua. La simple constatación de la guerra de independencia como un fenómeno fundacional no impedía, sin embargo, verla como expresión de fuerzas ligada a un proceso universal y a cuyo devenir su dinámica estaba subordinada. Frente a dicha realidad, y a los desafíos que ésta imponía, era preciso construir acuerdos entre los protagonistas nacionales de las narrativas que imponía la Modernidad. El argumento de Alberdi insistía en el carácter cerrado y excluyente de un mundo reducido a la interlocución de Estados nacionales aún en formación, incipientes. Los que iban quedando fuera de esos criterios, acuerdos y demarcaciones nacionales sumaban demasiados y, de hecho, bien podían apelar a la reflexión hecha por Alberdi para refutar en ese contexto global la guerra contra ellos como, igualmente, su legitimidad para defender sus propias vidas.

BIBLIOGRAFÍA

Adelman, Jeremy. "Between Order and Liberty. Juan Bautista Alberdi and the Intellectual Origins of Argentine Constitutionalism." *Latin American Research Review* 42/2 (2007): 86-110.

Agamben, Giorgio. *Homo Sacer. Sovereign Power and Bare Life.* Stanford: Stanford UP, 1998.

Alberdi, Juan Bautista. *El crimen de la guerra.* 1870. Edición crítico-genética. Elida Lois, ed. SanMartín: UNSAM, 2007.

Black, Jeremy. *War in the Nineteenth-Century: 1800-1914.* Cambridge: Polity Press, 2009.

Botana, Natalio. *La tradición republicana. Alberdi, Sarmiento y las ideas políticas de su tiempo.* Buenos Aires: Sudamericana, 1984.

Campillo-Ferroll, Marcos. "La hermandad poético-musical en el contorno nacional: la generación argentina de 1837". *Revista Hispánica Moderna* 62/1 (2009): 1-23.

Centeno, Miguel Angel. *Blood and Debt. War and the Nation-State in Latin America.* University Park: The Pennsylvania State UP, 2002.

Chávez, Fermín. *Alberdi y el mitrismo.* Buenos Aires: A. Peña Lillo Editor, 1961.

Ciapuscio, Héctor. *El pensamiento filosófico-político de Alberdi.* Buenos Aires: Ediciones Culturales Argentinas, 1985.

Davis, Harold Eugene. "Juan Bautista Alberdi, Americanist." *Journal of Inter-American Studies* 4/1 (1962): 53-65.

De Gandia, Enrique. "La ironía política de Alberdi". *Journal of Inter-American Studies* 8/4 (1966): 497-519.

Demaría, Laura. "La generación argentina de 1837: constructores, jueces y... caudillos". *Hispanófila* 134 (2002): 63-74.

Doallo, Beatriz Celina. *Juan Bautista Alberdi: una voz en la tormenta.* Buenos Aires: Nereo, 1989.

Dougherty, John. "Juan Bautista Alberdi: A Study of His Thought." *The Americas* 29/4 (1973): 489-501.

Herrero, Alejandro. *La política en tiempo de guerra. La cultura política francesa en el pensamiento de Alberdi (1837-1852)*. Buenos Aires: Ediciones de la UNLA, 2003.

Irazusta, Julio. *Ensayos históricos*. Buenos Aires: EUDEBA, 1968.

Jaen, Didier. "La generación romántica argentina y el problema de Hispanoamérica". *Journal of Inter-American Studies* 8/4 (1966): 565-584.

Lois, Elida. "Estudio preliminar". *El crimen de la guerra*. Edición crítico-genética. Elida Lois, ed. San Martín: UNSAM, 2007. 19-51.

López-Alves, Fernando. *State Formation and Democracy in Latin America, 1810-1900*. Durham and London: Duke UP, 2000.

Loveman, Brian. *For la Patria. Politics and the Armed Forces in Latin America*. Wilmington: Scholarly Resources Inc., 1999.

Lozada, Salvador María. "Alberdi y la guerra". *Realidad económica* 197 (2003): 7-12.

Lynch, John. *Caudillos in Spanish America 1800-1850*. Oxford: Claredon Press, 1992.

Madero, Roberto. *La historiografía entre la república y la nación: el caso de Vicente Fidel López*. Buenos Aires: Catálogos, 2005.

Maldonado-Torres, Nelson. *Against War. Views from the Underside of Modernity*. Durham and London: Duke UP, 2008.

Mayer, Jorge M. *Alberdi y su tiempo*. Buenos Aires: Eudeba, 1963.

Novoa, Adriana. "The Meaning of Blood in Argentina: Genealogy and Darwinism in the Recovery of the Past." *Revista Hispánica Moderna* 62/2 (2009): 213-234.

Palacios, Alfredo. *Alberdi: Constructor en el desierto*. Buenos Aires: Editorial Losada, 1944.

Peña, Milciades. *Alberdi, Sarmiento, el 90*. Buenos Aires: Fichas, 1973.

Pérez Perdomo, Rogelio. "Los juristas como intelectuales y el nacimiento de los estados naciones en América Latina". *Historia de los intelectuales en América Latina. I. La ciudad letrada: de la conquista al modernismo*. Carlos Altamirano, ed. Madrid: Katz Editores, 2008. 168-183.

Popolizio, Enrique. *Alberdi*. Buenos Aires: Losada, 1946.

Rodríguez-Alcalá, Hugo. "Sobre el americanismo filosófico. La teoría de J.B. Alberdi renovada por Alejandro Korn". *Hispanic Review* 31/1 (1963): 40-60.

Rodríguez Pérsico, Adriana. "Juan Bautista Alberdi: nación y razón". *La lucha de los lenguajes. Historia crítica de la literatura argentina.* Vol II. Julio Schvartzman, ed. Buenos Aires: Emecé, 2003. 279-303.

Ruiz Moreno, Isidoro. *El pensamiento internacional de Alberdi.* Buenos Aires: Eudeba, 1969.

Terán, Oscar. *Las palabras ausentes: para leer los* Escritos póstumos *de Alberdi.* Buenos Aires: Fondo de Cultura Económica, 2004.

Thonis, Luis. *Estado y ficción en Juan Bautista Alberdi.* Buenos Aires: Paradiso, 2001.

Zuccherino, Ricardo Miguel. *Juan Bautista Alberdi, ideólogo del siglo XXI. Análisis integral de su obra.* Buenos Aires: Depalma, 1987.

Paisaje de guerra

MARTÍN KOHAN
Universidad de Buenos Aires

Contrariamente a una creencia bastante extendida en el pensamiento del siglo XIX, o implantada en buena parte de su repertorio metafórico, los indios no son exactamente animales, manifestación cruda de una naturaleza en bruto. Y lo que viene a demostrarlo es nada menos que la guerra. La figuración unidireccional de una neta cacería sería el corolario natural de la animalización del indio, además de la coartada que aliviaría de eventuales remordimientos a los ejecutores de su exterminio. Y, sin embargo, no son esos los rasgos que asumen ni *La guerra al malón* (1907) ni la *Conquista de la Pampa* (1935, póstumo), tal como las narró el Comandante Manuel Prado.[1] La guerra, por cierto, no deriva, según ha señalado bien Paul Virilio, de la caza de animales, sino de algo bien distinto y hasta opuesto: de la capacidad de dominar a los animales y hacerlos rendir alguna clase de utilidad (en Deleuze y Guattari 398). Si lo que se quiere es validar una violencia aniquiladora, ver al indio como animal es muy propicio, porque entonces el matar no comporta una culpa; pero si lo que se quiere, como lo quiere Prado, es exaltar el heroísmo militar de una campaña, reducirla a cacería es negligente y contrario a lo que se busca.

El ejército sobre el que escribe Prado dejó de existir inmediatamente después de las expediciones lanzadas contra los indios en la década de 1870. La modernización impuesta entonces transformó sus características hasta hacerlo desaparecer, lo que imprime un fuerte tono de nostalgia a los textos retrospectivos de Prado porque cuenta una guerra ganada, aunque ganada por un ejército perdido, un ejército que de inmediato se perdió en procura de su imprescindible modernización.

Reivindicar las tropas de entonces, lamentar la falta de reconocimiento padecida, equiparar la gloria de esta guerra a la de la Guerra del Paraguay, por ejemplo, denunciar el aprovechamiento latifundista del fruto de estas campañas, es lo que sostiene en gran medida el impulso a la escritura por parte del Comandante Prado.[2] No basta con decir en este caso, según la fórmula habitual, que se escribe para contrarrestar el olvido; Prado escribe para contrarrestar otros relatos de la vida castrense, otras historias de la guerra, otras versiones de la historia como guerra, que harían de la conquista del desierto una nimia empresa de conquista de un espacio vacío, o de la guerra contra el indio el paseo finalmente leve de una mera partida de caza.

Que no se trata ni de una cosa ni de la otra es lo que las narraciones de Prado señalan. Porque inclusive una operación militar bastante carente de beligerancia efectiva admite ser recuperada y exaltada casi en los términos del arte zen de la guerra de Sun Tzu, según los cuales la mejor manera de ganar una guerra es hacerlo sin tener que llegar a entablar una batalla: "La gloria de esa grande operación militar consiste, precisamente, en haberse realizado, como se realizó, sin dejar señalado el trayecto con arroyos de sangre ni con filas de osamentas" (Prado, *La guerra al malón* 135). En cuanto al avance sobre un espacio desierto, no se verifica en Prado la señalada y cruel paradoja de que ese espacio desierto está poblado de indios (anulación retórica a menudo basada en el recurso de la animalización), ni tampoco la treta apenas encubierta de que se avanza sobre el desierto pero para poder producir el desierto (es decir, ni más ni menos, para eliminar a la población existente).[3] En Prado aparece otra cosa, o al menos *también* otra cosa, en términos específicamente bélicos: se avanza sobre el desierto y sobre los indios, o se avanza sobre el desierto donde habitan los indios, porque los indios *son* el desierto. Lo son en la manera única en que brotan de él o se diluyen en él, en el transcurso singular de los combates. Del polvo vienen: "A eso de las cuatro de la tarde vimos llegar de todas partes, como si brotasen de la tierra, nubes de polvo, que acusaban otras tantas partidas de malones" (Prado, *La guerra al malón* 45). Y al polvo van, o se hacen polvo, se hacen desierto, se fusionan con él: "Era imposible dar alcance a un enemigo ágil, dueño de soberbios caballos, y que, cuando le convenía, se diluía más que se dispersaba en el desierto" (Prado, *La guerra al malón* 76).

Si toda guerra transcurre como campo de experimentación de la percepción y de la movilidad, tanto en lo físico como en lo tecnológico, la pampa tiene por fuerza que decidir el sentido de estas campañas. Su finalidad es directa: suprimir el desierto –"La República había suprimido el desierto, y sus dominios se extendían sin barrera que los cortase" (*La guerra al malón* 127)–, toda vez que los indios son el desierto o producen el desierto. Para lograrlo, no obstante, es preciso combatir en él. Y eso implica necesariamente operar en un territorio que combina de manera fabulosa un régimen de visibilidad máxima con un régimen de invisibilidad posible. Las dos formas se potencian: en la planicie absoluta en la que todo se ve, no ser visto aparece como variante. Son trampas ópticas que tiende la vastedad. Porque lo propio de la pampa, bajo una condición bien conocida y muy trabajada por la literatura, inclusive hasta el presente,[4] es ese poder de alteración de la relación entre lejanía y cercanía. Quienes se desplazan muy (pero muy) lejos, pueden perfectamente encontrarse, de repente, bien cerca. Lo remoto no progresa hacia la proximidad; se convierte de pronto en ella. Así alternan, a la par de la distancia y la cercanía, lo invisible y lo visible. Prado cuenta la guerra así, en clave de sigilo (para no dejarse sentir) y de sorpresa (por hacerse ver de repente). Hacerse invisible y hacerse visible, a pesar del desierto o gracias a él. Prado distribuye toda una escala de lo que se ve: "era imposible dar un paso sin que fuéramos descubiertos" (*La guerra al malón* 42-3), "en aquel instante debíamos ser vistos desde los bosques y los cerros que circundaban el valle por el ojo despierto del salvaje" (*Conquista de la pampa* 98); lo que no se ve: "Miré yo también hacia el punto adonde miraban los milicos y no vi absolutamente nada" (*La guerra al malón* 50), "Los indios, desconfiados y previsores, subieron a la loma, desde donde la pampa se descubría en una extensión inmensa [...]. Nada debió de descubrir de anormal en la llanura el ojo de águila del salvaje" (*Conquista de la pampa* 47); lo que aparece por sorpresa: "sintió, al acercarse al paso de un río, un rumor extraño que le llamó la atención. Hombre acostumbrado a la guerra con los indios, conocedor de todas sus tretas, se acercó cautelosamente y desde una pequeña eminencia pudo ver, al otro lado, una masa enorme que marchaba en dirección al río. No había duda, aquello eran indios, y eran muchos" (*La guerra al malón* 148-9); "una mañana al repechar los médanos de Chiquiló, descubrió en el bajo una partida de indios, cuyo número no bajaba de cien" (*Conquista de la pampa* 47).

Guerra de lo visible y lo invisible, del sigilo y la sorpresa, del ojo despierto o el ojo de águila contra el ocultamiento y las puntas de pie, guerra del polvo que se levanta o del humo que se echa a volar como señal; guerra de la pampa delatora que, pese a todo, se las arregla para sacar provecho en la planicie de las pequeñas eminencias, los médanos, las lomas, los cañadones profundos. Sin duda alguna, se diría que la pampa favorece por sí sola, tanto el panoptismo como el camuflaje; lo que hay en toda guerra de solapamiento y escrutamiento, en consecuencia, se acentúa. Con una ventaja inicial, que en apariencia jugaría en favor de los indios; mientras los soldados se lanzan al desierto, que es como lanzarse al misterio, los indios pueden, misterio ellos mismos, verse lanzados por él: "nos lanzamos llenos de contento en el seno del desierto misterioso" (Prado, *Conquista de la pampa* 68), en un caso; "el desierto iba a lanzar sobre nosotros sus legiones de bárbaros" (Prado, *Conquista de la pampa* 98), en el otro.

El poder de la sorpresa en las acciones de guerra se debe, en parte, al logro de una eventual apercepción y, en parte, a la pura velocidad de desplazamiento en el desierto. Pero como el desierto afecta las proporciones espaciales, haciendo que lo que se distingue a lo lejos aparezca de pronto muy cerca, la sorpresa viene dada también por esa sugestión casi alucinatoria que provoca tal clase de espacio. Prado tiende a contar los choques bajo esta forma: "de pronto descubrimos, del lado de Gainza, un polvo que se venía sobre nosotros [...]. Estaban casi encima y nos parecieron más de cien" (*La guerra al malón* 31).[5]

De pronto encima es el nudo del dispositivo de guerra y de relato; la guerra del ojo avizor se resuelve en un parpadeo: de pronto lejos, de pronto encima. El desierto da sorpresas. La falsa nada de la pampa facilita la desaparición, pero también la repentina aparición de algo. Los combates empiezan, por lo tanto, con el brusco paso del avizoramiento al respingo: la guerra del comandante Prado es una guerra de sobresaltos.

Una vez resuelta la ecuación entre previsión y sorpresa, distracción y sorpresa, engaño y sorpresa, el combate propiamente dicho deriva siempre en entrevero. Los movimientos de fuerzas que lo preceden y predisponen pueden asumir formas diversas (en ocasiones, de un lado o del otro, la carga frontal; en ocasiones, el despliegue de un cerco envolvente; en ocasiones, la concentración y la reunión de hombres; en ocasiones, la división y la dispersión que permiten abarcar una mayor extensión en el terreno; bajo el predominio de la indiada, la matanza exhaustiva; bajo el predominio del ejército, la fuga y la persecución). Pero el paso a la lucha se resuelve siempre como mezcla y transcurre como confusión. Sus gradaciones y su intensidad pueden medirse en la escala de las armas utilizadas o utilizables, según las circunstancias que se van dando. Porque la eficacia impar de las armas de fuego puede verse ocasionalmente neutralizada, y exigir un paso al sable y hasta al cuchillo, según la regla del *de pronto encima* lleve del limpio posicionamiento en la confrontación a la turbia fricción de la lucha cuerpo a cuerpo: "Iba a desbandarse la indiada, cuando de improviso se la vio retomar el ataque más briosa y resuelta que nunca [...]. En el desesperado cuerpo a cuerpo las carabinas eran inútiles. Centellaron los sables y durante un buen rato no se oyó más que el ruido seco de las afiladas hojas al chocar con el cráneo de los asaltantes" (*La guerra al malón* 150); "Pensaban que la fuerza y el valor de nuestros soldados consistía en las armas de fuego, y nunca nos creyeron capaces de sostener un combate cuerpo a cuerpo, al arma blanca. Ñancucheo recibió a este respecto una lección dolorosa" (*Conquista de la pampa* 132).[6]

Precisamente porque el desierto distorsiona la gradación de lo lejano y de lo cercano, la guerra no se reduce, no puede reducirse, al matar de lejos que las armas de fuego garantizan. Si el desierto inquieta es justamente porque está demasiado cerca: "el desierto empezaba ahí no más, a cuarenta leguas de la casa de gobierno" (*La guerra al malón* 17); o porque propicia una velocidad que licúa las distancias (la zanja de Alsina no es una valla, es un retardador: no es concebida para impedir el paso de los indios en ofensiva sino para demorar su retorno en el repliegue; quiso ser antes que nada un antídoto contra la velocidad). Lo que en la óptica de las expediciones militares se impone en la vastedad y en la lentitud, se vuelve veloz como el rayo y deriva en el cuerpo a cuerpo cuando se trata de la invasión de los indios; es la decisiva diferencia entre entrar en el desierto, lanzarse tierra adentro o internarse en la pampa y saber, en cambio, que "un grupo de indios considerable, mandados por el mismísimo Pincén, estaban adentro haciendo fechorías" (*La guerra al malón* 23), o que "una gruesa columna de salvajes... había penetrado por la frontera sur de Santa Fe" (*La guerra al malón* 71), o que "hay una invasión que estaba adentro de la línea de fortines" (*La guerra al malón* 70). Las tropas van a entrar en un espacio siempre abierto y a indagar; los indios entran, en cambio, como entra una lanza en un cuerpo que es o se pretende compacto.

La postulación política de un espacio despoblado es en parte confirmada y en parte desmentida por las acciones de guerra. Las fuerzas de guerra bien pueden acudir y encontrar ese vacío que la política les ha señalado: un puro espacio sin nadie. Pero eso no deja de ser finalmente desconcertante para una estricta lógica de combate: "Si supiera que moviéndome iba a dar contra todos los indios de la Patagonia, no hubiera vacilado; pero ante la idea de hallar siempre despoblado el valle y silencioso el bosque, titubeaba y no sabía qué hacer" (*Conquista de la pampa* 100). Y es que el choque concreto de soldados y de indios plantea una situación bien distinta, y en rigor de verdad contraria, como es la superioridad numérica de los indios. Esos indios que, de tan pocos, van dejando desierto el desierto, cuando se trata de una guerra resulta que siempre son muchos, resulta que siempre son más. El comandante Prado lo subraya de manera incesante: dos contra veinte, un puñado contra "tal vez cerca de mil" (*La guerra al malón* 45), seis contra muchos, uno contra todos, cuatro contra doscientos, y así cada vez. El comandante Prado no para de contar. Y si por un lado puede resignarse a que "el número, sin embargo, tenía que vencer" (*La conquista de la pampa* 49), mayormente lo que hace es exaltar las hazañas heroicas de un "puñado de valientes" (*La guerra al malón* 78), que son valientes justamente porque son un puñado. En la guerra del desierto, el buen número entra en conflicto con el recurso de la invisibilidad: "Si somos muchos y pesados, nos van a sentir de lejos y no haremos nada; si somos pocos y livianos, vamos a lo que Dios disponga" (*La guerra al malón* 42).

Los combates que narra Prado tienden a desarrollarse entonces como el asalto repentino de muchos sobre pocos, la resistencia heroica de esos pocos, y la llegada (o no) de los refuerzos salvadores. Sobre todo, las tropas en avance se exponen siempre al riesgo de ser abordadas en condiciones de inferioridad numérica. Es el trance del denuedo, de la hazaña, de la prueba mayúscula; hasta que la visión a lo lejos de alguna nube de polvo viene a significar, así como antes la caída del malón, la llegada salvadora de los refuerzos que equilibrarán la relación numérica o hasta la revertirán. A veces no llegan, o llegan tarde, y la matanza es indefectible; otras veces llegan, ponen a los indios en fuga y emprenden su persecución. Las tropas muestran en todas estas circunstancias las cualidades que se espera de ellas, tanto en lo que hace al orden y al método como en lo que hace al coraje y a la abnegación. Los indios, por su parte, también son lo que se supone que son: un bárbaro en estado de furor, un infierno de alaridos, una horda ciega muy difícil de contener; funcionan como avalancha humana, con gritos atronadores y fanatismo sin guía; son ladrones, son traidores, son salvajes. La guerra al malón podría condensarse en este sentido con esta fórmula: "La lucha se empeñó entonces espantosa; heroica de una parte, rabiosa de otra" (*Conquista de la pampa* 62); y apuntaría resueltamente al tópico de la animalidad de los indios.

Es notorio, sin embargo, que los relatos de guerra del Comandante Prado complican ese corte inicial tan nítido y tan prolijo. Porque es bien marcada la versión de una lucha entre el heroísmo de un lado y la pura rabia del otro; pero no es menos cierto que en muchos casos los soldados no encajan exactamente en el cuadro que se espera de ellos, ni que los indios aparecen como portadores ciertos de los signos que se supone han de tener. El viraje político que lleva de la guerra defensiva de Alsina, con su zanja y su paciencia, a la imperiosa guerra ofensiva de Julio Argentino Roca, se define como "una serie de malones invertidos" (*La guerra al malón* 115). A propósito de la determinación de Roca de hostigar a los indios valiéndose de sus mismas formas, Manuel Prado declara: "El coronel Villegas estaba resuelto a llevar malones a los toldos, y lo habría de conseguir" (*La guerra al malón* 66); y especifica luego: "La cuestión es demostrarles a los indios que estamos en vísperas de arrebatarles su táctica, invadiéndolos a nuestra vez" (*La guerra al malón* 42). La guerra *al malón* resulta ser, entonces, también una guerra *de malón*; el heroísmo militar, si bien se opone a la pura rabia indígena, puede ponerse rabioso también, y parecérsele. El aspecto de la tropa, resultado de lo penoso de la vida en la frontera y de lo insuficiente del abastecimiento que se les da, se corresponde con tal perspectiva: "Si alguien de afuera nos hubiese visto formados, se habría preguntado qué hordas de forajidos éramos. No había dos soldados vestidos de igual manera" (*La guerra al malón* 64). El salto cualitativo respecto de la "avalancha humana" de los indios lo da apenas el material tecnológico; los malones invertidos son para Prado una "formidable avalancha de hierro" (*La guerra al malón 125*), o bien un "huracán de acero" (*La guerra al malón 51*), o bien una "tormenta de acero" (*Conquista de la pampa 73*). Entonces, también la tropa es horda y es avalancha y es malón en sus avances; y si la diferencia la dan el hierro o el acero, lo que toca a los indios es el lugar de lo humano: de lo humano, y no de la animalidad. Avalancha, pero humana.

A Lucio V. Mansilla ya se le habían quemado los papeles en *Una excursión a los indios ranqueles* (1870); la frontera que transpuso no escindía sin fisuras la civilización de este lado y la barbarie del otro. Encontrar al cacique Mariano Rozas, por ejemplo, en plena lectura del diario *La Nación*, implicaba poner en cuestión las premisas del puro salvajismo en la vida de las tolderías. En Mansilla ese desconcierto acaba por diluir las opciones de la guerra. A Prado le ocurre una cosa semejante, pero le ocurre una vez ya dentro de las acciones de guerra, en mitad de su desarrollo. Es en la disposición previa a los combates y en su propio transcurso cuando lo sorprende la evidencia de que los indios pueden ser *no tan distintos*. Son, sí, horda, ceguera salvaje, fanática furia; pero también se muestran capaces de proceder con sutileza y con astucia, de dar "un golpe maestro" (*La guerra al malón 93*) en una solapada incursión a un cuartel, de organizarse militarmente para una invasión y de prever las acciones, de manejar armas de fuego y de provocar daño con ellas, de dividirse para cargar con más eficacia o de retirarse bajo la dirección de un líder de mando. Un indio puede ser más sabio en materia de terrenos inundables que el ingeniero que asesora a la fuerza militar, y se equivocan los oficiales haciendo caso al "hombre de ciencia" (*La guerra al malón 142*) y no a ese salvaje, a ese bárbaro poco confiable que, sin embargo, les advirtió que allí donde estaban acampando los iban a cercar las aguas. Los indios patagónicos operan bajo el cálculo sagaz de afectar a la opinión pública de Buenos Aires y despliegan ardides diplomáticos con total habilidad. Los indios en guerra no son lo que se esperaría de un indio y sorprenden en la acción justamente por la semejanza; ya sea porque adoptan una disposición análoga: "Y quedamos clavados semejando estacones de cerco, dando frente al grupo de pampas, que también se habían parado y tendido en línea" (*La guerra al malón 32*); o porque aparecen revelando una sorprendente modernidad: "Al tercer día de camino, el comandante Díaz llegó al pie de la sierra, detrás de la cual estaban los indios, y cuando se disponía a subirla observó, no sin sorpresa, que lo esperaban a la moderna" (*Conquista de la pampa* 111). Simetría en la disposición sobre el terreno, modernidad estratégica tanto de un lado como del otro. Ni lo salvaje ni la ferocidad reducen a los indios a la condición de meros animales. Si se presenta alguna vacilación al respecto en tal o cual momento no es sino como una prueba que la distancia le plantea a la percepción; se los puede confundir circunstancialmente con avestruces[7] o con guanacos,[8] pero se trata en definitiva de una equivocación cuya corrección no tarda en hacerse.

Los indios se confunden con animales solamente a la distancia, pero allí donde la guerra impone la regla de tenerlos *de pronto encima* la distinción resulta ineludible. Los indios no son animales sino vistos muy de lejos, es decir bajo la distorsión de un engaño, o bien de manera puramente metafórica. Pero esa clase de metáforas el Comandante Prado las aplica raramente a los indios, y en cambio insiste en ellas para caracterizar a los soldados del Ejército. De los soldados cabe decir que duermen "como la grulla en una pata, y con un solo ojo como el zorro" (*La guerra al malón* 55); que saltan "como el tigre para herir" y se encogen "como la víbora para volver a saltar" (*Conquista de la pampa* 33), o que "se defienden como leones" (*La conquista de la pampa* 106). Pero las metáforas de la animalidad se emplean para los soldados con mayor tensión allí donde lo que procura hacer el Comandante Prado es ilustrar o denunciar las limitaciones sufridas por la tropa en las campañas de la frontera, o reivindicar aquellas expediciones para salvarlas del olvido o del lugar relativamente lateral al que podrían ir a parar en la historia. Sobre las penosas condiciones soportadas por la tropa, dice Prado: "Al aproximarnos vi salir de unos ranchos, que más parecían cuevas de zorro que vivienda humana, a cuatro o cinco milicos desgreñados" (*La guerra al malón* 51). Conmovido por la circunstancia de inscribir la baja de media docena de soldados caídos en combate, Prado lamenta tener que hacerlo "con los mismos términos que se empleaba [sic] para dar de baja al ganado que arrebataba la epizootia" (*La guerra al malón* 80). Son entonces más bien los soldados los que tienen que vivir como animales y morir como animales. Y es ese mismo horizonte el que parecería envolverlos de cara a un futuro de olvido histórico que Prado busca conjurar citando, por ejemplo, las tribulaciones del alférez Requejo: "Dentro de algunos años, cuando seamos viejos y hayamos dejado en estas pampas la salud, cuando nos manden a la basura por inútiles, iremos todos ladrando de pobres, sin pan para los cachorros" (*La guerra al malón* 40). Ya no se trata de los soldados ágiles como tigres o valientes como leones o atentos como los zorros; se trata de los soldados ganado, se trata de los soldados perros. La animalidad los acecha, así sea desde las metáforas, como cifra del maltrato y del destino de olvido. Menciona Prado ya en la página inicial de *La guerra al malón* a "los pobres y heroicos milicos, cuyos restos blanquean, acaso confundidos con las osamentas del ganado" (17). En eso, ni más ni menos, en la muerte, en los restos materiales de la muerte además de en su correspondiente inscripción burocrática, la confusión con lo animal es para el Comandante Prado el mayor peligro que amenaza a los militares en esta guerra. Y no en la guerra misma, sino en el lugar que pueda tener en la posteridad y en la historia. Cuando el sistema de semejanzas con animales se inscribe en una posible confusión en la osamenta, parece desbordarse una dimensión finalmente metafórica y tocarse una dimensión distinta, que sería la de la identificación. La muerte de los soldados que libran la guerra al malón se anota como si de animales se tratara. Pero esa misma muerte los aproxima demasiado, es decir hasta la indistinción, a los animales del desierto, en la apariencia de los huesos desperdigados en la llanura.

Esta fuga tan inquietante de las metáforas de la animalidad hacia la confusión total y hacia la identificación puede salvarse, en todo caso, tanto en *La guerra al malón* como en *Conquista de la pampa*, con la llana literalidad de lo animal. Los animales de la guerra, los animales en la guerra, ponen un límite retórico a las figuras de la animalización de guerra. Ni indios fieras ni soldados perros; otra cosa: los caballos. El protagonismo bélico de los caballos, subrayado por el Comandante Prado en términos específicamente militares y no, por ejemplo, desde alguna clase de resonancia gauchesca. Su consideración especial en los cuarteles: "Los blancos pasaban mejor vida que el milico. Si hacía mucho frío y no había mantas, el soldado tenía la obligación de quedarse muy en cuerpo para tapar con el poncho a su caballo. Podría faltar, como faltaba seguido, galleta para la tropa; pero los mancarrones no carecían de forraje aunque hubiese que ir a buscarlo a la luna" (*La guerra al malón* 92).

Se da a los animales mayor importancia que a los seres humanos, porque sirven para trazar una decisiva frontera semántica respecto de la animalización de los propios seres humanos. Esa importancia se continúa en los textos de Prado con la importancia específicamente militar. Tal importancia militar radica, por supuesto, en lo que hace a la movilidad y en lo que hace al combate: el caballo como vehículo para el transporte y el caballo como arma de guerra. Hay caballos de marcha y caballos de pelea; saber elegir uno u otro es lo mismo que saber cuándo conviene moverse y cuándo fijar posición. Saber andar a caballo es en el ejército el requisito más indispensable, y a un muy joven Manuel Prado se lo comunica el alférez Requejo, quien –él lo nota pero lo calla– descarta un pliego porque no sabe leer. Hay que saber andar a caballo, ser de a caballo; pero también hay que saber cuándo conviene desmontar. Porque hay caballos para andar y caballos para luchar, pero también embrollos de lucha en los que el caballo, en vez de instrumento, se torna estorbo: "Los caballos, como la mayoría de los patrios, no podían servir sino de estorbo en aquella situación" (*Conquista de la pampa* 47). La pericia del militar consiste en convertir ese estorbo propio en un obstáculo para el enemigo: "Peralta y los suyos desmontaron, trabaron los caballos, echáronlos al suelo, para hacer con ellos un obstáculo a las cargas de los indios" (*Conquista de la pampa* 47). Claro que también los indios exhiben ese saber, el de montar y el de desmontar, el de las ventajas de la velocidad en el desplazamiento y el de las ventajas tácticas de la lidia en entrevero:

> Muchos, que no conocen la guerra de indios, creen que estos tenían toda su fuerza en el caballo; y nada más equivocado. El caballo, para el pampa, era el vehículo que lo transportaba con rapidez indecible desde el toldo al paraje donde creía hallar botín, era su elemento de fuga, su salvación en el peligro, su mejor auxiliar en las boleadas; pero para batirse, cuando estaba resuelto a dejar el campo, el indio se desmontaba. A caballo, el salvaje con su lanza enormemente larga, carecía de soltura para atacar. (*Conquista de la pampa* 48)

Están los que conocen y están los que no conocen lo que es la guerra de indios. Saber de guerra es en gran medida saber de caballos. Algo más que saber montar; saber de caballos: el dominio de lo animal, para desmentir la presunta animalidad de la guerra. No es en efecto el poder del cazador, es el saber del agricultor: no el que sabe cómo matar animales, sino el que sabe cómo utilizarlos. Los caballos son, desde luego, un factor desequilibrante para ganar esta guerra: "No teníamos caballos para ganarles a los indios" (*La guerra al malón* 32), "El coronel Villegas, que sabría que el dominio sobre el bárbaro sólo podía alcanzarse superándolo en elementos de movilidad, aprovechó la coyuntura para dar a su regimiento el mayor número posible de caballos" (*La guerra al malón* 91). Pero además de ser un decisivo instrumento de guerra, los caballos pueden ser también su botín: se combate *con* los caballos y se combate *por* los caballos. Se llega inclusive a sacrificar caballos con una retirada forzosa: "No había que dejar un solo caballo vivo" (*La guerra al malón* 103), con tal de no cederlos a la posesión de los indios. Aunque nada resulta más doloroso que otro tipo de sacrificio, el de tener que matar una caballada para no perecer por el hambre: "La primera de esas operaciones fue breve y triste. Se mataron, para la provisión del cuerpo, dos yeguas cuya carne fue repartida en el acto a las compañías" (*La guerra al malón* 58).

Alimento, armamento, transporte, botín; los caballos abarcan todos los niveles de sentido de las campañas al desierto: la movilidad, la supervivencia, el combate, el objeto del combate. No es extraño que puedan llegar a cobrar incluso una insólita autonomía de acción de guerra, como lo ilustra un episodio vivido por el comandante Jerez:

> En ese instante, el comandante Jerez, que había saltado en pelo en el caballo de reserva, estaba en gravísimo peligro. El animal, desbocado, huía con Jerez en dirección a los indios. Fuerte era el comandante, y diestro, pero por más que hacía no le era posible dominar la boca de la bestia. Iba a morir el primero. Y ya lo lanceaban los indios, cuando girando el bruto, como un trompo, dio vuelta y siguió con su carrera vertiginosa en dirección a la zanja. Jerez estaba salvado. (*Conquista de la pampa* 31)

El caballo hace, deshace, rehace, actuando por sí solo; no se deja dominar, pero al final se domina; cometiendo un error y corrigiéndolo, termina siendo el protagonista principal del incidente. No obstante, no hay mayor protagonismo animal en los textos del Comandante Prado que el que se consigna en la historia de los caballos blancos del Coronel Villegas. "Villegas cuidaba estos animales con más interés que su propia persona" (*Conquista de la pampa* 37), especifica Prado, y con esto basta para entender su reacción al enterarse de que los indios, dando aquel "golpe maestro" de sigilo y sutileza, le han birlado sin ser advertidos esos seiscientos caballos blancos. Su respuesta deriva en una inédita operación de rescate. Para efectuarla se debe esperar el suministro de caballos de un fortín cercano, lo que indica que lo que Villegas se propone no es recuperar los caballos sino recuperar *esos* caballos: esos y no otros. De este modo alcanzan los animales el grado de la particularidad, es decir de la no intercambiabilidad. Como si se tratara de un único ejemplar, al que es posible poner nombre, hacer propio y hasta reconocer en lo singular, los seiscientos caballos blancos del coronel Villegas no admiten reemplazo ni equivalencia. Por eso mismo, tal como él lo ordena, hace falta recuperarlos. Por supuesto que es lo blanco, lo blanco y la multiplicación de lo blanco, lo que los hace tan especiales; su visión fantasmal aterroriza a los indios: "Y aquella masa que de lejos parecía una bandada misteriosa de fantasmas, llegó a obtener renombre en la frontera. Los blancos de Villegas infundían terror en el aduar del salvaje" (*La guerra al malón* 91). Ese poder intimidatorio de sugestión visual se agrega como cualidad excepcional al mérito de la velocidad o de la potencia o del aguante. Los animales cobran así una potencia también inmaterial, la de lo fantasmático, y la agregan a la materialidad dinámica de lo veloz y a la materialidad sólida de la embestida. Se comprende que Villegas ordenara recuperarlos y le hiciese saber al sargento que había fallado en su custodia que si no lo conseguía lo pagaría con su vida. "No vuelvan ustedes sin los caballos" (*La guerra al malón* 97), es la consigna.

El rescate de los caballos blancos ocupa un lugar excepcional en la narración del comandante Prado. Porque, a diferencia de otros rescates, que se hacen aprovechando un ataque, este otro da impulso al ataque, lo motiva y lo justifica. La operación tiene éxito, los indios se confían y los soldados logran sorprenderlos; un dato nada menor es que los preciados caballos blancos no solamente se dejan rescatar, sino que colaboran activamente en ello: "Los blancos, apenas sintieron el ruido de los sables y los gritos de los soldados, se agruparon y puntearon hacia el camino" (*La guerra al malón* 100). Los blancos, tal vez por serlo, parecen saber muy bien a qué lado pertenecen. Nunca más que en este episodio es ésta una guerra de blancos contra indios.

Más allá o más acá de las metáforas, los animales verdaderos de esta guerra recorren sus peripecias, demarcan sus líneas de acción y, sobre todo, liberan la atribución de falsas animalidades. Por fin señalan, a su modo, en la sublimidad impar de los caballos blancos, el sentido de esta guerra, el futuro que propicia: "debía ensillar aquellos blancos legendarios, cuyos cascos dejaron trazados en la Pampa los cimientos de futuras y prósperas ciudades" (*La guerra al malón* 128). Los indios en las tolderías, en cambio, ¿qué pensaban hacer con ellos? Y en términos más concretos, ¿qué estaban haciendo con ellos cuando acudieron las tropas a rescatarlos? Prado lo puntualiza sin falta: se los estaban "jugando al azar" en una partida de naipes (*Conquista de la pampa* 40). Que se distrajeran de tal modo divirtiéndose con esas apuestas explica en parte que las tropas de rescate los pudieran sorprender. Los caballos para los indios terminaban en el juego, en el azar, en la diversión, en el derroche. La captura de animales por las tropas toma una dirección bien distinta: "Los caballos de los indios pasaron a ser propiedad del Estado" (*Conquista de la pampa* 74). También los caballos definen la impronta de esta guerra en el desierto: una guerra contra el despilfarro azaroso, librado por las fuerzas estatales de la propiedad. Los cimientos de las futuras ciudades, que trazan con el paso de sus cascos, indican de qué manera se va a transformar este paisaje: ese paso, más que un paso, es un modo de fijación y demarcación de la tierra.

NOTAS

[1] Manuel Prado (1863-1932) egresó del Colegio Militar en 1877. Fue destinado inicialmente a Trenque Lauquen y luego participó de la campaña a las Salinas Grandes; en 1879, formó parte de la expedición a Río Negro, y en 1882 de otra expedición a la Patagonia. Retirado en 1898, fue periodista de *La Nación, El Diario* y *Tribuna*.
[2] Sobre los alcances, y también sobre los límites, de estas denuncias de Prado, ver "Las reticencias del Comandante Prado", en Viñas.
[3] Sobre la producción del desierto como dispositivo nacional del Estado, ver Fermín Rodríguez.
[4] Las novelas "pampeanas" de Cesar Aira, por caso, como *Moreira* o *Ema la cautiva* o *La liebre*, retoman y reelaboran esos tópicos.
[5] Otros ejemplos de este venirse encima: "No habría pasado media hora cuando ya teníamos encima el polvo. Era, como dijo Roldán, un malón" (*La guerra al malón* 43); "Una de las avanzadas había sentido a lo lejos el relincho de un caballo, y era seguro que teníamos encima a la indiada" (*La guerra al malón* 73). Otro ejemplo del aparecerse de pronto: "De pronto sintióse despertado por voces de individuos que hablaban a su lado, y al abrir los ojos se halló en presencia de dos indios que lo amenazaban con las armas" (*La guerra al malón* 68).
[6] Otros ejemplos posibles: "cuando de improviso se vio atacado Crobetto por tres indios que, armados de lanzas y boleadoras se le fueron encima. Sorprendido el cadete, y no teniendo tiempo de apoderarse de la carabina que llevaba –por viciosa costumbre– atada a los tientos de la montura, echó mano al sable y se dispuso a vender su vida"(*La guerra al malón* 109-10); "con las armas preparadas, clavado en tierra el sable desenvainado y pronto para reemplazar a la carabina cuando fuera preciso" (*Conquista de la pampa* 47); "Entreverados ya, indios y

soldados, el combate era cuerpo a cuerpo. A la formidable boleadora, diestramente manejada, oponíanse el corvo y el puñal" (*Conquista de la pampa* 49).

[7] "Habríamos galopado tal vez dos leguas cuando de pronto descubrimos, del lado de Gainza, un polvo que se venía sobre nosotros.

–¡Avestruces! –gritó el ñata Galván.

Pero al repechar los médanos que cruzan el camino del Guanaco Quemado observamos que los avestruces se habían vuelto pampas. Estaban casi encima y nos parecieron más de cien" (*La guerra al malón* 31).

[8] "Por el camino de los ranqueles –dijo el cabo– avanza una polvareda grandísima. Al principio creí que pudieran ser guanacos, pero, fijándome, he visto que son indios" (*La guerra al malón* 43).

BIBLIOGRAFÍA

Deleuze, Gilles y Félix Guattari. *Mil mesetas. Capitalismo y ezquizofrenia.* 1980. Pretextos: Valencia, 1997.

Mansilla, Lucio V. *Una excursión a los indios ranqueles.* Buenos Aires: Emecé, 1989.

Prado, Manuel. *La guerra al malón.* Buenos Aires: CONABIP, 2010.

_____ *Conquista de la pampa.* Buenos Aires: El Lorraine, 1974.

Rodríguez, Fermín. *Un desierto para la nación.* Buenos Aires: Eterna Cadencia, 2010.

Tzu, Sun. *El arte de la guerra: estrategia militar en la China clásica.* Barcelona: A.T.E., 1984.

Viñas, David. *Indios, ejército y frontera.* Buenos Aires: Siglo XXI, 1983.

De rastros y extravíos: guerras en exhibición en Chile, 1880's-1930's

M. Consuelo Figueroa G.

Universidad Diego Portales

¡Malditos homenajes y benditas necrofilias
que nos permiten hablar de estas cosas!
Jorge Díaz

Las guerras, particularmente los relatos y las conmemoraciones de célebres gestas heroicas, han ocupado un lugar de gran trascendencia en la constitución de los estados nacionales modernos por cuanto éstas dotarían de un sentido de pertenencia a una trayectoria épica pretendidamente común. Los eventos más relevantes son evocados una y otra vez en las narrativas históricas y en las celebraciones cívicas, quedando fijos en un marco temporal y espacial específico, lo que no ha sido sino el resultado de la obsesión por establecer límites cronológicos que se ajusten a determinadas fronteras patrias. El surgimiento de disciplinas concebidas en términos modernos –tales como la historia, la geografía, la botánica o la arqueología– en el mismo momento en que los proyectos nacionales se estaban definiendo y consolidando, fue decisivo para establecer estas concepciones cronológicas y geográficas como verdaderas e irrefutables. La propuesta en este artículo es hurgar en estos procesos que terminaron por naturalizar la existencia de las naciones, trasladando el estudio de los conflictos bélicos desde los campos de batalla a un campo de reflexión cultural, como un modo de analizar otras contiendas y disputas que se perpetuaron más allá de los límites temporales y espaciales en los que se circunscribieron las guerras. Con este fin se analizarán diferentes formas de exhibir –con todo el cúmulo de silencios que ello supone– los resultados de esas guerras en clave patrimonial, entendidas como otros teatros de conflagración, ahora internos y soterrados, que se convirtieron en nuevas arenas de disputa y exclusión violenta.

DE LOS RASTROS EN LA EXHIBICIÓN: GUERRAS Y PATRIMONIO

Los procesos de independencia que tuvieron lugar hacia principios del siglo XIX en gran parte de América Latina, devinieron en un inusitado protagonismo de las guerras que se perpetuó durante toda la centuria. En algunos casos, este protagonismo se manifestó en el desencadenamiento de conflictos bélicos concretos que representaron experiencias de vida (o muerte) para quienes se vieron involucrados en ellos (Pinto y Valdivia), y en otros, se transformaron en relatos o –parafraseando a Doris Sommer– en "ficciones fundacionales" que atiborraron las historias y los imaginarios de cada nación. En el caso de Chile, las guerras han sido concebidas como uno de los elementos clave, sino el más importante, en el proceso de constitución de la identidad nacional (Góngora). Más allá de aceptar, discutir u objetar esta propuesta, lo cierto es que se ha difundido, a través de la educación, la historia, las conmemoraciones, los símbolos y otras instancias, la idea de este país como "tierra de guerra". Centrando la atención en dos conflictos bélicos acaecidos en la segunda mitad del siglo XIX que tuvieron lugar, de forma coetánea, en el norte y el sur del país, y que comprometieron la movilización de tropas militares, capitales económicos y discursos argumentativos que los justificaran, abordaremos el estudio de distintas formas de representación que alcanzaron notoriedad en el imaginario nacional y que fueron nutriendo esa idea de Chile como "frontera guerrera". Nos referimos a la ocupación de los territorios de la Frontera Sur y a la guerra desatada contra Perú y Bolivia en 1879.

En 1861 el gobierno dio inicio oficial a la eufemísticamente denominada "Pacificación de la Araucanía", que no fue más que la ocupación militar de los territorios que se ubicaban al sur de la frontera establecida –desde el siglo XVII– en el río Bío Bío. El conflicto entre las comunidades mapuche –que hasta entonces habían ejercido una soberanía indiscutida en esa región– y los regimientos enviados por el gobierno central se perpetuó por más de dos décadas. Por su parte, entre 1879 y 1884 se desencadenó otro conflicto bélico en la frontera norte, librado contra peruanos y bolivianos, que culminó en la incorporación de las regiones de Tarapacá y Antofagasta a la jurisdicción chilena. La gran expansión territorial que experimentó el Estado, como consecuencia de estas guerras, no sólo impuso la necesidad de conocer e imaginar los nuevos territorios, con todo el caudal de riquezas económicas por explotar, sino también la de reelaborar la idea de nación, con el fin de incorporar estas regiones como piezas esenciales e innatas de la chilenidad. Dotarlas de características que las situaran como origen ancestral de la patria conllevó la generación de nuevas pugnas. Del conflicto externo se transitó, así, hacia una encubierta lucha interna por la significación de la pertenencia nacional. Efectivamente, el hecho de que en las narraciones históricas la Guerra del Pacífico emerja como epítome de la nación, llenando el imaginario de héroes, batallas y acciones épicas, en tanto que la mal denominada Pacificación de la Araucanía –no obstante tener lugar en el mismo período y ser estimulada por objetivos económicos similares– se difumine en una especie de nebulosa temporal, a-histórica, signada por la imprecisión de los hechos y sujetos que participaron en ella, es evidencia de esta pugna. La idea de cultura, y más precisamente la de patrimonio cultural, jugó aquí un papel fundamental.

Si bien en su acepción más tradicional el patrimonio ha sido entendido en términos pasivos e inertes como legado de la nación (Ballart 17-20), postulamos que éste, además de ser "una construcción social cuyo significado varía culturalmente como parte de un proceso de creación y recreación constante" (Ayala 36), deviene también en un campo de conflicto encubierto bajo la noción de una supuesta neutralidad que termina por modelar una forma de concebir las realidades sociales, simbolizada en objetos y significados que, se supone, se deben reconocer como propios.

Los museos y los monumentos conmemorativos están íntimamente vinculados con el surgimiento y desarrollo de los estados nacionales modernos. No es casualidad que haya sido justamente en el siglo XIX –y no antes– cuando se produjo una eclosión de aperturas e inauguraciones de estos espacios, en un esfuerzo por determinar la historia, la propiedad y el dominio de las naciones. Fue a través de la colección de objetos, y de su ordenada disposición en locales, plazas y avenidas de las ciudades –según Clifford, "procesos cruciales de la formación de la identidad occidental" (136)–, que se fueron configurando los significados de pertenencia y de exclusión interna. Al mismo tiempo, dichos significados otorgaban –particularmente a las emergentes naciones latinoamericanas– un sentido de trayectoria común con el mundo europeo. Desde esta perspectiva, tanto los monumentos como los museos se convirtieron en una especie de certificado de autenticidad nacional moderna. Al decir de Huyssen,

> No es la conciencia de tradiciones seguras lo que marca los comienzos del museo, sino su pérdida, combinada con un deseo estratificado de reconstrucción. Una sociedad tradicional sin un concepto secular y teleológico de la historia no necesita un museo, pero la modernidad es impensable sin su proyecto museístico. (*En busca* 44)

Más aún, estos sitios de exhibición pública suponen no sólo la demarcación de un espacio concebido, la mayoría de las veces, como sacro, sino también la constitución de una temporalidad entendida en términos singulares, que a la postre termina por "eliminar y subsumir los tiempos locales e individuales" (Hernández-Navarro 11) bajo el gran paraguas de una narrativa aglutinadora y hegemónica. Es esta coincidencia entre espacialidad y temporalidad en singular lo que da sentido de individualidad a las entidades nacionales. Así, la necesidad imperiosa de encasillar los objetos y sus significados devela, de algún modo, el conflicto subyacente en la instauración de la idea de patrimonio, que se resuelve a través de la imposición de una –sola– concepción del mismo.

Durante el siglo XIX y principios del XX, las guerras, sus batallas, héroes y hazañas épicas se transformaron en uno de los temas más recurrentes de conmemoración pública y construcción patrimonial. En el caso de la Guerra del Pacífico, la tendencia a levantar monumentos que evocaran las proezas que los soldados y los héroes nacionales estaban llevando a cabo en territorio peruano o boliviano se verificó desde el inicio mismo del conflicto. A pocos días de conocerse las noticias acerca del Combate Naval de Iquique[1] surgieron llamados, desde distintas ciudades del país, a reunir erogaciones con el fin de erigir monumentos en honor a los mártires y, en particular, a la figura de Arturo Prat. Si bien la mayoría de los insertos periodísticos apelaban a este objetivo, no deja de llamar la atención que muy tempranamente emergieran voces que buscaban resaltar, más que las personalidades heroicas individuales, el reconocimiento de los soldados anónimos. El *Boletín de la Guerra del Pacífico* reproduce un artículo publicado por el periódico *El Independiente* de Santiago el 31 de mayo de 1879, titulado "Lo que ellos hicieron por la patria i lo que la patria les debe" (136). Al describir el momento en que Prat saltó al abordaje del barco enemigo, realza la presencia de "un sarjento i un oscuro soldado", señalando:

> [...] ¡quien podrá imajinar una recompensa que guardara proporción con su heroísmo! Ellos que no debían a la patria mas que el mezquino salario de sus humildes puestos; ellos, que a vivir en el día del triunfo, se habrían confundido entre la multitud de las unidades sin nombre, sin pasado i sin porvenir [...] Glorificarlos a ellos, será glorificar en ellos a todos los humildes i anónimos compañeros de heroísmo i de sacrificio, a los que se hundieron en el mar, saludando el tricolor de la patria con sus vivas, i disparando sobre el enemigo el postrer cañonazo. (136)

El artículo termina demandando la construcción de un monumento que dé cuenta de "que en esta tierra, así como no hai monopolizadores del valor, así tampoco la gratitud nacional reconoce privilegiados" (136). Al respecto, es importante señalar que el estallido de la guerra coincidió con un creciente clima de inestabilidad económica derivado de la crisis internacional que afectó al país desde 1875, la que se expresó, también, en altos grados de inestabilidad social. Si bien la "política de confrontación y subsecuentemente de expansión territorial" (Ortega 2) adoptada por algunos segmentos de la elite para hacer frente a los problemas internos tuvo buenos resultados, no logró mitigar los conflictos de clase que empezaban a manifestarse con inusitada fuerza. En este sentido, la reivindicación levantada por *El Independiente* en favor del reconocimiento de los soldados humildes y anónimos no expresa sino el antagonismo existente contra quienes monopolizaban los privilegios. Benedict Anderson, en su famoso estudio sobre las naciones como "comunidades imaginadas", reflexiona acerca de la paradoja que subyace en aquellos monumentos erigidos en honor a los soldados desconocidos, que se transforman en verdaderos panteones de la nacionalidad. En sus palabras:

> No hay emblemas de la cultura moderna del nacionalismo más imponentes que los cenotafios y las tumbas de los Soldados Desconocidos. La reverencia ceremonial pública otorgada a estos monumentos, justo *porque* están

deliberadamente vacíos o nadie sabe quién yace allí, no tiene verdaderos precedentes en épocas anteriores [...] Pero aunque estas tumbas estén vacías de restos mortales identificables o de almas inmortales, están saturadas de imaginerías *nacionales* fantasmales. (26, énfasis en el original)

Al respecto, uno de los monumentos más característicos de la imaginería popular asociada a las guerras del siglo XIX en Chile es la estatua al Roto Chileno, erigida en 1888 en la Plaza Yungay de Santiago, originalmente llamada "Un héroe del Pacífico". Si bien la figura del "roto" fue una imagen que se popularizó a partir de la Guerra contra la Confederación Perú-Boliviana, en la década de 1830 (Figueroa, "¿Historias de guerra?"), resulta interesante que la materialización del monumento haya tomado impulso concreto después de la Guerra del Pacífico, momento coincidente con una profunda complejización social producto de la irrupción de nuevos sujetos históricos a partir del estallido del movimiento obrero y los conflictos de clase. Aunque algunos autores han analizado esta figura como una construcción emanada de las elites decimonónicas, las que habrían buscado enfatizar las diferencias sociales, haciendo uso de la clásica oposición binaria "civilización-barbarie", en la que el roto era concebido como una variación moderna de la indianidad con toda su carga de vicios y ocio (Gallardo, Martínez y Martínez), también es cierto que su imagen coexistió con otras representaciones que gozaban de una importante carga positiva (Pinto y Valdivia 333-6). Al parecer, la figura del roto y su pétrea expresión monumental expuesta en la Plaza Yungay no fueron sino otra arena de disputa en la que se enfrentaron nociones diversas y contradictorias respecto de la pertenencia a la nación. Acaso el cambio de nombre de la estatua erigida en un comienzo a "Un héroe del Pacífico" y luego al "Roto Chileno" podría ser un indicio de estos conflictos, por cuanto la primera denominación alude a una imagen imprecisa en términos de pertenencia social, en tanto que la segunda apela claramente a los sectores populares que, dado el conflicto de clases por el que se transitaba, no sólo era imposible desatender, sino imperioso incluir.

En este sentido, no es sorprendente que haya sido justamente en este período cuando surgieron voces, provenientes mayoritariamente de los nuevos segmentos medios y populares, que, en franco antagonismo con las clases entonces dominantes, dotaron a la figura del roto de cualidades no sólo positivas, sino deseables en términos de pertenencia nacional. Autores como Daniel Riquelme, Bernardino Guajardo, Rómulo Larrañaga, Nicolás Palacios, Roberto Hernández y Carlos Seura Salvo, entre otros, son algunos ejemplos de la divulgación de una idea del roto como imagen integradora e inclusiva de la nacionalidad. En sus escritos, le adjudicaron características tales como la perspicacia, el coraje, la astucia y el orgullo del valiente soldado chileno. De esta manera, el roto desataría su espíritu libre frente a peruanos y bolivianos, luchando mano a mano en la guerra junto a *pijes* y *futres*, sin desestabilizar el orden social, como eventualmente lo haría el obrero proletario. Así, terminó transformándose en otra forma de encubrir bajo un velo de inclusión las confrontaciones que se derivaban del proceso de diversificación social.

En efecto, la disputa se hizo presente en el momento mismo del levantamiento de la escultura. Virginio Arias, artista a quien se le encargó el diseño y la construcción de la obra, propuso levantar –como se hizo– la imagen de un soldado erguido y desafiante, sobre una gruta de piedras. La crítica provino principalmente de Juan Rafael Allende, quien publicó en su periódico "El Padre Padilla" una caricatura titulada "Monumento al roto… piojento", calificando la obra de "cursi, grosera e infame" (Cortés 21-22). En la viñeta, el soldado aparece de rodillas

> […] con la mano en el pecho, a diferencia del monumento real que aparece de pie y triunfante. El dibujante lo acompaña, además, de dos lechuzas montadas sobre una gruta de nuestra Señora de Lourdes. A su alrededor ubica tanto a campesinos como al clero, haciendo referencia a sus discrepancias políticas con este sector. (Cortés 21-22)

El reproche da cuenta de las fracturas en las significaciones de la imagen, representadas en la crítica a la élite dirigente y su desatención frente a las denominadas Cuestión Social y Cuestión Obrera. Sin embargo, más interesante aún resulta la supuesta homogenización racial de los chilenos que subyace en la figura del roto como soldado mestizo con fuertes rasgos blanquecinos, y que desvanecería toda presencia de vestigio indígena. Tal como se señaló, durante la década de 1880 no sólo se libró la Guerra del Pacífico, sino que también tuvo lugar la ocupación militar, por parte del ejército chileno, de los territorios ubicados al sur del río Bío Bío, hasta entonces en manos de las comunidades mapuche, generando otro foco de pugnas, ciertamente más soterradas pero también más profundas y conflictivas en relación con la constitución de un discurso nacional. La figura del roto venía a desvanecer la diversidad racial, entonces indeseada, a partir de la creación de una imagen supuestamente genuina del ser chileno: hombre mestizo, racialmente superior, audaz, gallardo y valiente. La connotación genérica es elocuente: la masculinidad del roto se enfrentaba a la feminidad frívola –concebida en términos claramente negativos– del oligarca, así como a la inferioridad racial y de género de los peruanos, bolivianos e indígenas, en general.[2]

Sin embargo, pese a que estos últimos –peruanos, bolivianos e indígenas– eran descritos a partir de características denigratorias similares, la imagen de los aborígenes chilenos, particularmente la de los Mapuche, resultó más conflictiva de precisar. En efecto, la revalorización del "roto chileno" como mezcla –al decir de Nicolás Palacios en 1904– entre "godo y araucano", suponía, por lo menos discursivamente, una reivindicación del pueblo mapuche. El problema era compatibilizar ese reconocimiento con la ocupación militar de los territorios indígenas ubicados en la Frontera Sur, que se estaba llevando a cabo en ese mismo momento. Éste fue el escenario de otra disputa por la representación nacional, que se libró no sólo en los campos de batalla contra las comunidades indígenas, sino en la configuración misma de la idea de chilenidad. Para ello resultó fundamental la concepción de la historia que definía, de forma tajante, indiscutible y excluyente, una temporalidad cronológica y moderna de la que eran partícipes los verdaderos sujetos hacedores de la historia, en contraposición a otra remitida a un origen nebuloso, atávico y ancestral. De este modo, si la Guerra del Pacífico trajo como corolario el levantamiento de monumentales esculturas que daban cuenta de la historicidad de sus protagonistas, la Ocupación de la Araucanía no generó imagen similar alguna. Salvo por la estatua elevada en honor a Caupolicán, esculpida en 1872 por Nicanor Plaza, ubicada en el Cerro Santa Lucía, y por la escultura de Virginio Arias que representa a una mujer araucana, y que está en el Museo de Bellas Artes, no hay, en la época, más imágenes alusivas al mundo indígena. De todos modos, ambas remiten a una presencia fuera de la historia. La primera invoca al pueblo mapuche de modo por lo menos ambiguo, debido a los rasgos faciales y corporales, y al tocado de plumas que sugiere la imagen estigmatizada de los pueblos primitivos americanos, en tanto que la segunda lo representa mediante una figura femenina. Las dos esculturas sitúan, de esta forma, la presencia de los Mapuche como matriz atávica, fijada en los orígenes de la nación. De una parte, remiten al tiempo de la Conquista española cuando, según la percepción generalizada en la época, se habrían desplegado los rasgos más sobresalientes de esa cultura, representados en el coraje y la valentía ante la invasión extranjera, para luego desaparecer de los relatos; y de otra, al útero materno que habría engendrado, a partir de la mezcla racial, la figura del roto como verdadero chileno protagonista del devenir histórico. En cualquiera de los dos casos, los Mapuche no formarían parte de la historia.

DE LOS EXTRAVÍOS EN LA EXHIBICIÓN: LA GUERRA SILENCIADA

Pese a la inexistencia de figuras conmemorativas de la guerra desatada durante la segunda mitad del siglo XIX en la Frontera Sur, los aborígenes del territorio nacional chileno tuvieron una presencia descollante en otro tipo de exhibiciones. Junto al levantamiento de estatuas y monumentos, se organizaron en el período, con gran magnificencia y celebridad, los museos de historia natural. Su importancia queda manifiesta en los imponentes, monumentales y lujosos palacios de estilo neoclásico, construidos con el único fin de salvaguardar aquellas piezas consideradas como la esencia de la nación. Si bien el proyecto de organizar este tipo de museos data de la década de 1830, cuando fue contratado por el gobierno chileno el naturalista francés Claudio Gay con el objetivo de recolectar "las ricas primicias" de "la naturaleza virjen de nuestra hermosa tierra" (Guía del Museo Nacional de Chile 4), la construcción del edificio que albergaría el Museo Nacional, en la Quinta Normal de Santiago, se verificó recién en 1876. De todos modos, durante todo el siglo XIX una pléyade de científicos —nacionales y extranjeros— se internó en los lugares más recónditos del territorio con el propósito de acopiar los objetos más significativos de la naturaleza nacional.

Pese a que se podría presumir que la acumulación coleccionista seguiría una pauta "pedagógica edificante [...] la existencia de una relación 'correcta' con objetos (posesión seguida por reglas) presupone una relación 'salvaje' o aberrante" (Clifford 135). En efecto, el revoltijo de piezas reunidas es sorprendente. Junto a numerosas especies de animales embalsamados, a muestrarios de insectos, de piedras y de minerales, así como de ejemplares vegetales, se encontraban los vestigios de distintos grupos indígenas. Privados del reconocimiento de su presencia y actuación como sujetos protagónicos del devenir histórico, pasado y presente, se les reducía –y el término no es aleatorio– a "piezas de museo" (Quijada) u objetos pertenecientes al entorno natural.

No es casualidad que en el lenguaje patrimonial tradicional un sinónimo de vestigio sea justamente la palabra "restos", es decir, el rastro fragmentado de algo que se ha perdido con el transcurrir del tiempo y que era preciso rescatar. Implícita en esta postura aparece la concepción naturalizada de los vestigios. Al igual que los fósiles vegetales y animales, ellos no se entienden como el resultado de la confección humana, sino como un producto propio e innato de la naturaleza. Es lo que se desprende de las "Instrucciones para colectar objetos de historia natural" publicada por el Museo de Valparaíso en 1881:

> Las antigüedades chilenas son poco conocidas; en este ramo hai mucho de interés por *descubrir*. Nadie hasta ahora se ha dedicado deliberadamente a colectar los restos de las antiguas razas que poblaron nuestro suelo, como cráneos i otros huesos de los indios, utensilios de piedra o hueso labrados, de greda cocida, tejidos, etc.; los objetos de esta clase que poseen los Museos han sido casi siempre *descubiertos por casualidad*. Nunca será encarecida demasiado la importancia de las investigaciones que podrían hacerse en los sepulcros de las *razas ya extinguidas*. (13, énfasis mío)

La acción de descubrir, a la que tan insistentemente alude la cita, supone, como se señalaba, develar algo que ya está dado. Al parecer, la certidumbre de encontrar esos rastros "naturales" que evidenciarían la existencia real de la nación estaría asociada con dos aspectos íntimamente vinculados entre sí, a saber, el supuesto carácter virginal del territorio, al que hacía mención la Guía del Museo Nacional de Chile, y que presuponía la ausencia total de presencia humana (Figueroa, "Geografías"), y la aparente extinción de los grupos indígenas del suelo patrio. Ambas premisas, aunque problemáticas, dada la contingencia bélica que tenía lugar en ese momento al sur de la Frontera, fueron invocadas, una y otra vez, desde disciplinas como la historia, la geografía, la arqueología y la antropología. Es lo que se desprende de las palabras de Ricardo E. Latcham –arqueólogo y etnógrafo, precursor en las investigaciones acerca de las comunidades mapuche– respecto de la dificultad que imponía el estudio de los pueblos aborígenes, "aumentada por la pronta absorción ó extinción de las razas indígenas por el pueblo conquistador, y por la destrucción de todos los antiguos monumentos, ritos y costumbres, en el celo de convertir á los infieles" (242). Pese a que hubo un eventual reconocimiento de la existencia de estos pueblos, su presencia fue consignada sólo como "una incrustación etnográfica" (Guevara 123) en medio de una naturaleza indómita, susceptible de ser dominada por la civilización. Éste fue, justamente, el discurso legitimador de la invasión militar por parte del Ejército chileno, que, si bien admitía la presencia indígena en un tiempo adánico, pre-nacional, también la eliminaba, con soterrada violencia, al transformarla en objetos residuales fragmentados para la observación etnográfica. Este último discurso legitimador fue avalado por las certezas que ofrecían los estudios científicos.

De todas formas, los museos de historia natural, en tanto espacios privilegiados de construcción nacional, contribuyen al establecimiento de una temporalidad fija, constatando, con su sola presencia, la certeza del origen. De algún modo, son instituciones que llevan implícita la convicción de la existencia patria, en tanto que, parafraseando a D. Haraway, al remitir a la génesis confirman su presente y dan seguridades de su continuidad en el futuro (20). Con todo, en un momento en que el establecimiento de precisiones taxonómicas era la regla, llama poderosamente la atención la confusa exposición de sus objetos, lo que queda de manifiesto en una guía publicada en 1878 por el Museo Nacional de Chile. Siguiendo una descripción detallada de los materiales expuestos, el catálogo orienta el itinerario que el visitante debe seguir, encauzando el recorrido bajo una lógica predeterminada. En el acápite titulado "Etnografía, arqueolojía", la guía expone una mezcolanza de objetos en cuanto a sus proveniencias tanto espaciales como temporales. Estandartes y banderas españolas, ídolos de lava volcánica de la Isla de Pascua, una momia de Junín, una cabeza indígena de Nueva Zelandia, copias de cráneos asiáticos y africanos, una frazada hecha de la corteza de árbol usada por los indios de Venezuela, una cartuchera de corcho bordada con paja confeccionada por los indios de Detroit, Michigan, un bastón de madera hecho por un soldado en el fuerte de Tolten, dos cintas lacres de los federales en tiempos de Rosas, una cota de mallas que usaron los conquistadores, un jarro legítimo de China y otro de Japón, dos figuras de piedra de Huamanga, un cantarito hallado en Pompeya, collares de caracoles y huesos que usan las indias fueguinas –uno de ellos se cierra con un botón amarillo de oficial de la marina inglesa, en el que se lee "Pacific steam Navigation coy"–, un peine hecho de la mandíbula inferior de una especie de delfín, y tantos otros. Todos estos objetos conviven en una mixtura poco clara de la que sólo puede colegirse su pertenencia a un mundo natural, observable y clasificable en tanto se ubica fuera de la historia.

Tal vez los únicos que aparecen situados en una temporalidad concreta e individualizada sean los donantes de objetos. Por más que los museos hicieran ingentes esfuerzos por organizar expediciones dirigidas a explorar el territorio y rescatar los vestigios y reliquias más relevantes, la mayoría de las piezas fueron obsequiadas por particulares a los que se distinguía tanto en las etiquetas identificatorias de cada uno de los objetos expuestos como en las publicaciones periódicas de estas instituciones. Al respecto, el Museo de Valparaíso, en sus "Instrucciones para colectar objetos de la historia natural", era explícito al destacar los consejos dirigidos a la recolección específica del material arqueológico y etnográfico: "Hai que tener presente al destinar un objeto cualquiera para los Museos una precaución de tanta importancia que hemos querido recomendarla por separado: es la de acompañar siempre cada objeto con un rótulo en que se anote dónde, cuándo y *por quién* fue hallado…" (13-14, énfasis mío).

Si la generalidad de las piezas exhibidas carecía de una identificación precisa respecto de su procedencia espacial o temporal, los donantes aparecían registrados con sus nombres y apellidos, transformándose en una presencia inmanente difícil de ignorar, que daba clara cuenta de su condición de sujetos hacedores de la historia (Figueroa, "Geografías").[3]

Completamente distintos fueron los modos de exhibir las reliquias –ya no restos– provenientes de la Guerra del Pacífico. Desde muy temprano se organizaron exposiciones de pinturas, fotografías y objetos que daban cuenta de las distintas acciones bélicas en las campañas. En todas ellas se indicaba su procedencia temporal y espacial, así como –cuando era posible– la individualización de los personajes participantes. En 1881 –cuando todavía las hostilidades estaban en curso– se realizó en Santiago una exposición con las fotografías de la ocupación de Lima, tomadas por Carlos Díaz y Eduardo Spencer, en la que se "representarán las acciones más gloriosas de la presente campaña, i a los jefes que más se hubiesen distinguido en ella" (Ahumada 414). En otra de estas exhibiciones, organizada en el mes de mayo de 1914, al cumplirse un nuevo aniversario de la "epopeya" de Iquique, fueron expuestas en el Palacio de Bellas Artes de Santiago sus "reliquias [...] a fin de que el pueblo las conozca y en ellas venere la memoria de los héroes" (*El Mercurio*, 16 de mayo de 1914, 7). Entre los objetos seleccionados se contaban la espada del Capitán Prat; la cubierta de bronce del cabestrante de la Esmeralda, "por primera vez expuesta en público"; el uniforme del capitán Arturo Prat, "compuesto de una levita, un par de charreteras, un sombrero apuntado y un par de pantalones con franja"; el uniforme del capitán Condell; un retrato al óleo del capitán Prat; una libreta "de puño" de Condell; la tapa de la brújula de la Esmeralda; la tetera de la Esmeralda; una cuchara de la Esmeralda; y un cucharón, también de la Esmeralda, entre una larga lista de objetos.

Pese a que en el catálogo citado aparecía un "hueso del muslo de un tripulante de la Esmeralda" y una "mandíbula de un tripulante de la Esmeralda", éstos no podían ser calificados, en caso alguno, como vestigios residuales de la naturaleza –como sí lo eran los cráneos indígenas–; muy por el contrario, su exposición daba cuenta de la heroica hazaña naval en la que los valientes y anónimos soldados chilenos habían dado su vida por la patria. En otras palabras, como sujetos de la historia, sus restos eran considerados reliquias laicas susceptibles de ser veneradas. La diferencia respecto del trato que recibieron los huesos y cráneos aborígenes recolectados en el norte y el sur del territorio es abismal. Si los primeros se convertían en íconos de devoción popular, los segundos pasaban a formar parte del creciente acervo científico, destinado a descifrar los secretos más ocultos de la naturaleza. En efecto, los cráneos obtenidos del meticuloso, permanente y brutal saqueo de los cementerios indígenas (Ayala, capítulo 5) fueron, una y otra vez, examinados, medidos, comparados y clasificados por especialistas que, legitimados por el aval que les otorgaba la ciencia, imponían un conocimiento pretendidamente objetivo y neutral. Llaman la atención, sin embargo, los altos grados de ambigüedad e imprecisión contenidos en estos estudios, los que se expresaron, por ejemplo, en las permanentes y a ratos virulentas pugnas desatadas entre los estudiosos del tema por definir si el origen de los antiguos habitantes era único o múltiple, lo que supuestamente se confirmaba por la forma de los cráneos analizados. Sin entrar en el detalle de esta disputa, resulta interesante que la obsesión cientificista por descubrir ese origen haya ocupado un lugar tan central en la contienda por la definición de las identidades nacionales. Al respecto, la insistencia obstinada por definir la localización precisa y el área de influencia de los pueblos indígenas, se establecía en relación con los límites modernos establecidos por los países.

Pero las exhibiciones muestran otro aspecto más revelador de la violencia que significó el proceso de deshumanización de los mundos aborígenes. Si la invisibilización a la que fueron confinados fue, paradójicamente, resultado de la visibilización de los vestigios y residuos que de ellos quedaban, cuesta trabajo comprender cómo la exposición pública de grupos indígenas vivientes no sólo no morigeraba esta apreciación, sino que venía a ratificarla con más ahínco. Una de las prácticas museísticas más exitosas, por el nivel de convocatoria que concitó en Europa, fue la exhibición de los denominados zoológicos humanos, en los que se exponían grupos tribales de distintas partes del mundo, como una forma de ampliar lo que Mary Louise Pratt definió como "conciencia planetaria europea"; es decir, el proceso que, enmarcado en la expansión capitalista e imperial del viejo mundo, culminó en la validación de las miradas eurocéntricas, fundadas en la descripción –en este caso, exhibición– de esos otros como partes de la naturaleza. Si bien los esfuerzos por trasladar indígenas a estos zoológicos vivientes provino fundamentalmente de particulares europeos (Báez y Mason, 35-56), la algarabía provocada en países como Chile por la presencia de "objetos" que dieran cuenta de su existencia como nación, fue grande.

El 16 de septiembre de 1900, el diario *El Mercurio* de Santiago reproducía con gran boato los telegramas remitidos por sus corresponsales en Europa, en los que se anunciaba la "Exposición científica y exhibición etnográfica de una 'tribu completa de araucanos' (indios de la América del sur) teniendo a la cabeza su cacique (jefe de tribu)" (1). La noticia informaba no sólo de la exhibición, considerada trascendental toda vez que tendría lugar en la afamada Exposición Universal de París, sino también de los precios de las entradas, la dirección específica del lugar donde iba a realizarse, y las demás entretenciones que se ofrecían, tal como si ésta hubiese ocurrido en Santiago. En la descripción de la tribu se ponía énfasis en las características consideradas como más destacables de los indígenas, esto es, su coraje, valentía y destreza. Sin embargo, la insistencia en su origen primitivo y en el despliegue de sus habilidades durante el período de la Conquista vuelve a confinarlos a un tiempo adánico, fuera de la historia. Es lo que se desprende de la nota antes mencionada, publicada en diario *El Mercurio*:

> Estos indígenas con su vigorosa constitución, su natural altivo y valiente y su ajilidad de ademanes, ejecutarán hasta los más pequeños detalles de sus trabajos, sus ejercicios, sus juegos, ceremonias, fiestas, etc., que hacen estremadamente curiosa la vida, usos y costumbres primitivas de esta variedad de indios.
>
> Carreras vertiginosas y hasta peligrosas… sobre los famosos caballos de su país, que serán traidos especialmente para este objeto, simulacros de combate con sus armas auténticas, mostrarán la bravura y la destreza de los descendientes de Caupolicán, que fueron los vencedores del gran capitán Pedro de Valdivia. ¡Grandes atractivos!, precio: 1 franco. (1)

No cabe duda: más que representantes de una cultura, los indígenas son concebidos como piezas de un paisaje que incluye "grandes atractivos", y que se puede llegar a admirar, pero en modo alguno se entienden como humanidad. Esta percepción no cambia, incluso desde las posturas más críticas en relación con la exhibición de grupos indígenas chilenos en París. Por el contrario, en un inserto publicado al día siguiente, en el mismo periódico, se señala que:

> Estas mismas cualidades fueron estrepitosamente silbadas aquí en Santiago, en la plaza de toros, cuando los empresarios mostraron el vergonzoso espectáculo de cincuenta indios imbéciles por el alcohol, que daban ridículos y convencionales gritos de combate.
>
> Entonces toda la prensa pidió enérjicamente que se prohibiera ese acarreo a Paris de jente inconsciente, idiota, que iba ser miserablemente explotada y tal vez abandonada, al terminar la exposición.
>
> Pero no se hizo caso de nada. Los indios se fueron y allá están, sirviendo de pasto a la voraz y risueña curiosidad de ese pueblo ansioso de cosas nuevas. Esos *indios chilenos*, ese esfuerzo de la civilización que *comienza a ganar terreno*; son doblemente molestos para Chile, porque no han llevado a la esposicion ningun documento que pruebe que la civilización *comenzó* a ganar terreno hace tres siglos por lo menos, y que ha concluido demasiado con los indios, pues fuera de los cincuenta que hai en Paris, no sabemos si quedan otros en Chile. (1, énfasis en el original)

El reproche, a pesar de reconocer la explotación inherente a este tipo de exhibiciones, pone el acento en los perjuicios que podría acarrear a la imagen del país, al vincularla con el salvajismo indígena. De este modo, en la celebración o crítica respecto de estas actividades se desataba la pugna por circunscribir a la nación chilena bajo un halo de civilidad, refrendado en el despliegue de sus triunfos. Así como se erigieron monumentos y se abrieron exposiciones que exaltaban las victorias obtenidas frente a enemigos internacionales dando cuenta de la superioridad castrense de un país guerrero, en el caso de la exposición –u ocultamiento– de los mundos indígenas como piezas de la naturaleza o "incrustaciones etnográficas" –observables, clasificables y comparables– se transmitía la idea de una nación que había superado con creces la barbarie indígena.

* * *

Lo que hemos intentado subrayar en este trabajo son las formas en que algunos dispositivos –como las exposiciones en museos o el levantamiento de monumentos conmemorativos– fueron dando cuerpo a las configuraciones temporales y espaciales de la nación, las que devinieron en un complejo, disputado y silencioso proceso de inclusión de algunos y rechazo –absoluto y arbitrario– de otros. Fue la obstinada insistencia, proveniente de diversos grupos de interés, en participar de verdaderos estados nacionales modernos, lo que les llevó a involucrarse en pugnas y contiendas por resignificar la idea de nación y establecer su protagonismo en ella. Las guerras, y su presencia o ausencia de los relatos nacionales, jugaron aquí un papel central. En el proceso, la acción de exhibir se transformó en un útil mecanismo para precisar las fronteras –es decir, los límites y contenidos– de la pertenencia nacional en un momento en que existían altos grados de complejidad y disputas sociales y políticas internas.

El protagonismo histórico asignado a héroes individuales o figuras alegóricas como la del "roto chileno" en el marco de las guerras contra peruanos y bolivianos –en particular, la Guerra del Pacífico– tuvo una relevancia trascendental para otorgar contenido a la idea de chilenidad, la que, desdibujando las diferencias y los conflictos de clase, propendía a una concepción aglutinadora de la nación, concebida en términos masculinos y racialmente blanquecinos. Por su parte, el manto de invisibilidad que se tendió sobre la guerra desatada en la Araucanía durante la segunda mitad del siglo XIX, si bien ratificaba, por oposición, ese contenido de chilenidad, se convirtió en la línea demarcatoria por excelencia de la significación nacional. En una traza invisible, aunque paradójicamente nítida, lo indígena estuvo en el límite de lo abyecto. Asignándole una pretendida autenticidad adánica ubicada en un tiempo a-histórico impreciso, fue excluido de la pertenencia histórica de la nación.

Sin embargo, las divisiones taxonómicas entre las disciplinas, supuestamente probadas e indiscutibles, que establecían una clara delimitación entre el conocimiento natural e histórico, derivándose de ello los sentidos de pertenencia y exclusión nacional, llevan en sí mismas el germen de la contradicción. En efecto, pese a que los científicos dedicados al estudio de la naturaleza se esforzaron por recolectar y exhibir aquellos objetos –aquellos restos– que daban certeza acerca de los orígenes prístinos de la chilenidad, en tanto que los historiadores insistían en construir y exponer una temporalidad cronológica individualizada y moderna, unos y otros terminaron confundiéndose en su accionar. Es lo que se desprende de las palabras del prolífico historiador del siglo XIX Benjamín Vicuña Mackenna, al comparar las tareas del naturalista con las faenas propias del estudioso de la historia:

> Como el naturalista que con los restos mutilados i reducidos a polvo i a fragmentos de seres que pertenecieron a otras épocas de la tierra, logra, a fuerza de sagacidad i de paciencia, armar un esqueleto perfecto i deducir de este hacinamiento de huesos la vida orgánica […] así podríamos nosotros resucitar el coloniaje con sus estrecheces i su ostentosa opulencia, su nostaljia moral i su pobreza de medios, i exhibir su esqueleto, vestido con sus propios i ricos atavíos i desmedrados harapos, ante la luz de la civilización que hoy nos vivifica i nos engrandece. (*Catálogo* 2)

Haciendo uso de la metáfora de "restos" y "vestigios" que quedan del pasado, ya no atávico y natural sino histórico, el autor explicita la confusión. La historia nacional, que existe por las acciones de los héroes patrios simbolizadas en las exhibiciones conmemorativas, podría, eventualmente, transformarse en una nueva ruina, ya no del salvajismo barbárico indígena sino del propio progreso histórico moderno

(Huyssen, "Las nostalgias" 43). En efecto, nada impediría que esa luz de "civilización que vivificaba y engrandecía" se convirtiera, como lo hizo el coloniaje, en un nuevo esqueleto de la modernidad.

Notas

[1] El Combate Naval de Iquique tuvo lugar el 21 de mayo de 1879, sólo tres meses después de iniciarse las hostilidades, y prontamente se transformaría en una de las fechas conmemorativas más importantes, sino la más significativa, del calendario cívico nacional.

[2] Uno de los rasgos característicos del proceso de formación de la clase obrera en el período fue la construcción de una masculinidad asociada con el trabajo productivo manufacturero en el que se desplegaban las habilidades de un verdadero hombre, capaz de comprometerse con la lucha colectiva contra el capitalismo y de proveer a sus familias del sustento básico. En oposición a esta imagen emergía la feminidad oligárquica la que, además de no tener aptitudes para desarrollar sus destrezas físicas, despojaba cobardemente de protección, en razón de sus propios intereses, a los hogares obreros (Jofré).
Por su parte, el proceso de racialización de peruanos y bolivianos estuvo íntimamente vinculado con la asignación de características genéricas, concebidas en términos negativos. Los "cholos", mote despectivo con el que se les designaba en la época, fueron frecuentemente calificados de faltos de audacia, cobardes y "maricas". En el caso de las comunidades indígenas y, particularmente la mapuche, la asignación de cualidades en términos de género fue, como se verá, más problemática. Si por un lado se reconocía aptitudes tales como la intrepidez, la gallardía y la bravura –consideradas como exclusivamente masculinas– éstas estaban asociadas exclusivamente con el período de la Conquista, cuando se enfrentaron a la invasión española. Los Mapuche contemporáneos fueron generalmente despreciados por su tendencia a la desidia, la vagancia y el ocio, y por descansar en el trabajo de sus mujeres, al contrario de lo que le correspondería a los verdaderos hombres.

[3] A modo de ejemplo, la *Revista Chilena de Historia Natural* publicó periódicamente, desde su fundación en 1897, informes como el que sigue: "Se ha enriquecido esta seccion con 136 muestras diversas, entre las cuales se encuentran puntas de flecha, cucharitas de hueso, agujas i collares del mismo material, anzuelos de cobre, cráneos, etc. Las personas que han favorecido esta Seccion con sus obsequios son los señores Campbel, JM, Dr. L. Vergara Flores, Manuel J. Varas y Guillermo Geisse" (16).

Bibliografía

Ahumada Moreno, Pascual. *Guerra del Pacífico. Recopilación completa de todos los documentos oficiales, correspondencias y demás publicaciones referentes a la guerra que ha dado a la luz la prensa de Chile, Perú y Bolivia*. Valparaíso: Imprenta del Progreso, 1884.

Anales de la Universidad de Chile. Memorias Científicas y Literarias. Santiago: Imprenta del Pacífico, 1880-1930.

Anderson, Benedict. *Comunidades imaginadas: Reflexiones sobre el origen y la difusión del nacionalismo*. 1983. México: FCE, 1993.

Ayala, Patricia. *Políticas del pasado. Indígenas, arqueólogos y Estado en Atacama.* San Pedro de Atacama: Línea Editorial IIAM, 2008.

Báez, Christian y Peter Mason. *Zoológicos humanos. Fotografías de fueguinos y mapuche en el Jardin d'Acclimatation de París, siglo XIX.* Santiago: Editorial Pehuén, 2006.

Ballart, Josep. *El patrimonio histórico y arqueológico: valor y uso.* Barcelona: Ariel, 2002.

Boletín de la Guerra del Pacífico. Santiago: Impr. de la República de J. Núñez, 1879-1881.

Boletín del Museo Nacional de Chile. Santiago: Imprenta y encuadernación El Globo, 1908-1930.

Clifford, James. "Sobre el coleccionismo de arte y cultura". *Criterios* 31/1-6 (1994): 131-147.

Cortés Aliaga, Gloria. "De plumas y pinceles: texto y visualidad en la crítica de arte en Chile en la segunda mitad del siglo XIX". *Estudios de arte.* Marcela Darien y Juan Manuel Martínez, eds. Santiago: Ediciones Altazor, 2007. 13-24.

Diario de la Guerra. Santiago: Impr. Del Diario de la Guerra, 1879-1882.

El Mercurio. Santiago: Talleres El Mercurio, 1900-1930.

El Sur. Concepción: s/n, 1882-1930.

Figueroa, Consuelo. "¿Historias de guerra o guerras por la historia? *Revista Universum* 24/2 (2009): 297-307.

_____ "Geografías en disputa. La construcción del Chile territorial". *Revista 180.* Santiago: Facultad de Arquitectura, Arte y Diseño, Universidad Diego Portales 27, 2011. 10-13.

Gallardo, Viviana, José Luis Martínez y Nelson Martínez. "Indios y rotos: el surgimiento de nuevos sujetos en los procesos de construcción identitaria". *Revista Universum* 17 (2002): 171-178.

Góngora, Mario. *Ensayo histórico sobre la noción de Estado en Chile en los siglos XIX y XX.* Santiago: La Ciudad, 1981.

Guajardo, Bernardino. *Poesías populares.* Santiago: Impreso por Pedro G. Ramírez, 1881.

Guevara, Tomás. *Historia de la civilización de la Araucanía.* Tomo I. Santiago: Imprenta Cervantes, 1898-1902.

Haraway, Donna. "Teddy Bear Patriarchy: Taxidermy in the Garden of Eden. New York City, 1908-1936." *Social Text* 11 (Winter 1984-1985): 20-64.

Hernández, Roberto. *El roto chileno: bosquejo histórico de actualidad.* Valparaíso: Impr. San Rafael, 1929.

Hernández-Navarro, Miguel Ángel. "Presentación: Antagonismos temporales". *Heterocronías. Tiempo, arte y arqueologías del presente.* Andreas Huyssen y otros. Murcia: PAC-CENDEAC, 2008. 9-16.

Huyssen, Andreas. *En busca del futuro perdido. Cultura y memoria en tiempos de globalización.* México: FCE-Instituto Goethe, 2002.

_____ "La nostalgia por las ruinas". *Heterocronías. Tiempo, arte y arqueologías del presente.* Andreas Huyssen y otros, eds. Murcia: PAC-CENDEAC, 2008. 35-56.

Jofré, Rodrigo *Forjadores del metal, forjadores de hombres. Cultura obrera y construcción de las identidades de clase y género en los trabajadores metalúrgicos de Valparaíso y Santiago. 1900-1930.* Memoria para optar al título de profesor de Historia y Geografía. Santiago: Universidad Metropolitana de Ciencias de la Educación, 2009.

Latcham, Ricardo. "Antropología Chilena". *Revista del Museo de La Plata.* Tomo XVI. Buenos Aires: Imprenta de Coni Hermanos, 1909. 241-319.

Ortega, Luis. *Los empresarios, la política y los orígenes de la Guerra del Pacífico.* Santiago de Chile: FLACSO, 1984.

Museo de Etnología y Antropología de Chile. *Publicaciones del Museo de Etnología y Antropología.* Tomo II. Santiago: Imprenta Cervantes, 1922.

Museo de Valparaíso. *Instrucciones para colectar objetos de historia natural.* Valparaíso: Imprenta del Mercurio, 1881.

Museo Nacional de Chile. *Guía del Museo Nacional de Chile.* Santiago: Imprenta de los Avisos, 1878.

Palacios, Nicolás. *La raza chilena. Su nacimiento: nobleza de sus oríjenes.* Valparaíso: Imprenta i Litografía Alemana, 1904.

Philippi, Rodulfo Amando. *Descripción de los ídolos peruanos del Museo Nacional de Santiago.* Santiago: Imprenta Nacional, 1879.

Pinto, Julio y Verónica Valdivia. *¿Chilenos todos? La construcción social de la nación (1810-1840).* Santiago: Lom, 2009.

Pratt, Mary Louise. *Imperial Eyes. Travel Writing and Transculturation.* Londres y Nueva York: Routledge, 1992.

Quijada, Mónica "Ancestros, ciudadanos, piezas de museo. Francisco P. Moreno y la articulación del indígena en la construcción nacional argentina (siglo XIX)". *Revista Estudios Interdisciplinarios de América Latina y el Caribe* 9/2 (Julio-Diciembre 1998). <http://www1.tau. ac.il/eial/index.php?option=com_content&task=view&id=698>. 15 feb 2011.

Revista Chilena de Historia Natural. Órgano del Museo de Valparaíso. Valparaíso: Imp. Guillet, 1897-1930.

Riquelme, Daniel. *Bajo la tienda: recuerdos de la campaña al Perú i Bolivia.* Santiago: La Libertad Electoral, 1885.

Sommer, Doris. *Foundational Fictions. The National Romances of Latin America.* Berkeley: U of California P, 1993.

Uhle, Max. *Fundamentos étnicos y arqueología de Arica y Tacna.* Quito: Imprenta de la Universidad Central, 1922.

Uribe Echeverría, Juan. *Canciones y poesías de la Guerra del Pacífico.* Valparaíso: Ediciones Universitarias de Valparaíso, 1879.

Vicuña Mackenna, Benjamín. *Catálogo razonado de la Esposicion El Coloniaje celebrada en Santiago de Chile en Setiembre de 1873.* Santiago: Imprenta del Sud-América, de Claro i Salinas, 1873.

Emergencias de lo invisible: ruina y lenguaje en Os sertões

JAVIER URIARTE

Stony Brook University

DE EXPLOSIONES Y SILENCIOS

La obra mayor de Euclides da Cunha, *Os sertões* (1902), intenta dar una explicación –complicada, problemática, fascinante– del origen, el desarrollo y el trágico desenlace de la Guerra de Canudos (1897). La misma tuvo lugar en la población del mismo nombre, ubicada en el *sertão* del estado de Bahía, en pleno nordeste brasileño. En ella se enfrentaron un gigantesco ejército de más de diez mil hombres de la flamante República brasileña (fundada en 1889) y el también muy numeroso grupo de seguidores de Antônio Conselheiro, una mezcla de místico y caudillo que había logrado atraer hacia su prédica a las masas marginadas y hambrientas a cuya situación el nuevo sistema no había ofrecido ninguna solución, y contra el cual *o Conselheiro* dirigía sus palabras, considerándolo pecaminoso y alentando a sus seguidores a no pagar impuestos. Luego de tres intentos fallidos, el gobierno central de Brasil envió a un enorme contingente de soldados, y la guerra culminó en una gran masacre.

Propongo habitar el carácter de *intento* –o acaso debería decir ensayo– que constituye el libro de Euclides. Digo que ese intento representacional es problemático y fascinante porque es, fundamentalmente, fallido. *Os sertões* no es principalmente un libro sobre la Guerra de Canudos, sino más bien un libro sobre la tragedia del no poder decir. Es la narración de un derrumbe clave, ya que se presenta como el descubrimiento paulatino de la propia ignorancia, de la inutilidad del saber libresco y del fanatismo modernizador para dar cuenta del conflicto atestiguado. Por ejemplo, en el *Diário de uma expedição*, constituido por las notas de campo que Euclides recogió como corresponsal del diario *O Estado de São Paulo* y publicado póstumamente en 1939, se reconoce esta distancia entre el deseo de conocer y la real capacidad para hacerlo:

> Eu, porém, perdi-me logo, perdi-me desastradamente no meio da multiplicidade das espécies e atravessando, supliciado como Tântalo, o dédalo das veredas estreitas, ignorante deslumbrado –nunca lamentei tanto a ausência de uma educação prática e sólida e nunca reconheci tanto a inutilidade das maravilhas teóricas com as quais nos iludimos nos tempos acadêmicos. (70)

Esta confesión de la insuficiencia de la propia mirada para comprender ese espacio nuevo traduce también un sincero deseo de comprensión de lo otro, que se reconoce incompleto. Se trata de lo que llamo "retórica del desconcierto", una forma de la búsqueda que surge del reconocimiento de la insuficiencia de los propios instrumentos del conocimiento. La cita anterior muestra además –la alusión al mito de Tántalo es elocuente– una verdadera intención de conocer manifestada en una suerte de voluptuosidad relacionada con el deslumbramiento, en un gozo que no puede ser satisfecho y en el consecuente sufrimiento provocado por la imposibilidad de aprehender lo que se tiene delante. En la imagen de este yo que se pierde en la vegetación sin orden ni concierto que lo rodea se crea un ambiente caótico a través de una retórica semejante a la que será empleada en *Os sertões* para construir el espacio de Canudos, como veremos; las referencias a las "veredas estreitas" y la construcción de un espacio laberíntico apuntan en la misma dirección. La imposibilidad de mirar y la confusión que conlleva identifican así esos dos espacios a través del desconcierto. *Os sertões* habita el momento de la constatación de la extrañeza, tanto frente a lo propio nacional que se torna extraño, que se vuelve *otro*, como frente a sí mismo; es decir, se produce el desmenuzamiento de cierta extranjeridad interior dentro del espacio de lo que se supone familiar.

A pesar de haber sido publicado cinco años después del conflicto, *Os sertões* conserva este sentido transitivo, metamórfico, de acomodación de las estructuras propias de entender el Estado y su relación con sus sujetos a un espacio que desafía las estructuras previas. Ahí radica una de las complejidades mayores del texto: el haber sido concebido *como un tránsito*, el conservar narrativamente el proceso de aprendizaje que constituye en realidad el punto de partida del texto, pero que en sus páginas surge de manera paulatina, como un descubrimiento trágico. Si bien el discurso de Euclides no abandona nunca una perspectiva letrada y modernizadora, también es cierto que a lo largo del texto ese discurso se somete a una autocrítica constante que termina por hender la homogeneidad del discurso oficial con un discurso que sitúa al narrador en un lugar crítico nuevo. *Os sertões* es, en este sentido, la narración del creciente abandono del discurso legibilizador y simplificador del Estado (Scott) hacia la adopción de un discurso de mayor ambivalencia y complejidad, el propio discurso euclidiano; este libro escenifica, en otras palabras, la construcción de una poética.

No me resultan enteramente convincentes, en este sentido, las dos posiciones más extremas que he leído sobre las formas en que Canudos y sus habitantes son representados. Por un lado, Adriana Campos Johnson interpreta la posición de Euclides como subalternizante, como construida desde la distancia del intelectual que no puede representar al otro sino como subalterno y que lo condena en ese gesto a la inmovilidad de la historia, al decir de esta crítica.[1] Por otro lado, Eunice Nogueira Galvão sostiene que Euclides logra reproducir la visión de los vencidos.[2] Tampoco mi lectura coincide exactamente con la postulada por Leopoldo M. Bernucci cuando afirma que, a pesar de que "o narrador toma partido na defesa dos conselheristas", en su elección final predomina la "cega fidelidade ideológica ao republicanismo progressivo" ("Prefácio" 45). Creo que el logro más importante de *Os sertões* no radica en las férreas certezas del narrador sino en el derrumbe de las mismas. Se trata de la textualización de una incomprensión: es el dejar de reconocerse o el reconocerse *como otro*, como incapaz de entender del todo, el desnudar la guerra como la imposibilidad de la mirada. Al mismo tiempo que hace presente este límite y reconoce la insuficiencia de la mirada del narrador, *Os sertões* presenta la lucha de este último con su propia capacidad de decir. Es en gran medida un libro sobre el propio lenguaje llevado a sus límites máximos, en lucha consigo mismo.

Creo que hay dos presencias que marcan este *esfuerzo por ver* que es *Os sertões*. Por un lado, me interesa la frecuente mención de lo invisible, de aquello que permanece para el narrador más allá de la mirada y de la explicación. Por otro lado, junto a lo que no se ve, aparecen de modo constante imágenes de ruinas. Se trata de imágenes que persiguen al narrador e invaden su lenguaje. Son acaso formas que están a pesar de él mismo y de su propósito explicativo y pseudo-cientificista. Dice Edgar Salvadori de Decca: "Na literatura euclidiana, a ruína é também o limite de sua capacidade para enxergar o outro [...] A ruína desvela o modo como o olhar do civilizado a observa, e ela é assustadora na obra de Euclides porque está a todo momento devolvendo para ele o outro que ficou à margem da história" (158). La ruina representa un límite no sólo a la representación del otro –agrego– sino a todo aquello que para el saber letrado permanece más allá de la representación. Es una forma del no poder decir que provoca la guerra. O, mejor, es la imagen imposible que objetiva la lucha por la representación que es *Os sertões*. Como sitio de la contradicción por excelencia, donde conviven pasado y presente, muerte y vida, destrucción y resistencia, la ruina es una forma de la imposibilidad, el sitio de aquello que permanece más allá de la racionalidad y de la lógica. Por otro lado, la cita de Decca acierta al describir la ruina como "asustadora", porque ella es para el narrador una forma de lo aberrante, algo que le produce horror y admiración a un tiempo, un espeluznante hallazgo. En *Os sertões* todo aparece arruinado: el espacio (el *sertão*, la propia Canudos, la tierra), los hombres (los cuerpos de los *sertanejos*, el mismo Antônio Conselheiro), el conflicto (los prisioneros, los soldados de Canudos, la propia forma de hacer la guerra).

No es difícil, me parece, reconocer que en *Os sertões* la narración directa, abierta del conflicto resulta menos eficaz como método representacional: la guerra parece poder representarse con más fuerza expresiva, con mayor convicción, cuando *no se representa,* cuando aparece oblicuamente. En su artículo "War and Representation", Fredric Jameson discute y categoriza formas de acercarse a la guerra, la cual –sostiene– es en último término irrepresentable como tal. En *Os sertões,* más que en el combate directo y abierto, la narración se concentra en las formas en que los *sertanejos* hacen la guerra evitándola, haciéndose invisibles. Hay mucha inmovilidad, espera, silencio. Hay ataques que no son previstos, sombras de ataques que no se deciden a revelarse, pura sorpresa e inminencia. El interminable asedio final a Canudos, que termina con el triunfo del Estado brasileño y la consiguiente masacre perpetrada luego de la victoria, es también una negación de la velocidad y de la estrategia. Por parte de los dos bandos, lo que se relata es una anti-guerra, un juego de esperas y de sobresaltos.

Lo que sí hay en cada página es conflicto. Todo es lucha, tensión, desde el clima a la naturaleza, pasando por el espacio y sus habitantes. Por ejemplo, la crítica euclidiana ha señalado reiteradamente la manera en que diferentes tensiones aparecen representadas en la naturaleza y en el paisaje como forma de anticipar el conflicto hacia el que el texto avanza. Se trata de lo que Leopoldo Bernucci ha llamado la "metáfora bélica, ligada al mundo vegetal" (*A imitação* 45).[3] Esta dimensión cósmica que adopta el conflicto es importante no sólo como anticipación de una guerra cuyo estallido y narración concretos se hacen elusivos, sino también como una forma de la lucha del propio narrador por decir, por encontrar un lenguaje que *dé cuenta de*. Si *Os sertões* es un texto atravesado por la antítesis, el oxímoron y la contradicción,[4] esas figuras (o, a veces, claros errores del narrador) no deberían verse meramente como una forma de hacer visible el contenido en la forma –la guerra en el lenguaje– sino más bien como formas de un lenguaje tensionado, violentado, llevado a su extremo: un lenguaje *en guerra*. La ruina es otra de esas formas en que la guerra aparece como explosión y silencio. Es por eso que las imágenes de la emergencia me resultan tan atractivas para leer este texto.

EJERCICIOS DE ARQUEOLOGÍA

De algún modo, la invisibilidad y la ruina se conjugan en una imagen que me resulta elocuente: se trata del momento en que lo escondido emerge ante la mirada para hacerse presente, el momento del *descubrimiento*. La dialéctica entre lo invisible y lo que surge a la vista, creo, constituye una suerte de columna vertebral del texto euclidiano. En este sentido, *Os sertões* es la narración de una crisis del sentido que lleva a una *visibilización* radical, a un encuentro. No lejos del procedimiento que recomienda seguir Walter Benjamin en "Excavation and Memory" al referirse a las búsquedas en el pasado propio como una excavación, las imágenes relativas al quehacer del arqueólogo y a los hallazgos bajo tierra abundan en *Os sertões*. Para Benjamin "genuine memory must [...] yield an image of the person who remembers, in the same way a good archaeological report not only informs us about the strata from which its findings originate, but also gives and account of the strata which first had to be broken through" [la memoria genuina debe (…) producir una imagen de la persona que recuerda, del mismo modo en que un buen informe arqueológico no sólo nos informa sobre los estratos en los cuales se originan sus descubrimientos, sino que nos da también un relato de los estratos que tuvieron que ser atravesados antes; traducción de los editores] (576). Si es posible leer las imágenes de las ruinas junto con el tema del desenterramiento, con la obsesión por sacar a la luz lo escondido, esta cercanía está dada en el proceso de excavación, que no es en Euclides una búsqueda en el pasado propio sino en la propia escritura; una exploración de nuevas formas de representar.

Esa retórica del desconcierto desde la que leo *Os sertões* se patentiza sobre todo en la invisibilidad en la que se resguardan el otro y su espacio. La invisibilidad del enemigo –"não se via o inimigo"[5] (537)– está clara sobre todo en los momentos en que se describen escenas de guerra, y es vista como un lugar de vulnerabilidad propia. Si la mirada es una forma de comprender, de dominar e incluso de destruir (tres momentos que en la guerra se complementan, aunque a lo largo del texto de Euclides se van revelando fisuras entre ellos), la imposibilidad de ver implica que el poder sobre el territorio extranjero no puede ejercerse.[6] Así, la invisibilidad se convierte en la mejor arma del ejército *sertanejo*. En este sentido, los *conselheristas* vencen porque *no* luchan convencionalmente, porque *no se enfrentan* en sentido propio (no hay combate frente a frente). Canudos, en el medio de la batalla, es descrita como una ciudad invisible:

> Quinze ou vinte mil almas – encafurnadas naquela tapera babilônica… E invisíveis. De longe em longe, um vulto, rápido, cortava uma viela estreita, correndo, ou apontava, por um segundo, indistinto e fugitivo, à entrada da grande praça vazia, desaparecendo logo. Nada mais. Em torno o debuxo misterioso de uma paisagem bíblica: a infinita tristura das colinas desnudas, ermas, sem árvores. Um río sem águas, tornejando-as, feito uma estrada poenta e longa. Mais longe, avassalando os quadrantes, a corda ondulante das serras igualmente desertas, rebatidas, nitidamente, na imprimadura do horizonte claro, feito o quadro desmedido daquele cenário estranho. (592)

Este fragmento reúne los planos de la ciudad, la tierra y la lucha para construir un paisaje donde reinan la extrañeza y el misterio. Un paisaje que siempre esconde algo que se presiente pero no llega a verse; un desierto infinito que rodea una multitud a la cual protege y con la que se identifica; una sucesión de ondulaciones que constituyen el rasgo más saliente (y acaso el único) de ese panorama, y que se resisten a adoptar cualquier linealidad. Así, esa extrañeza es una continuidad de otras anomalías: no hay hombres ni calles, sino "vultos" y "vielas". Pero, sobre todo, esta cita es un ejemplo del discurso que vuelve con frecuencia sobre el carácter *uncanny* de un territorio casi fantasmal en el que hay una vida que acecha pero que permanece sin ser aprehendida por el ojo que describe e invulnerable a su ataque o, como dice el propio cronista con una palabra más apta para definir la cualidad a que me refiero aquí, "intangível". El movimiento del enemigo parece siempre engañoso, afirmándose sobre su conocimiento del territorio.[7] Los habitantes de Canudos nunca se refugian en una inmoviliad absoluta, sino que conocen las distancias, las velocidades, los diferentes recovecos de un territorio por –y con– el que luchan. Parece que el impulso destructivo del ejército nacional no lograra generar el daño buscado de manera completa sino que diera lugar a un espacio intermedio entre la vida y la muerte.

El campo de batalla se integra en toda una retórica de lo espectral que puede leerse en relación con la presencia resistente de una ruina, de un cierto pasado que el ojo civilizado no puede ver pero que es dueño del territorio. Ese pasado es para el narrador el *jagunço* –como llama despreciativamente el narrador a los rebeldes–, que él ve como una continuidad de ese territorio. Así, lo fantasmal es la naturaleza, la guerra, el combate. Un escuadrón del ejército recibe disparos desde un punto: algunos soldados parten a buscar al responsable, pero no pueden verlo. La búsqueda infructuosa y los tiros repetidos continúan hasta que, cuando estos cesan, también la patrulla decide dar por terminada la búsqueda:

> Volvem exaustos. Vibram os clarins. A tropa renova a marcha com algumas praças de menos. E quando as últimas armas desaparecem, ao longe, na última ondulação do solo, desenterra-se de montões de blocos –feita uma cariátide sinistra em ruínas ciclópicas– um rostro bronzeado e duro; depois um torso de atleta, encourado e rude; e transpondo velozmente as ladeiras vivas desaparece, em momentos, o trágico caçador de brigadas… (361)

Vuelvo aquí a las ideas de Jameson sobre la representación de la guerra en términos de espacio, ya que lo que se representa aquí no es en realidad una batalla sino *un espacio*, conocido por unos e indescifrable para otros. Espacializar el conflicto es de algún modo no narrarlo: no hay aquí enfrentamiento, lucha, combate. Uno de los elementos que recorren todo el libro de Euclides es lo que Jameson llama "the complicity of nature in ambush [...] in concealment as well, camouflage being a way that humans acknowledge the primacy of scene" [la complicidad de la naturaleza en la emboscada (...) así como en el ocultamiento, (ya que es) el camuflaje la forma en que los humanos reconocen la primacía de la escena; traducción de los editores] (1537). En la cita, el cuerpo del *sertanejo* permanece debajo de la tierra, identificado con ella, como su continuidad. Él sería una parte de esas "ruínas ciclópicas" que lo trascienden. La ruina se hace patente en la relación entre naturaleza y camuflaje. Es otra forma de aquello que se esconde en la naturaleza, que *se hace pasar por* ella. Y es también una forma de lo inquietante, de la amenaza, de la inminencia. Son dos formas de lo indistinguible en la guerra.

Pero la continuidad entre sujeto y desierto no es sólo espacial, sino también temporal. La ruina con la que metafóricamente se relaciona a ambos es en realidad una forma de introducir el tiempo en ese espacio fantasmal que alude a la muerte sin nombrarla. Es decir, otra vez hay una continuidad entre presencia y ausencia. Si el hombre del *sertão* se salva por y en la naturaleza, ese estado "natural" le impide integrarse en el espacio de la nación, ser leído por el ojo civilizado. Una de las más famosas frases de *Os sertões* afirma que el hombre que vive allí es "a rocha viva de nossa raça" (766). Es el hallazgo definitivo del origen; pero del origen como ruina. Esta frase introduce una imposibilidad, cifrada en la misma idea de ruina: *Os sertões* señala la necesidad de integrar al hombre del *sertão* al proyecto nacional, al tiempo que narra su aniquilamiento. El texto habita esa contradicción, figurada por la ruina, y de ahí surge también su riqueza representacional, su continua generación de imágenes incomprensibles, imposibles, como resulta la propia tarea que se impone.

ARRUINAR ES MIRAR

Tanto Francisco Foot Hardman como Decca han señalado la presencia de la ruina ya en los textos poéticos de Euclides, anteriores todos a *Os sertões*. Pero la ruina recorre también los escritos amazónicos de Euclides, publicados póstumamente en 1909 –el mismo año de su muerte– con el título *À margem da história*.[8] Ninguno de estos textos, ni la poesía ni los ensayos amazónicos, coloca sin embargo la guerra en el centro de la reflexión, por lo que la ruina adoptará inflexiones particulares en el libro mayor de Euclides. El propio Decca afirma que la ruina en *Os sertões* adquiere nuevos significados, aunque –como puede desprenderse de mi argumentación– no estoy convencido de que los mismos posean "um forte apelo realista" (157). Sin que haya reflexión expresa alguna sobre cómo leer la ruina, ésta nunca adquiere un significado único ni convencional en este libro. Por un lado, se aleja de las connotaciones románticas que había adoptado en la poesía de Euclides, dejando de constituir un espacio de paz y un refugio ante el rechazo que el narrador recibe por parte de la sociedad. No es el recuerdo de guerras pasadas ni el resultado de la decadencia que el paso de los siglos ha traído consigo.

La ruina es casi una forma de mirar en Euclides, en cuyo texto adquiere una ambigüedad que multiplica sus significados abrazando eventuales contradicciones y escapando a la relación uno a uno que presentaría, por ejemplo, la alegoría para Walter Benjamin. En este sentido, me interesa poner de manifiesto dos elementos novedosos –y también una productiva contradicción– que presenta la ruina en *Os sertões*: la ruina pasa a constituir algo nuevo, una forma del origen, por un lado, mientras por otro aparece como el resultado de un acontecimiento súbito y catastrófico. Al mismo tiempo origen y resultado, productor y producto, la ruina no es ya románticamente un resultado del paso del tiempo, sino de una violencia específica. Michael Roth se ha referido a esto como "ruinas prematuras" (8), concepto cercano a la expresión "ruínas precoces" (115) empleada por Foot Hardman. Las ruinas aparecen también como un límite a la destrucción misma: al identificarlas con el espacio del *sertão* y con sus habitantes, el texto las convierte en una forma clave de la resistencia.

Ellas comparten con la guerra una doble dimensión temporal. Son construcciones hechas de tiempo que, desde el presente, son signo del pasado. Connotan nociones fuertemente temporales, como las ideas de supervivencia y de conservación, pero al mismo tiempo de resto, de huella de otra cosa que ya no está y que es sólo recuperable como signo. Las ruinas son, entonces, signo de vida y muerte. Destrucción y persistencia al mismo tiempo. En este carácter dual, propongo que el texto euclidiano termina dándole un lugar clave a la permanencia y la resistencia, a *eso que queda*.

EL PASADO EN EL PRESENTE: LA RUINA COMO ORIGEN

La guerra se encuentra en un punto temporal intermedio porque mientras inaugura un territorio que el Estado podrá ahora apropiar, decreta también un final, una conclusión. La guerra se instala así en un tiempo doble, marca simultáneamente finales y comienzos; es el comienzo de una realidad que responde a un proyecto estatal pero a la vez conlleva borramientos definitivos, ausencias sustantivas. Propongo que este doble tiempo de la guerra, este tiempo cero entre un futuro que aún no existe y un pasado que se borra, puede leerse en Euclides desde la también ambivalente imagen de la ruina. La ruina, al introducir el tiempo en el espacio de la guerra, constituye en Euclides acaso la forma principal de leer oblicuamente el propio conflicto.

Os sertões se divide en tres partes, tituladas "A terra", "O homem" y "A luta". La guerra, en las dos primeras partes, está siempre simultáneamente *antes y después* de lo narrado. A través de la retórica del viaje, la narración se acerca de manera paulatina al escenario de la guerra, que aparece siempre anunciado y diferido al mismo tiempo. La guerra está, pero no se ve. Esa guerra es entonces previa al viaje, y al mismo tiempo su conclusión. En las primeras páginas, la guerra está antes de la guerra. La violencia está en el origen mismo del espacio del *sertão*, ya que éste se concibe como el resultado de importantes movimientos sísmicos. Así, el *sertão* es en sí mismo una ruina prematura que emerge de las aguas "feito informe amontoado de montanhas derruídas" (93). La ruina es también, entonces, una forma del origen. ¿Cómo leer este carácter arruinado del espacio *sertanejo*? El surgimiento de este espacio como ruina lo vuelve esencialmente inestable, carente de armonía. En este sentido, la ruina euclidiana se aleja de modo importante de la caracterización que realiza George Simmel en su ensayo "The Ruin", publicado pocos años después del libro de Euclides, en el que se refiere a la relación armónica de la ruina con lo que la rodea empleando la expresión "the peaceful unity of belonging" [la pacífica unidad de la pertenencia] (264). Si para Simmel "the ruin conveys the impression of peace" [la ruina trasmite una impresión de paz; traducción de los editores] (264), en este libro constituye un elemento perturbador clave que hace presente la profunda desarmonía cósmica del espacio del *sertão*. Si para Simmel la ruina es una fuente de contemplación estética, para Euclides –como se verá claramente en su descripción de Canudos– es una forma de lo *uncanny*, e incluso del horror.

Aunque no haya en la naturaleza un elemento material – arquitectónico– que pueda convertirse en ruina, lo que para Simmel sería una condición para que ésta pudiera existir, hay aquí un discurso que "arruina" el paisaje, que lo torna decadente. El narrador se refiere a ciertas estructuras del paisaje como "majestosas ruinarias de castelos" que "adiante se cercam de fraguedos, em desordem, mal seguros sobre as bases estreitas, em ângulo de queda, incumbentes e instáveis, feito *loggans* oscilantes, ou grandes desmoronamentos de *dólmens*" (88). La naturaleza *es* una ruina. El fragmento insiste en las ideas de desorden e inestabilidad, en la inminencia del derrumbe. El adjetivo *"majestosas"* aparece así inmediatamente limitado, y el campo semántico que la cita genera va en un sentido contrario, hasta que se impone la precariedad, la caída.

Pero no sólo la naturaleza aparece como decrépita, sino que el propio habitante del *sertão* contribuye centralmente a la fabricación de ese carácter vetusto y moribundo del espacio. En la descripción del paisaje que se da en la primera sección, el narrador se refiere a ciertas *"lagoas mortas"* que encuentra en su recorrido. Esas lagunas muertas, llamadas en tupí *ipueiras*, son pozos formados por el agua de la lluvia en los lugares bajos, donde se conservan durante meses. Son preservadas por los habitantes del *sertão* con muros de piedra que funcionan como represas. Este proceso de preservación es, sin embargo, contradictorio; se parece demasiado a la construcción de ruinas. Es descrito así:

> Algumas denotam um esforço dos filhos do sertão. Encontram-se, orlando-as, erguidos como represas entre as encostas, toscos muramentos de pedra seca. Lembram monumentos de uma sociedade obscura. Patrimônio comum dos que por ali se agitam nas aperturas do clima feroz, vêm, em geral, de remoto passado. Delinearam-nos os que se afoitaram primeiro com as vicissitudes de uma entrada naquelas bandas. E persistem indestrutíveis,

porque o sertanejo, por mais escoteiro que siga, jamais deixa de levar uma
pedra que calce as suas junturas vacilantes. (85-6)

El narrador dice antes que esos espacios constituyen "paréntesis
breves abertos na aridez geral" (85), lo que permite concluir que no
están secos. Sin embargo, el tono de la narración los transforma de
inmediato: tienen un aspecto lúgubre; los arbustos que los rodean son en
realidad "espectros de árvores". La retórica de lo fantasmal o espectral
aparece ligada a la ruina. En el fragmento citado, los "monumentos"
que constituyen los límites de las lagunas son estructuras precarias
que, además de denotar antigüedad y permanencia, se relacionan con
la idea de decadencia. Las piedras aparecen envejecidas; si parecen casi
inmemoriales, fijas y permanentes, al mismo tiempo son descritas como
produciéndose constantemente, dado que el hombre del *sertão*, nómade
y viajero, siempre lleva una piedra consigo. Esta operación permanente
de renovación y preservación no es allí más que un movimiento
productor de ruina. La expresión "monumentos de una sociedade
obscura", buen ejemplo del oxímoron que atraviesa todo el libro, es
elocuente en este sentido, ya que el monumento, que debería ser una
muestra grandilocuente e impresionante de hechos memorables, aparece
reducido a una construcción imperfecta de una sociedad que no posee
gloria alguna que conmemorar. Sin embargo, el carácter indestructible
de estas estructuras, así como la constante lógica resistente que las
mantiene en pie, serán dos elementos clave del hombre del *sertão* en el
momento de la guerra. Volveré a esta imagen más adelante, ya que se
relaciona por un lado con la descripción de la propia Canudos, y por
otro establece una relación productiva entre el *sertão* y el agua.

Como he dicho arriba, para Euclides –en uno de sus tantos y
hermosos delirios pseudo-científicos– el primero surgió de la segunda,
fue antes un mar. Ese mar extinto yace todavía bajo el suelo y lleva
al narrador a caracterizar el *sertão* como un vasto cementerio donde
yacen los restos de aquella vida marítima. Se trata de un conjunto de
señales que apuntan a una vida *anterior* que sólo es detectable por sus
restos: "E por mais inexperto que seja o observador – ao deixar as
perspectivas majestosas, que se desdobram ao Sul, trocando-as pelos
cenários emocionantes daquela natureza torturada, tem a impressão
persistente de calcar o fundo recém-sublevado de um mar extinto,

tendo ainda estereotipada naquelas camadas rígidas a agitação das ondas e das voragens…" (91). Aquí la idea del terreno ya muerto puede entenderse como una forma de anticipación de lo que esa tierra *va a ser* como resultado de la guerra que este libro relata. Toda la cita escenifica nuevamente fuertes tensiones y contrastes que, como hemos visto, anticipan otros, más trágicos y próximos. La tensión entre quietud y movimiento está planteada a través de la idea de pisar, al avanzar, el fondo de un mar extinto que está *"recém-sublevado"*. La idea de sublevar remite en portugués tanto a la idea de revuelta o rebelión como a la más general de "levantarse". Es decir, ese suelo extinto se ha levantado, se ha acercado, y todavía se hace perceptible en la superficie. Lo prehistórico (o lo pre-moderno, que es siempre el mundo de Canudos y del *sertão* para Euclides) parece estar, aunque muerto, todavía presente. La misma idea aparece bellamente al final de la cita: las olas y las vorágines[9] de ese mar muerto están como *"estereotipados"*, expresión que significa "converter em formas sólidas, por meio de um metal em fusão, páginas previamente compostas em carateres móveis" (Priberam). Se trata de volver algo fijo, inalterable. La tierra conserva, transformados en líneas fijas, lo que antes eran elementos ondulados, agitados, rebeldes. De este modo, el texto alude a la permanencia o al retorno de aquello que se ha buscado suprimir. La marca de lo extinto sobrevive en la tierra y el sentido de la ondulación es todavía perceptible.

La ruina es, *como todo origen,* una emergencia; una emergencia y un remolino (o una vorágine). En estos términos piensa Walter Benjamin la idea del origen (*Ursprung* en alemán): "The term origin does not mean the process of becoming of that which has emerged, but much more, that which emerges out of the process of becoming and disappearing. The origin stands in the flow of becoming as a whirlpool" [El término origen no significa el proceso de llegar a ser de aquello que ha emergido, sino más bien aquello que emerge del proceso de llegar a ser y desaparecer. El origen se sitúa en el flujo del llegar a ser como un remolino; traducción de los editores] (*Origin* 39). El origen no es meramente un comienzo, sino un *resultado* fundamentalmente móvil e inestable. Es el lugar donde el llegar a ser y el desvanecimiento coinciden en una forma de la incompletud que no escapa a la violencia y al choque.

CONSTRUCTORES DE RUINAS, *FAZEDORES DE DESERTOS*

Canudos, a diferencia de la ciudad que quiere ver Euclides, no se construye como opuesta al medio rural, sino como una continuidad del mismo. No presenta la relación de dominación con respecto a las zonas rurales que en América Latina la ciudad logra imponer sobre el campo –decisivamente a través de la guerra– en estos años, sino que es una *ciudad rural*. Sostiene Juan Pablo Dabove: "Canudos does not cancel the land from which it came, but it is an accomplished and faithful product of the land" [Canudos no cancela la tierra de la que surge, sino que es un producto terminado y fiel de esa tierra; traducción de los editores] (222). En otras palabras, Canudos sigue siendo el *sertão*.

De ahí el horror al desorden que se aprecia en su descripción, uno de los pasajes más citados de *Os sertões*:

> A *urbs* monstruosa, de barro, definia bem a *civitas* sinistra do erro. O povoado surgia, dentro de algumas semanas, já feito ruínas. Nascia velho. Visto de longe [...] tinha o aspecto de uma cidade cujo solo houvesse sido sacudido e brutalmente dobrado por um terremoto. Não se distinguiam as ruas. Substituía-as dédalo desesperado de becos estreitíssimos, mal separando o baralhamento caótico dos casebres feitos ao acaso. (291-2)

Canudos es la anti-ciudad. En ella no existen limpieza, ni ordenamiento, ni separación entre las viviendas. Las leyes, si existen, escapan a las que rigen en la "ciudad letrada", que busca ante todo ser ordenada. Para Rama, "el *orden* debe quedar instituido antes de que la ciudad exista, para así impedir el *desorden*, lo que alude a la peculiar virtud de los signos de permanecer inalterables en el tiempo y seguir rigiendo la cambiante vida de las cosas dentro de rígidos encuadres" (21). Por el contrario, Canudos se presenta como incapaz de ser fijado a través de esas operaciones. El azar, el desorden y la espontaneidad reinan; así, el poblado escapa a la dinámica fijadora del signo. Otra vez la oposición entre lo móvil y lo inmóvil cruza el texto y se coloca en el medio de las tensiones escenificadas en él. Canudos resulta así proteica, cambiante, ajena a estrategias de planificación y ordenamiento territorial. Por eso permanece inconcebible para Euclides.

La descripción de la ciudad recupera en forma explícita el imaginario de la ruina, y hace acaso más patente la simultaneidad de lo nuevo y lo viejo que en los ejemplos anteriores. Es como si aquello que resultara del trabajo del *sertanejo* adquiriera una cierta cualidad ruinosa, como si el hecho de que esos hombres vivan en el pasado implicara que todo aquello que surja de sus manos poseerá también esa dimensión temporal a la que el narrador ha condenado a sus creadores. Lo más nuevo en el *sertão* es lo más decrépito. Robert Smithson, refiriéndose a construcciones simultáneamente modernas y decrépitas de New Jersey, afirma: "this is the opposite of the 'romantic ruin' because the buildings don't *fall into* ruin after they are built but rather *rise into* ruin before they are built" [esto es lo opuesto de la 'ruina romántica' ya que los edificios no *caen* en la ruina luego de ser construidos sino que se hacen ruinas antes de su construcción; traducción de los editores] (en Merewether 31, énfasis mío). Obsérvese cómo los verbos señalados invierten en esta cita el sentido de la ruina simmeliana, en la que el impulso arquitectural era un levantamiento que la naturaleza vengativa llevaba a decaer. Dice Simmel: "What has led the building upward is human will: what gives it its present appearance is the brute, downward-dragging, corroding, crumbling power of nature" [Lo que ha levantado la construcción es la voluntad humana: lo que le da su apariencia actual es el poder de la naturaleza que derrumba, corroe y empuja hacia abajo; traducción de los editores] (261). La retórica euclidiana borra las distancias entre la forma en que el hombre y la naturaleza se comportan en el *sertão*, y también establece una identificación entre lo que para Simmel son dos operaciones que estarían separadas en el tiempo. Según Euclides, en este espacio la construcción equivale a la destrucción, y es simultánea a ella. La mirada euclidiana sobre el paisaje y la ruina invierte el sentido de la relación entre naturaleza y ruina. Como sostiene David Lowenthal, "ruined buildings symbolized the triumph of nature over the transience of artifice" [los edificios arruinados simbolizan el triunfo de la naturaleza sobre la transitoriedad del artificio; traducción de los editores] (140). Es decir, los edificios se transforman en ruinas cuando surgen elementos vegetales –plantas, liquen– en ellos. Es como si la construcción volviera al ámbito de lo natural. De hecho, Simmel habla de la ruina como una forma del *homecoming* en relación con algo a lo que ya hemos aludido: "the peace whose mood surrounds the ruin" [la paz cuya atmósfera rodea la ruina; traducción de los editores] (263).[10]

Pero, fundamentalmente, la descripción de Canudos identifica la forma de construir del canudense con un terremoto. Esta simultaneidad entre construcción y destrucción recuerda el propio origen del *sertão*. Fiel a la mirada determinista del texto, estos hombres actúan del mismo modo que el propio medio en que habitan: mientras este último produce un desierto, el resultado de la lógica fundadora de aquellos son las ruinas. Construir ruinas es hacer desiertos. Para Euclides, dice Decca, "assim como o sertão é a degradação da natureza no tempo, o sertanejo é a degradação histórica da raça. Ambos já são ruínas do tempo" (151).[11] A las expresiones oximorónicas que abren el fragmento (*urbs monstruosa*, *civitas sinistra*, y más adelante *cidade selvagem*) se suma la impresión de que la novedad es imposible en Canudos. La construcción de la ciudad aparece como un proceso degenerativo, que instala materialmente el signo de un pasado, la inminencia del derrumbe. La ciudad parece siempre un resto de algo previo, una huella de otra cosa anterior. El mejor ejemplo de esta operación es la construcción de la iglesia nueva:

> [O Conselheiro] Velho arquiteto de igrejas, requintara no monumento que lhe cerraria a carreira. Levantava, volvida para o levante, aquela fachada estupenda, sem módulos, sem proporções, sem regras; de estilo indecifrável; mascarada de frisos grosseiros e volutas impossíveis cabriolando num delírio de curvas incorretas […] informe e brutal […] como se tentasse objetivar, a pedra e cal, a própria desordem do espírito delirante. (307)

El texto describe la iglesia nueva como una incógnita, como un elemento decadente, acaso precisamente porque es nueva. Además, la iglesia nueva permanece siempre incompleta, es una construcción no terminada, y justamente esa cualidad de inacabada se lee en sentido opuesto: la construcción *está deshecha*, en lugar de no todavía hecha. Es como si lo que faltara para inaugurar el edificio fuera en realidad algo que éste *ha perdido*.

DEBAJO DE LA PIEL

Aquel guerrero, cazador de brigadas, que se mimetizaba –petrificándose– con el mismo suelo, era la imagen del cuerpo hecho ruina. El mejor ejemplo en este sentido es el propio Antônio Conselheiro. Como la iglesia nueva que construye, el líder de la revuelta es descrito en su juventud como "aquele velho singular, de pouco mais de trinta anos" (267). El del *Conselheiro* es un cuerpo muerto que recorre el *sertão*. Así, el cuerpo deviene otro de los sitios en que la construcción y la destrucción, la muerte y la vida, se hacen visibles al mismo tiempo. La comparación con la momia es explícita (269), y las connotaciones fantasmales caracterizan el andar del personaje. La superficie, esa piel dura, fruto de las privaciones autoinfligidas, esconde la ausencia de vida:

> O asceta *despontava*, inteiriço, da rudeza disciplinar de quinze anos de penitência [...] Não tinha dores desconhecidas. A epiderme seca rugava-se-lhe como uma couraça amolgada e rota sobre a carne morta. Anestesiara-a com a própria dor; macerara-a e sarjara-a de cilícios mais duros que os buréis de esparto; trouxera-a, de rojo, pelas pedras dos caminhos; esturrara-a nos rescaldos das secas; inteiriçara-a nos relentos frios; adormecera-a, em transitórios repousos, nos leitos dilacerantes das caatingas... (271, énfasis mío)

El recorrido –o, mejor, la errancia– por el nordeste brasileño, el contacto permanente con la sequedad del suelo –esa otra ruina– convierten el cuerpo en la imagen decrépita de sí mismo. Es como si, en el viaje por el *sertão*, éste se introdujera debajo de la piel, se metiera en la carne. Me interesa también este viaje como una forma de la emergencia, como un *despuntar* de lo infernal. El verbo con que comienza la cita anterior es elocuente: se trata del asomar de una punta, del izamiento paulatino de una especie de iceberg que esconde lo indecible. El *Conselheiro* es la ruina que surge de un espacio fantástico: "Ele surdia –esquálido e macerado– dentro do hábito escorrido, sem relevos, mudo, como uma sombra, das *chapadas povoadas de duendes*..." (267, énfasis mío). Pero esa ruina móvil es a su vez el origen del fenómeno social que fue Canudos. Así, de este recorrido por el desierto proviene el propio impulso que fundará la ciudad descrita arriba. Aquello que se esconde en el cuerpo, y que proviene del espacio, se exterioriza después en la forma de construir.

Lo nuevo es viejo también *después* de la guerra. La imagen de la ruina se vuelve estrepitosa en la descripción de la niña que es llevada en brazos por una vieja decrépita:

> Tinha nos braços finos uma menina, neta, bisneta, tataraneta talvez. E essa criança horrorizava. A sua face esquerda fora arrancada, havia tempos, por

um estilhaço de granada; de sorte que os ossos dos maxilares se destacavam alvíssimos, entre os bordos vermelhos da ferida já cicatrizada… A face direita sorria. E era apavorante *aquele riso incompleto* e dolorosíssimo aformoseando uma face e extinguindo-se repentinamente na outra, no vácuo de um gilvaz. Aquela velha carregava a criação mais monstruosa da campanha. (775)

La niña, que en teoría representaría la juventud frente a su abuela eterna, es igual a ella, es una novedad decrépita, otra ruina precoz. Ella representa, al decir de Ettore Finazzi-Agrò, "por um lado, um futuro deformado e inacabado e, pelo outro, um passado que não passa. A genealogia do horror está, aquí, selada no impossível de um tempo sem saída" (11). Otra vez la incompletud y lo deshecho coinciden, así como la imposibilidad del futuro –acaso del futuro nacional– y la permanencia del pasado. Lo que está bajo la piel es también la introducción de un quiebre, la interrupción de la homogeneidad de un rostro. ¿La interrupción y el quiebre de un discurso? Acaso esos huesos que surgen de la carne sean la afirmación de la incapacidad del discurso modernizador de imponerse por completo, la objetivación de los horrores y los límites del progreso fanático que ocasionó la guerra. Pero, fundamentalmente, ese rostro es también una cicatriz que sigue diciendo, que impide olvidar.[12] La ruina, esa región de lo indecible, es también una sonrisa macabra y contrahecha. El subalterno, es cierto, no habla en *Os sertões*; sólo sonríe.

* * *

Volvamos, para terminar, a las "lagoas mortas", y a aquel mar que, para la delirante y bella ciencia euclidiana, había dado origen al *sertão*. Hoy existe un Canudos, pero se trata de otro pueblo, uno que ha sido desplazado. Canudos, el pueblo que protagonizó la guerra, ya no existe; se encuentra en el fondo de un lago artificial. Se trata de una represa para combatir la sequía, llamada Cocorobó e inaugurada en 1968, en plena dictadura militar. El lago es promocionado como un lugar turístico, de playa. Cito, como ejemplo, la página de promoción turística "visite bahia": "É, também, usado pela comunidade para pescaria, passeios de barco, natação e ainda esconde sob suas águas o mítico arraial de Canudos e sua história" (Visite). La macabra cita, profundamente banalizadora, y que por otra parte parece no hacer un gran favor a los intereses turísticos de la zona, menciona en la misma línea las posibilidades de nadar o pescar en esas aguas y la ominosa presencia de las ruinas sumergidas. Nos invita a nadar en una tumba, en lo que es ahora una verdadera laguna muerta. Al mencionar alegremente que lo que está allí sumergido no es sólo el pueblo de Canudos sino *su historia*, la cita expone de un modo obsceno la gigantesca operación de silenciamiento y borramiento por parte del Estado que ese espacio supone. Se trata casi de la imagen contraria a la comentada arriba del viajero que atraviesa un mar sepultado. Aquí el mar no es leído ya como la ruina de un cementerio enterrado. Ahora las aguas cubren la superficie, y las ruinas no son ya fósiles sino simbólicas. La profecía atribuida al *Conselheiro* que sostenía que "o certão [sic] virará Praia" (*Os sertões* 277) se ha cumplido en una forma de la ironía trágica: el *sertão* se ha vuelto mar. Sin embargo, todavía hoy, en los crudos veranos bahianos, cuando la sequía es más aguda, las ruinas del cementerio de Canudos emergen de las aguas y permanecen a la vista de todos, como un testarudo recuerdo de la masacre.

NOTAS

1   Campos Johnson cree que *Os sertões* responde a un proyecto político personal de Euclides, y define el libro como "a 'sentencing' essential to the establishment of modern forms of governmentality" [una sentencia esencial para un establecimiento de nuevas formas de gobernabilidad; traducción de los editores] (4). Desde una perspectiva vinculada a los estudios subalternistas, la autora ve que construir a Canudos como hecho singular y a sus habitantes como héroes borra cualquier elemento de cotidianeidad en el espacio de Canudos, que sería pura excepcionalidad. Esto contribuye a borrar al conflicto y a sus participantes de las discusiones sobre lo que podría constituir la modernidad en Brasil. Naturalmente, el texto de Campos Johnson lee el proyecto euclidano como coherente y consistente, como un proyecto más de la modernidad. Esta interpretación está lejos de mi consideración de su escritura como fundada en la retórica del desconcierto, en un no saber que produce sentido.

2   Por ejemplo, Galvão sostiene que Euclides fue el único de los intelectuales que escribieron sobre Canudos "capaz de reproduzir em seu libro a visão dos vencidos" (30). Esta visión, que parece algo ingenua, es sin embargo compartida por gran número de quienes han estudiado este libro en Brasil. Ver por ejemplo Ronaldes de Melo e Souza.

3   Sobre este punto, ver también Galvão.

4   A propósito de los contrastes, el hipérbaton y la antítesis como formas del barroquismo del lenguaje euclidiano ver Leopoldo M. Bernucci (2001).

5   Coloco esta cita al azar, pero son innumerables las referencias a esta invisibilidad.

6   Es en este sentido original la decisión de Mario Vargas Llosa de narrar desde la ceguera en su novela *La guerra del fin del mundo* (1981), que reescribe –de manera problemática, a mi modo de ver– la Guerra de Canudos. El personaje sin nombre que vendría a representar a un posible Euclides da Cunha pierde sus lentes en medio del combate (en el cual él no participa,

156 • Javier Uriarte

naturalmente) y no consigue distinguir más que manchas, sombras, figuras borroneadas. Es éste, por cierto, uno de los momentos de mayor vigor narrativo en todo el texto de Vargas Llosa.

[7] Esta relación entre movimiento e invisibilidad se aprecia sobre el final de la guerra, cuando un batallón oficial compuesto por hombres provenientes del *sertão* se interna en Canudos. El descenso de la tropa *sertaneja* se narra como un movimiento indescifrable acompañado por una sucesión de luces: "Viu-se um como serpear rapidíssimo de baionetas ondulantes, desdobradas, de chofre, numa deflagração luminosa, traçando em segundos uma listra de lampejos desde o leito do rio até aos muros da igreja…" (762). Esta especie de encandilamiento del narrador provocado por la velocidad del ataque es una forma de dar cuenta del vértigo que experimenta ante ese movimiento otro. La guerra, en su final, es entre dos bandos de iguales, y es cuando más se vuelve ajena para el narrador. Cuando la guerra abandona su quietud habitual es sólo para volverse abismo, sigue estando más allá de la narración.

[8] Además de los citados textos de Foot y Decca sobre la presencia de las ruinas en los textos amazónicos de Euclides, ver también Costa Lima.

[9] Agradezco a Felipe Martínez-Pinzón el señalarme las connotaciones euclidianas que podrían existir en el título de la famosa novela de José Eustasio Rivera. En la biblioteca de este último se encontraban textos de Euclides, como *Os sertões* y *À margem da história* (1909), que recoge sus ensayos amazónicos. Sin duda, las obsesiones de ambos escritores se tocan en su común representación de la naturaleza como devoradora, como fundamentalmente enemiga de la modernidad.

[10] De paso podríamos agregar que Simmel asume problemáticamente el *homecoming* como carente de accidentes, de violencia, de quiebres. Simmel sí habla de antagonismos y antítesis, pero como aquello que origina la ruina, ese proceso de construcción-destrucción que la constituye. Para él, la tensión está *antes* de la ruina.

[11] Recuérdese el ensayo de Euclides "Fazedores de desertos" (1901), incluido en *Contrastes e confrontos* (1907). Los paralelos entre el desierto y la ruina son riquísimos en la prosa euclidiana, pero no me es posible más que aludir a ellos en estas páginas. Sin embargo, hay un punto clave en común entre ambas imágenes: también el desierto puede ser –como la ruina– un resultado de la guerra.

[12] En la novela *Veredicto em Canudos* (1970), de Sandor Márai, la cabeza del propio Antônio Conselheiro es la que sonríe ante los oficiales victoriosos. La boca sonríe porque reconoce una victoria que va más allá de la violencia: "O certo é que a boca do Conselheiro começou a sorrir – não havia equívoco possível, a boca sorria irônica" (65).

BIBLIOGRAFÍA

Benjamin, Water. "Excavation and Memory." *Selected Writings 2 (1931-1934)*. Marcus Paul Bullock y otros, eds. Cambridge: Belknap Press of Harvard UP, 2005. 576.

_____ *The Origin of German Tragic Drama*. London: Verso, 1998.

Bernucci, Leopoldo M. *A imitação dos sentidos. Prógonos, contemporâneos e epígonos de Euclides da Cunha*. São Paulo: Edusp, 1995.

_____ "Prefácio". *Os sertões (Campanha de Canudos)*. São Paulo: Ateliê Editorial, 2001. 13-49.

Costa Lima, Luiz. "Euclides: ruínas e identidade nacional". *O clarim e a oração. Cem anos de Os sertões.* Rinaldo de Fernandes y Trípoli Francisco Britto Gaudenzi, eds. São Paulo: Geração, 2002. 349-365.

Cunha, Euclides da. *Os sertões (Campanha de Canudos).* 1902. Leopoldo M. Bernucci, ed. São Paulo: Ateliê Editorial, 2001.

_____ *Canudos. Diário de uma expedição.* São Paulo: Martin Claret, 2006.

Dabove, Juan Pablo. *Nightmares of the Lettered City. Banditry and Literature in Latin America. 1816-1929.* Pittsburgh: U of Pittsburgh P, 2007.

Decca, Edgar Salvadori de. "Literatura em ruínas ou as ruínas da literatura?" *Memória e (res)sentimento. Indagações sobre uma questão sensível.* Stella Bresciani y Márcia Naxara, orgs. Campinas: Editora Unicamp, 2004. 149-173.

Finazzi-Agrò, Ettore. "'Como se extingue o deserto'. O vazio da Origem e a invenção da Forma na história literária brasileira". *Tempo brasileiro.* 177 (abril-junho 2009): 5-24.

Foot Hardman, Francisco. *A vingança da Hileia: Euclides da Cunha, a Amazônia e a literatura moderna.* São Paulo: Ed. UNESP, 2009.

Galvão, Eunice Nogueira. "*Os sertões*: uma análise literária". *Canudos, as falas e os olhares.* Diatahy B. de Menezes y João Arruda, orgs. Fortaleza: UFCE, 1995. 23-30.

Jameson, Fredric. "War and Representation". *PMLA* 124/5 (2009): 1532-1547.

Johnson, Adriana Michèle Campos. *Sentencing Canudos: Subalternity in the Backlands of Brazil.* Pittsburgh: Pittsburgh UP, 2010.

Lowenthal, David. *The Past is a Foreign Country.* Cambridge y New York: Cambridge UP, 1985.

Márai, Sandor. *Veredicto em Canudos.* 1970. Paulo Schiller, trad. São Paulo: Companhia das Letras, 2002.

Merewether, Charles. "Traces of Loss." *Irresistible Decay: Ruins Reclaimed.* Michael S. Roth, Claire Lyons y Charles Merewether. Los Angeles: The Getty Research Institute for the History of Art and the Humanities, 1997. 25-40.

Priberam. Dicionário Priberam da Língua Portuguesa. <http://www.priberam. pt/dlpo/default.aspx?pal=estereotipar>. 24 marzo 2009.

Rama, Ángel. *La ciudad letrada.* 1984. Prólogo Hugo Achugar. Montevideo: Arca, 1998.

Roth, Michael. "Irresistible Decay: Ruins Reclaimed". *Irresistible Decay: Ruins Reclaimed.* Michael S. Roth, Claire Lyons y Charles Merewether. Los Angeles: The Getty Research Institute for the History of Art and the Humanities, 1997. 1-23.

Scott, James C. *Seeing Like a State: How Certain Schemes to Improve the Human Condition Have Failed.* New Haven: Yale UP, 1998.

Simmel, Georg. "The Ruin". *Georg Simmel, 1858-1918. A Collection of Essays, with Translations and a Bibliography.* Kurt H. Wolff, ed. Columbus: The Ohio State UP, 1859. 259-266.

Souza, Ronaldes de Melo e. *A geopoética de Euclides da Cunha.* Rio de Janeiro: EdUERJ, 2009.

Vargas Llosa, Mario. *La guerra del fin del mundo.* Barcelona: Plaza & Janés, 1982.

Visite a Bahia. "Atrações: esportes e aventuras – Pesca". 2004. <http://www.visiteabahia.com.br/visite/atracoes/esportes/leia_pesca.php?id=1>. 03 dic 2009.

A forma literária e o diagrama da Gewalt: exceção e excesso da guerra nos limiares modernos da cultura brasileira

ROBERTO VECCHI
Università degli Studi di Bologna

Exceção e excesso, combinados conceitualmente em conjunto pensando a guerra, parecem atuar como categorias antagonistas. A exceção como característica da decisão soberana (no celebrado eixo crítico Schmitt-Agamben), de fato, parece se inscrever na direção oposta, de uma economia, no sentido imediato do termo, mais do que um excesso de meios. Isto se assumirmos o pressuposto de uma inevitável conexão de meios e fins quando falamos da violência. Ao mesmo tempo, o binômio "quase" paronomástico, exceção e excesso, Agamben e Bataille, remete logo para uma densa constelação de pensamento que impõe uma revisão de outros conceitos, como violência, crueldade, guerra. Sobretudo, paira em cima deles uma antítese de fundo que exige uma reflexão mais pausada: como uma forma fechada, ainda que literária, se relaciona com um objeto não inteiramente definível como pode ser a violência ou a experiência do trauma que não cabe em molduras demasiado restritas? Neste texto, o que se tenta esboçar é uma reflexão imediata sobre a complexidade da categoria da violência, graças ao célebre ensaio de Walter Benjamin *"Zur Kritik der Gewalt"* ("Para uma crítica da violência"). Em segundo lugar, se indica na arte da citação o meio com que a escrita da violência dissemina as suas possibilidades de encontrar um nome a outras violências, inclusive em outros contextos materiais. Enfim, a partir de casos literários como Euclides da Cunha e Lima Barreto, pelo jogo citacional, discute-se a função do excesso para configurar a condição de permanência de um estado de exceção. Como acontece, fora do texto mas dentro da história, em uma situação de guerra: uma simetria entre a forma (literária) e a experiência (histórica) que é o ponto de fuga final em discussão no presente texto.

I. Restos cruéis?

Sobre o problema da violência no século XX –que talvez possua uma especificidade própria em relação à violência *tout court*– o texto enigmático e seminal de Walter Benjamin acima mencionando ainda não esgotou a sua força crítica e continua desafiando as interpretações. Foi de fato objeto de algumas leituras fundamentais a que constantemente nos remetemos falando de violência. *"Zur Kritik der Gewalt"* é um texto precoce, escrito em 1921 (com uma curiosa assinatura datada "Walter 1921", que originou uma leitura desconstrucionista chave de Jacques Derrida) que, no entanto, permanece em algumas partes ainda relativamente obscuro ou apoiado em visões em conflito ou até de árdua decidibilidade. Ao mesmo tempo, se deve assinalar que é este o texto onde aparece pela primeira vez, ainda que opacamente, a expressão "vida nua" (*bloß Leben*) que se tornará uma categoria reflexiva chave de pensamentos (como por exemplo o de Agamben com *Homo sacer* que nele se inspira) voltados para rever e reformular um campo como o da biopolítica e desmontar dispositivos articulados como o da soberania, extremamente fértil para pensar as aporias da contemporaneidade.

Um primeiro elemento de complexidade –e de riqueza crítica– do ensaio de Benjamin decorre da polissemia do termo alemão *Gewalt* que significa violência, mas também autoridade e poder. O problema da violência projeta-se portanto já dentro de um emaranhado de relações que impede qualquer via de fuga conciliatória ou simplificadora. Mas esta é só a primeira de um conjunto de relações conceituais do ensaio. Outra estruturante é, de fato, a que inscreve a tarefa da crítica da violência na exposição da sua relação com o direito e com a justiça. O que atrai do texto de Benjamin é o seu caráter disjuntivo, que opera constantemente inversões, inscrevendo-se num limiar de legibilidade e ilegibilidade. Neste sentido, Derrida –que desconstrói o que chama de um fantasma de texto em ruína (113)– mostra um dispositivo presente no ensaio benjaminiamo: a demonstração de um raciocínio destrói sob os olhos do leitor a distinção que propõe. Ou seja, uma escrita sobre a violência de certo modo se transmuda, na prática, numa violência da escrita. A forma contribui para esclarecer, pelo menos em parte, algo que fica menos claro no movimento semântico do texto.

Existem multíplices leituras de conjunto do texto benjaminiano (como a eficaz de Márcio Seligmann-Silva 25-30). O que aqui nos interessa são só alguns recortes que articulam uma discussão menos imediata sobre a violência. De fato, Benjamin, ao analisar o ato, ou a força, que se torna violência "quando incide nas relações morais" (*Angelus Novus* 5) de direito e justiça, observa como a violência do ponto de vista jurídico não pode senão pertencer ao reino dos "meios", o que deixa em aberto a questão se pode ser assumida como moral a violência como meio para fins justos. O que na verdade ocorre no texto é a tentativa de construir uma crítica imanente da violência, que vai muito além das leituras também importantes que evidenciam a natureza instrumental da violência dentro da dinâmica de meios e fins (por exemplo, Arendt 73).

No entanto, pensar a violência fora do perímetro de uma moralidade dos fins e dos meios conduz a uma aporia inexorável. Pondo em confronto direito natural e direito positivo, que se distinguiriam o primeiro por uma crítica dos fins o outro por uma crítica dos meios, Benjamin observa que se por um lado as duas tendências convergem no dogma pelo qual, quiasmicamente, fins justos podem ser alcançados por meios legítimos e meios legítimos podem ser utilizados para fins justos (*Angelus Novus* 6), por outro nada garante o fundamento deste pressuposto dogmático e, portanto, poderia ser que meios e fins se tornassem irredutíveis uns com os outros (*Angelus Novus* 7).

No limiar de violência legítima e ilegítima, resenhando o jusnaturalismo de Spinoza que esteve na base do terror jacobino, o que se depreende é que a violência funciona muito mais como um "produto natural", uma "matéria prima" (*Angelus Novus* 6) que pode ser usada desde que não se exceda, subjetivamente, com a injustiça dos fins. Nesta linha, a pluralidade de sentidos do termo *Gewalt*, entre violência e poder, recupera toda a sua força semântica. Em casos-limite (ou situações próximas de "estados de exceção" como as que estuda Seligmann-Silva 26) como por exemplo a guerra (ou, como outro caso, a greve), o direito de guerra se baseia no fato que sujeitos jurídicos sancionam poderes cujos fins são naturais e em casos graves podem entrar em conflito com os seus próprios fins naturais ou jurídicos. Apesar da violência da guerra ser, de imediato, uma "violência assaltante" [*raubende Gewalt*], nela se inscreve como caráter relevante a possibilidade de "criação jurídica" (Benjamin, *Angelus Novus* 12).

O ensaio benjaminiano aprofunda também a dimensão da violência mítica como violência sem fins: ela conduz a uma reflexão que mostra como o poder é responsável como princípio de toda a institucionalização mítica do direito. Na violência divina também configurada, suspensa entre norma e exceção, Agamben em *Homo sacer* detecta algumas analogias na função da violência justamente na criação jurídica, com a violência da soberania (74). Mas, para nós, o que interessa é pensar os meios sem fim, a violência subtraída a uma condição ética e que pode assumir seu estado de violência pura e não determinada por relações externas. Trata-se de certo modo de uma tentativa destinada a permanecer num horizonte ideal mas que merece ser pensada.

Étienne Balibar, sempre do ponto de vista de uma abordagem materialista ao tema da violência, chega a mostrar o limite intransponível desta tentativa. A *Gewalt* seria marcada por uma incompletude dialética. Isto tornaria necessário, portanto, encontrar um outro conceito viável: Balibar, ao resenhar algumas possibilidades –"terror", mas que seria historicamente marcado, "barbárie", que porém apresentaria um indesejável etnocentrismo– propõe assim o termo "crueldade" (51). A fenomenologia da violência então, junto com a sua relação intrínseca –na *Gewalt* inclusive lexical– com o poder, também implicaria sempre uma outra relação com a crueldade. Se é necessária uma dialética "espiritual" entre poder e contra-poder, pode-se constatar na crueldade, enquanto realidade outra, a presença de uma intrínseca heterogeneidade, observa Balibar, subsumindo o termo na acepção de Bataille.

Nesta linha, nos processos de simbolização das forças materiais e dos interesses (numa relação nua da crueldade com a materialidade sempre da violência) Balibar conclui admitindo que algo resiste a uma possibilidade de pensar a violência só em termos de uma materialidade pura, "deve sempre existir *um resto não convertível ou um resíduo material do idealismo*, inútil desprovido de 'sentido'. Saber porque este resíduo emerge frequentemente, ainda que não só sob forma da crueldade, é –concordo– algo de extremamente embaraçoso para quem não esteja disponível a articular um discurso sobre o *mal*" (53, itálico no original).

A materialidade da violência assim repensada apresentaria sempre um resíduo idealístico que instaura uma conexão possível com o mal ou com a possibilidade também de admitir, se diria dilatando a intuição de Balibar, uma moralidade da violência. Falar de uma violência "moral" é extremamente escorregadio (como mostra, aliás, o próprio Bataille, em seus escritos sobre o fascismo quando aproveita justamente a categoria da heterogeneidade). Inscreve-se naquela perigosa linha de pensamento que decorre de Georges Sorel e passa pelos fascismos europeus do século XX que emendaram a violência reconhecendo nela uma força moral que de certo modo justificava o seu uso (Torno 102).

Na violência, poderíamos dizer como desfecho provisório, se constitui e atua uma espécie de paradoxo: por um lado, ela pode ser pensada como matéria ou imanência autônoma em relação a qualquer moralidade dos fins; por outro lado, há um resto constitutivo dela que sempre remete, como fetiche ou emblema, para uma idealidade cruel, uma relação com um campo genericamente definível do mal que, se nem sempre possui uma dimensão hegemônica ou ideológica, no entanto simbolicamente não deixa de produzir figuras (ou espetros). O âmbito mais adequado onde esta aporia se pode configurar tornando-se assim pensável em todos seus extremos cortantes, pode ser o da "guerra" (em sentido também metafórico) e para encontrar a sua forma é preciso assumir um campo onde toda a complexidade figural pode encontrar um seu correlativo material adequado: que é sem dúvida o campo literário.

II. CITAR A GUERRA?

O tema da guerra parece nos afastar do contexto brasileiro. A guerra no plano histórico sempre tem sido uma fatalidade externa, em parte remota e abstrata. Pense-se no imaginário –do ponto de vista da cultura brasileira– mediado da Guerra do Paraguai, ou longínquo da Segunda Guerra mundial vivenciada de longe através da FEB, a Força Expedicionária Brasileira. No entanto, se assumirmos uma definição clássica da guerra, ou do tempo da guerra, como a que Thomas Hobbes elabora, não como contato violento de forças similares, mas onde "The nature of the war consisteth not in actual fighting, but in the known disposition thereto" [La naturaleza de la guerra consiste no en la batalla concreta, sino en saberse dispuesto a ella; traducción de los editores] (Hobbes 143), podemos entender como esta disposição para a guerra é uma permanência da história do Brasil e da modernização do seu

Estado. Fora de todas as narrativas identitárias baseadas no mitologema da conciliação nacional (étnica, racial, social etc.), a história do Brasil portanto pode se repensar a partir de uma permanência de um estado de exceção, usando a figura do "campo" agambeniano como paradigma biopolítico da modernidade (Agamben 185-201). Uma permanência que podemos reconduzir à subsistência da colonialidade também depois da descolonização, que a cultura nacional de certo modo contribuiu a atenuar (podemos pensar porém em consideráveis exceções, entre as mais impressionantes, inclusive pela forma literária com que se realiza, está a exposição da guerra latente e silenciada entre a Casa grande e as Senzalas de um romance como *Menina morta* (1954) de Cornélio Penna, numa chave de desidealização da relação de familiaridade entre o patrão e o escravo). Portanto, assumir a guerra como campo analítico diz diretamente respeito ao contexto histórico e cultural do Brasil. Inclusive porque a guerra é um dispositivo que permite um jogo citacional de amplo alcance interpretativo.

Sobre a característica da guerra ser o evento de uma "citação" –em seus atos, massacres, rituais– de outros eventos congêneres há uma discussão em curso bastante ampla. André Glucksmann, por exemplo, observa que "as guerras do futuro nunca imitam as guerras do passado" (em Montanari 154), posição esta contestada por Federico Montanari que nota como as guerras imitam sempre as guerras do passado, porque "se recompõem de acordo com elementos anteriores, são sempre formações heterogêneas e híbridas" (154).

O dilema entre a guerra única ou a guerra como citação lembra em parte a reflexão sobre o caráter único ou paradigmático da Shoah. É verdade que a história não é um texto e portanto a citação, como metáfora da "imitação" de fatos, remete para um campo de forças extremamente perturbado, que impõe uma semiologia própria.

O autor que mais explora a possibilidade de usar a citação como forma de uma contra-história, Walter Benjamin, assinala a ambigüidade da citação histórica quando admite pelo menos duas posições em conflito: de fato, na tese XIV de *Sobre o conceito de história*, observa: "Assim, para Robespierre, a antiga Roma era um passado carregado de agora [*Jetzeit*], de que ele extraía a força do *continuum* da história" (*Sul concetto* 47), quando nos materiais de *Passagen-Werk*, no fragmento J 76a, 4, anota que o interesse ardente do historiador materialista é dirigido para o passado, "para a sua qualidade de ter completamente passado, acabado, de ser definitivamente morto" (*Sul concetto* 111), o que lhe confere a possibilidade de ser citado, justamente. A citação de um passado concluído ou aberto remete de maneira indireta para a possibilidade ou não de citar a guerra por uma outra guerra: como se pode efetivamente pensar o problema da *citação* a partir de uma instabilidade do próprio ato de citar, sobretudo quando o objeto da citação é algo de em si não apreensível, não simbolizável, como a brutalidade da violência imediata, a violência da guerra, do massacre, ou o trauma da experiência histórica?

Talvez o problema se possa contornar pensando a citação de tais lugares problemáticos como um objeto politicamente vivo e ativo, a partir de outras citações menos imediatas que permitem uma desmontagem dos mecanismos de poder que as originam e reproduzem. Ou seja, a violência, assim como o espaço, embora de certo modo com um maior índice de complexidade devido à inserção de uma instância temporal, dão uma forma ao poder cujas microfísicas se captam dentro de dispositivos e tecnologias extremamente sofisticados, produzindo um "saber" da violência, fragmentário e pouco constituído, que proporciona um "diagrama" –para Peirce, um signo que representa, em miniatura, a totalidade de um processo ou de um fenômeno.[1] E a literatura pode ser o campo onde a citabilidade histórica, inclusive da violência da guerra, se pode tornar efetivamente viável.

É preciso porém, como sugerido acima, contar com "escritas da violência" para possibilitar o jogo citacional.[2] Refiro-me a casos onde a escrita da violência, de fato, consegue plenamente superar a sua aporia constitutiva: essencialmente ter que equacionar o infinito da violência, em si desmedida e sem forma, com o finito da escrita, de uma forma literária ou cultural.

O lugar onde certamente ocorre a textualização da violência, apesar de todas as suas inúmeras contradições e problemas, é em *Os Sertões* (1902) de Euclides da Cunha, no limiar da modernidade cultural brasileira (aliás, já plenamente no seu interior). Em outras ocasiões (2007) já tentei discutir como Euclides chega a constituir uma escrita da violência a partir de uma multiplicidade de técnicas não só literárias. Aqui me interessa sublinhar a operação de desmontagem crítica que opera no dispositivo da violência, da "guerra" de Canudos, que aproxima sua escrita das posições acima ilustradas, de uma violência que é material, mas que ao mesmo tempo conserva um resíduo de crueldade que não se dissolve.

O ponto onde esta torção temporal entre a violência moderna e a barbárie ocorre é parte de um trecho dos mais conhecidos da obra euclidiana, mas vale sempre a pena "re-citá-lo":

> Canudos tinha muito apropriadamente, em roda, uma cercadura de montanhas. Era um parêntesis; era um hiato. Era um vácuo. Não existia. Transposto aquele cordão de serras, ninguém mais pecava. Realizava-se um recuo prodigioso no tempo; um resvalar estonteador por alguns séculos abaixo […] A animalidade primitiva, lentamente expungida pela civilização, ressurgiu inteiriça. Desforrava-se afinal. Encontrou nas mãos ao invés do machado de diorito e do arpão de osso, a espada e a carabina. Mas a faca relembrava-lhe melhor o antigo punhal de sílex lascado. Vibrou-a. Nada tinha a temer. Nem mesmo o juízo remoto do futuro. (Cunha 464)

A violência de Canudos exibe portanto a dupla vertente: uma matéria prima do poder que assim pode exercer sua soberania (pela "vida nua" do sertanejo) mas ao mesmo tempo também o resíduo de barbárie que remete para o horizonte do mal que parece não poder prescindir da prática da guerra. É relevante também assinalar que o "diagrama" desta violência se fixa em uma escrita que se abre às possibilidades de citação e re-citação.

Um evento como a guerra, que representa um "fato social total", na esteira da reflexão de Durkheim ou Mauss (Montanari 37), que coagula uma qualidade e uma quantidade de violência não só instrumental cuja intensidade alimenta tanto o terror como o horror, as duas componentes do "horrorisimo" da violência contemporânea (Cavarero 18), se coagula numa forma, numa escrita e pode assim circular, não linearmente, por citação, por outros contextos bélicos. Tornando-se material de outras escritas, portanto.

Um exemplo onde a literariedade contribui, pela força da citação, para uma apreensão não literal da violência e do horror de outro modo não representáveis, surge justamente, a partir do gesto de fundação de Euclides, em *Triste fim de Policarpo Quaresma* (1911) de Lima Barreto. Como se sabe, na terceira parte do romance, é a repressão da Revolta da Armada de 1893 no Rio de Janeiro que forma o pano de fundo histórico da guerra e da violência. O romance é fortemente tributário de

Os Sertões e, de maneira mais geral, de toda a obra euclidiana: pense-se por exemplo no célebre retrato do General Floriano Peixoto inspirado em "O marechal de ferro", crônica de 1904, ou na ficção "A esfinge. De um diário da revolta", ambos publicados sempre por Euclides em *Contrastes e confrontos* (1907). Mas é no momento da escrita da violência que a "citabilidade" do horror é acionada para dar conta de uma *Gewalt* imanente cujo resíduo de mal porém é indissociável, como se depreende da carta que Policarpo escreve à irmã Adelaide depois de ter participado na repressão sangrenta da insurreição militar:

> Que combate, minha filha! Que horror! Quando me lembro dele, passo as mãos pelos olhos como para afastar uma visão má. Fiquei com um horror à guerra que ninguém pode avaliar... Uma confusão, um infernal zunir de balas, chorões sinistros, imprecações – e tudo isto no seio da treva profunda da noite... Houve momentos em que se abandonaram as armas de fogo: batiam-nos à baioneta, a coronhadas, a machado, a facão. Filha: um combate de trogloditas, uma cousa pré-histórica... Eu duvido, eu duvido, duvido da justiça disso tudo, duvido da sua razão de ser, duvido que seja certo e necessário ir tirar do fundo de nós todos a ferocidade adormecida, aquela ferocidade que se fez e se depositou em nós nos milenários combates com as feras, quando disputávamos a terra a elas... Eu não vi homens de hoje; vi homens de Cro-Magnon, do Neanderthal armados com machados de sílex, sem piedade, sem amor, sem sonhos generosos, a matar, sempre a matar... Este teu irmão que estás vendo também fez das suas, também foi descobrir dentro de si muita brutalidade, muita ferocidade, muita crueldade... Eu matei, minha irmã; eu matei! E não contente de matar, ainda descarreguei um tiro quando o inimigo arquejava a meus pés... Perdoa-me! Eu te peço perdão, porque preciso de perdão e não sei a quem pedir, a que Deus, a que homem, a alguém enfim... (Barreto 239-240)

Neste tributo a Euclides (cujo idealismo ingênuo, aliás, é parte da construção da própria personagem principal) não se trata só da valorização de uma tática de massacre que ocorre de acordo com rituais predeterminados (por exemplo, o uso da faca, etc.) mas de certo modo de uma citação que ativa um circuito simbólico que torna uma escrita da violência a chave de desmontagem de uma outra cena de violência. O horror encontra assim nos palimpsestos textuais o modo para reciclar a matéria prima da violência representada, possibilitando, no plano literário, outras potenciais representações.

III. Espetrografias da guerra?

O romance de Lima Barreto, além de um clássico, é como se sabe um poderoso dispositivo de desmontagem das retóricas autoritárias da República Velha e, de modo mais geral, dos depósitos simbólicos que se acumularam desde os tempos da colônia. Seu funcionamento foi já em vários momentos dissecado, mas ainda hoje uma leitura que não perdeu sua cortante força crítica é a de Silviano Santiago (1982). Nela, o crítico propõe uma leitura do romance barretiano a partir de uma releitura da *Carta do Achamento* de Pêro Vaz de Caminha, texto iniciático do Brasil, mostrando que, enquanto no texto limiar da colonização a escrita coagula uma polissemia marcando como principal o significado figural do termo descritivo da terra "achada", no romance se realiza uma desmetaforização do termo historicamente atestado em prol de uma valorização do seu sentido próprio (Santiago 180).

O operador desta desmetaforização é o próprio protagonista que assume como literal o que pelo contrário é literário, inscrito nos cinco séculos do arquivo da *Brasiliana*. E o equívoco desmistificador, que revela o caráter puramente retórico do ufanismo nacionalista que dissolve no contato com a realidade, conduz ao desfecho trágico da obra. Ou seja, o discurso é virado às avessas por contínuas inversões realizadas através de figuras discursivas de contraste (como, por exemplo, a ironia).

No entanto, é oportuno assinalar uma cesura na parte dedicada à guerra decorrente da Revolta da Armada: como viu Alice Áurea Penteado Martha, há de fato uma acentuação na carnavalização da história justamente na parte da reconstrução bélica, onde a excentricidade baktiniana das ações configura um conflito insuperável com a subversão do contexto onde a guerra é descrita como festa, numa troca grotesca, excêntrica justamente, de significados (Martha 124). O trecho em questão também é bastante famoso:

> Com o tempo, a revolta passou a ser uma festa, um divertimento da cidade...
> Quando se anunciava um bombardeio, num segundo, o terraço do Passeio Público se enchia. Era como se fosse uma noite de luar, no tempo em que era do tom apreciá-las no velho jardim de Dom Luís de Vasconcelos, vendo o astro solitário pratear a água e encher o céu.
> Alugavam-se binóculos e tanto os velhos como as moças, os rapazes como as velhas, seguiam o bombardeio como uma representação de teatro:

"Queimou Santa Cruz! Agora é o 'Aquidabã'! Lá vai!" E dessa maneira a revolta ia, familiarmente, entrando nos hábitos e nos costumes da cidade. Nos cais Pharoux, os pequenos garotos, vendedores de jornais, engraxates, quitandeiros ficavam atrás das portadas, dos urinários, das árvores, a ver, a esperar a queda das balas; e quando acontecia cair uma, corriam todos em bolo, a apanhá-la como se fosse uma moeda ou guloseima. As balas ficaram na moda. Eram alfinetes de gravata, berloques de relógios, lapiseiras, feitas com as pequenas balas de fuzis; faziam-se também coleções das médias e com os seus estojos de metal, areados, polidos, lixados, ornavam os consolos, os dunkerques das casas médias; as grandes, os "melões" e as "abóboras", como chamavam, guarneciam os jardins, como vasos de faiança ou estátuas. (Barreto 206-207)

Agora ocorre notar, em relação ao romance como um todo, que, no caso da guerra, a desmontagem do discurso ocorre de maneira própria e diferente em relação, por exemplo, às duas primeiras "utopias" narradas –a do nacionalismo cultural e a da fertilidade edênica da terra. Aqui a exceção é revelada através do excesso da textualização. A narração nesta circunstância também acaba por expor os mesmos limites inscritos na utopia política relacionada com o mito da ideologia do cordialismo,[3] mas mais do que uma desmetaforização, temos uma inversão radical que mostra a realidade pelo seu drástico avesso, onde o ato ficcional revela de imediato as regras que o articulam e o sustentam.

Um investimento assim se motiva só pela complexidade de um objeto, a guerra, que de outro modo poderia ficar no horizonte do irrepresentável. Sobretudo se, aqui como em *Os Sertões*, o excesso procura radiografar, ou melhor, espetrografar, no duplo sentido, literal e figurado, do termo, o horror da violência, a sua conexão com o mal e a crueldade. Um irrealismo proporcionado ao idealismo que sempre se associa ao material da violência mesmo quando se procura a sua (impossível) escrita imanente. Sem literatura, a possibilidade de escrita da violência escaparia.

Sem querer confundir textos tão heteróclitos como o ensaio de Benjamin e o romance de Lima Barreto, no seu decisivo eixo final, se pode, no entanto, considerar que as duas escritas possibilitam uma transcrição da violência a partir da "violência" do gesto que as origina enquanto escritas. Se a violência extrema, como a da guerra ou do massacre –sendo este uma sua técnica que paradoxalmente implica uma "narrativa" comunitária, assim como evidencia Arjun Appadurai a propósito dos massacres étnicos (48)– está marcada por uma economia do excesso (Sofski 155), do mesmo modo a sua escrita se conota por uma contrapartida figural adequada.

A apreensão da exceção surge pela acumulação possibilitada pelo excesso da escrita sobre o excesso da violência. A força da sua citabilidade decorre justamente daí. Por isso, a escrita da guerra, no momento em que se realiza como um todo (Euclides), já se tramita (Lima Barreto) abrindo-se para outras possibilidades de citação. Nela a violência pode exibir o rosto oculto, espetral mas não recalcável da crueldade que, apesar de tudo, do esforço de presentificação da violência em si, de uma violência material, não se dissolve e resta.

E para encerrar por onde começamos, talvez seja esta condição dual, de uma violência indissociável em absoluto do mal ou de restos da crueldade, legível e revelada pela escrita literária, que torna sempre a crítica da violência, como intuiu Benjamin, "a filosofia da sua história" (*Angelus Novus* 29).

NOTAS

¹ Sobre esta acepção de diagrama cfr. Virno 10.
2 É o nome de um grande projeto internacional como este título, coordenado por Márcio Seligmann-Silva, Jaime Ginzburg e Francisco Foot Hardman, que realizamos ao longo de quatro anos (2006-2010) de diálogo e discussão.
3 O cordialismo é a ideologia da informalidade (não da afabilidade) das relações personalistas, de acordo com a crítica de Sérgio Buarque de Holanda (1986) no capítulo mais weberiano de *Raízes do Brasil* ("O homem cordial"), problematizando a formação do espaço público no Brasil moderno que decorre da longa duração da experiência escravocrática no Brasil (o último país que aboliu a escravatura nas Américas em 1888) e da dialética de proximidade/distância entre a casa grande e a senzala.

REFERÊNCIAS

Agamben, Giorgio. *Homo sacer. Il potere sovrano e la nuda vita*. Torino: Einaudi, 1996.

Appadurai, Arjun. *Sicuri di morire: la violenza nell'epoca della globalizzazione*. 1998. Roma: Meltemi, 2005.

Arendt, Hannah. *Sulla violenza*. 1970. Parma: Guanda, 1996.

Balibar, Étienne. "Violenza, idealità e crudeltà". *Sulla violenza*. Françoise Héritier, ed. Roma: Meltemi, 1997. 44-65.

Barreto, Afonso Henrique de Lima. *Triste fim de Policarpo Quaresma*. Ed. Crítica Antonio Houaiss e Carmen Lúcia Negreiros de Figueiredo. Madrid: ALLCA XX, 1997.

Benjamin, Walter. "Per la critica della violenza". *Angelus novus. Saggi e frammenti*. 1955. Torino: Einaudi, 1962. 5-30.

_____ *Sul concetto di storia*. A cura di G. Bonola e M. Ranchetti. Torino: Einaudi, 1997.

Cavarero, Adriana. *Orrorismo ovvero della violenza sull'inerme*. Milano: Feltrinelli, 2007.

Cunha, Euclides da. *Os Sertões. Campanha de Canudos*. Ed. Crítica W. Nogueira Galvão. São Paulo: Ática, 1998.

Derrida, Jacques. *Forza di legge. Il fondamento mistico dell'«autorità»*. 1994. Torino: Bollati Boringhieri, 2003.

Holanda, Sérgio Buarque. *Raízes do Brasil*. 1936. Rio de Janeiro: José Olympio, 1986.

Hobbes, Thomas. *Leviatano o la materia, la forma e il potere di uno Stato ecclesiastico e civile*. 1651. Roma-Bari: Laterza, 1989.

Martha, Alice Áurea Pentendo. "Policarpo Quaresma: a história carnavalizada". *Revista de Letras* 32 (1992): 119-125.

Montanari, Federico. *Linguaggi della guerra*. Roma: Meltemi, 2004.

Santiago, Silviano. "Uma ferroada no peito do pé (dupla leitura de *Triste fim de Policarpo Quaresma*)". *Vale quanto pesa (ensaios sobre questões político-culturais)*. São Paulo: Paz e Terra, 1982. 163-181.

Seligmann-Silva, Márcio. "Walter Benjamin. O estado de exceção entre o político e o estético". *Outra Travessia* 5 (2005): 25-38.

Sofsky, Wolfgang. *Saggio sulla violenza*. Torino: Einaudi, 1998.

Torno, Armando. *La moralità della violenza. Considerazioni sul male della storia*. Milano: Mondadori, 2003.

Vecchi, Roberto. "Spazio, storia, classe nei *Sertões* euclidiani". *Sertão-Pampa. Topografie dell'immaginario sudamericano*. Vincenzo Arsillo e Flavio Fiorani, eds. Venezia: Cafoscarina, 2007. 22-43.

Virno, Paolo. *Motto di spirito e azione innovativa. Per una logica del cambiamento*. Torino: Bollati Boringhieri, 2005.

"Cuerpos para la horca": *bandidaje, guerra y representación en* ¡Vámonos con Pancho Villa![1]

JUAN PABLO DABOVE
University of Colorado at Boulder

I. VILLA: BANDIDAJE Y REPRESENTACIÓN

El "bandidaje" fue, desde el comienzo, la tierra de nadie de las batallas culturales y políticas de la Revolución Mexicana. Hay un emblema del carácter a la vez central e indiscernible del tropo. El 25 de mayo de 1911 Porfirio Díaz presentó su renuncia inapelable como presidente de México a la Cámara de Diputados. Con este acto dio por terminadas más de tres décadas en el poder. El mensaje de renuncia no delata remordimiento ni dudas. Díaz sostiene que el Pueblo mexicano (notemos el uso de la mayúscula) lo elevó al cargo más alto del país y lo apoyó en él desde 1876. Ese mismo "Pueblo, señores diputados, se ha insurreccionado en bandas milenarias armadas, manifestando que mi presencia en el ejercicio del Supremo Poder Ejecutivo es causa de su insurrección" (en Krauze 224). Con aparente sorpresa, añade: "[n]o conozco hecho alguno imputable a mí que motivara ese fenómeno social (...)". Esta aseveración es astutamente ambigua. Díaz simultáneamente reconoce y niega la legitimidad de la insurrección. En un primer momento del argumento, el sujeto de la insurrección es "el Pueblo mexicano", incuestionable fuente de la soberanía en un régimen liberal (y el régimen de Díaz, al menos oficialmente, era liberal). La expresión "el Pueblo" no es atenuada ni sustituida con ninguno de los calificativos o sinónimos corrientes en el discurso autoritario o paternalista del siglo XIX. El Pueblo, en este punto del mensaje de Díaz, no es la chusma, el populacho ni la masa que tiene que ser sometida a años o décadas de dura disciplina para realmente convertirse en un Pueblo, como rezaba la doctrina del positivismo social. La inexistencia de un Pueblo fue, de hecho, la justificación que el mismo Díaz utilizó en la famosa entrevista concedida al periodista americano James Creelman.[2] Díaz se explicó ante Creelman:

> I received this Government from the hands of a victorious army at a time when the people were divided and unprepared for the exercise of the extreme principles of democratic government. To have thrown upon the masses the whole responsibility of government at once would have produced conditions that might have discredited the cause of free government. (236)

> [Recibí el gobierno de manos de un ejército victorioso en un tiempo en que el pueblo estaba dividido y sin preparación para el ejercicio de los extremos principios del gobierno democrático. Haber depositado inmediatamente en las masas la entera responsiblidad del gobierno habría producido condiciones que habrían desacreditado la causa de un gobierno libre; traducción de los editores]

En el intercambio con Creelman, el Pueblo no preexiste al soberano. Existen las masas. El Pueblo es un artefacto del Estado o del caudillo. Crear un Pueblo como sujeto de soberanía a partir de la masa es, en efecto, la misión del caudillo, la justificación del régimen. En el mensaje de renuncia, escrito sólo dos años más tarde, el esquema discursivo que Díaz emplea es el inverso. El Pueblo es un cuerpo político plenamente constituido, cuya existencia y reclamo de soberanía *antecede* a Díaz (el Pueblo lo puso en el poder *en 1876*). En el texto de renuncia la insurrección está por fuera de la ley (como lo están todas las revoluciones, por definición), pero también (lo que es más importante) más allá del juicio legal que le podría caber a un mero delegado del Pueblo.

Pero ésta es solamente una parte del razonamiento de Díaz. La revolución fue llevada adelante por el Pueblo. Pero el Pueblo se ha manifestado bajo la problemática forma de "bandas milenarias armadas". De esta manera, sin siquiera formular la pregunta, Díaz va al centro de las paradojas que rodean los eventos revolucionarios cuando son abordados en su calidad desnuda (esto es, no como objetos de una narrativa *ex post facto*). ¿Es el "Pueblo" el sujeto de esta revolución, o es una diabólica pantomima del Pueblo, la banda de bandoleros, la organización criminal o terrorista? Invocar el espectro del bandidaje no era nada nuevo para Porfirio Díaz en 1911. Como ha mostrado Paul Vanderwood, el Porfiriato anclaba una parte importante de su legitimidad nacional e internacional en su capacidad para garantizar el "orden". Con esto se aludía a la capacidad de –o a la aspiración a– ejercer el monopolio de la violencia. La eliminación del bandidaje (o de toda forma de violencia rural no estatal que amenazara al Estado, y que por lo tanto fuera denominada bandidaje) se convertía en la piedra angular del proceso de adquisición de este monopolio (como testimonian la creación, promoción y exhibición de poder de los Rurales). Para citar otra vez la entrevista con Creelman: "He found Mexico bankrupt, divided, infested with bandits, a prey to a thousand forms of bribery. To-day life and property are safe from frontier to frontier of the republic" [Encontró un México en bancarrota, dividido, infestado de bandidos, víctima de mil formas de sobornos. Hoy la vida y la propiedad son seguras de una frontera a la otra de la república; traducción de los editores] (252).

Atribuir la caída de su gobierno a un híbrido entre bandidaje y milenarismo (de la misma clase que el régimen había definido y derrotado sangrientamente en Tomóchic y en Yucatán) es una astuta justificación póstuma o casi póstuma, en la que el futuro (una de las revoluciones que inauguran el siglo XX) es representado como el retorno del pasado absoluto (el bandolerismo). Sin embargo, es mucho más que un sofisma autocomplaciente. Es también la muda confesión de un fracaso histórico. Y es, *sobre todo*, la identificación contundente, por parte de una avezada mente política, de la paradoja inherente a todo intento de individuación del poder constituyente. Esta paradoja se localiza en la oscilación indecidible de la violencia insurgente entre la épica fundacional (lo que podríamos llamar "la dramática decisión del Pueblo mexicano de despojar a Díaz de su mandato") y la criminalidad entrópica (lo que podríamos llamar "la descontrolada anarquía de las bandas milenarias armadas"). La decisión con respecto al significado de la violencia revolucionaria es una batalla tan crucial como aquellas libradas sobre el campo y toca una perenne ansiedad (o fantasía) del pensamiento occidental (y del mexicano en particular): el poder constituyente existe siempre más allá de la ley (esto es, del sentido), y cualquier intento por asignarle significado es una intervención política, no un juicio anclado en la naturaleza de los hechos. Por eso Díaz (con astucia y con cierto grado de honestidad intelectual y política) plantea la alternativa, pero deliberadamente la deja en suspenso, sin resolverla. Rafael Muñoz –autor de la novela *¡Vámonos con Pancho Villa!* (1931)– nos ofrece otra perspectiva desde la cual observar esta disputa por el sentido de la violencia revolucionaria. Tiburcio, el protagonista de la novela, es un ranchero norteño, de inconmovible lealtad villista. Esa lealtad le valió la posición de *Dorado* y de consejero de Villa. Tiburcio era un hombre inteligente, pero no educado. Sin embargo, las circunstancias de la guerra lo habían hecho dolorosamente consciente de la dimensión política inherente a toda atribución de identidad. Después de las derrotas de 1915, y de la desastrosa campaña de Sonora, la *División del Norte* se había disuelto como tal, o era un espectro de su antiguo poderío. Todo lo que sobrevivía era una unidad de caballería en constante fuga y guerra de guerrillas, bajo el acoso inmisericorde de los carrancistas, de la Expedición Punitiva de Pershing y de las recientemente creadas *Defensas sociales* (grupos paramilitares –muchos de ellos compuestos por antiguos villistas– organizados con el propósito explícito de combatir a los "bandidos"). La *División* ya no era un ejército, sino una banda. Tiburcio reflexiona:

> Ahora, ¿qué somos? […] El pensamiento de Tiburcio se despeñó hacia el abismo.
> –Somos bandidos.
> ¿Todos? ¡No! Pero hay una *señal* que los iguala, una marca que los distingue de los otros hombres, que los separa, que los detiene. Son cuerpos para la horca. Cuando se les rodee, cuando se les venza, cuando se les capture, morirán. El que no huya, el que no escape, penderá del ramaje, y quien le vea se complacerá, descubriéndole en la frente el signo, la palabra. (110; énfasis mío)

Con una lucidez que surge de la ausencia total de esperanza, Tiburcio se da cuenta de que Villa y sus seguidores se han vuelto bandidos. No porque sean más violentos, ambiciosos o corruptos que antes o que sus enemigos (el grado de codicia y crueldad de los generales carrancistas alcanzaba proporciones legendarias, al punto de haberse acuñado la expresión "carrancear" para referirse a las rapiñas o "avances").[3] No se trata de lo que están haciendo o dejando de hacer. "Bandido", nota Tiburcio, es un efecto de identidad anclado en un conflicto político, una posición ante la ley que no es (necesariamente) una consecuencia de los actos sino de una guerra de lenguajes (esta es la *señal* de la que habla Tiburcio). Tiburcio entiende lo que siempre supo: las definiciones identitarias no son secundarias frente a la guerra. En una medida importante, ellas son la guerra. Y nadie como Pancho Villa representó esta guerra cultural. El estigma de bandido persiguió a Villa durante toda su carrera revolucionaria.[4] Así mismo, afectó sus interacciones con todos los protagonistas de la revolución, de Madero en adelante.[5] A su muerte, Villa fue cuidadosamente excluido del panteón de los héroes de la Revolución. Fue definitivamente reivindicado en 1976, con la inhumación de sus restos en el Monumento a la Revolución. Pero incluso durante su largo exilio oficial, su memoria nunca fue suprimida. Villa siguió cautivando la imaginación popular de México (y del extranjero, en los Estados Unidos en particular) con una intensidad que ningún otro líder revolucionario pudo emular. La leyenda negra sólo contribuyó a aumentar su equívoco prestigio.[6] Es un lugar común (un lugar común justo, me atrevo a agregar) decir que Villa fue la esfinge de la Revolución, el emblema de sus mejores y peores aspectos, de sus manifestaciones más visibles y memorables (el hombre de a caballo, la carga de caballería, la guerra de guerrillas), y sus secretos más refractarios (las sangrientas represalias, la apenas incomprensible economía de la violencia).

El redescubrimiento de *Los de abajo* (Mariano Azuela, 1915) en los años veinte puede leerse como un hito en este proceso de asimilación equívoca de la memoria de Villa.[7] En la novela, la violencia del bandido es reconocida como el origen del Estado revolucionario. Pero al mismo tiempo, la muerte de Demetrio Macías representa un corte simbólico entre el poder constituyente (la violencia fuera de la ley, relegada al pasado) y el nuevo régimen centrado en el Estado y su monopolio de la violencia, y, lo que es igualmente importante, de la capacidad de representación (ver Dabove).

¡Vámonos con Pancho Villa! es otro hito en esa asimilación. Muñoz fue un miembro fundador del Partido Nacional Revolucionario (PNR), el partido oficial de la Revolución (más adelante, el PRI), para el cual actuaba como contacto con la prensa. También pertenecía al Sindicato de Escritores Revolucionarios, una organización de escritores afiliados al PNR. Fue además nombrado editor de *El Nacional*, el órgano oficial del PNR. Parra señala correctamente que "Muñoz was an ideologue

of official revolutionary nationalism at a time when this concept was being defined in the culture of the Mexican state" [Muñoz fue un ideólogo del nacionalismo revolucionario oficial en un tiempo en que este concepto estaba siendo definido en la cultura del Estado mexicano; traducción de los editores] (100). Así, *¡Vámonos con Pancho Villa!* constituye un excelente estudio de caso acerca del lugar de Villa en la dinámica cultural revolucionaria. La novela, a un tiempo, asimila y excede la ideología revolucionaria centrada en el Estado. En las páginas que siguen intento mostrar cómo.

II. Los Leones: *Vámonos* como épica nacional

> Come, all my hearties, / We'll roam the mountains high,
> Together we will plunder, / Together we will ride.
> We'll scar over valleys, / And gallop for the plains,
> And scorn to live in / Slavery, bound down by iron chains.
>
> The Wild Colonial Boy

> Hunted from out our father's home, pursued by steel and shot
> A bloody warfare we must wage or the gibbet be our lot.
> Hurrah! This war is welcome work, the hunted outlaw knows
> He steps unto his country's love o'er the corpses of his foes
>
> Outlawed Rapparee

¡Vámonos con Pancho Villa! es la saga de los "Leones de San Pablo" (Miguel Ángel, Máximo, Rodrigo, Melitón y Tiburcio), un grupo de rancheros villistas de Chihuahua. La narrativa comienza justo antes de la incorporación del grupo a la División del Norte en su imparable embestida para remover a Huerta del poder. Los Leones participarán en las principales batallas de 1914: San Andrés, Chihuahua, Ojinaga, Tierra Blanca y Torreón. La novela termina con la muerte de Tiburcio Maya, víctima de una larga y sangrienta tortura a manos de los apaches, primero, y de los carrancistas, después. Tiburcio era el último de los Leones, su líder y la inspiración del grupo.

Con la (muy significativa) excepción de *Se llevaron el cañón para Bachimba* (1941), cuyos hechos giran en torno a la sublevación (y derrota) de Orozco en 1912, y la biografía *Santa Anna: el que todo lo ganó y todo lo perdió* (1936), también conocida bajo el título *Santa Anna: el dictador resplandeciente,* la mayor parte de la producción de Muñoz vuelve sobre las hazañas villistas o de aquellos que lo apoyaron.[8] Muñoz, inclusive, escribió una biografía de Villa y un guión (nunca llevado a la pantalla) sobre su asesinato.[9] Más significativos, tal vez, que la biografía o el guión, son los cuentos, cuyo tema central es, o bien el propio Pancho Villa (por ejemplo "La marcha nupcial", "El perro muerto", "Un disparo al vacío", "Una biografía", "Villa ataca Ciudad Juárez"), o sus más famosos oficiales y seguidores (por ejemplo "La suerte loca de Pancho Villa", "De hombre a hombre", "Oro, caballo y hombre"), o eventos menores, históricos o legendarios, en la larga lucha villista ("El festín", "Cadalso en la nieve", "Villa ahumada", "Obra de caridad", "La cuerda del general", "Un asalto al tren").[10]

¡Vámonos con Pancho Villa!, sin embargo, se distingue nítidamente del resto de la producción de Muñoz sobre el Centauro del Norte. Entre otras cosas, porque el personaje de Villa (y los personajes de los Leones) muestran una complejidad psicológica, ética y política que está ausente en otros textos suyos. En los cuentos, por ejemplo, Villa es llamado sin ambages "bandido". La denominación es puesta en boca de un personaje, del narrador o de un personaje-narrador. Pero el término es usado, inequívocamente, en su acepción puramente negativa de asesino, saqueador y violador, de bestia dominada por una feliz (y totalmente inconsciente) ferocidad (al estilo de las infamantes anotaciones biográficas de Celia Herrera o de John Kenneth Turner). La novela, por su parte, va mucho más allá de esto: se pregunta qué significa ser un revolucionario, o un bandido.

¡Vámonos... tiene dos partes. La primera (que en adelante llamaré *Vámonos-1*) tiene ocho capítulos, cada uno de los cuales relata una proeza de valor o de entereza masculina, ya sea por los Leones como grupo, o por alguno de sus integrantes, dentro o fuera de la batalla (muchos de estos capítulos culminan con la muerte de un miembro del grupo). Esta parte comienza con la destrucción de un puente. Ese puente, parte de la línea de ferrocarriles desde y hacia el norte rebelde, era decisivo para la estrategia militar de los federales. (La voladura del puente culmina un desesperante asedio: cada noche, un francotirador –luego nos enteramos que es uno de los Leones, Becerrillo– mata al centinela del puente). Es importante notar, sin embargo, que ésta es una acción concebida e iniciada por los Leones mismos, sin coordinación

con los rebeldes, ya que todavía no se habían incorporado a la División. La saga de los Leones continúa con su destacada participación en la batalla de Torreón. Esta participación va desde los preliminares de la batalla en Gómez Palacios, en la que muere Becerrillo, hasta el asalto a La Pila, donde "El manco" Espinosa pierde la vida mientras lanza granadas a las fortificaciones federales.[11] En la misma batalla, Máximo Perea muere al enterrarse la bayoneta del fusil de un federal, arma que buscaba arrebatar. Esta parte continúa hasta la muerte de Botello, quien se suicida después de que el destino lo marcara en "El círculo de la muerte" (una versión de la ruleta rusa). En esta primera parte aparecen varias características que definen las narrativas revolucionarias norteñas, y que moldearán la imagen de la Revolución Mexicana. Entre ellas podemos notar el fatalismo festivo frente a la muerte como el atributo de la "diferencia mexicana" (Paz, Valadés)[12] y el código serrano de honor masculino. La narrativa también abreva del sensacionalismo a partir del cual se construyó la leyenda de Villa. Tal como sostienen O'Malley y Parra, la clase media mexicana en ascenso estaba ávida de este tipo de sensacionalismo. El último de los Leones en morir durante la primera parte es Máximo Perea, en la víspera de la batalla de Zacatecas. Máximo fue víctima de la viruela, y fue quemado –presumiblemente todavía vivo– por Tiburcio, bajo las órdenes de Tomás Urbina. Tiburcio, ofendido por la indolencia de Urbina y la indiferencia de Villa frente al destino de los combatientes leales, deserta de la División.[13]

La segunda parte (la que fue concebida como novela desde el inicio y que llamaré *Vámonos-2*) comienza con la reincorporación de Tiburcio a las mermadas fuerzas villistas. Esa reincorporación se inaugura de manera brutal. Para liberar a Tiburcio de sus obligaciones familiares o de nostalgias dolorosas, Villa asesina a sangre fría a la esposa y a la hija de aquel. Las fuerzas villistas estaban minadas por la desmoralización y la desconfianza mutua, aunadas a la paranoia y el resentimiento de Villa, quien, no obstante, infatigable, decide atacar Columbus. Allí muere el hijo de Tiburcio, y Tiburcio mismo es herido (al salvar a Villa). De regreso a México, y en una escaramuza en las afueras de Guerrero, Villa es herido, debe dejar que sus hombres se desbanden y se esconde en una cueva donde recibe los cuidados de algunos de sus leales seguidores. Tiburcio está entre ellos. Por accidente, éste es capturado por los estadounidenses. Al no lograr que dé informaciones sobre el paradero de Villa, aun bajo tortura o soborno, los americanos lo entregan a los carrancistas, quienes lo ejecutan.

La diferencia entre las dos partes de la novela sobrepasa las consideraciones atinentes a su calidad, estructura o a las circunstancias de su concepción. Cada parte ofrece una visión diferente de Villa y del fenómeno villista. Estas dos versiones proponen relaciones distintas, e incluso contradictorias, entre el Estado, la insurgencia rural y los intelectuales. *Vámonos-1* muestra un momento específico de la evolución del mito revolucionario, un momento en el cual hay un intento por crear una narrativa totalizante de los eventos comprendidos entre 1910 y 1920. En esta narrativa la figura de Villa tiene que ser exaltada pero, también, tiene que ser excluida. Teniendo esto en mente, la novela reconoce el rol de Villa en la épica popular revolucionaria, pero termina con la dramática secuencia que escenifica la ruptura entre Villa y Tiburcio (Tiburcio entendido como una sinécdoque del sujeto popular). La segunda parte, por otro lado, reúne a Villa y a Tiburcio, pero en una suerte de alianza que no puede ser llamada épica ni mucho menos "popular": el bandidaje es su signo. Analizaré cada una de estas partes de forma separada.

Los Leones existían como banda antes de ser una fuerza revolucionaria. En la escena en la que Villa los incorpora a la División hay un reconocimiento explícito de una memoria compartida de hechos de armas que preceden a los hechos narrados (19, 20). El nombre de Leones, incluso, es anterior a la Revolución y sus habilidades de combate ya han sido suficientemente puestas a prueba (el asesinato de los centinelas del puente y la voladura del puente mismo son dos ejemplos eminentes).[14] En la escena que recrea el entierro de Becerrillo, las palabras de despedida de los sobrevivientes se refieren a un pasado que es anterior a Villa (31). Y, hasta cierto punto, la incorporación de los Leones a la Revolución es un acto de venganza por ofensas preexistentes (el Manco, por ejemplo, había perdido su brazo. Huerta es el culpable de eso. Pero no se explica cómo exactamente lo es. Sólo sabemos que esto había ocurrido antes de la incorporación del Manco a la División del Norte; esto es, que hay una larga historia marcial preexistente).

El río que abre la novela y que explícitamente metaforiza este sujeto popular (10) también metaforiza este carácter de preexistencia. El río no le pertenece a ninguno de los dos campos en disputa; en realidad los divide, los intersecta, sin identificarse del todo con ninguno. El triunfo de los revolucionarios (la voladura del puente, el avance hacia el sur) incorpora (territorializa) el río como parte del campo revolucionario. De igual manera que el grito de batalla "¡Vámonos con Pancho Villa!" no crea *ex nihilo* la identidad de los Leones como unidad de combate: es, más bien, el reconocimiento de una alianza. Sin embargo, esta alianza define la dimensión política del grupo, la transformación de una violencia pre-política en una enteramente política. Los Leones son los personajes visibles de la novela. Pero en otro nivel, ellos son solamente mediaciones, representaciones de otra cosa, cuyo nombre es el guerrero masculino de la cultura de Chihuahua, cuyo nombre es la Revolución Mexicana, cuyo nombre es México (una excelente discusión de esta tesis puede encontrarse en Parra). Debido a esto, solamente hacia el final de la primera parte de la novela Tiburcio emerge como el protagonista (también se podría argumentar que *Vámonos-1* simplemente no tiene protagonista individual).[15]

Vámonos-1 termina precisamente cuando este esfuerzo totalizador empieza a desarticularse: durante las escaramuzas que dan inicio a la batalla de Zacatecas. Zacatecas fue el último conato serio de resistencia de los Federales. Este fue también el cenit de la saga épica de la División del Norte.[16] Tras bambalinas, la batalla de Zacatecas fue el punto en el cual la alianza contra Huerta comenzó a desmoronarse (o ya se había desmoronado). Villa ataca Zacatecas desafiando de manera abierta las órdenes de Carranza quien, receloso, quería evitar que Villa llegara a la Ciudad de México antes que sus generales más leales (Álvaro Obregón y Pablo González). También quería impedir que Villa tuviera la gloria de ganar la batalla decisiva de la campaña. Villa (apoyado por sus generales) decide ignorar las prevenciones de Carranza y ataca y toma Zacatecas.[17] De ahí en adelante, la Revolución se convertiría en una guerra progresivamente más violenta y desorganizada entre diferentes facciones enfrentadas. Es precisamente éste el momento en que la existencia de un "sujeto popular sin contradicciones" se hace cada vez más difícil de mantener. Justo en este punto la novela tiene que tomar posición (de la misma manera en que cada general tomó posición durante la convención de Aguascalientes) entre Villa y los convencionistas o Carranza y los constitucionalistas. El texto no escoge a Villa.[18] Hasta este punto, se trataba de una indivisible (aunque indirecta) glorificación suya como carismático líder popular (*Vámonos-1* no hace énfasis en la violencia de Villa sino en su valentía, su puntería o su estilo campechano y su carisma), como el creador de un sujeto político total. Zacatecas tiene que ser el punto en el cual Villa abdica (indirectamente) de esta posición. Después de Zacatecas, de acuerdo con la narrativa triunfalista de los carrancistas, él se convierte en un bandido (esto es, vuelve a ser lo que siempre había sido) alineado con la reacción o con las fuerzas de la barbarie: todavía fascinante, pero históricamente peligroso o al menos irrelevante. Alguien que, a todas luces, había sobrevivido su propia significación histórica. Pero la condena de Villa no se extiende (no puede extenderse) a sus combatientes, pues son ellos los que dan cuerpo a la entidad (pretendidamente) suprahistórica y suprapolítica central a toda narrativa revolucionaria: el Pueblo. Así, Villa tiene que ser simbólicamente separado de sus combatientes. La deserción de Tiburcio es el perfecto emblema de este corte y de la sofisticada naturalización del mito político de Villa en la década de 1930, cuando la disociación entre él como líder y el villismo como manifestación transitoria de "lo popular" debía quedar clara para que la Revolución Institucionalizada mantuviera su legitimidad por medio de una solidaridad inconmovible Pueblo-Revolución. En las décadas de 1920 y 1930, aunque Villa fue objeto de numerosas películas y libros –incluido uno de los mejores, *El águila y la serpiente* (1928) de Martín Luis Guzmán– estos no estaban orientados hacia una reivindicación de Villa como figura política, sino como una suerte de fenómeno de *villaexploitation*, con las eminentes excepciones de *El águila y la serpiente* y de los libros de Nellie Campobello (*Cartucho* y *Apuntes sobre la vida militar de Francisco Villa*).[19]

A lo largo de *Vámonos-1* los aspectos políticos y sociales del villismo no aparecen. El villismo queda reducido a un fenómeno militar (sin la participación de civiles y sin administración civil), enteramente sostenido por el carisma de Villa. Debido a eso, en 1931 (cuando la confrontación militar ya había concluido, y cuando el militarismo como una característica de la política mexicana se daba por superado) el villismo (así concebido) puede ser relegado al pasado. Incluso la representación de los aspectos militares del villismo no es insignificante: ninguno de los generales "respetables" del villismo (Felipe Ángeles, el más prominente) aparece en la novela. El liderazgo villista se reduce al propio Villa y al *compadre* Tomás Urbina, quien acompañó a Villa durante sus años en la ilegalidad, y siguió siendo, en buena medida, un bandido mucho más interesado en su propio beneficio. Urbina, por ejemplo, fue el instigador del saqueo de Durango en 1913. Su presencia en la novela, en primer plano, contamina toda la percepción que se puede tener sobre la División.

Tiburcio decide desertar de la División cuando recibe la orden de Urbina de matar a Máximo, quien está irremediablemente enfermo de viruela. Los Leones no tenían miedo de morir por Villa. Pero la condición de esa lealtad es la reciprocidad como manifestación de un código de honor masculino compartido. Ésta era precisamente una de las bases del carisma del Villa histórico: el hecho de que compartiera un código de honor masculino basado en la valentía y la lealtad para con sus tropas. Pero al consentir que Máximo fuera quemado vivo a instancias de Urbina, Villa (quien no da la orden pero tampoco la discute) no cumple su propio código de honor ni honra la lealtad masculina, lo cual reduce el villismo a esta simple escena: el legítimo revolucionario, atado a un estricto código de lealtad y honor marcial (Tiburcio), enfrentado al rapaz y monstruoso jefe de bandoleros (Urbina).[20] Al convertir a Tiburcio en un desertor justificado, el sujeto popular queda a salvo. Dicho sujeto sólo se mantiene a salvo si es cercenado de la interpelación de Villa mientras éste es deslegitimado como líder popular y permanece como el superior de Urbina, un mero jefe de bandidos. Hasta cierto punto, como todo el mundo sabe la manera en que continúa la revolución, la deserción de Tiburcio sentencia al villismo a su destino final: la incomprensible irrelevancia histórica, la derrota final.

III. TIBURCIO: *VÁMONOS* COMO NARRATIVA DE BANDIDAJE

> For wife and child what do I care! / Far better longings I know:
> As hungry beggars let them fare– / My emperor, emperor–woe!
> Heinrich Heine, "The Two Grenadiers"

> La figura del hombre sobre el caballo es secretamente patética.
> Bajo Atila, "Azote de Dios", bajo Gengis Khan y bajo Timur,
> el jinete destruye y funda con violento fragor dilatados reinos,
> pero sus destrucciones y fundaciones son ilusorias.
> Su obra es efímera como él.
> Jorge Luis Borges, "Historias de Jinetes"

Como dijimos, *Vámonos-2* narra la reincorporación de Tiburcio
a las fuerzas de Villa. Pero el significado de esta segunda alianza es
muy diferente, y ofrece una visión del villismo que difiere (e incluso
contradice) lo propuesto en *Vámonos-1*. Esta contradicción es, entre
otras cosas, la condición de posibilidad de la persistente relevancia
de la obra. Parra destaca correctamente que cada escena en la que
Tiburcio (o los Leones) se "van con Pancho Villa" está precedida por
una "voladura de puentes". Parra hace de la voladura literal del puente
sobre el río un emblema de la situación en la que el sujeto masculino se
separa de su identidad de civil para entrar en una comunidad masculina
guerrera. Esto es totalmente cierto. Ambas escenas de voladuras de
puentes se diferencian, sin embargo. Becerrillo abandona a la Tía Lola,
su madre adoptiva, se une a los Leones (y a la División del Norte) y se
convierte en *Dorado*. La ruptura de los lazos domésticos, femeninos,
es una marca de todas las narrativas masculinas de aprendizaje y
descubrimiento. Becerrillo es aquí el homólogo de Abasolo (quien deja
la casa paterna para volverse un *colorado*) en *Se llevaron el cañón*... Para la
Tía Lola es doloroso descubrir el carácter inconstante y olvidadizo de
Becerrillo. Pero esto no implica (ni para Becerrillo ni para la Tía Lola)
un serio dilema moral. Esto es simplemente "lo que los muchachos
hacen": dejar atrás la órbita femenina para hallar su propio destino
(para Becerrillo, una bala que le sacará la mandíbula, matándolo). De
cualquier modo, su acto puede ser re-territorializado sin problemas en
una identidad masculina que, a su vez, puede ser tenida como ejemplo
de "mexicanidad".

La segunda "voladura de puentes" es bastante diferente. Villa mata a
la mujer y a la hija de Tiburcio, luego de que le ofrecen alimento.[21] Esto
es, como mínimo, una seria violación de las reglas de la hospitalidad.
Dudo que existiera una cultura guerrera –o de cualquier tipo– que
aceptara este comportamiento, o un código de masculinidad que no
exigiera la retribución con sangre.[22] Tiburcio, de todos modos, acompaña
a Villa. Así, la voladura del puente presenta al lector indicios de una
guerra desprovista de todo sentido (discernible para una conciencia
letrada), de toda épica nacional o estatal (y de la cultura masculina que
constituye su piedra angular). Esta ausencia se llama "bandidaje". Pero
este bandidaje es más que una referencia al saqueo, la decadencia moral,
la crueldad sin freno, la guerra sin propósito. El bandidaje nombra la

singularidad irreductible de Tiburcio, el momento en que su fidelidad a Villa se torna a un tiempo más real y más inexplicable. "Bandidaje" es el nombre de un sistema de violencia y de lealtades que guían una práctica marcial, y que sólo puede entenderse en su distancia con respecto a nuestros valores, a nuestra *Weltanschauung*. Esa distancia no puede nombrarse, no puede siquiera tratarse: sólo es posible señalarla. Nada permite percibir esa distancia como la última conversación de Tiburcio con el sargento de la Expedición Punitiva que lo captura. Tiburcio está en un hospital, recuperándose de la tortura que ha sufrido. El sargento intenta hablar español para convencerlo de entregar a Villa:

> A la hora de los alimentos, venía el sargento captor y se sentaba al lado de Tiburcio, para platicarle. Le ayudaba a tomar el cereal, mondaba las frutas, y le hablaba de la vida en los Estados Unidos, donde hay muchos mexicanos trabajando: una buena casa, un automóvil...
> – ¿Tienes mujer? ¿Tienes hijos? [...]
> – ¿Mujer? ¿Hijos? Me los asesinó Pancho Villa.
> El sargento se quedó con la boca abierta, no acertando a comprender.
> – ¿Pancho Villa matarlos? ¿Tú seguir a Villa?
> –Sí.
> – ¿Tú obedecer Villa? ¿Tú defenderlo?
> –Sí.
> –Tú estar loco...
> –Loco...Sí...
> – ¡Oh! Yo no creerte, tú tener calentura otra vez. Yo si un hombre matar mujer, yo matar ese hombre. Yo no defenderlo.
> –Yo sí.
> La sorpresa del sargento, sus ojos espantados, su espíritu de venganza, desvanecieron en un instante el odio del martirizado. "Yo sí." En esas dos palabras estaba su triunfo moral. Incurable, condenado a no estar en pie nunca más, preso, viejo, oyendo cavar su tumba, tuvo la certeza de su superioridad sobre el sargento, médicos y enfermeras y sobre los centenares de soldados que a través de las ventanas veía vagar entre sus filas de carpas idénticas; sobre el ejército entero.
> [...]
> –Tú decir donde está Villa, nosotros vengarte, nosotros premiarte...
> Cincuenta mil dólares, cien mil dólares te daremos para que vivas en Estados Unidos, protegido por la policía, nadie hacer nada... ¿Dices?
> –Yo, no.
> –Si nosotros encontrar Villa vivo, obligarlo a pedirte perdón. Nosotros retratarlo pidiendo perdón Tiburcio, por haberle matado mujer. Tú ser único hombre en el mundo ante quien Villa hincarse. Tú humillarlo...
> –Yo, no.

–Nosotros darte cuanto pidas, rancho, caballos, vacas finas. Nosotros curarte,
tú poder andar, tú vivir feliz, como antes, tú rico, tú castigar asesinato tu
familia.
–Yo, no.
[…]
–You damn fool! ¡Maldito tonto! Tú dejar esa cama soldados americanos
heridos. Tú largarte infierno, a esperar Pancho Villa. (201-204)

Con una incomprensión exasperada, el sargento entrega a Tiburcio
a su destino: la impaciente cuerda carrancista con la que tanto su vida
como la novela terminan. Si leemos su negativa como coherente con
la historia épica de *Vámonos-1*, la actitud de Tiburcio es un enigma sólo
en el mundo ficcional (sólo para el sargento estadounidense), pero no
para el lector, quien es invitado a admirar (con un sentido de identidad
o inferioridad) la digna negativa del personaje. Él es quien, a pesar de
todo, *no se raja*. Sin embargo, aquí es posible leer algo más, algo que no
nos coloca en el lugar de Tiburcio (o nos hace notar cuán inferiores
a él somos) sino en el del sargento estadounidense: el lugar de quien
penetra desde afuera en territorio ajeno y cuyas buenas intenciones
apenas disimulan la avaricia y la violencia; de quien vive en la comodidad
y las certezas de la modernidad y no puede casi comunicarse con un
guerrero pre-moderno (o, si se me permite, exo-moderno); de quien
carece de toda comprensión real de lo que está sucediendo.

La exasperación del sargento no es sólo una reacción a la obstinada
negativa de Tiburcio, sino también a la imposibilidad de otorgarle
un significado a la misma, de vincular la acción de Tiburcio con una
posición preestablecida como sujeto de violencia: qué es lo que busca,
por qué está luchando (venganza, gloria, dinero, amor). La escena nos
recuerda otra. En *Los de abajo*, Luis Cervantes, el oportunista periodista
del DF, se une a la banda de Demetrio Macías buscando la elusiva
fortuna prometida a esa insurgencia. Sujeto a un constante abuso por
parte de los subordinados de Macías, protesta ante éste:

–Yo he procurado hacerme entender, convencerlos de que soy un verdadero
correligionario…
– ¿Corre…que? –Inquirió Demetrio, tendiendo una oreja.
– Correligionario, mi jefe…, es decir, que persigo los mismos ideales y
defiendo la misma causa que ustedes defienden.
Demetrio sonrió:

– ¿Pos cuál causa defendemos nosotros?...
Luis Cervantes, desconcertado, no encontró qué contestar. (19)

Para un intelectual nacional-estatal como Cervantes, o para un profesional de la guerra al servicio del Estado como el sargento estadounidense, las respuestas de Demetrio y Tiburcio (o la ausencia de ellas) tienen un nombre: barbarie. Ésta, cuando es violenta, se vuelve bandidaje. Las dos respuestas son sin duda una negativa que Cervantes y el sargento leen como incapacidad de articular y forjar una conciencia de clase y un programa político moderno, centrado en el Estado-nación, su territorialidad y sus modos de representación. En el caso de Tiburcio, es aún peor: no sólo falta una conciencia de clase, sino que, para el sargento, Tiburcio no sabe qué es lo que le conviene; no sabe siquiera quién es. Esa inhabilidad requiere la sublimación del sonido y la furia revolucionarios por un principio estatal externo (Tiburcio, muerto como parte del cruel teatro de la ley).

Negarse a nombrar la guerra en términos de una causa última puede ser, no obstante, una opción enteramente política. Puede haber aquí un sentido diferente para la política, ya que los medios y los fines se confunden (no hay nada que obtener, ni la paz ni la libertad ni riquezas ni honor). Esto se diferencia de los efectos inmediatos de la negativa: el rechazo de la actitud condescendiente del estadounidense, su pérdida de control. La pregunta de Demetrio y la negativa de Tiburcio son actos de interrupción de un lenguaje mayor. No implican una ausencia de conciencia, sino más bien una conciencia subalterna (no encuentro mejor forma de nombrar lo que ignoramos) opuesta a la conciencia estatal del "ciudadano" y a la identidad construida en torno al individualismo posesivo.

La pregunta no debería ser "¿Por qué pelea Tiburcio?", sino "¿Por qué rechaza, por qué niega?". Corriendo el riesgo de hacer de Tiburcio una versión indómita del protagonista de *Bartleby, the Scrivener*, de Herman Melville, diría que lo que Tiburcio "quiere" es un lugar más allá del honor, de la traición, de la posesión, de la nación; un lugar que trascienda todas las formas de la identidad, que ponga en entredicho la "ilusión de inevitabilidad" en que descansa todo orden social (Barrington Moore en Tutino18).

Villa no le da nada a Tiburcio (más bien lo despoja de todo). Él no es, entonces, el depósito de significado del que Tiburcio se aprovecha, sino la línea de fuga de todo significado en la escritura de Muñoz. La escenificación de esa experiencia más allá de las facilidades del mito, de la etnografía o la épica constituye la dimensión ética de esta escritura. La lealtad ciega de Tiburcio (que potencia las vueltas "sin sentido" de Villa) es el espacio donde, justamente por su falta de sentido, Muñoz nos permite leer "contra el grano" (Spivak) las opciones de la multitud, de modo diferente (y opuesto) al Pueblo, es decir, no como una instancia trascendente a la cual Muñoz nos daría acceso narrativo, sino como un suplemento de sentido de lo popular y del populismo que, hacia los años treinta del siglo pasado, permeaba las leyendas sobre Villa (y la propia escritura de Muñoz) como parte de la ruta que el PRI seguía hacia la consolidación del Estado Revolucionario.

La muerte de Tiburcio es una afirmación de su propia identidad y de su carácter incomprensible. Se trata de la "negación fortalecedora" (155) de la que habla José Revueltas en *El luto humano*. La afirmación de Muñoz es bastante simple, casi un lugar común, y al mismo tiempo es imposible de sostener: el otro es un otro incomprensible y carente de sentido. En sus ojos sólo vemos el reflejo de nuestra propia incomprensión y falta de sentido. Si llamáramos a esto la experiencia desestabilizadora del subalterno no estaríamos enteramente equivocados. O podríamos llamarlo la experiencia de la literatura (la experiencia de lo Real) y, quizá, estaríamos en lo cierto.

NOTAS

1 Traducción del inglés de Felipe Martínez-Pinzón y Javier Uriarte.

2 Esta entrevista, como se recordará, generó expectativas sobre la posibilidad de que Díaz abandonara la presidencia al final del término. Esto puso en movimiento los eventos que concitaron, cuando esas expectativas se vieron frustradas, el levantamiento de Madero en 1910.

3 Ver al respecto, Martín Luis Guzmán.

4 Katz provee un recuento de lo que se conoce de manera fehaciente sobre la carrera de Villa antes de la revolución. La información no es mucha, es equívoca, y sobre todo, contradice muchas de las afirmaciones hechas por el mismo Villa en sus dos textos "autobiográficos": *Retrato Autobiográfico*, y *Vida de Francisco Villa contada por él mismo*. No me detendré a examinar estos textos. Baste decir que la idea de Villa como un bandolero social de gran estatura política y numerosos seguidores (lo que Katz llama la "leyenda épica"), o la idea de Villa como bandolero social vengador de su familia y de su clase (lo que Katz llama la "leyenda blanca") son, cuando menos, dudosas. Villa parece haber tenido relaciones mucho más fluidas con el

estado y con las clases adineradas de Chihuahua (en particular los extranjeros) de lo que sus propios testimonios parecen admitir.

5   Para la relación de Villa con Madero, ver Katz, quien afirma que Madero nunca consideró a Villa un revolucionario sincero, sino un *condottieri* talentoso.

6   Algunos textos (no los únicos) que dan cuenta de la problemática presencia de Villa en la cultura mexicana post-revolucionaria son los de O'Malley, Benjamin, Parra y Orellana. El trabajo de Parra, en particular, lleva adelante un acucioso mapeo del impacto literario de la figura de Villa, y de los modos en que esa figura fue cambiando en diferentes coyunturas históricas.

7   Villa no aparece en la novela. Se habla de él en diversas oportunidades. Pero Demetrio Macías es un guerrillero villista, que nunca abandona la lucha.

8   Villa no aparece en *Se llevaron el cañón…*, pero sí es mencionado repetidamente como la presencia que acosa y persigue a los *colorados* de Orozco.

9   La biografía fue escrita e inicialmente publicada como un texto corto en 1923, justo después del asesinato de Villa. Está basada en el relato que Villa le dictó a Ramón Puente sobre su vida hasta 1915. Muñoz completó la narrativa con sus propias impresiones de esos eventos. (Martín Luis Guzmán usó el texto de Puente como una más de las fuentes para sus *Memorias de Pancho Villa*). Una versión mucho más larga de la biografía de Villa fue publicada por Muñoz en 1955 bajo el título *Pancho Villa, rayo y azote*. La biografía no tuvo el éxito de las *Memorias* de Martín Luis Guzmán. Muñoz (quien, por otra parte, admira y aprecia a Guzmán) menciona con cierta irritación que resentía no haber podido alcanzar el rol de autor eminente de la historia de Villa (Carballo 273).

10 Otros cuentos con tema revolucionario no toman partido por ninguna de las facciones enfrentadas ("El saqueo" o "El feroz cabecilla", una parodia del enaltecimiento que de sí mismo hace un oficial federal, muy en el estilo de escenas similares en *Los de abajo*), o incluso algunos se dedican a retratar a los federales o a las soldaderas federales de manera algo favorable ("El Niño", "Es usted muy hombre", "El enemigo", "Dos muertos" o "Servicio de patrulla"). En muchos de estos casos, los villistas son retratados como el enemigo.

11 Esta escena, en la cual las explosiones y las linternas de búsqueda de los federales crean dramáticos contrastes entre luz y oscuridad, evocan la importante (pero aún no reconocida) influencia que *Le Feu* de Henri Barbusse tuvo sobre Muñoz.

12 Para algunos (vgr. Carlos Monsiváis), este *ethos* fatalista es simplemente una invención post-revolucionaria llevada a cabo por intelectuales afiliados al Estado. Para una discusión sobre este tema, ver Lomnitz.

13 Cada uno de estos capítulos fue escrito para ser publicado como un cuento aislado en el suplemento dominical de *El Universal*. Cuando la colaboración de Muñoz con el diario fue cancelada (el periódico iba a publicar las memorias del General Juan Barragán), él pensó en combinar los materiales existentes y extender la narrativa para publicarla como novela (Carballo 266).

14 Lo opuesto ocurre en *Se llevaron el cañón para Bachimba*, un *Bildungsroman* revolucionario. El protagonista y narrador de la novela, Abasolo, es un joven sin ninguna experiencia previa del mundo (ni de la guerra). Él sigue a Marcos Ruiz, el líder orozquista que lo inicia en ambos universos. Pero, significativamente, Marcos tampoco era un combatiente por vocación, sino un maestro de escuela.

15 En efecto, durante los primeros tres capítulos Becerrillo tiene más relevancia que Tiburcio (él es el que mata a los centinelas, él es el que llama la atención de Villa, él es quien ostenta la llamativa cartuchera, él es quien desafía a los Rurales a pelear en la víspera de la batalla de Torreón, 23).

16 Uno de los primeros episodios de la rehabilitación de la memoria de Villa por parte del Estado mexicano fue el desvelamiento de un mural cuyo tema era esta misma batalla. A la ceremonia concurrieron el entonces presidente Gustavo Díaz Ordaz y los veteranos de la División del

Norte. Seleccionar esta batalla como la piedra angular de la narrativa de rehabilitación muestra que este evento es el menos problemático de la carrera de Villa.

[17] La novela menciona esto, pero solamente de pasada, sin convertirlo en el hecho decisivo de la narrativa (66), y lo hace únicamente para explicar la ausencia temporal de Villa del campo de batalla.

[18] Las dos novelas de Muñoz son sobre las facciones derrotadas de la Revolución (los *colorados*, los villistas). Lo mismo ha sido dicho de las películas del cineasta más importante del momento, Fernando de Fuentes. Las películas de su trilogía revolucionaria (*El prisionero 13*, *El compadre Mendoza*, y *¡Vámonos con Pancho Villa!*) tratan sobre el huertismo, el zapatismo y el villismo, respectivamente.

[19] *El verdadero Pancho Villa*, de Silvestre Terrazas, es un temprano intento coherente por analizar el fenómeno villista en sus aspectos políticos y sociales (no militares o meramente sensacionalistas). Fue escrito por uno de los pocos intelectuales que influyeron en el círculo de Villa y que le fueron leales hasta el final de su gobierno en Chihuahua. (A diferencia de otros intelectuales, Terrazas no desertó del villismo. Obtuvo permiso de Villa para irse cuando su administración se estaba desmoronando al final de 1915). Sin embargo, el texto de Terrazas no conocería verdadera difusión sino hasta mucho más tarde. Algo análogo podría decirse de otro texto sobresaliente sobre Villa: *Con Villa, 1916-1920: memorias de campaña*, de José María Jaurrieta.

[20] Su caracterización es elocuente: "[Urbina] había logrado fama de cruel y digno compadre de Pancho Villa, de quien había sido único compañero en pasados años dedicados al abigeato. Tenía brazos y manos entorpecidos por una rara enfermedad, sin duda principio de parálisis, atribuida por sus enemigos al hecho de haberse atrevido a tomar durante el saqueo de Durango algunos vasos destinados a las más sagradas ceremonias del culto, de la que extrajo el contenido con sus dedos musculosos, ávidos ante el oro y las gemas de cálices y copones. Sus orejas, rojas y deformes, parecían dos crestas de gallo pegadas a la gran cabeza redonda, y en su cuerpo robusto alentaba un alma felina y despiadada" (66). Es de notar la animalidad de las metáforas: los miembros superiores están semiparalizados y semejan garras.

[21] Esta escena (con algunas modificaciones) fue suprimida de la versión cinematográfica de 1935. A pesar de que habría significado un impacto necesario en el relato sensacionalista de las hazañas de Villa, es ciertamente ajena al tono épico de *Vámonos-1*, en que se basa la película.

[22] El sacrificio de un miembro de la familia al líder carismático no es una novedad, pero el acto se habría realizado de manera completamente diferente. Además, en este caso los asesinatos no son siquiera sacrificios, como sí lo es la muerte del hijo de Tiburcio, más adelante. Matar a las mujeres no es más que librarse de un obstáculo.

BIBLIOGRAFÍA

Azuela, Mariano. *Los de abajo*. 1915-16. Jorge Ruffinelli, ed. Nanterre Cedex: Archivos, 1996.

Benjamin, Thomas. *La Revolución: Mexico's Great Revolution as Memory, Myth, and History*. Austin: Texas UP, 2000.

Campobello, Nellie. *Cartucho: relatos de la lucha en el Norte de México*. 1931. México: ERA, 2005.

_____. *Apuntes sobre la vida militar de Francisco Villa*. México: EDIAPSA, 1940.

Carballo, Emmanuel. *Diecinueve protagonistas de la literatura mexicana del siglo XX.* México: Empresas, 1965.

Creelman, James. "President Díaz, Hero of the Americas." *Pearson's Magazine* XIX/3 (1908): 231-277.

Dabove, Juan Pablo. *Nightmares of the Lettered City: Banditry and Literature in Latin America, 1816-1929.* Pittsburgh: Pittsburgh UP, 2007.

Fuentes, Fernando de. *¡Vámonos con Pancho Villa!* Clasa Films, 1935.

Guzmán, Martín Luis. *El águila y la serpiente.* Madrid: Compañía Iberoamericana de publicaciones, 1928.

Herrera, Celia. *Francisco Villa ante la Historia.* 1939. México: n/a, 1964.

Jaurrieta, José María. *Con Villa, 1916-1920: memorias de campaña.* México: Consejo Nacional para la Cultura y las Artes, 1997.

Katz, Friedrich. *The Life and Times of Pancho Villa.* Stanford: Stanford UP, 1998.

Kenneth Turner, John. *Quién es Francisco Villa?* El Paso: El Paso del Norte, 1915.

Krauze, Enrique. *Porfirio Díaz, místico de la autoridad.* México: FCE, 1987.

Lomnitz, Claudio. *Death and the Idea of Mexico.* Brooklyn: Zone Books, 2005.

Muñoz, Rafael F. *Se llevaron el cañón para Bachimba.* 1941. Buenos Aires: Espasa-Calpe, 1944.

_____ *Pancho Villa, rayo y azote.* 1935. [Primera versión originalmente publicada como *Memorias de Pancho Villa*] México: El Universal Gráfico, 1955.

_____ *Obras incompletas, dispersas o rechazadas.* México: Ediciones Oasis, 1967.

_____ *Relatos de la revolución: cuentos completos.* México: Grijalbo, 1985.

_____ *¡Vámonos con Pancho Villa!* 1931. México: Austral Mexicana, 1999.

O'Malley, Ilene. *The Myth of the Revolution: Hero Cults and the Institutionalization of the Mexican State, 1920-1940.* New York: Greenwood Press, 1986.

Orellana, Margarita de. *Filming Pancho Villa: How Hollywood Shaped the Mexican Revolution.* London; New York: Verso, 2009

Parra, Max. *Writing Pancho Villa's Revolution: Rebels in the Literary Imagination of Mexico.* Austin: Texas UP, 2006.

Revueltas, José. *El luto humano.* México: Era, 1980.

Spivak, Gayatri Chakravorty. "Subaltern Studies: Deconstructing Historiography." *Selected Subaltern Studies.* Ranajit Guha y Gayatri Chakravorty Spivak, eds. Nueva York: Oxford UP, 1988. 3-32.

Terrazas, Silvestre. *El verdadero Pancho Villa: el centauro del norte-sus heroicas batallas y acciones revolucionarias.* México: Era, 1985.

Tutino, John. *From Insurrection to Revolution in Mexico: Social Bases of Agrarian Violence, 1750-1940.* Princeton: Princeton UP, 1986.

Valadés, Edmundo. "La revolución y las letras". *La Revolución y las letras: dos estudios sobre la novela y el cuento de la Revolución mexicana.* Luis Leal y Edmundo Valadés, eds. México: CONACULTA, 1990. 9-88.

Vanderwood, Paul. *Disorder and Progress: Bandits, Police, and Mexican Development.* Wilmington: SR Books, 1992.

La rebelión de los animales: cultura y biopolítica

GABRIEL GIORGI
New York University

Pocos textos hacen visible el lugar político del animal en la imaginación moderna sudamericana como "Meu tio o iauaretê", de João Guimarães Rosa. Escrito hacia 1950, pero publicado en 1961, este texto traza el arco de posiciones y de tensiones por las cuales la cultura inscribió al animal en la primera mitad del siglo XX. Por un lado, el animal allí todavía forma parte de la "naturaleza"; esto es, de un mundo natural concebido como exterior al orden social al mismo tiempo que crecientemente colonizado por el desarrollo económico al cual resiste. Por otro lado, el animal se inscribe bajo el signo de una resistencia irreductible: es el cuerpo indómito, ingobernable, que se quiere insumiso a un orden modernizador que disciplina a los sujetos y domestica a los cuerpos: allí donde la antigua barbarie había desaparecido (y *Grande Sertão: Veredas* dará testimonio de esto), el animal representa la última resistencia a un orden disciplinario que hacia mediados del siglo XX ya se había consolidado. El animal inscribe en la cultura una política que viene de ese anacronismo: la política de un cuerpo *inasimilable* al nuevo orden social, irreductible a sus normas (o mejor: a su normalización) y a las disciplinas que hacen de los cuerpos una medida de valor social y económico. La alteridad del animal quiere figurar allí un otro absoluto, exterior respecto de las disciplinas normalizadoras de la modernidad.

Esas dos posiciones se reflejan, nítidas, en el texto de Guimarães Rosa, que por eso es una entrada privilegiada para pensar la relación entre imaginación política y vida animal en la cultura sudamericana. Hace del animal, y de una "alianza" humano-animal, un punto de interrogación y de desafío respecto de un orden político, y los vuelve eje de una política literaria y de una idea de la literatura. Al mismo tiempo,

"Meu tio o iauaretê", justamente porque narra una rebelión animal, arma una constelación con otros textos que se conjugan alrededor de la figura del animal como índice de una resistencia que impugna y desafía un orden social y político dado. En torno a esos dos recorridos, este cuento ilumina el trazo inestable y crítico del animal en ciertos tramos de la cultura moderna, lo que permite leer algunos modos en que la cultura piensa y contesta un horizonte histórico de creciente sujeción biopolítica.

EL ANIMAL INTERIOR/EXTERIOR

Una alianza humano-animal contra el orden disciplinario moderno: esa fórmula describe la historia que se narra en "Meu tio o iauaretê". Un cazador cuenta su historia ante un visitante en el *sertão*: mestizo, pobre, desocupado, sin lugar en el orden social, racial y económico de la nación moderna, el cazador es empleado por los hacendados del *sertão* para exterminar jaguares, que representan una amenaza para su expansión económica sobre el territorio. Luego de matar a varios jaguares, y motivado tanto por su pasión hacia una jaguar hembra como por su propia convicción de ser o de devenir jaguar, el cazador se rebela contra sus empleadores y empieza a entregárselos a los jaguares para que los devoren: *eu onçei* [yo me jaguaricé], dice el personaje, que se reconoce, de modo siempre precario, en comunidad con los jaguares y en el territorio de la *jaguaretama*. Se trata, entonces, de una rebelión: el devenir animal del humano y la comunidad humano-animal como foco de una revuelta –que es también el foco de una autonomía posible– contra un orden a la vez económico y político que se expande, coloniza y reduce la vida del cuerpo a recurso y a mercancía. La alianza humano-animal del narrador con los jaguares y el territorio de la jaguaretama configuran allí una especie de bolsillo interno, un pliegue autónomo o alternativo en el paisaje de un Estado-nación que sujeta los territorios y los cuerpos a una norma única.

La rebelión contra los hacendados es también (y esto es inseparable de lo anterior) una rebelión en la lengua: el texto de Guimarães Rosa es legendario porque –como lo notó tempranamente Haroldo de Campos– trabaja, minoriza, el portugués, la lengua colonial, con el tupí guaraní, creando síntesis linguísticas y poniendo en variación radical el orden de la lengua dominante; pero, al mismo tiempo, cruza esa lengua menor con onomatopeyas animales, con la voz animal, tensando no sólo la lengua mayor sino el lenguaje mismo hacia una materialidad en el límite del sentido que pasa por lo oral:

> Mecê tá ouvindo, nhem? Tá aperceiando...Eu sou onça, não falei? Axi. Não falei –eu viro onça? Onça grande, tubixaba. Oi unha minha: mecê olha –unhão preto, unha dura...Cê vem, me cheira: tenho catinga de onça? Preto Tiodoro falou eu tenho, ei, ei... (*Estas estórias* 197)
>
> [Usté me oye, ñen? Se da cuenta...Yo soy jaguar, ¡¿no le dije?! ¿No le dije –que yo me vuelto jaguar? Jaguar grande, tubixaba. Vea mi uña: usté ve –uñón negro, uña dura... Viene, me huele: ¿tengo catinga de jaguar? Negro Tiodoro dijo que tengo...ui, ui...] (*Campo general* 453)

Un ordenamiento alternativo de cuerpos –antimoderno, anticapitalista y antihumanista– a partir de la alianza humano-animal, y una lengua oral y menor (y una relación-otra con el lenguaje): de eso se tratan esta rebelión y esta alianza humano-animal.

El texto de Guimarães Rosa pone en escena una regla que, quiero sugerir, comparte con otros materiales que hacen del animal un foco de problematización política y estética. El animal que se pone en escena en el texto no remite a una animalidad originaria, arcaica, que resiste los avances de un progreso civilizatorio inexorable; no remite al animal como índice de una condición premoderna, salvaje, y de un suelo intemporal anterior y exterior al orden civilizatorio. Al contrario, se trata más bien de una *nueva alianza* entre humanos y animales producida por las condiciones generadas por la misma modernidad, una modernidad que captura los cuerpos y los arroja a nuevos órdenes de lo posible. "Meu tio o iauaretê" no narra tanto la recuperación de una cosmovisión indígena contra el avance modernizador (el narrador es mestizo: pero el mestizaje aquí no es síntesis ni mezcla sino disyunción, heterogeneidad, difracción) como la transformación, el devenir (que es también una traición) de un personaje arrojado, por la fuerza del capital, a una nueva vecindad con los jaguares. Se trata, evidentemente, de un personaje moderno: fuerza de trabajo desterritorializada. No repone ni reinventa una cultura tradicional contra el orden modernizador sino que demarca justamente una subjetividad y una enunciación *menores*, es decir, una variación a partir de las nuevas reglas de juego propias de la modernidad. Tiene lugar a partir de los procesos modernizadores, de la expansión del capital, del disciplinamiento y la explotación de los cuerpos, y del descubrimiento de nuevas potencialidades de lo viviente: es allí donde inscribe la cuestión animal y la comunidad entre hombres y animales. Esa alianza humano-animal parece trazar las coordenadas no de un reino salvaje contrario o anterior a la sociedad sino de una comunidad alternativa o, mejor dicho, de otro modo de pensar y de imaginar la comunidad.

Ante la alianza humano-animal y la nueva potencialidad de la vida en común que esa alianza inaugura, el relato que se narra en "Meu tio o iauaretê" responderá con una respuesta *de guerra*: el narrador-protagonista termina baleado por el oyente de su relato quien, presumiblemente movido por el miedo, termina disparándole:

> Mecê gostou, ã? Presto prestava, não, ô, ô, ô...Oi, mecê presta, cê é meu amigo...Oi: deixa eu ver mecê direito, deix'eu pegar um tiquinho em mecê, tiquinho só, encostar minha mão...
> Ei, ei, que é que mecê tá fazendo?
> Desvira esse revólver! Mecê brinca não, vira o revólver pra outra banda.
> Mexo não, tou quieto, quieto...Oi: cê quer me matar, ui? (198)

> Le gustó, eh? El negro no era bueno, oh, oh, oh... Oiga: usté sí es bueno, usté es mi amigo.... Oiga: déjeme verlo bien, déjeme agarrarlo un poquito nada más, acercarle mi mano...
> Ei, ei, ¿qué está haciendo?
> ¡Voltee ese revólver! No juegue, voltee el revólver para el otro lado...No me muevo, toy quieto, quieto...Oiga, ¿usté quiere matarme, ui? (454)

La escena se resuelve en asesinato: empieza con una proximidad cuyo sentido no se puede discernir –puede ser afecto o amenaza– y con un amigo que se vuelve enemigo: el antagonismo puro que se despliega como violencia y muerte.

Amigo/enemigo: el espacio de la situación narrativa reúne así dos figuras que escenifican dos tiempos, dos culturas, dos posiciones en el espacio de la modernidad: el oyente, el narratario (es el lugar del lector) que es quien llega al *sertão* desde afuera, y ese narrador que despliega la configuración alternativa que tiene en el centro al animal. Escrito/oral, lengua mayor/lengua menor, mundo civilizado/alianza humano-animal, blanco/mestizo, nación/local: esas son las polaridades que se articulan en la situación narrativa del texto y que se despliegan en el relato. Estas posiciones se organizan a partir de la relación con el animal: el animal es el cuerpo desde el que se distribuyen posiciones a la vez estéticas y políticas.

VIDA ANIMAL Y BIOPOLÍTICA

Ciertas inscripciones del animal en la cultura moderna sudamericana, como la que tiene lugar en el texto de Guimarães Rosa y, como veremos luego, en otros textos, funcionan como mecanismos de movilización y de desestabilización de dos distinciones que son cruciales para cierta idea de lo moderno: la distinción jerárquica entre animal/humano y la distinción, que le es correlativa, entre naturaleza/cultura y entre naturaleza/sociedad. Esas dos distinciones son decisivas, estructurantes, para una imaginación moderna que es a la vez civilizatoria: el animal o la vida animal es allí un terreno sobre el que se trazan distinciones y distribuciones a partir de las cuales se construye una *norma* de lo humano con inflexiones económicas y culturales específicas. Modernizar y civilizar son, antes que nada, procesos por los cuales se sujeta a los cuerpos y la vida que los atraviesa a una norma biopolítica que fue europea, capitalista y disciplinaria, un *bios* definido a partir de signos raciales, culturales y económicos (Braidotti) y que hay que producir, reinventar, formar a partir de la segregación de otras formas de vida significadas como no humanas, o menos que humanas: esa operación es decisiva para una idea de modernidad postcolonial, cuyo horizonte de fondo y contrafigura central fue la barbarie, que es una noción constituida por una relación intensa, inextricable con el animal y con la vida animal en general.[1]

¿Qué hace la imaginación cultural moderna con el animal? Lo usa para movilizar sentidos y para interrogar esas distinciones (humano/ animal, naturaleza/cultura) que el orden civilizatirio quiso fijar de modos inequívocos: el animal en la cultura es, frecuentemente, un signo anticivilizatorio no porque inscriba una fuerza anterior y exterior al orden civilizado, sino porque desbarata, deshace, elude distinciones fundantes para esa trama de la imaginación política. Al movilizar la distinción ontológica entre animal/humano (que es, evidentemente, una distinción fundamental de la tradición humanista) y la distinción naturaleza/cultura, estos materiales iluminan el revés político que estas distinciones buscan ocultar o encubrir: la distinción *biopolítica* entre vidas (humanas o animales) protegidas, reconocidas, socialmente valoradas, y aquellas otras vidas (humanas o animales) abandonables, cosificables, explotables o, eventualmente, eliminables, eso que Agamben pensó en torno a la diferencia entre el *a* y *zoé*.[2] Los animales de la cultura, la inscripción de la "vida animal" en la cultura moderna, quiero sugerir, es una vía privilegiada por la cual se mapea, se cartografía ese campo de diferenciaciones y distribuciones por las cuales una sociedad distingue, jerarquiza y separa cuerpos y formas de vida. Esas distinciones son biopolíticas, no ontológicas: no responden a una distinción natural entre especies sino a tecnologías y saberes biopolíticos que ven no tanto vidas "humanas" o "animales", sino, más bien, un *continuum* biopolítico sobre el que se trazan distinciones que son siempre móviles, estratégicas y en contestación. Eso es lo que se ilumina desde los animales de la cultura: eso es lo que hacen los animales desde la imaginación cultural. El animal emerge, así, en una contigüidad inseparable con los cuerpos racializados, sexualizados, genéricamente marcados: forma una especie de núcleo de la imaginación biopolítica que persistirá hasta entrado el siglo XX, una especie de matriz de imágenes, relatos, afectos y sentidos sobre la que se proyectarán antagonismos políticos de la modernización económica y social. El animal en la cultura es, en fin, *saber biopolítico*: una categoría que ilumina los modos en que la modernidad reinscribe constantemente, a partir de la tecnología, el saber y la economía, los cuerpos y la vida, arrastrándolos desde la esfera de lo "natural" hacia un campo de control, de captura –y por lo tanto de politización– cada vez más intenso.

Esa contigüidad con el animal emerge como un margen de exterioridad en el texto de Guimarães Rosa.[3] El animal resuena ya menos como amenza real que como figura melancólica: narra el momento en que desaparece, cuenta su propio final. Es el último relato de una voz que traza una configuración alternativa en relación con la norma civilizatoria, la identidad racial y nacional, y la productividad del individuo en el régimen capitalista: encarna el revés de lo que hace y define al sujeto disciplinado y legible de la nación modernizada:

Nhô Nhuão Guede trouxe eu pr'aqui, ninguém não queria me deixar trabalhar junto com os outros...Por causa que eu não prestava. Só ficar sozinho, o tempo todo. Prestava mesmo não, sabia trabalhar direito não, não gostaba. Sabia só matar onça. Ah, não devia! Ningém não queria me ver, gostava de mim não, todo o mundo me xingando. (187)

Ño Ñuan Guede aquí me trajo, nadie quería dejarme trabajar con los demás... Porque yo no servía. Nada más estarme aquí solito, todo el tiempo. Era un bueno para nada, no sabía trabajar bien, no me gustaba. Nada más sabía cazar jaguares. ¡Ah, no debería! Nadie quería verme, no me querían, todo el mundo me maldecía. (442)

El "bueno para nada": el que no entra, pues, en las disciplinas del nuevo orden, el remanente, el excluido. Esa figura viene marcada e indicada desde el animal y desde esa contigüidad o vecindad intensa entre especies que es la alianza humano-animal. En el texto de Guimarães Rosa, ese revés o alternativa ya es anacrónico, es un fuera de tiempo que pasa, por la escritura y el archivo, al tiempo virtual de la ficción. Marca, en este sentido, el final de ese horizonte de exterioridad que la imaginación civilizatoria había asignado al animal como el límite de toda idea de orden, socialidad, administración de recursos y producción de valor, y que trazó un vector decisivo en la cultura moderna sudamericana.

LAS REBELIONES ANIMALES: GUIMARÃES ROSA, LUGONES, QUIROGA

A partir de "Meu tio o iauaretê" me gustaría analizar dos vectores en torno a la alianza humano-animal: la rebelión o la guerra entre humanos y animales, y la inscripción política del animal en la cultura. Desde el texto de Guimarães Rosa se puede leer una constelación de otros textos —una serie— y, en el contraste y la relación entre ellos, se van a volver visibles los vectores que los articulan.

Uno de esos vectores pasa por la relación entre animalidad y soberanía: por los modos en que la ficción de la rebelión animal invoca, provoca, define la emergencia de un poder soberano que es un régimen de terror, como si la rebelión animal, o la alianza humano-animal, albergara una amenaza tan radical al orden político que invocara la necesidad del orden soberano para retrazar fronteras entre cuerpos y jerarquías de lo humano sobre lo animal. El otro vector pasa por la voz y el lenguaje: por los modos en que el texto de Guimarães Rosa y, en general, las ficciones de la rebelión animal, registran y albergan el umbral de la voz como instancia de indeterminación entre lo humano y lo animal, y como punto límite de lo que se constituye y se reconoce como lenguaje articulado; como si justamente en la voz se albergara una tensión que saca al lenguaje de sí mismo, lo arrojara al límite del sentido pero, al mismo tiempo, indicara la virtualidad, la posibilidad de nuevos sentidos, que se vuelven latencias y llamados para una escritura futura, y que son también, e indiferenciadamente, latencias y llamados para una comunidad potencial.

El texto de Guimarães Rosa marca, como señalábamos antes, un punto crítico y final de la configuración moderna en la que el animal define un punto de exterioridad respecto del orden social y político: traza el final del animal como exterior de la cultura. Y lo hace bajo el signo de la comunidad y la rebelión: narra una de las últimas rebeliones animales sudamericanas en la que la comunidad humano-animal –un "devenir animal"– inscribe una resistencia inasimilable. Esa rebelión, sin embargo, resuena con otras ficciones de rebeliones animales que no funcionan, necesariamente, como antecedentes (pertenecen a otras tradiciones) pero cuyo contraste con el texto de Guimarães Rosa permite iluminar reglas de inscripción del animal en la cultura moderna sudamericana. Se trata de "Los caballos de Abdera", de Leopoldo Lugones, publicado en el volumen *Las fuerzas extrañas*, de 1906, o en "Juan Darién", de Horacio Quiroga, de 1926 –textos, como se ve, clásicos, canónicos, en sus respectivas tradiciones, como el de Guimarães Rosa–, que permiten señalar algunas recurrencias que se materializan, de modo nítido, en "Meu tio o iauaretê", y arman una máquina de lectura en torno a la rebelión animal.

Tales recurrencias tienen que ver en primer lugar con la amenaza que en cada uno de estos textos representa la proximidad de lo animal en el orden social, amenazas que son siempre *explícitamente políticas*: el texto de Lugones narra una rebelión de caballos que se alzan contra la explotación laboral y en reclamo de cierta igualdad de derechos con los hombres: una revuelta, si se quiere, *proletaria* en torno al uso de los cuerpos como fuerza laboral y como instancia de explotación física (una especie de *Animal Farm avant la lettre*, salvando las obvias diferencias). En "Juan Darién", de Quiroga, como se recordará, la guerra entre especies tiene que ver con la mutación o la mezcla entre humanos y animales: en un pueblo de la selva, un cachorro de tigre es secreta y mágicamente convertido en niño; años después la comunidad –mejor dicho, un inspector de escuela que visita el pueblo: el representante del Estado– intuye que hay una "bestia" agazapada en ese niño, y para prevenir esa amenaza lo tortura violentamente para que "muestre las rayas" de tigre; el niño se convierte en ese tigre tan invocado, sobrevive a las torturas, vuelve a la selva y desde allí declara la guerra contra los humanos. Los dos textos comparten un rasgo evidente con el texto de Guimarães Rosa: ponen en escena una vecindad, una contigüidad entre cuerpos y entre especies a partir de la cual tiene lugar un cierto devenir, un proceso de invención o de generación de algo común entre especies humanas y no-humanas: un *espaciamiento común que no existía hasta ese momento,* que aquí llamamos la alianza humano-animal y que es siempre un factor de desterritorialización específicamente moderno. Cada texto, así, narra la emergencia de modos de contigüidad afectivos, políticos y territoriales sobre los que se re-traza el "mundo en común" de los cuerpos a partir de la proximidad o la vecindad humano-animal.

El texto de Lugones ofrece un contraste iluminador respecto del de Guimarães Rosa. En el cuento de Lugones, los caballos desarrollan cualidades y destrezas a partir de su educación por y entre los hombres, y empiezan a ocupar espacios y relaciones más allá de las que estarían, en principio, prescritas para su especie: se "humanizan", dice el texto, y al hacerlo reclaman una nueva ordenación del espacio de los políticamente iguales:

> Aquella educación persistente, aquel forzado despliegue de condiciones, y para decirlo todo en una palabra, aquella *humanización* de la raza equina, iban engendrando un fenómeno que los bistones festejaban como otra gloria nacional: la inteligencia de los caballos comenzaba a desarrollarse pareja con su conciencia, produciendo casos anormales que daban pábulo al comentario general. (118-9)

Son, justamente, esa educación y esa vecindad entre los humanos y los caballos lo que impulsa un despliegue de capacidades y una dislocación de los lugares previstos para cada especie: la alianza humano-animal descubre esa nueva mutabilidad de los cuerpos, una nueva potencia de lo posible, y eso funciona como condición de la revuelta animal, justamente porque retraza los límites de lo común y de las lógicas de la igualdad.

Este devenir se potencia y radicaliza en "Meu tio o iauaretê": el narrador traza los contornos de la alianza a partir de su propia existencia entre especies –reclama, desde el título mismo, la filiación con los jaguares– y sobre todo a partir de su pasión por una jaguar hembra: otro despliegue de afiliaciones deseantes y otra demarcación del territorio que no se acomoda a las topologías –y las necesidades de exterminio– de la nación y del capital. "Juan Darién", por último, inscribe esta zona en términos de la metamorfosis de un tigre cachorro en un niño humano, a partir del hechizo de una serpiente y su alianza protectora con la madre; la naturaleza de esa metamorfosis, y la relación entre el pasado animal y el presente humano, constituyen el nudo político que se despliega en el texto de Quiroga.

En los tres textos, la alianza entre lo humano y lo animal cifra una alianza política: indica un pacto, una fusión, una metamorfosis, un pasaje o devenir en el que se juega una comunidad alternativa. Algo que pasa entre los cuerpos y entre las especies y que inscribe la posibilidad o virtualidad de otras ordenaciones de cuerpos –una alianza entre humano y animal que indica la posibilidad de un *régimen alternativo de lo común*: eso es lo que se narra en estas rebeliones. En este sentido, la alianza humano animal *suspende*, para usar la expresión de Rancière, *un orden dominante de individuaciones* (es decir, un régimen de clasificación, identificación y nominación de cuerpos), y al hacerlo abre la posibilidad de un nuevo ordenamiento, de otras gramáticas de cuerpos: allí es donde tienen lugar estas historias de rebelión animal y donde se anudan sus sentidos políticos. ¿Por qué sentidos *políticos*? Por el hecho de que esa alianza entre especies no solamente complica o vuelve ambivalentes las distinciones entre humano y animal, sino, sobre todo, porque moviliza la distribución entre bios y zoé, entre las vidas protegidas, cuidadas, reconocidas por el orden jurídico, y aquellas que son abandonadas y reducidas a pura explotación y ajenas a todo derecho. En la medida en que la alianza construye formas de vida a partir de agenciamientos y lazos entre especies, pone en crisis toda distribución que haga coincidir el bios con lo humano y zoé con lo animal, y elabora comunidades (y leyes, territorios y subjetividades) que pasan por lazos alternativos entre especies y por una concepción alternativa o no-normativa de lo humano. Pone en crisis la distribución bios/zoé, y pone en crisis, consecuentemente, el ordenamiento de cuerpos que se funda en esa distribución: ese es el núcleo biopolítico que se pone en juego en la alianza humano-animal.

Pero, al mismo tiempo, estos textos también narran la respuesta violenta contra ese orden alternativo que busca restaurar la distinción entre humano y animal como condición fundamental, fundante para la existencia o la supervivencia de la comunidad: la alianza humano-animal y el orden soberano aquí se enfrentan en una ecuación sistemática, una especie de antagonismo persistente de la ficción literaria y de los modos en que ésta refleja ciertas reglas de la imaginación civilizatoria. Esto define una clave de la serie de las rebeliones animales: los tres textos se cierran con un retorno de la violencia soberana como restauración del orden social, entendido específicamente como un ordenamiento de la distinción y la jerarquía entre cuerpos humanos y animales. Estas rebeliones animales parecen no poder resolverse sino al precio de la violencia, una violencia que llega en distintas versiones pero que siempre se quiere fundacional: como si no hubiera medios, digamos, específicamente disciplinarios o de domesticación para enfrentar la rebelión animal, y hubiera que recurrir a la violencia estatal y a su promesa de muerte como única manera de resolver el problema del "animal vecino" que se vuelve enemigo. No hay, paradójicamente, una *pastoral* para la rebelión animal: el terror es, al parecer, el único recurso posible.[4]

El texto de Lugones es, creo, paradigmático en este sentido. Como mencioné, en "Los caballos de Abdera", de 1906, gracias a los cuidados y la educación de los hombres, los caballos se han "humanizado" al punto de que reclaman lugares de igualdad con los ciudadanos; la suya es una rebelión en la que la cuestión de la explotación laboral se combina con derechos de ciudadanía; estamos, podríamos decir, en el espacio del proletariado y las luchas proletarias. Los caballos no sólo quieren detener la explotación, sino, además, participar en la distribución de las riquezas y los privilegios que les han sido negados. Hacia el final del cuento, la revuelta de los caballos avanza: interesantemente, en el texto de Lugones los hombres no pueden contener ni sofocar la rebelión animal; están arrinconados en la fortaleza de la ciudad, apenas soportando los embates de los caballos. Saben que su derrota es inminente cuando, súbitamente, desde afuera de la ciudad, aparece una figura monstruosa: una "colosal cabeza de león" gigantesca, una "fiera antediluviana", tan bestial y amenazante que asusta a los caballos y aterroriza a los hombres:

> Dominando la arboleda negra, espantosa sobre el cielo de la tarde, una colosal cabeza de león miraba hacia la ciudad. Era una de esas fieras antediluvianas cuyos ejemplares, cada vez más raros, devastaban de tiempo en tiempo los montes Ródopes. Mas nunca se había visto nada tan monstruoso, pues aquella cabeza dominaba los más altos árboles, mezclando a las hojas teñidas de crepúsculo las greñas de su melena. (122)

La bestia aterradora resulta ser Hércules, que aparece debajo de la cabeza de león. Los caballos huyen, los hombres celebran porque se salvan de los caballos, pero también de ese león monstruoso.[5] El tema derridiano de la bestia y el soberano es nítido aquí: la figura de Hércules, entre bestia y dios, esa figura *zooteológica*, es la que restaura los límites de la *polis* en tanto que distinción y jerarquía entre hombres y animales. Pero para restaurar ese orden, Hércules tiene que enmascararse como bestia y, en un sentido, volverse más bestia que las bestias; tiene que personificar ese león "antediluviano" que espante a los animales y que aterrorice a los hombres. El "león" Hércules es evidentemente la figura de un poder soberano que, desde afuera de la polis (y desde afuera, pues, de la democracia), viene a resolver los conflictos propios de la polis que la polis misma no puede resolver.[6] Ese conflicto o antagonismo, esa fractura que atraviesa el orden político y que lo amenaza es la crisis de la distinción y la jerarquía entre lo humano y lo animal: la ciudad se funda sobre esa distribución normativa de cuerpos. La clave del texto de Lugones (como de todas estas ficciones de la rebelión animal) es que esa distinción *no es nunca natural*, sino siempre política: sólo el poder soberano la puede trazar y preservar. El poder soberano, con su rostro y su fuerza monstruosa, es el único que puede trazar la distinción jerárquica entre lo humano y el resto de los vivientes (el poder soberano, paradójicamente, "humaniza", produce humanidad, aunque él mismo la niegue). No hay aquí, entonces, "naturalización" del orden político, sino, al contrario, *politización de la naturaleza*: las distinciones y las jerarquías entre cuerpos son una producción que viene desde el poder soberano; no responden a un orden natural "anterior" a la política. Hay alianzas humano-animales y hay restauración soberana de la jerarquía de lo humano sobre el animal: en lugar de un fundamento naturalizado, hay alianzas y hay guerras entre cuerpos.

El texto de Lugones celebra esa aparición del poder soberano en la figura de Hércules; los textos posteriores, en cambio, van a invertir el signo y van a narrar la violencia soberana en su crueldad y en su arbitrariedad: a medida que avanza el siglo, los textos de la rebelión animal intensifican la crítica a la violencia soberana. "Juan Darién" hace de la diferencia entre humano y animal –de su inteligibilidad y de sus evidencias– un dilema insoluble que sólo se resuelve al precio de la tortura física. A diferencia del texto de Lugones, que empieza con la rebelión animal y termina con la restauración del orden, "Juan Darién" termina con la rebelión animal: el cuento es, si se quiere, la prehistoria de una declaración de guerra entre especies. Recordemos brevemente la trama: Juan Darién es un niño-tigre, mejor dicho, un cachorro de tigre convertido en niño gracias al hechizo de una serpiente. Crece en la desconfianza del pueblo de la selva donde vive. Un inspector escolar –en la escuela, el sitio de las pedagogías nacionales– sospecha que es un tigre: el niño tartamudea al dar su lección, y al tartamudear deja escuchar algo como un rugido: la cuestión del lenguaje, del límite o umbral entre lenguaje y ruido o el rugido es, como veremos más adelante, una dimensión central en todas las ficciones sobre la rebelión animal. El inspector trata de demostrar, de diversas formas, que el niño es un tigre: pero todas sus pruebas fallan. Y necesita demostrar que es un tigre para poder matarlo legalmente, para volverlo una *vida sacrificable*, cuya muerte no constituya homicidio: "Parece un hombre, y con los hombres hay que proceder con cuidado" (252). El inspector está seguro de que el tigre tarde o temprano va a despertar de una suerte de latencia y va a exterminar la comunidad. Recurre entonces a la violencia y, en una escena macabra, el pueblo quiere marcar con fuego –con "bengalas"– las rayas del tigre sobre el cuerpo del niño, para "hacer" o "producir" el cuerpo animal que están buscando, y que no aparece por sí mismo. El hechizo, finalmente, se deshace; Juan Darién sobrevive: vuelve a la selva, reúne a los tigres, declara la guerra infinita sobre los hombres que avanzan sobre la selva "cazando, matando, degollando" (258).

Un aspecto, entre muchos, merece ser subrayado. El texto de Quiroga es implacable en los modos en que, sin borrar la distinción entre humano/animal, complica cualquier criterio normativo de diferenciación entre especies: el texto mina toda certeza acerca de la naturaleza de "Juan Darién". Esa inestabilidad atraviesa el texto, pero se hace especialmente dramática cuando el pueblo tortura al niño –al vecino– para que "muestre las rayas": para que aparezca el cuerpo de tigre supuestamente oculto bajo el cuerpo del niño. Como eso no sucede (es necesario que el hechizo se rompa), la comunidad, a través de un domador, le marca las rayas con fuego: no se sabe si el tigre aparece desde "adentro" o desde "afuera", si emerge desde el interior del cuerpo o es «hecho» desde el exterior, y el texto nunca resuelve del todo esa indeterminación. El cuerpo no responde, por sí mismo, a la ordenación política entre especies: para que haya distinción, para que haya "orden político" sostenido sobre la distinción entre humanos y tigres, tiene que intervenir un orden soberano que, desde la escuela, desde la pedagogía nacional, se reconvierte en una máquina de tortura y de intervención directa sobre los cuerpos. En otros términos: para que haya comunidad, para que haya orden social, el cuerpo tiene que ser marcado, herido, inscrito de modo tal que refleje la distinción normativa entre humano y animal; pero esa distinción nunca se termina de realizar, se borra o difumina sobre una corporalidad que nunca acaba de realizar la distinción. No hay, una vez más (y esta es una de las claves del saber biopolítico) distinción natural entre las especies: la distinción es arbitraria y es política, y reclama una violencia proporcional a su indeterminación. Como señala Jens Andermann: "lo que el cuento narra es precisamente la incapacidad por parte de la máquina antropológica (movilizada por la instancia disciplinaria, el inspector de escuelas) de deshacer por medio de la violencia lo que surgió en un acto «desmedido» de amor" (6), que es el hechizo de la serpiente invocando la ley suprema del universo que vuelve equivalentes todas las vidas, es decir, lo que aquí llamamos la alianza humano-animal. El texto identifica el poder de esa alianza: la escala de la violencia que genera refleja la magnitud de su desafío.

La ficción de la restauración del orden político es concomitante al de la guerra de las especies: como si hubiese una potencia o virtualidad entre las especies (en esos cuerpos mixtos y en esos espacios de mezcla y de cruce entre especies) que anuncia otro orden de lo común, algo que pasa o que puede pasar entre las especies, entre los cuerpos: el "discurso de la especie" (Wolfe) funciona aquí como el mecanismo que vigila, controla y demarca ese espacio, esa zona lábil, incierta, esa zona que no es simplemente visible (a nivel de las formas, de las apariencias), ese umbral que no es un cuerpo pero pasa entre los cuerpos, que no se puede simplemente marcar o demarcar, esa zona de indistinción pre-individual, pura intensidad –*virtual*, en una palabra– de donde provienen las rebeliones y que sólo se resuelve a través de la invocación de una violencia fundante.

La alianza humano-animal, esos espacios o zonas comunes entre humanos y caballos, o entre humanos y jaguares o tigres, que estos textos insistentemente cultivan y exploran, *entra a la imaginación cultural al precio de su supresión a nivel del relato*, como si la única forma de narrar un relato de animales rebeldes fuese bajo el signo de una derrota que repone, con fuerza normativa, la distancia axiomática entre lo humano y lo animal que la imaginación civilizatoria parece reclamar como condición de lo narrable y de lo imaginable.

Todo animal que se rebela invoca la violencia soberana; todo enlace imprevisto, toda línea común entre especies será aniquilada; la distancia axiomática, fundante, irrevocable y siempre aterradora entre hombres y animales, la distancia *que aquí parece ser el objetivo mismo de la violencia soberana*, se restaura –de modos a la vez inevitables y normativos– en estas ficciones de la rebelión animal. Lo que se ilumina en esta serie es esa matriz moderna que reclamó, como condición de lo político, la institución performativa, jerárquica e incontestable de una distinción entre los cuerpos humanos y los cuerpos animales y, por lo tanto, entre lo "animal" de cada cuerpo y lo que se reconocerá como propiamente humano a partir de esa distinción.

LA VOZ ANIMAL

Pero, al mismo tiempo, hay otro vector decisivo en "Meu tio o iauaretê" y en la serie de las rebeliones animales, y que va a contrapelo de esta restauración, de la distinción jerárquica entre lo humano y lo animal que vemos desplegarse como una coordenada de la imaginación civilizatoria. Si a nivel del relato estas ficciones narran la guerra entre especies, a nivel del texto trabajan sobre una indeterminación radical, irresoluble, en torno a lo que se reconoce como lenguaje y como sentido. En los tres textos, la escritura se abre a sonidos, ruidos, rugidos, gritos que vienen de los animales y que los textos mismos se encargan de asemejar, cotejar y enlazar con el lenguaje de los humanos. Los caballos rebeldes de Lugones, por ejemplo, durante la rebelión emiten "relinchos variados como palabras a los cuales mezclábase uno que otro doloroso rebuzno" (120): en el tumulto de la rebelión no se sabe qué es palabra y qué es ruido o grito; los relinchos son comparables a palabras y al lenguaje articulado pero también inscriben un «fondo» de sonidos a-significantes (trazando así una jerarquía entre relinchos y rebuznos: entre la tragedia y la comedia). Juan Darién tartamudea mientras da su lección en la escuela ante el inspector, y es ese tartamudeo el que trafica un sonido similar al rugido del tigre, lo cual despierta las sospechas en el pueblo: de nuevo, un espacio de incertidumbre en el interior del lenguaje que pone en escena el deslizamiento, la indeterminación entre lo que es propiamente palabra y lo que es ruido del cuerpo, gruñido, rugido, rumor anterior al sentido. Los textos de la rebelión animal se vuelven cajas de resonancia para una *materia sonora* que atraviesa el lenguaje, al que interrumpen y desvían y exponen a una indeterminación radical (algo que, vale la pena notarlo, no sucede en *Animal Farm*, el clásico de Huxley, texto que quizá por esto mismo queda capturado en el dispositivo alegórico sin mayor riesgo de opacidad textual). Y esa indeterminación tiene que ver con la imposibilidad de decidir si esos ruidos o sonidos o gritos, si esos *modos de la voz* albergan o no la potencialidad del sentido, y de un sentido político que involucra el mundo en común y la cuestión del *bios*, de la forma de vida reconocible: en esa indecisión tienen lugar estos textos y estas rebeliones, como si la rebelión pasara por la capacidad para producir sentido, es decir, por la capacidad de lenguaje en general, por la distribución de esa capacidad entre los cuerpos y en las zonas de contigüidad, de alianza y de relación.

En los textos de las rebeliones animales, ese espacio de incertidumbre en torno a lo oral es una zona poblada de ruidos, aullidos, gruñidos, que marca el límite no ya entre lenguaje y no-lenguaje, sino el umbral de la virtualidad del sentido; del sentido como inmanencia, como pura potencialidad. La pregunta ahí no es ¿quién habla? o ¿quién tiene derecho a hablar? sino, más bien, ¿qué es hablar? o ¿qué constituye un enunciado? Como se sabe, Rancière hizo de la distinción entre ruido y palabra, entre grito y lenguaje articulado, el eje de la idea de lo político: *la cuestión*, dice Rancière, *es quién decide* si eso que se oye es lenguaje o ruido, si eso que viene de la calle o del tumulto de los cuerpos es una palabra política que busca reordenar el mundo en común, o si es un mero ruido sin mayor consecuencia simbólica.[7] La misma palabra "bárbaro" –central, como decíamos antes, en la formación de las modernidades latinoamericanas, y que está esencialmente enlazada a la cuestión animal en general– da testimonio de esta indeterminación: nombra al otro cultural y social en su supuesta ausencia de lenguaje articulado, disponiéndolo en el límite mismo de la especie humana. La cuestión del sonido, el ruido, la pura voz como materia estética, y de la decisión política acerca de su naturaleza lingüística o no es, si se quiere, una *regla* constitutiva de la serie de la rebelión de los animales, justamente porque demarca la frontera entre los cuerpos políticamente reconocibles y aquellos que no tienen parte, que no «hacen» parte del mundo compartido.

Ningún texto ha llegado tan lejos en este punto como "Meu tio o iauaretê". El texto de Guimarães Rosa es singularísimo al trabajar el portugués desde el interior tensándolo con tupinismos que alteran la lengua dominante y la arrastran hacia umbrales de variación inéditos: la lengua colonial y la del colonizado, la lengua de la dominación y la lengua dominada, la lengua escrita y la lengua oral se enroscan en un vértigo que las vuelve irreconocibles. Pero el texto hace además otra cosa: no sólo mezcla lenguas, sino que también atraviesa esa mezcla de lenguas con onomatopeyas de sonidos en principio animales: rugidos, respiraciones, aullidos del jaguar (que, cuando mueren, «tão falando o que a gente não fala»).[8] El texto vuelve imposible trazar una distinción nítida entre lenguas conocidas (portugués, tupí) y sonidos onomatopéyicos animales: narra a partir de esta inestabilidad entre sonido y sentido, construye una línea de deslizamiento imparable entre el "puro" sonido y la palabra articulada, y ya no se puede saber exactamente dónde termina uno y empieza la otra:

> Hum? Eh-eh…E. Nhor sim. A-hã, quer entrar, pode entrar. Hum, hum. Mecê sabia que eu moro aqui? Como é que sabia? Hum-hum…Eh. Nhor não, n't, n't…Cavalo seu é esse só? Ixe! Cavalo ta manco, aguado. Presta mais não. Axi… (160)

> –¿Hum? Eh-Eh…Sí, Sí señor. A-ha, si quiere entrar puede entrar….Hum, hum. ¿Usté sabía que yo vivo aquí? ¿Cómo lo supo? Hum-hum…Eh. No, señor, n't, n't…¿Su caballo sólo este? ¡Ichi! El caballo ta manco, aguado. Ya no sirve. Achi… (411)

Así comienza el texto: cruzando lenguas ("¡Ichi", por caso, es expresión guaraní), pero también arrastrando sonidos, rumores, interrupciones que hacen a la lengua oral pero también al rugido, al ruido animal: "n't, n't", que, según Haroldo de Campos, es onomatopeya animal, pero según la traductora al español es una expresión apocopada del guaraní (es un insulto.) Interesa justamente ese deslizamiento, donde el texto alberga esa incertidumbre entre lo que es lenguaje articulado y lo que es puro sonido: ese umbral es el que este texto traza como caja de resonancia entre lenguaje, lengua y voz, haciendo de la voz un límite de indeterminación radical. *La materialidad misma de la voz –que no distingue humano de animal– desestabiliza la localización del sentido;* el sentido se alberga como virtualidad en esos tensores que atraviesan la lengua y la arrastran hacia el puro sonido, la pura materialidad a-significante, hacia el espaciamiento que tiene lugar en la voz:[9] entre las palabras del portugués, las palabras del tupí-guaraní y los rugidos que pueblan el texto y que hacen eco del rumor animal. En el momento final del texto, cuando el narrador es asesinado por su oyente, narra la escena enlazando palabras con tupinismos («remuací») y onomatopeyas:

> Desvira esse revolver! Mecê brinca não, vira o revolver pra outra banda…[…]
> Ui, ui mecê é bom, faz isso comigo não, me mata não… Eu –Macuncozo…
> Faz isso não, faz não… Nhenhenhém…. Heeé!… Hé… Aar-rrâ… Aaâh…
> Cê me arrhoôu… Remuaci… Rêiucàanacê… Araaã… Uhm… Ui… Ui…
> Uh…. uh… êeêê… êê… ê… ê… (198).

> [¡Voltee ese revólver! No juegue, voltee el revólver para el otro lado…No me muevo, toy quieto, quieto… […] Ui, ui, usté es bueno, no me haga eso, no me mate… Yo –Macuncozo…No haga eso, no lo haga…Ñeñeñén…¡Heeé!… He… Aar-rrá… Aaah… Usté me arahoou… Remauací… Reiucaanacé… Uhm… Ui… Ui… Uh… Uh… eeee… ee… e… e…] (454)

El lenguaje se deshace y se rehace en ese umbral incierto entre el puro sonido y el lenguaje articulado.[10] ("Meu tio o iauaretê" es, en este sentido, un texto que se exhibe con mayor nitidez cuando es leído en traducción, justamente porque la traducción expone la naturaleza indeterminada que lo atraviesa: allí donde no se sabe qué es lo "traductible" en este texto, dónde empiezan y terminan las palabras reconocibles como tales).[11] La voz, pues, contra el lenguaje, como espaciamiento al interior del lenguaje articulado y como umbral donde se trafican sentidos irreductibles a la significación: la voz, entonces, como la instancia del sentido como vibración de los cuerpos y entre cuerpos (Nancy, "Vox clamans").

La clave es que esta potencia de la voz emerge en el medio de lo "incomún", de la ausencia de comunidad, justamente allí donde el narrador ha desarticulado todas las fábulas de identidad compartida –nacional, racial, cultural, e incluso la identidad de la especie misma. El texto de Guimarães Rosa realiza una proeza literaria absolutamente singular: la de horadar o dislocar todas las retóricas de comunidad compartidas, y la de producir un texto que se narra desde la fractura radical de toda identidad disponible. En efecto, el texto excede toda retórica de identidad racial reconocible (el narrador es un mestizo donde el mestizaje es división, no síntesis), social (el *onçeiro* no reclama una clase reconocible), cultural (no representa una cultura indígena o mestiza propiamente dicha), familiar (el linaje cruza familias humanas y animales: su «tío» es el jaguar), lingüística (el texto mezcla portugués, tupí y onomatopeyas) y nacional (el texto narra, puede decirse, una resistencia a la nacionalización del territorio para el capital y de los cuerpos para el Estado); y, sobre todo, lo que definiría una identidad fundante, presupuesta, la especie, se quiebra precisamente porque se trata de un devenir animal o una mutación animal.

Ahora bien, precisamente porque este narrador ha soltado los lazos, precisamente porque ha atravesado las fantasías de la identidad y de toda comunidad reconocible, es que hace posible la alianza humano-animal: trabaja en ese umbral irreconocible, indeterminado, entre cuerpos, entre especies y entre razas, y, sobre todo, entre palabra y sonido, donde inscribe la virtualidad del sentido, la potencialidad de que haya un nuevo sentido, que es siempre un nuevo modo de relación entre cuerpos. Por eso, este narrador es una reinvención de lo común, de lo común más allá de la comunidad o, mejor dicho, de lo común como vértice de la comunidad, como esa potencia o fuerza que arrastra una comunidad hacia una reinvención de lo común tan radical, tan poderosa, que saca al hombre de su fantasía "humana" –como fantasía normativa del humanismo– y lo arroja hacia otros modos de relación. Justamente allí donde la comunicación se enrarece al máximo, donde incluso la traducción se vuelve improbable porque no sabemos si estamos ante una palabra o no, allí emerge la potencia de lo común, porque desapropia el monopolio humano (o humanista) sobre el sentido. Aquí el sentido se exhibe como lo que "pasa" entre cuerpos, esa voz *entre* cuerpos que va y viene entre lo humano y lo animal, espacio o espaciamiento común mas allá de toda comunidad predefinida. El narrador de "Meu tio o iauaretê" realiza ese "entre" cuerpos de modo radical: lo que emerge con él no es el contenido o la sustancia de una comunidad, de una esencia o ser compartido, de una identidad o co-pertenencia, sino *lo común como posibilidad de otro ordenamiento de cuerpos.*[12] Como una alternativa radical e irreductible al ordenamiento biopolítico de una modernidad que necesita, para su administración económica y política de los cuerpos, trazar una frontera irrevocable entre bios y zoé.

Quizá por eso haya que matar al narrador de "Meu tio o iauaretê" y, con ello, sofocar la última rebelión animal de la modernidad sudamericana: porque inscribe una imaginación de lo común cuya potencia reside, justamente, en producir un reordenamiento de cuerpos que impugna y atraviesa las fantasías normativas de la especie –el sueño de una humanidad presente a sí misma–, y se deja atravesar por los rumores, los ruidos o los tumultos de otra comunidad posible, de una comunidad cuyos contornos son imprevisibles justamente porque no tiene, no puede tener, la formas reconocibles de lo humano tal como fue proyectado por la modernidad civilizatoria.

NOTAS

[1] Los trabajos de Fermín Rodríguez y de Mariana Amato dan indicaciones cruciales de las líneas de investigación en esta dirección.

[2] Para la distinción entre bios/zoé, ver los libros de Giorgio Agamben *Homo Sacer* y *The Open. Man and Animal.*

[3] Ver Ottoni Bylaard.

[4] Los tres textos hacen énfasis diferentes en las amenazas respectivas que representa cada rebelión animal. En "Los caballos...", por caso, la rebelión animal inscribe una amenaza a un orden de explotación laboral, y es desde esa amenaza económica que disloca un orden político, mientras que en "Juan Darién" los animales constituyen una amenaza directamente política a la vida social, en la medida en el que el niño es definido como enemigo de la comunidad. De todos modos, lo que interesa subrayar es el hecho de que toda posibilidad de pacto o de socius entre humanos y animales queda automáticamene descartada en estas ficciones una vez que el animal se rebela contra un orden económico y/o político.

[5] "En la fortaleza reinaba el pánico. ¿Qué podrían contra semejante enemigo?...": los hombres prefieren la lucha contra los caballos –"al fin era una lucha contra bestias civilizadas"– que contra esta nueva amenaza inconmensurable, monstruosa (Lugones 123).

[6] En una lectura muy iluminadora, Mariana Amato caracteriza este punto en términos de un proceso de *inmunización* por el cual el orden político se despoja del exceso propio de la comunidad, que aquí se inscribe en la transgresion de la frontera entre humano y animal. Ver

también la lectura de Dalmaroni. Para una lectura general del "linaje hercúleo" en la obra de Lugones, ver Dorby.

[7] Vale la pena aclarar que Rancière nunca trae la cuestión animal al debate sobre lo político; sin embargo, los textos de la rebelión animal vuelven inevitable situar la cuestión del ruido animal y su conexión con la escritura en relación a los modos en que se imaginó lo político en estas inflexiones de la modernidad sudamericana.

[8] Para una lectura de la cuestión animal en el texto de Guimarães Rosa en el contexto de la crisis del humanismo occidental, ver Yelin.

[9] Ver al respecto Nancy, "Vox clamans".

[10] Andermann señala que en el texto de Guimarães Rosa los puntos suspensivos indican el límite en que la voz narrativa "estalla y se hace añicos", dado que marcan ese espacio indecidible entre lo oral y lo escrito (9).

[11] Ver al respecto Wey.

[12] "'Common' means the opening of the space between beings (things) and the indefinite, maybe infinite, possibility that this space opens, reopens, changes and modalizes. This space closes itself sometimes but never all the way to the limit of leaving a unique and sole 'being', which would disappear at the very moment of its isolation. The common means space, spacing, distance and proximity, separation and encounter. But this 'meaning' is not a meaning. It opens precisely beyond any meaning" ["Común" significa la abertura del espacio entre los seres (las cosas) y la posibilidad indefinida, acaso infinita, de que ese espacio se abra, reabra, cambie y adopte distintas formas. Este espacio se cierra a veces pero no hasta el punto de dejar a un "ser" singular y sólo, que desaparecería al primer momento de aislamiento. Lo común significa espacio, espaciamiento, distancia y proximidad, separación y encuento. Pero este "sentido" no es un significado. Se abre justamente más allá de todo significado; traducción de los editores] (Nancy, "Communism" 152).

BIBLIOGRAFÍA

Agamben, Giorgio. *Homo Sacer. Sovereign Power and Bare Life*. Stanford: Stanford UP, 1998.

_____ *The Open. Man and Animal*. Stanford: Stanford UP, 2003.

Amato, Mariana. *Relics of Life. Biopolitical Imaginations in Argentina. (Holmberg, Lugones, Quiroga)*. Tesis doctoral: New York University, 2009.

Andermann, Jens. "Tesis sobre la metamorfosis". *Boletín del Centro del Estudios de Teoría y Crítica Literaria* 16 (2011): 1-14.

Braidotti, Rosi. "Animals and Other Anomalies." *Nomadic Theory*. New York: Columbia UP, 2010. 81-98.

Campos, Haroldo de. "A linguagem do iaguaretê". *Metalinguagem. Ensaios de teoria e crítica literária* Petrópolis: Vozes, 1967. 49-53.

Dalmaroni, Miguel. *Una república de las letras: Lugones, Rojas, Payró. Escritores argentinos y Estado*. Rosario: Beatriz Viterbo, 2006.

Deleuze, Gilles y Félix Guattari. *Mille Plateaux*. Paris: Ed. De Minuit, 1981.

Dorby, Edgardo. *Una profecía del pasado: Lugones y la invención del "linaje de Hércules"*. Buenos Aires: Fondo de Cultura Económica, 2007.

Lugones, Leopoldo. "Los caballos de Abdera". *Las fuerzas extrañas*. Buenos Aires: Ediciones del 80, 1981. 117-123.

Nancy, Jean Luc. "Vox clamans in deserto." *Multiple Arts. The Muses II*. Simon Parks, ed. Stanford: Stanford UP, 2006. 38-50.

_____ "Communism: the Word." *The Idea of Communism*. Costas Douzinas y Slavoj Zizek, eds. London: Verso, 2010. 145-155.

Ottoni Bylaard, Cid. "O desastre da escritura: 'Meu tio o Iauaretê'". *A poética migrante de Guimarães Rosa*. M. Fantini, comp. Belo Horizonte: Universidade Federal de Minas Gerais, 2008. 45-62.

Quiroga, Horacio. "Juan Darién". *Cuentos*. Caracas: Biblioteca Ayacucho, 2004. 247-258.

Rancière, Jacques. *Politique de la littérature*. Paris: Gallimard, 2007.

Rodríguez, Fermín. *Un desierto para la nación. La escritura del vacío*. Buenos Aires: Eterna Cadencia, 2010.

Rosa, João Guimarães. "Meu tio o iaguaretê". *Estas estórias*. Rio de Janeiro: Nova Fronteira, 1985. 160-198.

_____ "Mi tío el jaguareté". *Campo general y otros relatos*. Sel., pról. y trad., Valquiria Wey. México: Fondo de Cultura Económica, 2001. 411-454.

Wey, Valkiria. "Prólogo" a João Guimarães Rosa, *Campo general y otros relatos*. México: Fondo de Cultura Económica, 2001. 7-24.

Wolfe, Cary. *Animal Rites. American Culture, the Discourse of Species, and Posthumanist Theory*. Chicago: Chicago UP, 2003.

Yelin Julieta. "Viajes a ninguna parte. Sobre la representación de la animalidad en "Meu tio o iaguaretê" de João Guimarães Rosa y *A paixão segundo G.H. de Clarice Lispector*". *Itinerarios* 8 (2008): 223-233.

La potencia bélica del clima: representaciones de la Amazonía en la Guerra con Perú (1932-1934)

FELIPE MARTÍNEZ-PINZÓN
Brown University

En un reciente homenaje a José María Arguedas, celebrado en la Universidad de Nueva York, el crítico Julio Ortega hizo un comentario sobre la espacialidad del infierno de Dante. Ortega dijo que el infierno no es tal por las horrorosas torturas de cada uno de sus círculos, sino porque los distintos círculos están completamente incomunicados entre sí. Mientras lo oía, pensaba que esa incomunicación entre los espacios del Dante –un mapa trabajado para el caso colombiano por Michael Taussig (1987), Margarita Serje (2005) y Héctor Abad Faciolince en su novela *Angosta* (2006)– está en la nuez de la identificación que la imaginación occidental ha producido al asociar selva e infierno, una imagen que encontraría su más conocida síntesis en la serie de cuentos de Alberto Rangel sobre la Amazonía brasilera, titulada *Inferno Verde* (1908). Como en un juego de espejos, esta inextricable identificación entre incomunicación, infierno y selva, se debe a que ella es el envés constitutivo de otra serie de identificaciones, éstas sí privilegiadas por la imaginación moderna: velocidad, progreso y ciudad. Ningún otro fenómeno como la guerra –esa "fábrica de velocidad" [traducción de los editores], al decir de Paul Virilio (*Speed* 141)–, en tanto brazo armado del progreso, con su culto a la velocidad, puede hacernos ver cómo se ha construido la selva –en el caso colombiano, al menos– como un espacio cuya especificidad espacio-temporal y, en particular, su clima, pide se realice sobre ella la guerra eterna como única forma de comunicarla velozmente con el espacio nacional.

Con esto en mente, en las páginas por venir quiero detenerme en las formas en que fue representada la Amazonía colombiana en las memorias de los periodistas y los soldados colombianos que participaron de la guerra fronteriza librada entre Perú y Colombia, desde septiembre de 1932 hasta junio de 1934, en el llamado Trapecio Amazónico, una vasta extensión de tierra que incluye los territorios al norte del río Putumayo y al sur del río Caquetá, y la orilla norte del río Amazonas, a la altura del puerto de Leticia. Me interesa ver cómo es representado el territorio amazónico en disputa por parte de los diferentes estamentos del ejército colombiano: la infantería inmovilizada en los diferentes puertos riberanos, la aviación que observa la selva desde el cielo y la marina que se mueve por los principales ríos. Me parece que cada una de las tres fuerzas tiene una percepción sobre el territorio muy distinta, y que cada percepción obedece a la particular tecnología con la cual se captura el espacio. Sin embargo, todas coinciden en ver la Amazonía como un lugar inhabitable donde el clima –las "miasmas", los mosquitos, el sol– es el principal enemigo, no sólo de las fuerzas militares, sino de la nación por una razón: la selva es el enemigo que se interpone entre Colombia y la civilización; por ello es un territorio antinacional que debe ser eliminado. El capitán colombo-alemán Herbert Boy, cabeza de la aviación durante el conflicto, lo pondría en estos términos: "La guerra se hizo no sólo contra el hombre sino contra la naturaleza, que en el Amazonas es un enemigo más temible que el hombre" (219).

GUERRA, TERRITORIO Y FRAGILIDAD

En el artículo sobre la Guerra de Castas en el México del siglo XIX incluido en este libro,[1] Kari Soriano Salkjelsvik sostiene que "nada revela mejor la fragilidad del territorio nacional que una guerra" (31). Yo añadiría que la guerra revela dicha fragilidad porque deja ver otras trayectorias dentro del territorio nacional, diferentes de aquellas dictadas por el comercio. La guerra acerca o distancia puntos geográficos del territorio nacional, dependiendo de la localización de los frentes de batalla (la vanguardia) con respecto a los lugares de abastecimiento de alimentos, hombres y parque (la retaguardia). En ese sentido, la guerra descubre la fragilidad del territorio porque obliga a desnaturalizar fronteras y divisiones regionales, y nos impele a preguntarnos por los supuestos ideológicos tras la construcción de los espacios nacionales. Un ejemplo: el general Alfredo Vásquez Cobo, comandante colombiano de la expedición fluvial por el Amazonas –misión que partió desde Le

Havre con destino a Manaos a finales de 1932– habla de la "línea Bogotá-Leticia" (44), una relación de espacios inédita para la imaginación geográfica de las élites andinas colombianas durante toda la República e imposible de recorrer (hasta el día de hoy) con alguna rapidez por tierra o por agua; sólo transitable por aire. Así, la guerra abre la posibilidad de pensar el mapa nacional con una nueva linealidad que dicta la eficiencia del camino de suministro de pertrechos enviados desde las ciudades andinas, en el caso colombiano, y costeras, en el peruano, hasta los campamentos militares en la selva amazónica. Por eso, no sólo analistas militares, sino soldados de infantería supieron en su momento que la guerra entre Perú y Colombia la ganaría quien pudiera mover con más facilidad, a través de la intrincada geografía del trópico andino, alimentos, armas y hombres hasta el teatro de operaciones (De la Pedraja 403). Por ejemplo, el soldado colombiano Jorge Tobón escribe: "los peruanos no continuaron la guerra no por falta de ejército ni por falta de deseo para ello, sino por falta de vías de comunicación: Colombia se puso en situación de poder llevar hasta dos mil hombres semanales a la frontera y Perú tenía su guarnición más cercana al Putumayo, a veinte días de viaje" (184). Poco más de diez días de ventaja, entonces, le sacaba Colombia a Perú. Una consideración temporal que va de la mano de un razonamiento que pone en conflicto dos variables: territorio y velocidad. Entre más rápido se venza el territorio, se lo estríe con vías de comunicación (Deleuze y Guattari 59), mayores las posibilidades de victoria en la guerra. Lo cual confirma la ecuación propuesta por Virilio, según la cual la velocidad durante la guerra es tiempo que se le quita a la muerte: "Speed is Time saved in the most absolute sense of the Word, since it becomes human Time directly torn from Death" [La Velocidad es Tiempo ahorrado en el más absoluto sentido de la Palabra, ya que se vuelve tiempo humano arrancado directamente a la Muerte; traducción de los editores] (*Speed* 22). Considerar el *tiempo* como arma a ser usada en la confrontación bélica es lo que yace tras lo que Virilio denomina "estrategia indirecta", un movimiento que quiere ralentizar al enemigo, hacerlo presa del nerviosismo, la expectativa y la falsa relajación, todas variables derivadas de una premeditada inacción en el campo de batalla, instigada por el enemigo (*Speed* 39). Como veremos, el *no actuar* como estrategia militar le dará una nueva textura al tiempo, dotando de una materialidad asfixiante a la selva, haciéndola un espacio que se convierte en enemigo del hombre, amenazándolo con la desintegración física.

La Guerra con Perú fue una guerra por ganar velocidad en medio de la selva. Para la imaginación militar colombiana, la selva era un espacio que ralentizaba el movimiento conduciendo a la *stasis*, a la inacción: "Stasis is death, really seems to it [para Occidente] to be the general law of the World" [La estasis es la muerte; (esa) parece ser (para Occidente) la ley general del Mundo; traducción de los editores] (Virilio, *Speed* 67). Por tanto, la falta de velocidad sería la conciencia de estar perdiendo el tiempo en favor de la primacía absoluta del espacio; y no de cualquier espacio, sino del espacio selvático como lugar sin tiempo, un viejo lugar común que estetiza la podredumbre y la enfermedad tropical para que opere una temporalidad contraria al avance: la descomposición de los cuerpos y los alimentos, la debilidad del beriberi, la acción sin movimiento del delirio palúdico.

La Guerra de Arana

Cruzada por la euforia de la aviación, la depresión económica mundial, la resaca de la bonanza cafetera y los debates higienistas sobre "la degeneración de la raza", la Guerra con Perú exhibe como nunca antes en la historia de Colombia las fragmentaciones del mapa nacional producido por las élites colombianas desde el siglo XIX, un mapa ideológico (Ordóñez) que había construido a los Andes, de altura y clima frío, como el centro de la civilización, y a las tierras de baja altura y clima cálido como su frontera salvaje (Serje). Conocida también como el Conflicto Colombo-peruano o el Conflicto Peruano-colombiano (según la nacionalidad del escritor), el Conflicto Amazónico, el Conflicto de Leticia, la Guerra Perú-Colombia e, inclusive, la Guerra del Conflicto (Arenas 15), esta guerra es la escalada de una disputa fronteriza que pasa por las armas, diez años después, los desacuerdos por el Tratado de Límites Lozano-Salomón, firmado en 1922, en el que los gobiernos de los dos países fijaron las fronteras sobre los ríos Putumayo y Amazonas. Lejos de ser provocadas por una guerra plagada de enfrentamientos épicos –sólo tuvo dos de alguna importancia: las batallas de Tarapacá y de Güepi, en febrero y abril de 1933, respectivamente–, la mayor parte de las víctimas del conflicto se debió a la enfermedad tropical. Hijo de colonos que llegaron a la región debido a la guerra, Luis Alberto Arenas ofrece una buena síntesis de ella cuando escribe:

> [E]sa guerra que nos produjo la catarsis del deshonor nacional por los turbios hechos del istmo de Panamá [fue] una guerra nunca declarada que produjo más muertos por los errores en las contraseñas, los ahogados, las picaduras de los animales y las enfermedades que por los encuentros armados. En fin, una guerra donde se enloquecía en la infructuosa búsqueda del enemigo por los vericuetos de trochas de caucheros y de indios. (34)

A pesar de que el sur de Colombia había sido incorporado en el mapa político del país a través del tratado Lozano-Salomón, la ausencia de ratificaciones legislativas de este instrumento internacional por parte de los congresos de ambos países mantuvo la región en un limbo jurídico durante buena parte de la década del veinte (Donadío 81). Esto preocuparía a muchos intelectuales colombianos –como, por ejemplo, José Eustasio Rivera o Cesar Uribe Piedrahita–, quienes temían se repitiera otro Panamá, es decir, otra escisión del territorio nacional debido a la desatención del gobierno central.[2]

Aunque el tratado de 1922 reconocía como colombianas las posesiones al norte del Río Putumayo, en 1921 el gobierno del presidente peruano Augusto Leguía había reconocido en derecho lo que ya era una dominación de hecho: legitimó, como dueño de una extensión de casi seis millones de hectáreas entre el río Caquetá y el Putumayo, a Julio Cesar Arana, cabeza de la por entonces arruinada *Peruvian Amazon Company*. De esta manera, Arana, entonces influyente senador por la provincia amazónica de Loreto en Perú, continuaría siendo el principal terrateniente de la región hasta la incursión de las Fuerzas Militares colombianas a comienzos de la década del 30 (Gómez, Lesmes y Rocha 61). El reconocimiento legal de tierras por parte del gobierno peruano a Arana, obviamente, ignoraba las pretensiones territoriales colombianas. El tratado Lozano-Salomón desvirtuaría esta asignación un año después, pero no del todo. El conflicto sobre el Putumayo sólo se resolvería cuando el Estado colombiano terminó de pagarle a Arana (¡!) y a sus herederos, en dos contados, primero en 1939 y luego, después de su muerte, en 1964, la suma de 200.000 dólares por esos territorios (Donadío 96).[3] Colombia ratificó el tratado Lozano-Salomón en 1925, pero debió esperar hasta 1927 cuando, "pese a la oposición de la opinión pública [peruana], de Arana, de los loretanos, [...], 102 congresistas votaron a favor de la ratificación y 7 en contra" (Donadío 90). Serían los regionalistas loretanos, encabezados por Arana, quienes acusarían al entonces presidente peruano Leguía de ser "el gobernante de las grandes mutilaciones territoriales" (Lembcke en Donadío 90). Éste sería uno más de los argumentos que motivarían el golpe de Estado que Leguía sufriría por parte del general Luis María Sánchez Cerro en 1930. Así, una combinación de regionalistas loretanos, empresarios peruanos en Leticia,[4] militares nacionalistas y caucheros quebrados –entre ellos el propio Arana– planearía la operación militar que daría inicio a las hostilidades: la toma del puerto de Leticia sobre el Amazonas en la madrugada del 1 de septiembre de 1932, que pronto escalaría hasta un conflicto con movilización de tropas a comienzos de 1933, tras cinco meses de fallidos acercamientos diplomáticos (Lagos 371). Aunque no auspiciada sí permitida –y más tarde respaldada– por el general Sánchez Cerro, la toma de Leticia, de la que se enteraría el grueso de la población colombiana días después del asalto, súbitamente pondría esta región en la imaginación espacial de la nación. Hay que tener siempre en mente que para 1932 esta región ya había sufrido enormemente por cuenta de la explotación cauchera de comienzos de siglo, al punto que en 1930 ya parecía un territorio arrasado por una confrontación bélica:

> En 1930 la inmensa región comprendida entre el Caquetá y el Putumayo, al oriente del Caguán, estaba prácticamente deshabitada. La población había sido asesinada, deportada o se había visto precisada a huir hacia la parte norte del territorio. Como si fuera poco, los numerosos indígenas llevados al Perú se vieron además diezmados por el hambre y la fiebre. (Pineda 193)

Por eso la Guerra con Perú se me aparece como el epílogo del holocausto amazónico (Pineda) perpetrado por la Casa Arana en contra de la población indígena, pero también como el proceso mediante el cual ingresaron a la región discursos higienistas y nacionalistas, a través de la migración a estos territorios de soldados de las altiplanicies andinas y de regiones costeras, así como de pilotos alemanes, médicos, periodistas, poetas vanguardistas, fotógrafos y enfermeras que empezaron a vivir en construcciones improvisadas en medio de las tribus indígenas que habían sobrevivido al genocidio perpetrado por la euforia cauchera de comienzos de siglo.

Esta ingente migración de gentes del interior andino, aparte de suponer una traducción (como traslado) de discursos militares, médicos y periodísticos a los territorios del sur, también supuso un cambio fundamental en la infraestructura de la región (Atehortúa 60). Florencia, principal poblado del sur selvático en el pie de monte andino, "ultimo baluarte de nuestra cordillera" –como la llamaría el Ministro de Defensa Uribe Gaviria (47)–, triplicó su población en cuestión de meses (Donadío 217). La migración hacia el sur, desde luego, supuso la deforestación de la selva, la apertura de bases aéreas y la construcción de carreteras donde antes existían viejas trochas caucheras (Ramírez 37) –dando paso, en pocos meses, a la transición de la mula, como medio de transporte, al avión–, para articular el centro del país con los poblados riberanos de la Amazonía. Vale la pena destacar cómo las rutas caucheras son apropiadas por la máquina de guerra del Estado colombiano al mismo tiempo que los discursos condenatorios del genocidio cauchero perpetrado por Arana –una vieja noticia de hacía dos décadas– son llevados a la imprenta nuevamente. En efecto, tal como las viejas trochas caucheras de finales del XIX y comienzos del XX son usadas en 1932 como rutas de avituallamiento y desplazamiento de soldados, *El libro rojo del Putumayo* (1913) de Norman Thomson, por ejemplo, clásico de la denuncia del holocausto amazónico, es reimpreso en 1932 con la finalidad de movilizar la opinión pública colombiana en contra de Perú.[5]

Una vez desatado el conflicto, la máquina estatal colombiana entró en esta región de la mano de una producción textual sobre el territorio en disputa nunca antes vista. Políticos, tanto del Partido Conservador como del Liberal, escriben sobre la guerra; soldados que vuelven de ella lo hacen, salen notas en la prensa, los periodistas publican reportajes; análisis jurídicos y médicos sobre la cuestión abundan, y fotógrafos viajan a la región. Todos los materiales producidos serían publicados para un público lector radicado mayoritariamente en regiones urbanas andinas o caribeñas. En 1932, Colombia como espacio se ve reflejada en el espejo del conflicto fronterizo, lo cual me lleva a recoger las palabras de Álvaro Andrés Santoyo, quien afirma que "pensar y describir la Amazonía es pensar y describir la nación" (441). Así, la guerra, como reposicionamiento de las coordenadas del espacio nacional, permite imaginar la nación a partir de su *hinterland*.

La fuga imposible

Carlos Arango Vélez, Ministro de Defensa saliente del presidente colombiano Enrique Olaya Herrera (1930-1934), es uno de los muchos que escribe un texto sobre la guerra. *Lo que yo sé de la guerra* (1933) consiste en sus descargos por haber sido relevado de sus funciones debido a que ordenó, meses antes de la invasión peruana a Leticia, el retiro del destacamento colombiano en ese puerto, lo cual, naturalmente, facilitó la incursión peruana (Zárate Botía 273). Arango Vélez, al mirar el mapa de la nación, decide fragmentarlo en su libro como si fuera un cartógrafo militar. Si ignoramos por una parte la Guajira, al norte, y el trapecio amazónico, al sur, el mapa es "un cuadrilátero regular" (197), escribe Arango Vélez. Tras concebir el mapa como un espacio para el conflicto –un cuadrilátero de boxeo– pasa a subdividirlo con una línea recta que lo cruza y que divide el territorio nacional en dos trapecios. Uno, al norte, de 550.000 kilómetros cuadrados, "poco menos que en su integridad montañosos, con una hidrografía importante, suelo y subsuelo ricos, estaciones desordenadas y climas que varían desde el bajo cero hasta los 38 grados centígrados. Y sobre ellos, van por el camino de la civilización 8 millones de hombres" (Arango Vélez 204-5). El otro trapecio, cubriendo la región de los Llanos y la Amazonía hacia el sur, "va de Puerto Asís, pasa por Florencia, Villavicencio, Nunchía, y termina en predios de Arauca" (197), que consisten en

> 750,000 kilómetros cuadrados que son un llano inmenso, de hidrografía maravillosa, suelo y subsuelo vírgenes y halagadores para el capital, estaciones sinceras y clima cálido. Y sobre ellos, siguen por el camino de la incultura y del estado primitivo 200.000 indios, unos cuantos mestizos y otros cuantos blancos. (205)

Tras cercenar el espacio nacional, Arango Vélez se pregunta por las causas de estas diferencias. Aventura tres, "todas de carácter biológico, y que consisten en lo que debiera llamarse la claustrofobia, el nordismo y la tropicofobia". La primera es "el horror al claustro que aísla del mar", la segunda "la orientación al norte de las colectividades humanas" (¡!) y la última, la que más me interesa, la tropicofobia, es "el horror al trópico que lleva a los pueblos a salirse de él en lo posible y, cuando no es posible, les hace buscar el sustitutivo del *extratrópico* en las grandes alturas" (209, énfasis mío).

Este concepto del *extratrópico* textualiza, de forma económica e insuperable, la manera en que las élites han representado las alturas andinas frente al resto de la nación, dividiendo el territorio nacional muy a la manera del Dante. Al funcionar como sustituto del afuera-adentro –una extensión de Europa en el trópico– el extratrópico opera, continúa Vélez, "en calidad de sustitutivo de una *fuga imposible* dentro de los linderos patrios" (209, énfasis mío). Textualizado desde la angustia como "fuga imposible", aun en las alturas de clima temperado, el *extratrópico* está acechado por aquello que lo constituye siempre, el trópico, porque las alturas andinas colombianas, a pesar de todas las fragmentaciones que se le quieran hacer al mapa de la nación, siguen siendo parte integrante, fluida, del trópico de baja altura.

Una relación espacial construida a partir de una figura como la de la "fuga imposible" no puede sino atar de manera violenta, amarrándolo contra su voluntad, a quien viaja por el espacio nacional. Por eso la gran mayoría de los textos producto de la Guerra con Perú no contemplan nunca habitar el Putumayo o la Amazonía colombianos. Esto no se debe a que sean lugares que estén en guerra sino a que son representados bajo la luz de esa angustia de "la fuga imposible", tras la cual yace aquello de "los devoró la selva", frase con la que Rivera, poniéndola paródicamente en boca de un funcionario estatal (otro Arango Vélez), da el golpe de cierre a su famosa novela, *La vorágine*. En los relatos de soldados y periodistas colombianos, aquello que los expulsará de la Amazonía no es la guerra, sino el territorio mismo –en este caso, como veremos, su clima–, que hace insoportable la permanencia y amenaza con consumir a los hombres.

El intelectual liberal Luis Eduardo Nieto Caballero sería otro de los que transitaría –este sí personalmente, a diferencia de Arango Vélez– por la Amazonía colombiana durante la guerra. Fruto de su viaje de dos semanas en avión –del cual nos comparte, aliviado, el itinerario de ida y vuelta al comienzo de su libro– es una compilación de crónicas publicadas en *El Tiempo, El Gráfico* y *El Espectador,* todos periódicos de Bogotá, bajo el nombre *Vuelo al Amazonas* (1933). En una de ellas, Nieto Caballero hace una descripción que da cuerpo a esa "fuga imposible" de la que habla Arango Vélez al abordar el viaje por el trópico de baja altura, en este caso por los poblados riberanos de los ríos Amazonas y Putumayo. Es una descripción en la que contempla, a medias, la posibilidad de quedarse a vivir en el Putumayo. Digo a medias, a falta de mejor expresión, porque el verbo con que empieza la descripción implica inmediatamente su imposibilidad:

> *Habría que vivir* en esas tierras ardorosas [se refiere al Putumayo], que bañan ríos de silencio, taciturnos y turbios, para darse cuenta completa de cómo deben y tienen que aflojarse los resortes de la voluntad en el mayor número de los no habituados, tan pronto como la acción del clima se va haciendo sentir sobre los organismos en lucha. *El simple paso por ellas* [por esas tierras] –por entre las llamas como quien dice, por entre la nube de mosquitos impertinente, por entre las plagas ocultas, por entre las pútridas emanaciones de las aguas estancadas, por entre una naturaleza brutal, donde los simples fenómenos naturales, como la lluvia y el crecimiento de los ríos, son cataclismos– *permite adivinar lo que a la larga es una acción disolvente* [...] No habremos de cansarnos de pedir el frecuente relevo de las tropas. *La permanencia larga en las zonas deletéreas es una anticipación de lo que las religiones vengativas llaman el infierno.* (210, énfasis mío)

"La fuga imposible" de Arango Vélez toma la forma, tanto en Nieto Caballero como en otras memorias de la guerra, del problema del relevo de tropas. Casi siempre frustrado, el recambio de soldados por otros que vienen del interior andino implica la angustia por salir del campamento militar sin poder lograrlo. Quedarse en el Putumayo equivale, de acuerdo con Nieto Caballero, no sólo a morir, sino a disolverse y desaparecer por efecto de un clima tecnologizado al punto de la química. El clima es un líquido aéreo disolvente porque, como diría en otro texto Nieto Caballero, "no hay nada que resista el prolongado contacto con la selva" ("Prólogo" 14). Para uno de los soldados veteranos del conflicto –Arturo Arango Uribe–, el clima lo hace gritar, con otros soldados, quejándose de la humedad, "nos estamos ahogando en ácido carbónico..." (42). Como una experiencia antihumana, que pone en relación inédita los sentidos –el oído con el tacto, por ejemplo, escuchar el calor–, el entonces auditor de guerra, joven político conservador y escritor payanés, Carlos López Narváez, escribiría en su diario: "Hay horas en que la temperatura hace verosímil el soberbio cañazo de José Eustasio [Rivera] en 'La Vorágine': 'Por momentos se oye la reverberación solar'" (84).

Ante el hecho de que la guerra no parecía intensificarse ni cesar –existiendo siempre en potencia y al mismo tiempo en el contexto de una negociación diplomática– el río surge como aquel espacio propicio para imaginar otra forma de velocidad: la fuga. La imagen del río como posibilidad de escape abunda en buena parte de las memorias de los veteranos de la guerra y de los periodistas que visitan el espacio del conflicto. En una corta viñeta de su libro, llamada significativamente "Guerra" (cuando no se la menciona siquiera), Arturo Arango escribe: "José Uribe [su *alter ego*] estaba esclavizado al río. No podía ya soltarse de aquella fatal esclavitud del camino, y los días avanzaban, voraces de paludismo, tifo, fiebre amarilla, perniciosa, entre el reguero de denuesto contra la discusión en Ginebra [donde se negoció diplomáticamente]" (59-60). El río materializa esa urgencia por salir, es otro sustituto de esa "fuga imposible", que quiere contrarrestar el miedo de los soldados a contraer enfermedades tropicales, caer enfermos de fiebre y disolverse, como temían, en la manigua amazónica. Así mismo, el río no es sólo aquello que los transporta atrás en el tiempo (una vieja metáfora), sino que promete también conectar la selva con la cordillera andina, de la cual venían muchos soldados:

> *Los bellos muchachos que rompían a hombro las aguas del río se han consumido bajo la fiebre.* Sus recios músculos están casi caídos como telas húmedas, y aquella potente figura de atleta que hacía caños al agua entre *las montañas musculosas*, va aquí deshecho [sic] y vacilante, moviéndose como el candil de un borracho en la noche sola de estrellas y de luna, de un lado a otro, amenazando anda, quieto a momentos, unas veces empinado, otras arrastrándose. (Arango Uribe 109, énfasis mío)

En oposición a las "montañas musculosas", la selva es un paisaje de lo mórbido que toma y captura la corporalidad de los soldados, venciéndolos con más eficacia que los ejércitos enemigos. Estar "esclavizado" al río resume la ambivalencia de la fórmula de "la fuga imposible" para decodificar el tránsito por el trópico de baja altura. El río ofrece la posibilidad del escape. Sin embargo, tal como todo en el Amazonas –los hombres, la fauna y la flora–, parece estar sometido a la influencia de la intemperie. Por ejemplo, mientras el invierno hace que el río inunde los puertos, el verano lo seca al punto de hacerlo intransitable para los buques de guerra. Así, a diferencia de la guerra en el mar, donde "mastery over the sea demands that over time" [el control del mar exige también el del tiempo; traducción de los editores] (Virilio, *Speed* 44), la guerra en los ríos amazónicos, debido al clima, hace impredecibles las distancias, modificando las líneas de abastecimiento. La "baja del río", por ejemplo, es queja frecuente de la avanzada fluvial, pues amenaza siempre con paralizar a los barcos y dejarlos lejos de sus bases.[6]

VELOCIDAD Y REPRESENTACIÓN LITERARIA

El libro del soldado Arturo Arango *180 días en el frente* (1934) lleva el conflicto entre clima cálido y (falta de) velocidad al plano de la representación estética. Su texto está dividido en tres secciones: el interior, la selva y el regreso. Cada una de ellas, a su vez, está dividida en subsecciones cortas de párrafos que no superan en varios casos unas pocas líneas, de manera que la lectura es expedita, bordeando muchas veces el panfleto político y el discurso incendiario.[7] Tal como en otros textos producto de la guerra, en el de Arango Uribe *La vorágine* es tematizada como libro y como procedimiento estético (Páramo, "Cosas" 15): "Alguno [de los soldados] leía 'La Vorágine' [sic] para escribir a Bogotá sus impresiones de la selva, vista a través del prismático afiebrado del gran poeta" (Arango Uribe 31). Así, hay soldados que leen la novela, periodistas que transcriben y exageran sus metáforas, prisioneros de guerra que antes de morir piden leerla (Arango Uribe 137); sin embargo ninguno de ellos, sólo Arango Uribe, tomaría procedimientos narrativos que superan la simple copia y la referencia al texto de Rivera.

La composición del texto en cortas viñetas, muchas de ellas sin aparente conexión con la siguiente, pero casi todas provistas de un final dramático y explosivo, sin duda fue tomada por Arango Uribe de la estructura narrativa riveriana. Con la última línea de la viñeta da un golpe melodramático con el que cancela las esperanzas de los personajes de salir de la selva –emblemáticamente, sus propias esperanzas–, a través de un grito desgarrador con el cual, al mismo tiempo que cierra la viñeta, desengaña al lector. Así como algunos remates de las viñetas de Rivera terminan con gritos del tipo: "¡Quién nos hubiera dicho en ese momento que nuestros destinos describirían la misma trayectoria de crueldad!" (298), o bien, "¡El infeliz francés no salió jamás [de la selva]!" (268), para llevar al paroxismo el procedimiento con el final

mismo de la novela: "¡Los devoró la selva!" (384), Arango Uribe termina
las suyas con no menos melodramáticas frases del tipo "el río y la selva
[los] habían embriagado a todos" (34) o "¡los hospitales se llenaban de
hombres jóvenes, comidos de la voluntad por el paludismo!" (75), o
"yo no supe cuántos [hombres había] en el Amazonas, y sobre todos
pesaba la horrorosa tragedia de estos que mató la selva" (105).

El fracaso del hombre en la selva se traduce en las viñetas de
Arango Uribe, al igual que en las de Rivera, en no poder escapar de la
selva a pesar de quererlo. La rapidez de los textos cortos del texto de
Arango Uribe quiere hacer patente, a través de los recursos literarios,
la abismal distancia que separa la selva de la voluntad de convertirla en
un teatro de guerra europea: un paisaje horizontal donde los soldados
puedan batirse, en épica velocidad, frente a frente; donde la infantería
y la caballería se choquen en un solo tumulto de bayonetas. La selva,
como esos gritos que cierran las viñetas, desdice la velocidad del impulso
guerrero: lentifica el desplazamiento; imposibilita, en suma, la guerra,
abriendo otro frente de batalla: el del cuerpo sin defensas contra la
enfermedad tropical, el del soldado sitiado por la intemperie. El soldado
Jorge Tobón escribe: "Le hicieron la broma [de asustar a un soldado
con una rama que parecía una culebra] con un bejuquito inofensivo al
parecer, pero que levantaba vetas rojas y una voraz rasquiña sobre la
piel. Era el noviciado que todos pagaban a cada nuevo conocimiento en
aquella tierra que *les sitiaba el cuerpo y hasta el alma*" (40, énfasis mío). Así
mismo, la selva no sólo "sitia" a los soldados, sino que se "confabula"
en su contra, tal como dice el Ministro de Defensa Carlos Uribe Gaviria:
"estas regiones a más de su esterilidad, parecen confabularse en contra
de todo ser humano que se atreva a penetrar en ellas" (95).

Por eso Arango Uribe se queja, como otros soldados, de que los
políticos que negocian el fin del conflicto en Ginebra (Suiza), primero, y
luego en Río de Janeiro, no saben que las condiciones en las que combate
la infantería distan mucho de las de la guerra tal cual imaginada en y
por Europa: "En Ginebra, mientras en el frente agonizaban de tifo y
paludismo los soldados colombianos, don Eduardo Santos [entonces
canciller de Colombia] discutía con los ancianos ingleses, que pelearon
en campos sembrados de lechugas, sobre la guerra en la selva" (63). Una
guerra cuerpo a cuerpo, en la que incluso aparece una caballería, librada
en un espacio abierto, post-selvático, solamente podría materializarse

a través de un collage como los que diseñó el artista antioqueño Jorge Obando, quien nunca estuvo en el teatro de operaciones en el Putumayo. El collage como superposición de técnicas –en este caso la acuarela y la fotografía del presidente Olaya– materializa la imposibilidad que supone fotografiar un espacio horizontal en la selva: tiene que resultar de un género que corta y pega, que transporta, moviéndose, trayendo de otras partes otras figuras, escapando a la literalidad de la copia, fugándose así a la alegoría para producir un espacio imposible.

Jorge Obando. "Alegoría de Enrique Olaya Herrera No. 1". Collage, 1937. (En Tovar 2).

LA PODREDUMBRE: LA POTENCIA BÉLICA DEL CLIMA

Más que la distancia entre lo temperado y lo tropical, la distancia entre la lechuga y la selva, para seguir con Arturo Arango, representa una imposibilidad: en la selva no se puede estar, no se puede vivir, no se puede cultivar, lo cual impide, para los soldados, la paz del sedentarismo. Es el clima aquello que inmoviliza a los soldados haciendo la fuga de los territorios selváticos una tarea imposible. En efecto, el clima es la razón cero por la cual los soldados no pueden irse ni quedarse. La constante temperatura cálida del trópico de baja altura es el punto ciego de la imaginación espacial occidental, en tanto no permite crear la abundancia para controlarla –un régimen de clima de estaciones– como *telos* de la civilización (Castro-Gómez 34). Antes bien, el clima de la selva muestra el exceso de la abundancia como precariedad: la podredumbre es esa otra faceta de la velocidad, que no lleva hacia delante, sino hacia atrás, hacia la descomposición, hacia la muerte por las miasmas, palabra griega –*miasmata*– que se traduce como mal aire, aire descompuesto (de ahí proviene el término para designar la malaria) (Stepan 155).

Para los soldados, la infertilidad de la selva, la imposibilidad de convertirla en dehesas para cultivar lechugas, por ejemplo, la exhibe como espacio en eterna oposición al hombre, haciéndola su enemiga. Escribe Arturo Arango: "la tierra no era fértil y las plantas metían sus raíces hasta encontrar la podredumbre del muerto" (131). La fertilidad únicamente llega cuando el hombre no la necesita: se alimenta de su cadáver. La podredumbre como el movimiento contrario a la abundancia, a diferencia de ésta, no conduce hacia la vida, sino hacia la muerte. La fertilidad de la podredumbre, ocasionada por el clima, sitia al hombre y toma por ello otras formas, todas amenazantes: los insectos transmisores de la enfermedad tropical, las estancadas ciénagas "mefíticas" y los animales enemigos. Así, se politiza la naturaleza, paradójicamente, en un intento por naturalizarla como lo pre-tecnológico. La naturaleza se describe como enemiga de la civilización en tanto está en guerra contra el hombre. El poeta y soldado colombiano Juan Lozano y Lozano escribe:

> En las depresiones del terreno se forman vastas ciénagas, que son *fértiles* criaderos de todos los insectos imaginables, entre ellos el fatídico anofeles, cuyo punzón inyecta el paludismo. En su fondo *prospera* la inmunda raya, grande como la copa de un paraguas, que se alimenta de cieno y cuyo traidor aguijón infiere una herida incurable, que produce en las carnes humanas *la podredumbre de la muerte.* (274, énfasis mío)

Permanecer, *estar en el Putumayo*, entonces, es "disolverse" en él, entregarse a la enfermedad tropical o podrirse por efecto de un clima que se textualiza como antinatural: no sólo va en contra de los hombres, sino, en algunos relatos, de los animales y de las plantas mismas que, por su naturaleza, deberían prosperar en su ambiente. Para el soldado Tobón "era tan inhospitalario aquello que ni los animales lo habitaban" (46), al punto de que inclusive la flora propia del trópico –el árbol de plátano, por ejemplo– se convierte en un vegetal enfermizo, desquiciando inclusive al espacio tropical de sí mismo: el plátano no resiste su propio hábitat: "entre el rastrojo que la inundó [a la finca de un colono], emergía de distancia en distancia una mata de plátano, cargada con un racimo enteco y descolorido" (Tobón 115).

Al analizar las fotografías sobre la Amazonía brasilera del suizo-estadounidense Louis Agassiz, la historiadora de la ciencia Nancy Leys Stepan sostiene que en ellas "what is being represented is not so much the landscape per se as the landscape as an impediment or invitation to progress" (133). La politización del paisaje, un procedimiento de viejo cuño que, para el caso de la Amazonía, se debate entre las "conflictive metaphors" (Slater) de Eldorado o el infierno verde, da una nueva vuelta de tuerca cuando, como en nuestro caso, se da en un contexto de guerra. En la Guerra con Perú el paisaje amazónico no se representa como un impedimento o una invitación al progreso, sino como un impedimento a la guerra, que es al mismo tiempo una invitación a ella: "La estadía en plena selva no podía prolongarse y el vértigo de las inundaciones con sus batallones de mosquitos se insinuaba en los pronosticados cambios climáticos. No pocos se sintieron abrumados por la impaciencia y llegaron a pensar en la posibilidad de atacar sin la autorización del Ministerio" (Atehortúa 63). Por eso, las memorias de los soldados deciden representar la guerra como la única forma de escapar a la selva mientras se permanece en ella, dándole forma a esa "fuga imposible" de la que hablara más arriba. De esta manera, la guerra es vista como un antídoto contra la selva, una forma de suspender el clima y, viceversa, la selva es vista como una invitación a la guerra: un espacio que pide ser impregnado de velocidad por el conflicto bélico:

> [L]as lanchas peruanas pasaban más a menudo frente a Caucayá y en dirección a Güepi, materialmente atestadas de tropas y de ganado, lo que confirmaba los rumores que se acrecentaban, haciendo renacer en "Uno de tropa" y en sus compañeros *la esperanza de escapar del martirio diario y lento, por la muerte en aras de la Patria.* (Tobón 100, énfasis mío)

La guerra permite salir de esa muerte en vida que supone el imposible sedentarismo en la selva. Los soldados que esperan una guerra que nunca termina de comenzar, inmóviles en la selva, pendientes de las negociaciones diplomáticas de los gobiernos de sus países, que suceden a miles de kilómetros de distancia en Río de Janeiro, se representan a sí mismos como zombies, "cadáveres ambulantes" (Uribe Gaviria 94), que quieren regresar a la vida por conducto de la guerra como única operación para combatir la *stasis* de la selva. Los soldados "[n]o se han muerto: pero tampoco están vivos" (Arango Uribe 96), asolados por los mosquitos, insectos "más temidos que las balas, más temidos que los peruanos" (Arango Uribe 103), agrupados en destacamentos militares que "eran como una colonia de enfermos donde sólo quedaban tísicos, palúdicos, burócratas civiles y las hermanas de la caridad" (Arango Uribe 103).

La guerra por la vida es una guerra contra la selva. De acuerdo con el soldado Jorge Tobón, el anuncio del tratado de paz entre Colombia y Perú es la cancelación de la oportunidad de liberarse de la muerte en vida que supone habitar la selva. Con una escritura que roza la agramaticalidad, lo cual delata la paradoja de su sentido, Tobón escribe: "Un día en el boletín de noticias acostumbrado se leyó que se iba a firmar un tratado de paz entre Colombia y el Perú en Riojaneiro [sic]. No hubo alegría. Los soldados esperaban en aquellos días que al fin iban a combatir para liberase por la muerte o ser héroes" (160). La guerra, así, es la vacuna *non-plus ultra* contra la enfermedad tropical.[8]

LA MIRADA INMUNITARIA Y LA AVIACIÓN MILITAR

El avión como aquello que no toca el suelo y que, por tanto, no está en contacto permanente con la selva y su clima sino que vive del escape, inventa otra relación con el espacio amazónico, una relación *inmunitaria*. Volar por el cielo es lo contrario a marchar por la selva, su envés soñado, un mar liso listo para ser apropiado (Deleuze y Guattari 61), sin obstáculos, con rutas directas, de clima controlado, presurizado, donde es imposible ser aguijoneado por el mosquito anofeles o vararse en los cauces resecos del verano amazónico. Si el tanque es el vehículo, no todo terreno, sino "sans terrain" (Virilio, *Speed* 55) porque anula los obstáculos en la tierra, el avión lo es doblemente: no toca el suelo, atraviesa el cielo.

El soldado Arturo Arango, quien de acuerdo con sus memorias no montó en avión, anotaría: "en la guerra no hubo victoria blanca ninguna. Ni siquiera contra el clima pudimos luchar inmunemente. El General Huertas creía, como el Ministro de Instrucción Nacional, que el Putumayo era como Villeta [población de baja altura que, aunque de clima cálido, queda en los Andes]" (163). La inmunidad será, precisamente, una relación con el espacio que se dará desde el tránsito veloz por el cielo para evitar el clima; una evasión capturada, paradójicamente, por la máquina más celebrada de la guerra: el avión comercial de la compañía alemana Scadta convertido en avión de las fuerzas militares colombianas (Forero Racines 90). Así, no habrá inmunidad para los soldados en la selva, pero sí para aquellos que no la toquen: los aviadores, esos "modernos caballeros del aire" (Uribe Gaviria 139), quienes no se someterán a las condiciones antihigiénicas de las barracas y las trincheras de los soldados de infantería apostados sobre los lodazales de los ríos.

El capitán de la aviación colombiana Herbert Boy representa al avión como una máquina salvadora que sirve para escapar de la selva y su contingencia climática, convirtiéndola en una suerte de ambulancia, una extensión del hospital: "Gracias a los aviones se salvan multitudes de soldados que parecían víctimas de la disentería y del beriberi. Sin los aviones, al venir el invierno, cuando la trocha de la Tagua a Caucayá se volvía intransitable, hubiera sido imposible el transporte de alimentos y combustibles" (200). Así, ante su imposible deforestación absoluta y la inevitabilidad de la enfermedad tropical, el dominio de la selva se da desde un espacio opuesto al suyo: el cielo como antítesis del infierno (verde), con toda su pléyade de asociaciones religiosas. Siguiendo esta línea, el periodista-soldado (es suya la definición) Luis Molina Mendoza arroja una consigna militar para vencer a la selva como enemigo: "había que dominar los aires del infierno verde sin confines" (9).

El Ministro de Defensa durante la Guerra, Carlos Uribe Gaviria, es tal vez quien lleva al paroxismo el poder inmunizador de la aviación en una guerra selvática, precisamente porque es el único medio que realmente garantiza la velocidad. Desde el avión es posible evadirse de la muerte lenta de la enfermedad tropical. Sus memorias de la guerra en dos tomos –*La verdad sobre la guerra* (1935-1936)– son una antología de lugares comunes sobre la selva donde ésta aparece como la archinémesis de la civilización. Vistos desde el avión, los pueblos riberanos viven, de acuerdo con Uribe Gaviria, "en un esfuerzo gigantesco para defenderse de la manigua que los empuja recia, rabiosamente, hacia el abismo como en venganza, en castigo, por el atrevimiento de venir a turbar su pleno dominio, su augusta y tenebrosa majestad" (94).

De esta forma, el avión –la cabina presurizada, la carcasa de metal, el vidrio– le da forma, para el caso de la guerra en la selva, al dispositivo inmunitario que describe Roberto Esposito. Este dispositivo, de acuerdo con él, sirve para proteger la vida desde afuera de la vida misma, de la naturaleza y de la comunidad, como un mecanismo de supervivencia. Así, el dispositivo inmunitario

> [...] has the same end of self-preservation as nature, but in order to actualize it, it needs to tear itself away from nature, by following a strategy that is opposed to it. Only by negating itself can nature assert its own will to live. Preservation proceeds through the suspension or the alienation [estraneazione] of that which needs to be protected. (33)

> [(...) tiene el mismo objetivo de auto-preservación que la naturaleza, pero para hacer ese objetivo concreto necesita separarse de la naturaleza siguiendo una estrategia opuesta a ella. Sólo al negarse a sí misma puede la naturaleza afirmar su voluntad de vivir. La preservación procede por la suspensión o el extrañamiento de aquello que necesita protección; traducción de los editores]

La mirada del aviador que ve la selva desde la máquina en vuelo –esa mirada de Uribe Gaviria o de Herbert Boy– es la mirada inmunitaria, alienada, de la naturaleza tropical que, tal cual sostiene Esposito, se aliena precisamente para salvar la vida, en nuestro caso, de la enfermedad tropical y de lo que se pensaba que era su causa: el clima y su correlato, la podredumbre del aire y del agua. Sin embargo, la mirada del aviador militar opera por fuera de esta conciencia de inmunización. Es decir, plantea la vida en la selva como un imposible que sólo puede darse mediante el tránsito por los cielos. Una consideración que, a un mismo tiempo, declara la guerra contra la selva y la sustrae de cualquier historia comunitaria –de cualquier contacto– que exija una relación con sus habitantes que pase por sentidos distintos a los de la vista. Por eso Uribe Gaviria prefiere morir en un accidente de avión en la selva antes que sobrevivir y padecer sus enfermedades: "(...) conducir un avión por sobre el infierno verde, en donde en caso de accidente, es mil veces preferible caer sin vida a soportarla, siquiera fuera por breves momentos, ya que no es posible esperar sino la muerte lenta y cruel tras privaciones y sufrimiento que sólo poetas y escritores geniales podrían sentir o interpretar" (92). La inconciencia del dispositivo inmunitario desde el cual él escribe le permite plantear una falsa oposición tras de la cual palpita una terrible violencia sobre el espacio tropical: prefiere la muerte a la vida en la selva, lo cual supone descartar de plano el ocio, el amor o la cotidianidad en este espacio. La única forma de vivir en la selva es, entonces, huir rápidamente de ella: "las vías de comunicación cómodas y rápidas harán perder a nuestras gentes el miedo a la selva (…) la aviación será el mejor medio que permita cumplir, hacer viables estas sencillas sugestiones y esperanzas" (150). Con lo cual llegamos al punto ciego del culto al avión como máquina productora de la anti-selva[9] –ese "non-place of speed [that] has definitely supplanted that of place" [no-lugar de la velocidad (que) ha suplantado decisivamente al lugar; traducción de los editores] (Virilio *Speed* 133)– y que es la muerte: preferir el accidente mortal en la selva a perderse en ella, inclinarse por la velocidad tecnológica y no por la velocidad metabólica (Lotringer y Virilio 150).

La guerra sobre el trópico es una consecuencia, tal vez la más radical, de lo que David Arnold ha llamado "tropicality", un cierto régimen de representación occidentalista que aliena a quien vive este espacio deshistorizando los lugares que visita y, por tanto, abriendo la posibilidad de ejercer sobre ellos fantasías de la obliteración donde se desea, por ejemplo, *hacer temperada* una región tropical deforestando toda la selva o, de llano, hacer inimaginable la vida en la selva como arsenal ideológico para justificar la violencia absoluta sobre ella: "tropicality was the name of an experience and a way of seeing, perceiving and feeling a certain time/place or a place out of time" [la tropicalidad era el nombre de una experiencia y de una forma de mirar, percibir y sentir cierto tiempo/lugar o un lugar sin tiempo; traducción de los editores] (Arnold 143). La guerra contra el espacio tropical suspende la espacio-temporalidad de la selva del Putumayo de los años treinta, borrando todo afuera de ella, reinventándose como la primordial máquina de tránsito, una que borra al mismo tiempo cuerpos y espacios, tornándose en algo así como la máquina higiénica *non-plus ultra* pues, al hacer el espacio móvil, transitable, garantiza también que los cuerpos pasen y que no se queden ahí, condenados a la inmovilidad del beriberi y a la acción disolvente del clima. Así textualizados, como espacios donde el ocio es imposible, el Putumayo y el Amazonas colombianos son tierras que piden se realice sobre ellas, metafísicamente, la guerra eterna. Esta es una consideración que se basa en prácticas representacionales largamente imbuidas en un pensamiento antitropical que, para el caso de una nación tropical como Colombia, equivalen llanamente a un pensamiento antinacional. Paradójicamente serán los productos culturales de la guerra –memorias militares, artículos periodísticos, panfletos de denuncia, etc.– los que correrán el velo que el discurso occidentalista ha tendido sobre la selva tropical haciendo hablar al monstruo (Althusser), para dejarnos ver que la única forma en que éste puede capturar la selva es a través de su eliminación, proponiendo la civilización como un evento post-selvático.

NOTAS

[1] Ver páginas 29-55.

[2] Sobre la angustia de Rivera de ver repetido ese trauma nacional opera *La vorágine* (1924), una novela sobre el boom cauchero de comienzos de siglo, cuando ya Arana estaba quebrado por la competencia de las compañías inglesas de caucho en Malasia y Ceilán (hoy Sri Lanka). Asimismo, la novela se publicó tres años después de la muerte del cauchero Tomás Funes, otro de los antagonistas del personaje principal, Arturo Cova, en los límites selváticos con Venezuela (Neale-Silva 318). El anacronismo que algunos han visto en la novela al escoger como tema un conflicto pasado, me parece, al igual que a Isaías Peña, que obedece a la preocupación por la desatención de estos territorios; una preocupación que buscaba evitar una guerra con los ocupantes peruanos (Peña 45). La novela de Uribe Piedrahita *Toá, narraciones de caucherías* (1933), publicada durante la guerra, nacionaliza estos territorios a través de un predecible recurso: un médico citadino se enamora de una indígena del Putumayo llamada Toá.

[3] Aunque ese dinero sí salió de las arcas del Estado colombiano, no está claro si llegó directamente a Arana. De acuerdo con el biógrafo de Arana, Ovidio Lagos, *el Rey del Caucho*, en quiebra total, había vendido sus títulos (espurios o no) sobre el Putumayo a Víctor Israel por una suma irrisoria comparada con el real valor que tendrían los miles de kilómetros que le pertenecían en el Putumayo (378). Así, una vez desembolsado por el Estado colombiano, el dinero no le habría llegado directamente a él o a sus familiares.

[4] Emblemático es el caso del empresario peruano Enrique Vigil, cauchero arruinado, dueño de la hacienda La Victoria en predios cercanos al caserío de Leticia en territorio colombiano. Vigil pretendía, en lo que el poeta peruano José Santos Chocano denominó un chantaje del "sátrapa de Leticia" (46), vender al gobierno colombiano por 80 mil dólares su hacienda, amenazando con enardecer los ánimos nacionalistas de sus paisanos y llevarlos a la revuelta anticolombiana. Ayudado por el ingeniero Oscar Ordóñez, loretano, cumplió sus promesas el 1 de septiembre de 1932.

[5] Así mismo, en lo que parecería otra publicación extemporánea pero cuya explicación es política en tanto se debe al conflicto militar amazónico, también se publicaron en 1933 textos sobre el holocausto amazónico de principios de siglo tales como *La guarida de los asesinos: relato histórico de los crímenes del Putumayo* de Ricardo Gómez (Páramo, *La vorágine* 33).

[6] Lo contrario también es cierto. El general Vázquez Cobo escribe sobre la creciente del río: "la navegación por el Amazonas, a partir del mes de diciembre, es muy peligrosa por la cantidad de palizadas, verdaderas islas flotantes, que arrastra el río, por ser la época de creciente; así es que, al llegar la noche, hay necesidad de amarrar los buques a alguna ladera o en un puerto, para continuar al día siguiente. Agréguese a esto, neblinas espesas, constantes en esta época, en el bajo Amazonas" (174).

[7] Este procedimiento lo copiaría en sus memorias sobre el conflicto Jorge Tobón en *Sur* (1954). Antolín Díaz también usaría cortos párrafos separados por asteriscos en *Lo que nadie sabe de la guerra* (1933).

[8] Soy consciente de estar operando sobre la definición de guerra que da el futurista italiano Filippo Tommaso Marinetti en el Manifiesto Futurista de 1909. Según él, la guerra es la "única higiene del mundo". Las conexiones entre vanguardias europeas y americanas –en los años 20 en Colombia surge el movimiento vanguardista de "Los nuevos"–, pensamiento higienista, la Guerra con el Perú y el ascenso del fascismo a ambos lados del Atlántico son temas por estudiar en profundidad.

[9] En una reciente entrevista, Virilio habla de la relación entre guerra, velocidad y espacio para concluir que estamos ante el fin de la geografía: "in our World of accelerated instantaneity, [the end of geography is] also the end of the fullness or the wholeness of the Earth" [en nuestro mundo de instantaneidad acelerada, (el fin de la geografía es) también el fin de la Tierra como totalidad o unicidad; traducción de los editores] ("The Third War" 29).

BIBLIOGRAFÍA

Abad Faciolince, Héctor. *Angosta*. Bogotá: Seix Barral, 2004.

Arango Uribe, Arturo. *180 días en el frente*. Manizales: Tipografía Cervantes, 1933.

Arango Vélez, Carlos. *Lo que yo sé de la guerra*. Cromos: Bogotá, 1933.

Arenas Vega, Luis Alberto. *Jirones de la memoria: crónicas sobre el conflicto colombo-peruano*. Bogotá: Ediciones Escorpión, 2010.

Arnold, David. *The Problem of Nature: Environment, Culture and European Expansion*. Cambridge: Blackwell Publishers, 1996.

Atehortúa, Adolfo León. "El Conflicto Colombo-Peruano: Apuntes acerca de su desarrollo e importancia histórica". *Historia y Espacio. Revista de Historia de la Universidad del Valle* 29 (junio-diciembre 2007): 57-74.

Boy, Herbert y Eduardo Caballero Calderón. *Una historia con alas*. Madrid: Guadarrama, 1955.

Castro-Gómez, Santiago. *La Hybris del punto cero: ciencia, raza e ilustración en la Nueva Granada, 1750-1816*. Bogotá: Universidad Javeriana, 2005.

Deleuze, Gilles y Félix Guattari. *Nomadology: The War Machine*. Nueva York: Semiotext(e), 1986.

Donadío, Alberto. *La Guerra con el Perú*. Bogotá: Planeta, 1995.

De la Pedraja, René. *Wars of Latin America 1899-1941*. Jefferson: MacFarland and Company, 2006.

Díaz, Antolín. *Lo que nadie sabe de la guerra*. Bogotá: Editorial Manrique, 1933.

Esposito, Roberto. "The Inmunization Paradigm". *Diacritics* 36/2 (Summer 2006): 23-48.

Forero Racines, Mayor Oscar. "La aviación militar colombiana". *Conflicto Amazónico (1932-1934)*. General Álvaro Valencia Tovar, ed. Bogotá: Villegas Editores, 1994. 89-107.

Gómez, Augusto, Ana Cristina Lesmes y Claudia Rocha. *Caucherías y Conflicto Colombo-Peruano: Testimonios 1904-1934*. Bogotá: Disloque Editores, 1995.

Lagos, Ovidio. *Arana, rey del caucho*. Buenos Aires: Emecé, 2005.

López Narváez, Carlos. *Putumayo 1933*. Bogotá: Espiral, 1951.

Lotringer, Sylvere y Paul Virilio. *Pure War: Twenty-Five Years Later*. Los Angeles: Semiotext (e), 2008.

Lozano y Lozano, Teniente Juan. "El combate de Güepi". 1933. *Conflicto Amazónico (1932-1934)*. General Alvaro Valencia Tovar, ed. Bogotá: Villegas Editores, 1994. 273-285.

Molina Mendoza, Luis. *En la línea de fuego: por un periodista-soldado en la campaña del sur*. Bogotá: Editorial Renacimiento, 1934.

Neale-Silva, Eduardo. "The Factual Bases of *La vorágine*". *PMLA* 54/ 1 (marzo 1939): 316-331.

Nieto Caballero, Luis Eduardo. *Vuelo al Amazonas*. Bogotá: Minerva, 1933.

_____ "Prólogo". *Sur: Memorias de un Suboficial sobre el Conflicto Colombo-Peruano*. Jorge Tobón Restrepo. 1954. Medellín: Casa de Cultura, 1965.

Obando, Jorge. "Alegoría de Olaya Herrera No. 1". Collage de acuarela y fotografía. *Conflicto Amazónico (1932-1934)*. General Álvaro Valencia Tovar, ed. Bogotá: Villegas Editores, 1994. 2.

Ordóñez, Montserrat. "Introducción". *La vorágine*. Madrid: Cátedra, 2006. 11-58.

Páramo Bonilla, Carlos Guillermo. La vorágine: *catálogo exposición Biblioteca Nacional de Colombia, noviembre 2009-marzo 2010*. Bogotá: Ministerio de Cultura, 2009.

_____ "Cosas de *La vorágine*: Una guía para viajeros al 'vórtice de la nada'". *Palimpsesto* 7 (2010): 13-25.

Peña, Isaías. *Breve historia de José Eustasio Rivera*. Bogotá: Cooperativa editorial Magisterio, 1988.

Pineda Camacho, Roberto. *Holocausto en el Amazonas: Una historia social de la Casa Arana*. Bogotá: Planeta, 2000.

Ramírez, María Clemencia. "Colonización de la Amazonía Occidental". *Atlas cultural de la Amazonia colombiana: la construcción del territorio en el siglo XX*. María Clemencia Ramírez, Eduardo Ariza, Leonardo Vega, eds. Bogotá: ICANH, 1998. 21-85.

Rivera, José Eustasio. *La vorágine*. 1924. Montserrat Ordoñez, ed. Madrid: Cátedra, 2006.

Santoyo, Álvaro Andrés. "Una creación del periodismo colombiano: la Amazonía en la obra de Luis Eduardo Nieto Caballero". *Perspectivas antropológicas sobre la Amazonía contemporánea*. Margarita Chaves y Carlos del Cairo, eds. Bogotá: ICANH y Pontificia Universidad Javeriana, 2010. 441-469.

Santos Chocano, José. *El escándalo de Leticia ante la Conferencia de Río de Janeiro: los engaños hechos al pueblo peruano por los explotadores de su patriotismo*. Lima: Talleres gráficos "La Nación", 1934.

Serje, Margarita. *El revés de la nación: territorios salvajes, fronteras y tierras de nadie*. Bogotá: CESO/Universidad de los Andes, 2005.

Slater, Candance. *Entangled Edens: Visions of the Amazon*. Londres: U of California P, 2002.

Stepan, Nancy Leys. *Picturing Tropical Nature*. Ithaca y Nueva York: Cornell UP, 2001.

Taussig, Michael. *Shamanism, Colonialism and the Wild Man: A Study in terror and Healing*. Chicago: The U of Chicago P, 1987.

Tobón Restrepo, Jorge. *Sur: Memorias de un Suboficial sobre el Conflicto Colombo-Peruano*. 1954. Medellín: Casa de Cultura, 1965.

Uribe Piedrahita, Cesar. *Toá: narraciones de caucherías*. Bogotá: Imprenta de Arturo Zapata, 1933.

Uribe Gaviria, Carlos. *La verdad sobre la guerra*. Tomo I. Bogotá: Cromos, 1935.

Vásquez Cobo, Alfredo. *Pro-Patria: La expedición militar al Amazonas en el Conflicto de Leticia*. Bogotá: Banco de la República, 1985.

Virilio, Paul. *Speed and Politics*. 1977. Nueva York: Semiotext(e), 1986.

_____ "The Third War: Cities, Conflict and Contemporary Art". *Virilio Now: Current Perspectives in Virilio Studies*. John Armitage, ed. Malden: Polity Press, 2011. 29-46.

Zárate Botía, Carlos. *Silvícolas, Siringueros y Agentes estatales: El surgimiento de una sociedad transfronteriza en la Amazonia de Brasil, Perú y Colombia 1880-1932.* Leticia: Universidad Nacional de Colombia, Instituto Amazónico de Investigaciones (IMANI), 2008.

La Lucha Contra Bandidos en El Escambray: *guerra, mitificación y alterización en la Cuba post-revolucionaria*

WLADIMIR MÁRQUEZ JIMÉNEZ
Regis University

En 1960, en la sierra del Escambray se produce un levantamiento en contra de la Revolución Cubana. Inicialmente, el levantamiento es interpretado como parte de un conjunto de iniciativas conspirativas llevadas a cabo por elementos contrarrevolucionarios que, o bien eran residuales de la dictadura de Batista, o bien reaccionarios dentro del propio ejército revolucionario. Se suponía, en cualquier caso, que tales elementos habían sucumbido a las manipulaciones del imperialismo yanqui, y habían acabado convirtiéndose en títeres de la CIA, como parte de la red de acciones encubiertas denominada *Operación Mongoose*. El proceso de sofocamiento de la insurrección contrarrevolucionaria en el Escambray se extendió desde 1960 hasta 1965. Inicialmente, en 1961, el operativo fue llamado "La Limpia del Escambray". Luego recibió el nombre de "Lucha Contra Bandidos". El cambio, a partir de 1962, cuando se incluye el término *bandidos*, ha de llamar nuestra atención no menos que el nombre inicial del operativo –*limpia*–, como si se tratara de una resección o una poda de elementos malignos dentro del conjunto social cubano. El cambio de nombre tiene relación, también, con la cantidad de milicianos desplegados en el operativo; cuando ya se conocía como "Lucha Contra Bandidos" el número de efectivos destacados en la operación alcanzó los sesenta mil. Es en ese momento, precisamente, cuando la "Lucha Contra Bandidos" deviene en una auténtica guerra de exterminio en contra de estos elementos adversos a la revolución. Este episodio, junto con la guerra de guerrillas de Sierra Maestra, el asalto al Cuartel Moncada y la defensa de Playa Girón, rápidamente se constituyó en uno de los momentos estelares de la historia cubana en la segunda parte del siglo XX, y pasó a formar parte del relato épico de la Revolución Cubana. De allí que la "Lucha Contra Bandidos" haya sido capturada prolijamente por la imaginación artística cubana a partir de 1966.[1]

La "Lucha Contra Bandidos" se libra en dos terrenos: en el real y en el simbólico. De acuerdo con Carlos Aldana, "La lucha contra bandidos pertenece al centenario batallar del pueblo cubano por su independencia y emancipación, y constituye una gesta que, afortunadamente, diversos escritores han llevado a sus obras" (en Fuentes 17). Si en el terreno de lo real los contendientes en la Lucha contra Bandidos están claramente definidos (el heroico pueblo cubano versus el imperialismo yanqui que ve en el Caribe su destino manifiesto y busca torcer el rumbo de la historia cubana financiando a los contrarrevolucionarios), en el ámbito de la narración de los hechos de la revolución, en cambio, no está tan claro quiénes son los contendientes. Habida cuenta de que la "Lucha Contra Bandidos", a nivel de la historia diacrónicamente considerada, forma parte de la gesta multisecular por la libertad del pueblo cubano, cabe preguntarse cómo metabolizar, en ese mismo plano, el que el alzamiento del Escambray sea un alzamiento campesino, vehiculado por bandas de bandidos. En esa gesta del pueblo cubano, durante el siglo XIX, el bandidismo campesino jugó un papel significativo en la lucha independentista. Bandoleros como Manuel García –el Rey de los Campos de Cuba–, José Álvarez Arteaga (Matagás) o Domingo Montelongo, entre otros, son reconocidos como agentes importantísimos en la guerra contra las fuerzas de ocupación española porque hicieron posible la conexión entre el campesinado cubano y la élite letrada que conspiraba. Luego, ¿cómo lidiar con este nuevo alzamiento que parece ir a contrapelo de la historia? Más aún, ¿no se supone que la Revolución cubana, al declararse socialista, hace el tránsito de revolución popular a revolución obrera y campesina? Tengo para mí que la profusión de textos acerca del Escambray[2] busca resolver ese impasse, ese diferendo. El bandidismo puede ser visto como parte de un proceso de alterización a través del cual una clase dominante se impone, simbólica y materialmente, a otra a través de la imposición de la etiqueta de bandido que lo saca, con violencia, del ámbito de lo social. Lo que persiguió la Revolución al denominar bandidos a estas bandas armadas de campesinos, fue hacer un deslinde entre los elementos contrarrevolucionarios y los campesinos de la zona de la sierra del

Escambray. Se trataba, en suma, de reterritorializar el espacio simbólico rural; ganarlo de una vez por todas para el espacio histórico-simbólico de la revolución. Ahora bien, desde el lado de la disidencia cubana, la profusión de textos acerca de la "guerra" en el Escambray tiene un propósito claramente opuesto. Lo sucedido fue una insurrección de campesinos en contra del comunismo y a favor de la democracia, es decir, fue un alzamiento en contra de la sujeción a una causa que no era ya la de ellos. Fue, pues, un acto de insurgencia en contra del totalitarismo. Estos alzados son, para la disidencia cubana, un síntoma temprano del descamino de la revolución cubana en tanto revolución popular. En resumen, el bandidismo en el Escambray puede ser visto como la suma de actos antisociales por parte de un grupúsculo de individuos; al tiempo que, por otro lado, puede devenir en expresión colectiva de un proceso de lucha y resistencia de los campesinos en contra de sus opresores.[3] Las diversas representaciones de la "Lucha Contra Bandidos", entonces, dramatizan una heterotropía (Dabove, Jáuregui), vale decir, un proceso a través del cual el discurso identitario de la revolución (o el de la disidencia) recurre a tropos para hacer posible la representación de 'lo mismo' y de la otredad.

Mi trabajo se concentrará en el análisis, por un lado, de *Bandidismo en el Escambray (1960-1965)* (1986), de Julio Crespo Francisco, como ejemplo del modo de representación de la rebelión campesina por parte del bando al servicio de la Revolución Cubana; y, por el otro, de *Escambray: la historia que el totalitarismo trató de sepultar* (2008), de Idolidia Darias, en tanto manifestación de la visión de la disidencia cubana en el exilio. Es mi propósito, entonces, elucidar el paradigma de representación que gobierna cada uno de los libros y que tiene muy presente a la guerra de independencia como clave maestra que permite el acceso al significado profundo de la rebelión campesina en el Escambray.

La escogencia de los dos textos obedece a un doble motivo: por un lado, ambos claman ser objetivos, periodísticos e irrebatibles; por otro lado, dramatizan el diferendo entre las masas campesinas y las élites, entre el pueblo y el poder hegemónico; en ese sentido, ofrecen versiones encontradas, no digamos de los hechos del Escambray sino, más bien, de la historia de la Cuba pre-revolucionaria. Ambos textos reclaman para sí el privilegio de usufructuar el pasado histórico-heroico cubano. El texto de Idolidia Darias se arroga el derecho de ser la voz de los legítimos herederos de los rebeldes primitivos de la independencia, de la era republicana cubana, que devinieron después, en forma casi natural, en los revolucionarios de la Sierra Maestra. Por su parte, el texto de Crespo Francisco pretende establecer la vinculación entre los rebeldes del Escambray y los Estados Unidos, para de esa forma colocar el alzamiento dentro de la cadena de fracasos de la clase política liberal cubana: 1898, 1916 y 1933 son fechas en las que se ofrece testimonio de que este maridaje entre liberales y yanquis conduce inexorablemente a un *American-sponsored bretayal* de los ideales de la revolución (Ferrer 197). Las acciones de unos y otros quedan integradas en el relato omnicomprensivo de la lucha multisecular por la libertad; como si la guerra de independencia cubana se repitiera incesantemente.

Me concentraré en examinar los tropos y los recursos retóricos que ambos textos utilizan para consignar su visión de los hechos del Escambray. En ese sentido, cabe señalar que lo más obvio a tener en cuenta es que la visión de Crespo Francisco es la versión oficial, la de los vencedores, y la de Idolidia Darias es la de los vencidos. Ahora bien, ¿quiénes pueden reclamar para sí la condición de subalternos? ¿Los vencedores o los vencidos? ¿Los campesinos del Escambray, la disidencia cubana, o la Revolución, el discurso castrista que se representa a sí mismo en desigual combate en contra del poderoso gigante del norte? ¿Cuál de las dos narrativas tiene más éxito en el proceso de construirse como lo subalterno? ¿Quién, en suma, gana esta guerra discursiva?

BANDIDISMO EN EL ESCAMBRAY: ALTERIZACIÓN Y RELATO HISTÓRICO LINEAL

Bandidismo en el Escambray se compone de ocho partes que examinan el fenómeno contrarrevolucionario. El texto pretende ser francamente comprehensivo en su intento de intelección: "[m]ostrar el alcance, objetivos y características de esa lucha frontal entre la Revolución y la contrarrevolución, es la finalidad del presente testimonio. Aunque se refiere a hechos históricos, aspira –además– a examinar las motivaciones que impulsaron a los protagonistas de aquella contienda que duró casi un lustro: 1960-1965" (1). El texto se propone extraer lecciones ejemplares de lo sucedido en el Escambray, a la vez que ofrecer un homenaje a todos aquellos que se involucraron en la "Lucha Contra Bandidos". Así, junto con la pulsión intelectiva hallamos otra panegírica. El texto está organizado siguiendo una lógica "científica". La primera parte, "Antecedentes", examina las posibles causas del alzamiento a la vez que consigna el clima anímico de la época. El resto de las partes del texto da cuenta, en estricto orden cronológico, de los hechos del alzamiento del Escambray: cuándo aparecieron los alzados, cuáles fueron las medidas sucesivamente tomadas, etc. Se nos habla también del desarrollo de las dos primeras campañas: la "Limpia del Escambray" durante 1961 y la "Guerra (o Lucha) Contra Bandidos" en el periodo que va de 1962 a 1965. Ubicado entre la primera y la segunda campañas, el texto de Crespo Francisco ofrece así mismo un breve excurso en el cual consigna los hechos de Playa Girón. La última parte del texto lleva el nombre de "Epílogo", y en ella se ofrece un conjunto de reflexiones que valoran lo descrito e inquieren acerca de la posibilidad de que tales acontecimientos se repitan más adelante en el curso de la historia cubana. En cada una de las partes se mezclan los testimonios orales de los milicianos combatientes en el Escambray con documentos de diversa procedencia: artículos de la Revista Bohemia[4] correspondientes a los años 1959 y 1961, fragmentos del diario del Che Guevara, trozos de ciertos discursos de Fidel Castro, discursos de Raúl Castro, partes militares, actas e informes de captura, así como memorandos y otros documentos oficiales del MININT.[5] Al final del texto, Julio Crespo Francisco proporciona una lista de los caídos durante las campañas de "Lucha Contra Bandidos" (sólo los del lado oficial) y, posteriormente, una lista de los testimoniantes, destacando en cada caso su procedencia (campesina o no) y el cargo o posición que detentaban durante la campaña.

Me llama la atención que el texto sea presentado, desde la primera página, como un relato testimonial. Adjudicarle ese carácter al texto es, por lo menos, problemático. En primer lugar, este texto no consigna voz subalterna alguna, atributo que suele tenerse como inherente al testimonio. No se trata de la incorporación en el espacio letrado de alguien que carece de la capacidad de escribir, merced a la mediación de un letrado solidario (Achugar 56). El examen cuidadoso de la última parte del texto dará para reparar en que una parte de los testimoniantes son agentes de los distintos organismos de inteligencia del gobierno revolucionario cubano (DSE); otra parte está constituida por agentes de las fuerzas represivas del Estado (MININT); un grupo más se halla conformado por oficiales de la fuerza armada (FAR), y una minúscula porción corresponde a campesinos de la región. Como se podrá advertir, los testimoniantes son, en su mayoría, letrados. Luego, si el texto no es un testimonio, ¿qué puede ser? La respuesta no es fácil. Con todo, el texto de Crespo Francisco recurre a otras convenciones propias del testimonio: se trata de recoger manifestaciones de historia oral que pertenecen a un sujeto que estuvo en el lugar de los hechos, las cuales de otro modo estarían condenadas a la desaparición, dada la imposibilidad de ese sujeto testimoniante de articular y consignar el relato por sí mismo. De igual modo, el texto de Crespo Francisco busca deliberadamente intervenir en la realidad: ese es otro de lo atributos del testimonio. Finalmente, se acoge a otro principio que John Beverley señala como constitutivo del testimonio: el deseo de solidaridad.[6] Ahora bien, el carácter documental de *Bandidismo…* es casi incontrovertible. Luego, cabría preguntarse si es posible asimilar el texto de Crespo Francisco a otra clase de textos: la de relato documental. Acá surgen nuevamente algunos problemas. Entre los atributos que se le adjudican al relato documental tenemos, en primer lugar, la denuncia de la apropiación patrimonial del Estado de ciertos acontecimientos de la historia para silenciar o encubrir cuanto han hecho aquellos actores vinculados con el poder político. El relato documental nos ofrece la versión de un sujeto crítico que se enajena de sí mismo y de los acontecimientos que narra para poner en evidencia las manipulaciones del poder político con relación a ciertos eventos de la historia reciente del país (Hortiguera 118). El relato documental suele reelaborar una multiplicidad de testimonios orales para darles coherencia interna; no se limita a presentar los hechos, sino que también les confiere sentido (Rodríguez-Luis 39). Al hacerlo, los transforma en un artefacto que participa y se inserta en las relaciones sociales. Por eso, este tipo de textos está planteado como parte de una disputa por la verdad. Si el texto de Crespo Francisco participa de una polémica,[7] no se puede ignorar que se halla en ella del lado del discurso hegemónico.

Así pues, las dificultades que se presentan para encasillar *Bandidismo…* dentro de una categoría o clase de textos se pueden entender en el contexto de la dificultad que tiene el texto mismo para consignar su verdad atendiendo, por un lado, a un reclamo de imparcialidad –habida cuenta de su naturaleza periodística– y, por otro, a la obligación de consignar una verdad unívoca, sin desenfoques, esto último como resultado de sus declaradas afiliaciones políticas. Más aún, la dificultad de leer *Bandidismo*... como un testimonio o un relato documental es la misma que existe en cuanto a la posibilidad de considerar que estamos en presencia de un texto subalterno o, mejor dicho, que se halla atravesado por este deseo de solidaridad con el subalterno. *Bandidismo*... hace un manejo de los hechos que evidencia el proceso de alterización al que son sometidos los campesinos alzados. Al examinar los antecedentes del conflicto se insiste en dos aspectos: que la rebelión no es completamente campesina y que se relaciona, más bien, con un proceso de descomposición de la dirigencia del Segundo Frente del Escambray.

> *Juan Pérez Roca* [Combatiente afecto a la Revolución]: Allí en El Escambray había un caldo de cultivo que venía funcionando en ciertas zonas, que venía funcionando desde la insurrección, y fueron Gutiérrez Menoyo, William Morgan, Carreras y otros que eran unos aventureros, contrarrevolucionarios en potencia, quienes fueron engañando a muchos campesinos cuando los conocieron durante la guerra con Batista. (5)

El texto abre con esa declaración y otras, todas ellas bastante problemáticas. Al final del capítulo inicial de *Bandidismo*... se consigna que Gutiérrez Menoyo y Morgan estaban infiltrados entre los conspiradores que en el año 1959 desmantelaron la invasión de la Legión Anticomunista Caribeña financiada por el dictador dominicano Rafael Leonidas Trujillo. Como parte del plan, Morgan y Gutiérrez Menoyo se debían infiltrar en las incipientes bandas de bandidos y alentar la recepción del apoyo trujillista. Una vez desbaratada la conspiración, Gutiérrez Menoyo y Morgan reciben tratamiento de héroes.

El otro aspecto que llama la atención es que los campesinos no sean más que unos inocentes engañados por ladinos y taimados sujetos al servicio de espurios intereses. Esto es desmentido por otros testimonios que afirman que la gente del Escambray se alza porque el Segundo Frente –del cual eran parte Morgan y Gutiérrez Menoyo– "robó, asesinó, creó condiciones para un alzamiento posterior" (5). La idea, entonces, de que el alzamiento se debe menos a una rebelión campesina que a desviaciones dentro del movimiento revolucionario, es minada desde el interior del texto. Si los campesinos no se levantaron espontánea y volitivamente sino que fueron engañados por conspiradores, por elementos reaccionarios dentro de la revolución, ¿cómo es, pues, que su alzamiento es un resultado de los malos manejos del Segundo Frente? En cualquier caso, lo que sí queda claro en esta primera parte del texto, más por acumulación que por otra cosa, es que el Segundo Frente es objeto de una violenta alterización. *Bandidismo...*, en tanto narrativa que pretende hacer inteligible la historia cubana reciente, opera en esa frecuencia alterizadora. La historia queda planteada en términos de *nosotros* versus *ellos*, los buenos (*nosotros*) versus los malos (*ellos, los otros*):

> En aquellos días era difícil controlar las cosas y cuando caímos en cuenta el II Frente, detrás de Camilo Cienfuegos, había entrado "heroicamente" en La Habana (...). Ellos que vivieron del cuento de una lucha que no hicieron, embaucando a la gente, buscando puestos, tratando siempre de acercarse a los lugares donde el dinero estaba a flor de tierra, "empujando" en todos los gabinetes ministeriales, despreciados por todos los revolucionarios puros, pero admitidos, aunque a regañadientes, eran un insulto a nuestra conciencia de revolucionarios. (14)

Los actores de este drama ejemplarizante puesto en escena por la revolución son, por un lado, los aprovechados, los hipócritas; por el otro, los de integridad a toda prueba. El pasaje arriba citado pertenece a los diarios del Che Guevara; luego, el texto gana autoridad merced a que se apoya en el más virtuoso de los revolucionarios para descalificar a la escoria de la revolución. En otro episodio, Juan Pablo Milián, quien había sido miliciano del ejército revolucionario, y que para el momento de los hechos representados en el texto era policía militar, consigna que tuvo una plática con un antiguo amigo, ahora comprometido en la conspiración. Su amigo le confía los planes de Gutiérrez Menoyo y Morgan para eliminar a la autoridad político-revolucionaria de la localidad. El amigo convida a Milián a unirse al movimiento, y narra que antes de despedirse "[m]e dejó dos números de teléfono y me ofreció dinero; recuerdo que sacó dos fajos de billetes –grandes– y me dijo que era para lo que me hiciera falta. Yo le dije que no me hacía falta dinero, aunque en realidad yo andaba con 25 centavos en el bolsillo" (Crespo Francisco 23).

No cabe duda, entonces, sobre los roles que el texto adjudica a los del Segundo Frente: son los fariseos, los mercaderes de la revolución. Empero, aún queda por esclarecer cómo es que los campesinos del Escambray se alían con estos contrarrevolucionarios. Crespo Francisco ofrece un conjunto de testimonios que bien pueden servir para aclarar el asunto. El testimonio de Dagoberto Pérez Hernández, otro combatiente, es especialmente revelador:

> A la lucha del Escambray se le llamó anticomunista, pero yo creo que no se puede ser "anti" una cosa que la mayoría de la gente desconocía lo que era; tan fue así que la Revolución se dio cuenta y al principio puso en libertad a muchos colaboradores y alzados que eran campesinos analfabetos. El mismo Osvaldo Ramírez lo que tendría sería un quinto o sexto grado [...], no era tampoco una figura como para luchar contra un sistema; porque en definitiva Osvaldo tampoco sabía qué era comunista. Y entonces se apeló a lo de la "patria potestad" y a otros asuntos, aunque muchas veces tenían que explicarles (sic) a la gente qué era la patria potestad. (103)

La respuesta la hallamos en el proceso de infantilización como estrategia retórica para representar al Otro. David Spurr señala que el discurso hegemónico suele representar a ciertos sujetos –mujeres, proletarios, nativos y campesinos– a través de este recurso retórico como parte de un proceso mediante el cual se construye la diferencia y, con ello, se da lugar a la subordinación y el sometimiento de estos. Los campesinos del Escambray, sin duda, están sujetos a este proceso de representación. A la luz de esta infantilización, otros episodios más, dentro de la primera parte, cobrarán especial significación: "[William Morgan y Plinio Prieto] comenzaron su labor de captación entre los campesinos, quienes antes los habían conocido peleando contra Batista, y después alzados contra el Gobierno Revolucionario. Y esa fue una de las causas que motivaron que diversos campesinos fueran fácilmente engañados" (33).

Merced a esta infantilización se vuelve innecesaria cualquier explicación que vaya al fondo de la cuestión de por qué los campesinos se incorporan a los alzamientos del Escambray. Así como los del Segundo Frente, los campesinos también han sido alterizados. Luego, lo que cabe es menos explicar el alzamiento que aportar razones que justifiquen las acciones emprendidas en contra de los alzados. De uno de los informes al Presidente del Tribunal Revolucionario se extrae lo siguiente: "La composición y estructura orgánica de las partidas de alzados que operaban en El Escambray hasta diciembre de 1960 tenía una Comandancia Central representada por Evelio Duque, dándole a cada columna nombres mezclados de mártires de nuestra independencia, traidores contrarrevolucionarios y ex casquitos [esbirros del dictador Fulgencio Batista] (...)" (Crespo Francisco 55). En términos generales, destaca la calidad vejatoria e inicua de la descripción que el Comando Central hace de los alzados. Los bandidos del Escambray son como el mundo al revés, la versión adulterada de la Revolución. Ellos son el compendio de todos los males y vicios: oportunistas, codiciosos, taimados, cobardes, traidores, ignorantes, y hasta torturadores y asesinos: "...y los bandidos se lanzan sobre él; se supone que lo torturaron, pues tenía huellas por todo el cuerpo [...] También mataron al Negro Alonso." (56). El texto de Crespo Francisco presenta, entonces, una interpretación de los hechos en favor de la idea de que la "Lucha Contra Bandidos" fue una guerra justa en contra de los bárbaros enemigos de la Revolución. Así, los alzados del Escambray tienen muy poco, o nada, de subalternos.

Lo que se halla al fondo de todo esto es la convicción de que la historia sigue un curso lineal. Con arreglo a este principio de linealidad se juzgan los actos de los alzados. En el relato de Crespo Francisco sutilmente prevalece la imagen del rebelde campesino pre-político. Los campesinos alzados son esos sujetos "backward looking" [hombres que miran para atrás] que describe Hobsbawm en *Primitive rebels*; son, pues, bandidos, y en tanto tales son "a prepolitical phenomenon [whose] strength is in inverse proportion to that of organized revolutionism and Socialism or Communism" [un fenómeno pre-político cuya fuerza es inversamente proporcional a la del revolucionismo organizado, al socialismo o al comunismo; traducción de los editores] (23). Por eso es tan importante negarle a los alzados consciencia plena de lo que están haciendo; porque admitir esa consciencia es admitir, de seguidas, que son insurgentes; que son plena y legítimamente políticos. Para resolver este salto retrógrado por fuerza del cual el campesino ha devenido en bandido, Crespo Francisco debe adscribir este evento a otra línea de desarrollo de la historia de Cuba: la de los separatistas cubanos del siglo XIX, quienes veían como natural el tránsito de una soberanía a otra: de colonia de España a estado de la unión americana.[8]

Por esa razón, los alzados del Escambray son tachados de bandidos. La etiqueta de bandido, a secas, sirve a los fines de alterizar a estos sujetos. El mismo Batista la usó para referirse a los revolucionarios del Movimiento 26 de Julio, del cual formaban parte Fidel Castro y el Che Guevara. Ahora bien, la etiqueta de bandido (social) es de rancio abolengo, por así decirlo, en Cuba. Manuel García o José Álvarez Arteaga "Matagás" hicieron el tránsito de bandoleros sociales a insurrectos durante el periodo entre guerras. Es necesario señalar que esta transformación ocurre merced a la mediación de la prensa liberal del siglo XIX. Es esa prensa, junto con el capitán general español Camilo Polavieja, la que moviliza esta maquinaria de representación que hizo de este fenómeno endémico un epifenómeno estrechamente ligado con la situación política de la isla entre 1878 y 1895. Los bandoleros quedan, pues, ineluctablemente vinculados a conspiraciones y sediciones separatistas de signo "patriota".

GUERRA Y MITIFICACIÓN EN CUBA: DEL BANDOLERO DECIMONÓNICO AL REBELDE REVOLUCIONARIO

Al término de la Guerra de los Diez Años, las autoridades coloniales españolas en Cuba suscribieron un conjunto de disposiciones legislativas que hacían extensiva a la isla la ley de represión del bandolerismo firmada en España en 1877. Esta ley, firmada en Cuba en noviembre de 1879, puso de relieve que el bandolerismo comenzaba a convertirse en un fenómeno epidémico (Hobsbawm), a la vez que hizo evidente que el bandolerismo era un asunto menos de orden público que de soberanía y política colonial. Excombatientes del ejército independentista, secuestradores o abigeos fueron puestos en el mismo saco de ilegalidad. Sobre ellos y sus allegados la autoridad colonial desplegó un uso desproporcionado de la fuerza. Bandoleros de diversa catadura comienzan entonces su andadura como encarnaciones de la protesta rural cubana en contra de las autoridades coloniales que violentaban los derechos de los campesinos. Ante las exacciones y atropellos de la guardia civil colonial, los habitantes de la manigua hicieron de los bandoleros los campeones de la causa cubana: los ayudaron y encubrieron sistemáticamente. De allí que los líderes de la insurrección acogieran –no sin reservas– a algunos de estos bandoleros dentro de la causa independentista. Es así como estos bandoleros –Manuel García, Matagás o Gallo Sosa– pasaron a formar parte del ejército independentista y provocaron que en el imaginario popular cubano se produjera la conjunción indisoluble entre bandolerismo y revolución. A partir de 1895 ellos hicieron el tránsito de sujetos proscriptos por la ley a insurrectos; pasaron, pues, del ámbito de la criminalidad al de la nacionalidad; de bandoleros pasaron a ser, a la sazón, combatientes del Ejército Libertador (Pérez Jr. 47; Balboa Navarro, 2003, 146).

Lo interesante en este proceso de mitificación del bandolero es su recurrente aparición en momentos de descontento nacional causados por los atropellos de la autoridad colonial. Entre 1899 y 1902, las discusiones en torno al bandolerismo vuelven a surgir en la prensa cubana al tiempo que el fenómeno se hace notable en la manigua. Son estos los años de la ocupación estadounidense, de la Enmienda Platt, de la reconstrucción de Cuba, por lo que el bandolerismo es interpretado, una vez más, como expresión de protesta rural ante la marginación sufrida por las clases populares cubanas. Así pues, el bandolerismo fue la forma privilegiada de expresión pública del descontento. En 1917 tiene lugar un nuevo episodio en esta multisecular historia de alzamientos campesinos.[9] Louis Pérez Jr. ve en el apoyo al *fidelismo* una derivación del legado del alzamiento de 1917. Estos rebeldes primitivos devienen en los revolucionarios de 1950 (144). Pérez Jr. traza así un vector de la historia cubana que parte de los bandoleros decimonónicos, pasa por los alzados de 1917 y desemboca previsiblemente en el movimiento revolucionario del cual forman parte Fidel Castro y el Che Guevara. Estos campesinos de la Sierra Maestra, según Che Guevara, son la encarnación ejemplar del subalterno que día a día desafía el poder del latifundista, que ha luchado continuamente en contra de las exacciones del soldado, siempre aliado con el terrateniente. Los milicianos que formaron parte de la guerrilla de la Sierra Maestra provenían de esta clase social que fue la más agresiva en su demostración de amor por la tierra.

Ahora bien, hay un tercer momento, particularmente interesante, en el cual aparece el bandolerismo en la isla. Entre 1932 y 1945 se verifica el fracaso de *la república para todos*: los sueños de autodeterminación, plena inclusión y democracia llegan a un triste final, dada la situación de dependencia neo-colonial. Aparecen en Cuba, entonces, un conjunto de publicaciones que reactivan el tropo del bandolero cubano. Se trata de una suerte de bandolerismo simbólico (Paz de Sánchez en Balboa Navarro 10), verificable principalmente en la prensa y en el campo intelectual cubano, aunque no en la manigua. Textos tales como *Arroyito el bandolero sentimental* (Osvaldo Valdés de la Paz, 1922) y *Los héroes del 24 de febrero* (Rafael Pérez Fernández, 1932), entre otros, son consumidos con entusiasmo y discutidos con fruición; ellos catalizan la insurrección en contra del despótico presidente Gerardo Machado, y abonan el terreno para suscitar, más tarde, la lucha contra el dictador Fulgencio Batista. De nuevo, bandolerismo y guerra de liberación hacen yunta y contribuyen de forma decisiva al proceso revolucionario en ciernes. Maria Poumier-Taquechel, en un estudio del bandidismo rural cubano, enfocado principalmente en la figura de Manuel García y en las percepciones populares acerca del famoso bandolero, llama la atención acerca de la ostensible conexión entre un sentimiento anti-colonial y la romantización de la resistencia de los bandidos a la autoridad. Poumier-Taquechel ve en la figura del bandolero el elemento fundamental en el crecimiento de la conciencia de una nacionalidad cubana. Él es la única creación colectiva reconocida por la gente como algo propio, trascendiendo las fronteras de clase económica y de ideología durante el período republicano. El mito de Manuel García nace a partir de la desesperación de una colectividad que no puede ejercer sus derechos políticos y civiles; así, García deviene en la proyección de aquello a lo que los cubanos quieren llegar por el uso de la fuerza. La mitificación de Manuel García, el rey de los campos de Cuba, constituye entonces una suerte de gesto precursor de la revolución de 1959 (Poumier-Taquechel 30). La autora está persuadida de que si se puede hablar de un mito nacional en torno a esta figura, entonces no se puede olvidar que se trata de un mito construido por los adversarios del régimen colonial y, luego, por quienes hacían oposición y ofrecían resistencia al régimen republicano en tiempos del tutelaje norteamericano (276). En síntesis, bandolerismo y guerra contra el poder de ocupación extranjera son todo uno. En los textos antes citados, los cuales han dado lugar al bandolerismo simbólico, se origina, me parece, la tradición no ya del bandolero (social) sino del guerrillero, del rebelde revolucionario. Es por ello que en 1960, cuando tiene lugar el levantamiento campesino en el Escambray en contra de la triunfante Revolución Cubana, ésta se apura a reprimirlo con un despliegue brutal de fuerza, una auténtica guerra de exterminio,[10] porque lo que se halla en juego en ese levantamiento armado es el patrimonio más caro a la Revolución Cubana: el bandolerismo como forma de expresión privilegiada de la protesta rural campesina, como instancia de legitimación de reivindicaciones sociales populares. Era esta una guerra que se libraba no tan sólo en la sierra sino también en el imaginario del pueblo cubano.

PLUS ÇA CHANGE, PLUS C'EST LA MÊME CHOSE: ALTERIZACIÓN Y VIOLENCIA CAMPESINA

Escambray: la historia que el totalitarismo trató de sepultar, el libro de Idolidia Darias es, a carta cabal, un relato documental. Observa con plena fidelidad las convenciones constitutivas de esta clase de textos. Se trata de un texto que entra en contienda con otros y disputa la verdad acerca de los alzados del Escambray que la Revolución Cubana ha venido patrocinando. Teniendo en cuenta la condición de periodista de la autora y su afiliación a las prácticas del nuevo periodismo, que reivindica la intervención del sujeto frente a la crónica, este libro no es un texto neutral, ni mucho menos; es, por el contrario, un texto abiertamente activista y polémico. La autora de este relato testimonial habita en Miami, luego no cuesta mucho imaginarse su afiliación: Darias es una disidente anticastrista.

El relato pretende hacerse persuasivo merced a que su autora se legitima por el hecho de que creció en la zona: "...para quien vivió allí y escuchó a los campesinos sin voz (porque el comunismo los silenció) contar a veces en voz baja a sus allegados la verdad del Escambray desde una perspectiva sencilla pero real, el discurso oficial se torna difícil de creer" (8). Darias se coloca a sí misma en el lugar del letrado solidario. Es por ello que echa mano de la predisposición ética de acuerdo con la cual prestamos oídos y damos crédito a las víctimas inocentes, en contra de las versiones oficiales de la historia. Es importante tomar en cuenta que en una historia en la que hallamos víctimas y victimarios tendemos, por naturaleza, a creerles a las víctimas. Acá las víctimas inocentes son los campesinos. El relato está consagrado a ellos. La mención de las infames personalidades del Segundo Frente –William Morgan y Eloy Gutiérrez Menoyo– será más bien marginal. Los grandes protagonistas serán Plinio Prieto y Porfirio Guillén, habitantes de la zona y líderes de las bandas de campesinos alzados. El texto de Idolidia Darias está dispuesto en tres partes. La primera abarca los seis primeros capítulos y ubica al lector en el contexto histórico. La segunda presenta los relatos testimoniales de los campesinos alzados. Dentro de esta segunda parte hay un acápite que consigna las "Voces múltiples de un Escambray que no olvida". Allí los testimonios son esencialmente anónimos. En ese sentido, la autora da cuenta del miedo que aún sienten los habitantes del Escambray. Toda la segunda parte busca dar una imagen de la persecución y el silencio forzado a los que ellos están sometidos. En la tercera y última parte encontramos una serie de apéndices y anexos entre los que destaca una lista de campesinos fusilados cuyos cuerpos reposan en el cementerio de Santa Clara, en un osario del cual la autora consigna, también, algunas fotografías.

Los primeros seis capítulos son claramente históricos, documentales. Curiosamente, una de las fuentes en las que se apoya la autora para desarrollar su versión de los acontecimientos es, precisamente, *Bandidismo en el Escambray (1960-1965)*. Es en estos primeros seis capítulos en los que se da rienda suelta a la vocación polémica del texto: "La herencia pluripartidista que tenía Cuba, el respeto a la diversidad y la democracia que imperaba en la isla pese a algunos lamentables actos como el golpe militar del 10 de marzo de 1952 que patrocinó Fulgencio Batista, empezaron a ser seriamente amenazados" (11). Lo que asombra acá es que la Revolución Cubana sea aquello que amenaza ese respeto a la diversidad y la democracia de una forma tan radical, en tanto que la dictadura de Fulgencio Batista es, apenas, un lamentable y desafortunado acto, como si la represión y el despotismo no fuesen una amenaza para esa herencia pluripartidista. Con todo, lo que me interesa subrayar es la forma particular en que el texto pretende intervenir en la esfera pública: los tropos a través de los cuales se constituye como artefacto que interviene en la dinámica de las relaciones sociales. Lo primero que hace el texto es legitimar la lucha armada del Escambray: "(…) [los] ciudadanos conscientes de que lo que estaba pasando era repudiable y de que el comunismo era un término que no se avenía con la herencia patriótica, comenzaron a fraguar una insurrección a imagen y semejanza de la que acababan de protagonizar los llamados rebeldes, sólo que esta vez no era contra Batista" (14).

Ahora quienes se alzan no son más aventureros, aprovechados o hipócritas; son ciudadanos conscientes. La lucha en la Sierra del Escambray es equiparada a la librada en la Sierra Maestra. Luego, se inscribe dentro de la lucha multisecular por la independencia y la autodeterminación del pueblo cubano. El comunismo es una inadmisible intervención en la política local por parte de un poder extranjero (soviético). Luego, los campesinos alzados del Escambray, ahora devenidos en sujetos políticamente conscientes, ocupan en el discurso de Idolidia Darias el lugar del subalterno. En ese sentido, otra importante operación que realiza el texto es la de (re)nombrar el movimiento insurgente:

> En esta nueva etapa de insurgencia volvieron Trinidad, Fomento, Condado, Manicaragua, Mataguá y Cumanayagua a ser importantes plazas de ayuda y colaboración con los alzados contra Castro; y los campesinos que vivían en los alrededores de lomerío y poblados el foco fundamental, decisivo y único que tuvieron los nuevos guerrilleros como en realidad debe llamárseles. (18)

El texto está inspirado, sin duda, por un propósito reivindicativo y pretende cortar de raíz la versión según la cual los campesinos no sabían lo que hacían. Dicho de otro modo, se propone cancelar la infantilización que opera en el texto de Julio Crespo Francisco. Pedro Guillén, uno de los testimoniantes, hermano –para más señas– de uno de los más conspicuos alzados, Porfirio Guillén, señala: "Cuando se habló de comunismo y esas cosas fue que decidieron alzarse. No fueron engañados ni embaucados como dicen los libros, ellos no eran analfabetos, conocían muy bien lo que vendría para Cuba, nadie los confundió ni se alzaron por embullo o malos entendidos" (35). A la infantilización anteriormente desarrollada se le antepone ahora una clarividencia que habrá de contrastar, a su vez, con la confusión imperante entre las filas de los cubanos de las zonas urbanas:

> En medio de todo el espectáculo miles, millones de personas confundidas, asustadas, creyendo lo increíble, olvidando lo inmediato y lo mediato, aceptando y aprobando a gritos cualquier discurso desaforado, campaña marxista, o palabrería fálico gestual a la que Castro y sus seguidores se

habían acostumbrado y que ahora trataban de imponer como un estilo de comportamiento social. (20)

Idolidia Darias ha invertido la polaridad del discurso acerca del Escambray promovido por el castrismo. Ahora los extraviados son ellos, los revolucionarios, no los campesinos del Escambray. Los testimonios insisten una y otra vez en que el levantamiento obedece a la adscripción de la triunfante Revolución Cubana al comunismo: "Cuando triunfó la revolución y Fidel Castro tomó el poder, no estuvimos de acuerdo conque (sic) el rumbo fuera el comunismo y mi hermano decidió alzarse" (31), así dice Pedro Guillén. Más adelante agrega Blanco Pérez Fuentes, práctico al servicio de Plinio Prieto, otro de los líderes alzados: "Lo que pasó después del triunfo de la revolución fue que muchos se sintieron engañados y traicionados por Fidel Castro y por el Che Guevara y decidieron alzarse de nuevo pero en contra de lo que estaba haciendo Castro" (52). Lo que *estaba haciendo Fidel* se refiere a la política de "intervenciones", es decir, a la reforma agraria adelantada por Fidel Castro y el Che Guevara hacia mayo de 1959. Diego Francisco Talavera Rodríguez, otro de los testimoniantes, abunda en el asunto de las intervenciones:

> Los términos que se manejaban en aquella época eran "intervenir". El Plan Escambray consistía en eso, intervenir, que traducido a la realidad fue quitar a la fuerza, despojar a los campesinos de sus propiedades, de sus tierras e indirectamente obligarlos a dejar sus casas. Por ejemplo si una persona tenía varios carros, un tractor, camiones también lo intervenían puesto que según ellos 'la revolución los iba a necesitar para las tareas del país' [...]. (81)

Los campesinos del Escambray están reaccionado en contra de lo que consideran una cadena de exacciones. Más aún, entre los testimoniantes se repite una y otra vez el nombre de Félix Torres como la faz visible de este proceso de exacción y despojo. Él era ficha del Partido Socialista Popular que era, a la sazón, una organización de base con notorios vínculos con la Unión Soviética; vale decir, era la facción comunista dentro del ejército rebelde cubano. Torres es señalado por los campesinos como un elemento en el cual se articulaban, de modo negativo, moralidad y economía por vía del llamado Plan Escambray. Él es presentado en el texto de Darias como emblema del descomedimiento y la falsedad, de la falta de escrúpulos y la depravación: "[Félix Torres] era el tipo más asqueroso y repulsivo que pueda conocer una persona. Era un hombre bastante mayor y se pasaba el tiempo atrás de las muchachitas, un sádico y un sucio que tenía amantes por dondequiera y que se creía el dueño del mundo" (94). Este retrato sanciona moralmente a Torres a la vez que reprueba sus modos para llevar a cabo la "intervención", que a ojos de los campesinos no es más que un acto de prevaricación y concusión: "cuando ese tipo se antojaba de algo hacía lo que tuviera a su alcance para obtenerlo, primero trataba de comprarlo mediante marañas que parecían legales, pero si no lo vendías lo perdías. [...] Abusaba de su cargo en todo el Escambray" (94). Lo que queda claro de esto último es que la masa campesina está impugnando las primeras acciones de la triunfante Revolución Cubana. La condena moral de Torres es evidencia, en último caso, de que la masa campesina está sometiendo a examen la legitimidad del nuevo contrato social revolucionario. Se podría pensar que el alzamiento es hasta cierto punto la puesta en marcha de lo que Thompson llama "the logic of theater and counter-theater" [la lógica del teatro y del contra-teatro; traducción de los editores] en tanto nociones vertebrales de la dinámica de control político y protesta (o, incluso, rebelión). Así, la élite revolucionaria representa el teatro del poder y la justicia, mientras que los campesinos del Escambray protagonizan el contrateatro. Es por eso que salen a protestar y no se contentan con la inevitabilidad de su destino (Thompson 10); de allí que, en último caso, Idolidia Darias haga uso de los símbolos de esta lucha multisecular por la independencia y la autodeterminación.

La revolución atribuye a los campesinos del Escambray la condición de traidores; ellos se sienten marginados; son unos parias dentro de una revolución que supuestamente les pertenece. Todo lo cual equivale a decir que dentro de la revolución hay estructuras de poder que no han cambiado y hacen pensar en el viejo refrán francés: *plus ça change, plus c'est la même chose*. Nandini Sundar señala en *Subaltern and sovereings* —a propósito de su estudio de las formas de resistencia de las masas campesinas en Bastar, India— que el rol de la ley es menos facilitar la transición a un nuevo orden económico que conservar las estructuras tradicionales de poder y dominación que habrán de mantener a la masa campesina en su justo lugar (6). Las consuetudinarias rebeliones campesinas en la manigua cubana son interpretadas por la disidencia cubana, me parece, como expresión de la obstinada búsqueda de un gobierno justo por parte de las masas de campesinos cubanos. Hay, pues, una suerte de postulación del conflicto multisecular cubano como un asunto de economía moral (Thompson) en el cual los campesinos (o cualquier otro conglomerado social) invocan la fuerza de la tradición como antídoto al cambio. De esta forma, los levantamientos campesinos, que se suceden una y otra vez, son expresión de la resistencia a una autoridad injusta, espuria; vale decir, son manifestación de una rebeldía en contra de un padre inicuo, *iniquus pater*. La idea del paternalismo queda sugerida por el hecho de que los testimoniantes son dotados del don de la voz en tanto van en contra de un discurso –el de la Revolución– y se adscriben a otro –el de la disidencia miamense– que es a la postre ese justo padre, *aequus pater*.[11]

Así, pues, los campesinos del Escambray ya no se avienen a la condición de engañados, de sujetos puestos al servicio de los fariseos de la revolución. Con todo, su actuación da lugar a muchos interrogantes que arrojan sombra de dudas sobre su legitimidad. Cabe preguntarse, por ejemplo, de dónde sacaron las armas, de dónde obtuvieron el financiamiento y su avituallamiento. Los testimoniantes de Darias se aprestan a afirmar que el financiamiento provino, inicialmente, de un grupo de "cubanos que salieron del país a preparar las ayudas para el alzamiento y que fracasó" (114). Ese primer alzamiento acaba en derrota. El segundo, el exitoso, contó "con la ayuda de otros cubanos que estaban dentro del país y conspiraban para hacerles llegar armas, y todo lo que hiciera falta" (115). Ese segundo alzamiento "[l]o hicieron los campesinos, los estudiantes y los hombres de pueblo. La segunda etapa no contó con intelectuales, ni con estrategas militares, ni con ayuda de armas, medicinas y alimentos del exterior. Fue nuestra guerra, la de los cubanos humildes, la de los hombres de bien que no queríamos el comunismo para Cuba" (115).

Los testimoniantes hacen un gran esfuerzo por adjudicarse una autenticidad, una espontaneidad plena, aunque amorfa políticamente hablando, que toma la forma de "local riots" que surgen como pequeños arrebatos de frustración acumulada y sentimientos de rebeldía, los cuales suelen ser fácilmente sofocados por las autoridades (Shanin 21). Se supone, entonces, que estas explosiones de violencia campesina pueden funcionar como una suerte de llamada de atención, en virtud de lo cual pueden llegar a promover el cambio en políticas estatales (Shanin 21). Así mismo, cuando se relacionan con crisis en otras áreas o esferas, y cuando se conectan con movimientos de alcance nacional pueden dar lugar, también, a procesos "capable of determining major political development" [capaces de determinar un importante desarrollo político; traducción de los editores] (Shanin 21). De allí la urgencia de reprimir el alzamiento. La Revolución aplasta la rebelión y, también, despliega todo un aparato propagandístico que repatriotiza el episodio, al poner el énfasis en su carácter de "guided political action" [acción política guiada; traducción de los editores] (Shanin) en el cual el grupo social en cuestión (los alzados del Escambray) es movilizado por un poder externo (Estados Unidos) que unifica a la masa; esto en el entendido de que la mayoría de las veces estas masas campesinas no pueden movilizarse por sí mismas. Ahora bien, lo que el libro de Darias propone es algo completamente distinto: la legitimidad del movimiento campesino obedece a su espontaneidad y autonomía, a su autenticidad y pureza de principios. Este contencioso en torno a la legitimidad del alzamiento campesino se halla refractado en otro: el de bandidos *versus* guerrilleros, presos comunes versus prisioneros por causas políticas. El poder adjudica las etiquetas y con ello alteriza al adversario. La Revolución, al sofocar la rebelión y, además, al nominarla a través de su aparato propagandístico, lo que está haciendo es un ejercicio de lo que Walter Benjamin llama violencia preservadora del derecho (287). He allí lo interesante de este caso, porque conforme la Revolución hace esto la disidencia cubana hace otro tanto: el levantamiento del Escambray fue un ejercicio de lo que Walter Benjamin llama violencia desnuda, divina, destructora de este nuevo derecho revolucionario; al cabo fracasada, sí, pero no por ello menos real y necesaria.

En ese sentido, Idolidia Darias busca consignar una representación de ese campesinado en la cual prevalezcan sobre todo imágenes de martirio y clandestinidad que nos conduzcan a pensar que la autora es el letrado solidario que está del lado de los subalternos sin voz. Se habla, por ejemplo, de los *pueblos cautivos*. Estos *pueblos cautivos* fueron constituidos a partir del desplazamiento de familias enteras a zonas remotas del oriente y el occidente de la isla. Se dice que las fuerzas de la Revolución reubicaron a miles de civiles —estimados entre 6,000 y 80,000— de las áreas de combate y los trasladaron a estos *pueblos cautivos,* los cuales estaban estrechamente controlados y monitoreados para impedir que estos campesinos retornaran a sus sitios de origen y ayudaran a los alzados. Si hacemos caso de las cifras consignadas por la disidencia cubana en Miami, entonces este desplazamiento de personas hacia los *pueblos cautivos* adquiere, no por casualidad, dimensiones bíblicas. De un modo semejante, este desplazamiento recuerda la política de reconcentración adelantada por Waleriano Weyler en el siglo XIX. Lo curioso es que la reacción de la revolución es exactamente igual a la que tuvo el poder colonial durante la guerra de independencia. Idolidia Darias está consciente de esto y lo explota al máximo. Este relato documental deliberadamente no muestra tan sólo los hechos; lo que está haciendo, en realidad, y en último caso, es conferirles un sentido. El texto, en suma, más que buscar adjudicar responsabilidades políticas por cuanto sucedió en el Escambray, le ofrece al lector un valor simbólico al colocarse como parte de una red maestra que permite leer el enfrentamiento entre el pueblo padeciente y las fuerzas del totalitarismo castro-comunista, como un eslabón más en la guerra multisecular en pos de la libertad y la autodeterminación. Dicho lo anterior, cabe preguntarse si en esta presentación de los hechos del Escambray que hace la disidencia cubana en el exilio es posible escuchar la voz del subalterno, la voz de ese campesinado alzado, de ese pueblo cautivo; pregunta ésta difícil de contestar, pero cuya respuesta no puede ser sino una: la condición de *pueblo cautivo* para los alzados del Escambray es, en este caso, un valor absoluto: lo que importa es su valor simbólico sin importar su signo, positivo o negativo.

Idolidia Darias capitaliza para la disidencia anticastrista el hecho de que la revolución haya decidido implementar esta estrategia de reubicación del campesinado del Escambray. Ella saca el máximo provecho de esto. Los pueblos cautivos del Escambray garantizan para todo el alzamiento campesino el que puedan ser considerados una respuesta del subalterno a una situación de opresión. Por eso hablo del valor absoluto al referirme a estos pueblos cautivos, porque no podemos hablar de campos de concentración buenos y campos de concentración malos. Los pueblos cautivos surgen como resultado de la estrategia de reubicación de campesinos que la revolución implementó para cortar las líneas de abastecimiento de los alzados y para desmontar la base de apoyo que poseían. Esta estrategia implementada por la Revolución

Cubana pone de relieve, entonces, la brecha que puede existir entre la ley y la justicia, y es en ese espacio en donde medra el bandolerismo social como contrateatro de los pobres. Es esto, precisamente, lo que parece inclinar la balanza en favor de los disidentes en esta guerra discursiva por el control de la voz del subalterno en Cuba.

NOTAS

1   Se cuentan dentro de este corpus el libro de cuentos de Jesús Díaz *Los años duros* (1966), los de Norberto Fuentes *Los condenados de condado* (1968) y *Cazabandido* (1970), el de Hugo Chinea *Escambray 60* (1969), el de su hermano Arturo *Sombras del Escambray* (1969) y los dos libros de cuentos de Eduardo Heras León *Los pasos en la hierba* (1968) y *La guerra tuvo seis nombres* (1970). También por esa época se constituye el grupo "Teatro del Escambray" como parte de una iniciativa de trabajo con las comunidades campesinas de la Sierra del Escambray, adelantada por un grupo de artistas habaneros por órdenes del gobierno revolucionario. El trabajo dramatúrgico del grupo dio lugar también a una abundante cantidad de trabajo que recreaba la "Lucha Contra Bandidos" y que fue recopilado en un volumen de nombre homónimo en 1983. Una segunda oleada de textos de ficción y no-ficción se sucede hacia mediados de la década de los ochenta: Julio Crespo Francisco publica *Bandidismo en El Escambray* (1982) y la novela corta *El cerco* (1984), Osvaldo Navarro publica *El caballo de Mayaguara* (1984) –que construye el mito de uno de los héroes de la "Lucha Contra Bandidos", el miliciano Gustavo Castellón– y, finalmente, Norberto Fuentes publica en 1986 *Nos impusieron la violencia*. De un modo semejante, un conjunto de textos ensayísticos se abocan a la tarea de examinar el fenómeno; entre ellos se destaca *La lucha contra bandidos en Cuba*, de José Suárez Amador (1981).

2   Una tercera oleada de textos acerca del Escambray está en pleno desarrollo. A partir de 1997 se han publicado diversas monografías y relatos testimoniales, tanto en Miami como en Cuba, que someten a escrutinio, de nuevo, el fenómeno. Entre ellos se puede mencionar *La contrarrevolución cubana* (1997) de Jesús Arboleya, *Memorias del horror: los pueblos cautivos del Escambray* (2006) de Abel Escobar Ramírez, *La lucha contra bandidos en Las Tunas* (2008) de Plácido Cruz Infante, *En los talones del enemigo: memorias de la LCB* (2005) de Mario Luis López Isla y *Mártires del Escambray* (2007) de Pedro Corzo. Más aún, en 2010, entre agosto y septiembre de ese año los diarios *Granma* y *El Nuevo Herald* entraron en una polémica en torno a cómo mejor denominar los episodios del Escambray.

3   Merced a esta ambivalencia, el bandidismo en el Escambray estaría inserto dentro de la dinámica de la lucha de clases (Guha 108). He allí lo problemático de este episodio de la historia cubana: en la lucha de clases hay siempre opresores y oprimidos, y en este caso esa separación no está tan clara, puesto que ambos bandos se arrogan el rol del oprimido (del subalterno).

4   La *Revista Bohemia* es un semanario ilustrado cubano de larga trayectoria editorial (fundado en 1908) que para el momento en el que sucede la Revolución Cubana simpatizaba abiertamente con ella. Es así como para el momento del alzamiento de El Escambray, la revista es representativa de las posiciones oficialistas con respecto al conflicto.

5   El Segundo Frente Nacional del Escambray, a través del comandante Eloy Gutiérrez Menoyo, participó en el pacto estratégico militar del Pedrero firmado en diciembre de 1958. El propósito del pacto fue el de lograr la perfecta coordinación de las acciones militares en contra de la dictadura de Batista. Mediante este acuerdo se dispuso que el comandante Camilo Cienfuegos avanzaría por el norte, el Directorio Revolucionario y el Movimiento 26 de Julio (del cual formaban parte Fidel Castro y el Che Guevara) avanzarían por el centro y el

Segundo Frente del Escambray avanzaría por el sur. Ahora bien, el Segundo Frente Nacional del Escambray sufrió una escisión en su liderazgo: por un lado estaba el comandante Faure Chorón, que escogió unirse al M-26; por el otro, estaba Eloy Gutiérrez Menoyo, que llevó a cabo su propia campaña militar. El Segundo Frente fue considerado siempre un elemento cismático dentro de la Revolución, lo cual dio lugar a su definitiva expulsión del Directorio en agosto de 1958. Se decía que en él convergían elementos peligrosos para la Revolución (Menoyo, Morgan) que tenían su propia agenda, eran terriblemente arbitrarios y sectarios, y podían traicionar la causa en cualquier momento a favor de intereses personales (Pérez Cabrera 152 y ss; Suchlicki 216).

6 Richard Rorty es quien desarrolla esta idea de *desire for solidarity* contrapuesta al *desire for objectivity* (en Beverley 2).

7 *Condenados de condado*, el libro de cuentos de Norberto Fuentes, fue agriamente recibido en tanto recreación de los hechos del Escambray. Esto provocó que su autor fuese sometido al escarnio y al ostracismo porque se le reclamaba que su versión de los hechos era de espíritu contrarrevolucionario. Otro tanto sucedió con los libros de cuentos de Eduardo Heras León. Sospecho, entonces, que la polémica se hallaba localizada en la discusión en torno a cuál puede ser la forma (políticamente) correcta de consignar estos hechos.

8 Para estos patricios separatistas del siglo XIX –criollos de pensamiento económico pragmático– la independencia de España era apenas el prolegómeno de una obra que, en último término, habría de acabar en la plenitud de la unión con los Estados Unidos (Pérez Jr. 5). Durante buena parte de los treinta años que duró la guerra de independencia, el sentimiento anexionista ocupó una posición central dentro del conjunto de ideas de los separatistas. A esta línea de desarrollo de la historia adscribe Crespo Francisco el levantamiento del Escambray. A esta historia multisecular de luchas independentistas se corresponde otra línea de desarrollo, residual, en la que una vez cortados los lazos con el imperio español, la anexión de Cuba al territorio estadounidense habrá de constituir el destino ineluctable de la isla.

9 El alzamiento del 10 de febrero 1917 fue liderado por las facciones liberales cubanas en contra del presidente conservador Mario G. Menocal. Los campesinos se alzaron en contra del despojo de las pequeñas propiedades por parte de los latifundios que se usaban en la producción de caña de azúcar. Al cabo de unos seis meses, el alzamiento es sofocado y sólo quedan unos pocos focos de rebelión que recuerdan a los bandoleros del siglo XIX.

10 Las autoridades de la Revolución desplegaron una fuerza de más de sesenta mil efectivos, organizados en batallones, para acabar con poco más de mil alzados reunidos en bandas (Suárez Amador 34).

11 Louis Pérez Jr. afirma que, desde los tiempos de la guerra de independencia, se puede pensar la "cubanidad as an extension of the Oriente World view" [la cubanidad como extensión de la perspectiva del mundo de Oriente; traducción de los editores] (203). La Cubanidad hace énfasis en el igualitarismo, el individualismo y el antiestatismo y estos son atributos del modo de pensar del "impoverished provincial Eastern interior" [interior empobrecido y provincial del Este; traducción de los editores] en contraposición con el "wealthy Cosmopolitan West" [el Occidente rico y cosmopolita; traducción de los editores] (Pérez jr. 204). La Sierra del Escambray y la provincia de las Villas formarían parte de la zona central de la isla; pese a ello, y a partir del hecho de que hay una incontestable filiación liberal por parte de los testimoniantes del libro de Idolidia Darias, no sería descabellado asimilar esta zona de Cuba con el cosmopolita, rico y liberal Occidente. Así pues, Pérez jr afirma que los recurrentes conflictos en Cuba pueden entenderse con arreglo a esta idea de la "invasión". Las provincias del Oriente han sistemáticamente invadido a las de Occidente para obtener, para toda la isla, la libertad, la independencia, la autodeterminación. Más aún, las provincias de Occidente han sido históricamente asociadas con el sector de los autonomistas quienes, a la sazón, estaban de acuerdo con la anexión a los Estados Unidos. El profundo regionalismo cubano ha jugado, desde siempre, un papel preponderante en las luchas internas.

BIBLIOGRAFÍA

Achugar, Hugo. "Historias paralelas/historias ejemplares: la historia y la voz del otro". *La voz del otro: testimonio, subalternidad y verdad narrativa.* John Beverley y Hugo Achugar. Lima-Pittsbrugh: Latinoamericana Editores, 1992. 49-71.

Arboleya, Jesús. *La Contrarrevolución Cubana.* La Habana: Ciencias Sociales, 1997.

Balboa Navarro, Imilcy. *La protesta rural en Cuba: resistencia cotidiana, bandolerismo y revolución 1878-1902.* Madrid: CSIC, 2003.

Benjamin, Walter. "Critique of Violence." *Selected Writings: Volume 1, 1913-1926.* Cambridge: Belknap Press of Harvard UP, 1999. 226-253.

Beverley, John. *Testimonio: On the Politics of Truth.* Minneapolis: U of Minnesota P, 2004.

Crespo Francisco, Julio. *Bandidismo en el Escambray: 1960-1965.* La Habana: Ciencias Sociales, 1986.

Dabove, Juan Pablo. *Nightmares of the Lettered City: Banditry and Literature in Latin America, 1816-1929.* Pittsburgh: U of Pittsburgh P, 2007.

Darias, Idolidia. *Escambray: la historia que el totalitarismo trató de sepultar.* Miami: Memorias, 2008.

Ferrer, Ada. *Insurgent Cuba: Race, Nation, and Revolution, 1868-1898.* Chapel Hill: U of North Carolina P, 1999.

Guha, Ranajit. *Elementary Aspects of Peasant Insurgency in Colonial India.* Delhi: Oxford, 1983.

Hobsbawm, E J. *Primitive Rebels: Studies in Archaic Forms of Social Movement in the 19th and 20th Centuries.* Manchester: Manchester UP, 1971.

Hortiguera, Hugo. "De la investigación periodística al potin: El relato documental argentino de fin de siglo". *The Space of Culture: Critical Readings in Hispanic Studies.* Stewart King y Jeff Browitt, eds. Newark: U of Delaware P, 2004. 118- 135.

Jáuregui, Carlos A., y Juan Pablo Dabove. *Heterotropías: narrativas de identidad y alteridad latinoamericana.* Pittsburgh: Instituto Internacional de Literatura Iberoamericana, Universidad de Pittsburgh, 2003.

Pérez Cabrera, Ramón. *De Palacio hasta las Villas: en la senda del triunfo.* Buenos Aires: Nuestra América, 2007.

Pérez Jr., Louis A. *Cuba between Empires, 1878-1902.* Pittsburgh: U of Pittsburgh P, 1983.

_____ *Essays on Cuban History: Historiography and Research.* Gainesville: UP of Florida, 1995.

Poumier-Taquechel, Maria. *Contribution à l'étude du banditisme social à Cuba: L'histoire et le mythe de Manuel García «Rey de los campos de Cuba» (1851-1895).* Lille: Atelier national, Reproduction des thèses, Université Lille III, 1987.

Rodríguez-Luis, Julio. *El enfoque documental en la narrativa hispanoamericana: estudio taxonómico.* Sección de obras de lengua y estudios literarios. México, D.F.: Fondo de Cultura Económica, 1997.

Shanin, Teodor. "The Peasantry as a Political Factor". *Sociological Review* 14/1 (1966): 5-27.

Spurr, David. *The Rhetoric of Empire: Colonial Discourse in Journalism, Travel Writing, and Imperial Administration.* Durham: Duke UP, 1993.

Suchlicki, Jaime. *Historical Dictionary of Cuba.* Metuchen, N.J.: Scarecrow Press, 1988.

Sundar, Nandini. *Subalterns and Sovereigns: An Anthropological History of Bastar, 1854-2006.* New Delhi: Oxford UP, 1997.

Suárez, Amador J. *La lucha contra bandidos en Cuba.* La Habana: Letras Cubanas, 1981.

Thompson, E. P. *Customs in Common.* New York: The New Press, 1993.

La guerra contenida:
Malvinas en la literatura argentina más reciente

JULIETA VITULLO

West Sound Academy

No me doy cuenta todavía de que estamos en guerra.

Nicanor Costa Méndez, canciller argentino, a la prensa.

LA GUERRA COMO POLÍTICA, LA POLÍTICA COMO GUERRA

"La guerra es la mera continuación de la política por otros medios" (48). La frase de Karl von Clausewitz, repetida hasta el hartazgo, a menudo malinterpretada y muchas veces trivializada, constituye, pese a todo, un disparador adecuado para pensar la cuestión de la guerra y sus representaciones en el contexto argentino. La guerra es para Clausewitz una práctica constante que pone de manifiesto conflictos y confrontaciones propios de la coexistencia de los Estados; no es un fenómeno aberrante sino la exacerbación de tensiones más bien frecuentes.

Por otra parte, el trabajo tardío de Michel Foucault propone una aproximación al poder ya no como represión sino como guerra. Dado que el poder tiene un carácter eminentemente bélico, se puede invertir la fórmula de Clausewitz y decir que "[l]a política es la continuación de la guerra por otros medios" (15). En su inversión de la máxima, Foucault señala la conflictividad bélica que tiñe todas las relaciones sociales, adhiriendo de este modo a la herencia del militar prusiano.

El discurso de la guerra no alcanza para decodificar las luchas que definen al poder, y esto Foucault lo reconoce. Sin embargo, ese gesto de reformular la máxima clausewitziana sirve no solamente para pensar la guerra como sustrato de todas las relaciones de poder, sino también para reflexionar sobre lo que ocurrió en el caso particular de la Argentina cuando, en abril de 1982, la junta militar en el poder decidió tomar por

270 • Julieta Vitullo

la fuerza unas islas del Atlántico Sur que permanecían bajo el control formal de Gran Bretaña desde 1833. El análisis de Foucault supone una idea de Estado y poder soberano como elementos no centralizados ni únicos. Esta plasticidad, y a su vez la plasticidad misma que caracteriza a la guerra tal como la concibe Clausewitz, permiten dar cuenta de la continuidad entre el terrorismo de Estado y la guerra de Malvinas. En 1976, una parte de la sociedad conformada principalmente por militares, pero con un firme apoyo de sectores de la burguesía rural e industrial, se había apropiado por la fuerza del aparato estatal, usurpando así la soberanía popular y autodeclarándose en guerra contra un enemigo interno que los militares denominaron "la subversión". Seis años más tarde, el sector de turno dentro del gobierno militar buscó legitimar su poder a partir del lanzamiento de una guerra convencional contra un enemigo externo, invocando una causa de fuerte arraigo popular, cuya principal fundamentación era la soberanía territorial.

Señala Hugo Vezzetti que la izquierda de principios de los setenta respaldaba su ideal revolucionario en ciertos mitos y escenas del pasado argentino. El propio nombre de Montoneros era eso: un modo de condensar el pasado míticamente a partir de la apelación a las montoneras, ejércitos populares que combatieron contra el gobierno centralista de Buenos Aires desde la segunda década del siglo XIX. Por su parte, la dictadura militar que tomó el poder en 1976 recuperó su propia serie de eventos pasados que la justificaban. Tal fue el caso de la llamada Campaña del Desierto, que en 1979 se festejaba igualando a los "salvajes" de entonces (los indios sobre cuya eliminación acabó de consolidarse el Estado argentino) con los subversivos de ahora (la guerrilla y otros sujetos que pudiesen representar una amenaza al poder de la dictadura).[1] Según Vezzetti, dicha igualación "fundaba esa proyección épica de un nuevo origen que debía ser conquistado por la fuerza de las armas antes que por el imperio de la ley o las instituciones de gobierno". Así, continúa Vezzetti, "El fantasma de la guerra fundaba la política" (58).

Ahora bien, la densidad política de la causa de Malvinas reside en su enorme popularidad y en su profundo enraizamiento en la sociedad, posible fundamentalmente debido a su carácter territorialista. El nacionalismo territorialista tiene la capacidad de hacer confluir varias ideologías. Pocos sucesos de la historia argentina han logrado hacer coincidir dos formas más bien diferenciadas del nacionalismo: por un lado aquella que, siguiendo la tesis de Benedict Anderson, podría denominarse "nacionalismo oficial" y, por otro, la serie de movimientos nacionalistas de tipo militante (Novaro y Palermo 436-437).[2] La guerra de Malvinas logró esa síntesis y posibilitó la equívoca identificación de los sucesos presentes con las glorias de un Gran Relato pasado oficialmente establecido. Horacio Verbitsky explica que cuando la Marina empezó a pensar en cómo salir de la crisis de legitimidad en la que estaba sumido el régimen, imaginó que, puesto que la guerrilla había sido derrotada dejando así a los militares sin un "enemigo tangible", era necesario "saltar del mapa", como había hecho San Martín en 1817 cuando salió a libertar América (46-47). Vale decir, hacia 1982 la política no era suficiente y debía recurrirse una vez más a la imagen de la guerra.

De modo que si, por un lado, tanto para los militares como para importantes sectores de la izquierda revolucionaria la política venía siendo concebida como guerra, por otro lado, ahora, la guerra, una guerra internacional en la que se enfrentaban dos Estados, era más que nunca el fundamento de la política.[3] Para los militares que la impulsaron, la guerra era claramente una jugada política; guerra y política, entonces, equivalían. Para la izquierda que en los setenta optó por la lucha armada y que fue en gran parte aniquilada por los militares, la guerra resultaba movilizadora e implicaba revivir el carácter redentor de la violencia. Para la sociedad civil en general, que había quedado completamente marginada de la participación política desde el golpe de marzo de 1976, y para lo que quedaba de la militancia revolucionaria, la guerra también significaba, en este sentido, un despertar. En este contexto, el elemento bélico se renovaba como refundador del regreso a la política. La política como continuación de la guerra; la guerra como continuación de la política.

LA FICCIÓN COMO SUSTITUTO DE LA GUERRA

Los discursos testimoniales, periodísticos e historiográficos que sucedieron a la derrota en Malvinas intentaron reponer ese supuesto relato épico que la maquinaria bélica había logrado activar. El primer texto de crítica literaria que se ocupó de los relatos de la guerra de Malvinas, publicado en 1993, estableció la contraposición de dos tipos de acercamientos a la guerra (Kohan, Blanco e Imperatore). Por un lado, estaban los textos de no ficción que presentaban versiones de la guerra a partir de las cuales, ya sea desde el triunfalismo exaltador de la "gesta heroica" o desde el lamento por la pérdida de vidas a partir de una aventura irresponsable de los militares, acataban la autoridad de los mitos nacionales y adherían a la reivindicación de la soberanía y la causa justa de la guerra. Por otro lado estaban los textos de ficción que lograban evadir las prerrogativas nacionalistas y la glorificación de la causa justa: para estos relatos era muy claro que la guerra de Malvinas no podía contarse como épica. Así la literatura comenzó a descifrar las ecuaciones de la guerra antes de que nadie acertara a decir cuáles eran las incógnitas a despejar.

El hecho de que una guerra tan popularmente aceptada haya sido lanzada por una dictadura genocida, el hecho de que la derrota haya implicado una victoria en el sentido de que abrió el camino para el regreso a la democracia y, así mismo, el hecho de que los protagonistas del conflicto cuenten con un incierto papel en tanto excombatientes y con un lugar relativamente marginal dentro del relato mayor de la dictadura, relegaron la guerra a una suerte de punto ciego de la historia. Pero Malvinas continuó retornando una y otra vez en las operaciones culturales, y la heterogeneidad de los registros que la abarcan pone de manifiesto su centralidad en la cultura argentina contemporánea, pese a que esa centralidad, debido al carácter vergonzante del evento, es más bien sesgada.

La ficción se impuso como interrupción de los discursos sociales y mediáticos sobre la guerra, constituyéndose como saber específico, con estatuto y reglas propias. *Los pichiciegos* de Fogwill puso en marcha esta maquinaria ficcional cuando la guerra aún no había terminado. Firmada "11-17 de junio de 1982" (la guerra terminó el 14), difundida inmediatamente entre un puñado de lectores y publicada en 1983, la novela estableció algunas premisas sobre las cuales iban a trabajar los siguientes relatos que abordaran el tema: que la guerra tiene más que ver con la supervivencia que con el combate y el heroísmo; que el frío, el hambre y los propios militares argentinos eran los principales enemigos de los soldados; que algo le sucede al lenguaje a partir de la guerra.

Al contar el conflicto bélico como una historia de lucha por la supervivencia, la novela de Fogwill excluyó de plano toda posibilidad de armar un relato épico en torno a Malvinas. Varios textos críticos coinciden en apuntar que esos registros picarescos y farsescos predominan en los abordajes ficcionales de la guerra (Kohan, Blanco e Imperatore; Kohan, "El fin"; Sarlo; Schvartzman; Vitullo). Así mismo, como apunta Martín Kohan, el registro de los aspectos más dramáticos de la guerra, que en principio había quedado relegado al terreno de los testimonios, encontró su lugar en la novela *Las Islas* (1998), de Carlos Gamerro, que por primera vez logró superar cierto "reparto genérico" según el cual la ficción se encargaba de contar la guerra como farsa, mientras que el testimonio se ocupaba del drama.[4]

Ya sea con tonos grotescos, farsescos o picarescos, ya sea mediante un reconocimiento de que esos tonos coexisten con los aspectos más dramáticos de la guerra (de la guerra en general, como lo deja claro Borges en su propia intervención sobre Malvinas, el poema "Juan López y John Ward", pero sobre todo de esta guerra en particular, de alegatos nacionales y populares tan cuestionables), hay una impronta bastante evidente en la mayor parte de estas narrativas: la impronta del exceso. Para impugnar los fundamentos del nacionalismo más esencialista e irracional, para burlarse de la causa justa y la gesta heroica, para poner en evidencia la crisis de las ideas de nación y de identidad nacional, para derribar bustos, rebajar insignias o exhumar traiciones, para construir figuras antiheroicas, abyectas, patéticas o chabacanas, para crear alegorías, *thrillers*, cómics o relatos de aventuras, para ridiculizar la pose y la retórica del macho, tan comunes al ámbito guerrero, o para fundir el drama bélico y el de la dictadura en una sola metáfora, la marca del desborde parece abarcarlo todo. Algunas de esas son las formas que adopta el relato de la guerra en las dos novelas ya canónicas, la de Fogwill y la de Gamerro. Pero esas formas describen también a una serie de narrativas entre cuyos autores se cuentan Martín Caparrós, Marcelo Eckhardt, Juan Forn, Rodrigo Fresán, Daniel Guebel, Osvaldo Lamborghini, Gustavo Nielsen, Edgardo Russo, Osvaldo Soriano, Jorge Stamadianos o Raúl Vieytes. El gesto no realista (pese a que algunas de estas ficciones entren dentro de lo que se considera el realismo), es deliberado y exagerado. Los argumentos tienden muchas veces hacia la no verosimilitud. El acontecimiento bélico suele quedar desplazado del centro de la escena porque hay alguna peripecia más banal, más increíble, más cómica o más trágica que contar que la guerra misma.

Hasta aquí el corpus de ficciones que abordaron inicialmente la guerra en un período que abarca aproximadamente las primeras dos décadas que siguieron tras el regreso a la democracia. Contrariamente al exceso que prima en ese corpus de relatos, la novela *Ciencias morales* (2007) de Martín Kohan resulta una anomalía del género. Frente a ese desborde, Kohan recurre a la contención, la omisión o el silenciamiento para resaltar el fenómeno bélico. *Ciencias morales* refleja la centralidad sesgada de la guerra en la cultura argentina. Al prescindir de nombrarla, al abordarla de manera oblicua, la vuelve central. Pero no es sólo la guerra de Malvinas la que se oculta volviéndose así tan visible sino también la guerra como fenómeno en sí mismo.

La guerra de Malvinas había aparecido ya en la novela de Kohan *Dos veces junio* (2003). Ahí tampoco había lugar para el acontecimiento bélico sino que era su no transcurrir lo que lo hacía presente en el relato. El trasfondo histórico de la novela se enuncia en el título: en junio de 1978, Argentina pierde un partido en el Mundial de Fútbol, del que finalmente sale vencedora; en junio de 1982, Argentina pierde en Malvinas. La derrota en ese partido contra Italia, borrada de la memoria colectiva dado que la Argentina, que era sede del campeonato, resultó ganadora de la copa, es la que efectivamente tiene lugar en la acción de la novela. La segunda derrota, es decir el segundo junio del título, cuatro años después, corresponde al siguiente campeonato mundial, jugado en España, en el que Argentina vuelve a perder contra Italia, pero es también el junio de la derrota en Malvinas. La novela no se ocupa, sin embargo, de contar los hechos de la guerra, ni siquiera de la derrota misma, ya que la derrota sólo se desarrolla como trama en el campo de juego.

El narrador de *Dos veces junio* es capaz de enunciar de manera objetiva y calculada, sin emitir juicio moral, hechos tan siniestros como el robo de un bebé tras el secuestro y la tortura de su madre, o la especulación acerca de la edad que debería tener el bebé para poder ser torturado. La pregunta atroz que abre la novela, "a qué edad se puede *empesar* a torturar a un niño", no genera en este narrador, atento siempre a las normas y a las formas, más que la necesidad de corregir la falta de ortografía (11, énfasis mío). El registro neutral e impasible de los hechos por parte de este narrador, un subalterno que es así mismo cómplice de la maquinaria represiva, se ofrece como voz normalizadora del terrorismo de Estado. Pero además está el doctor Mesiano, el superior a quien el narrador responde y que representa en la novela el pacto médico-castrense durante la dictadura. La voz de Mesiano dice lo más perverso del relato estatal, aquello de que la nación es un cuerpo enfermo y la subversión un cáncer que hay que curar, que volverá a repetirse en boca de uno de los personajes de *Ciencias morales*. En esta ficción normalizadora de *Dos veces junio*, el terrorismo de Estado se acerca a la imagen de una guerra regular, o "guerra sucia", para usar el término que los militares mismos acuñaron, y se ofrece como medida sanitaria para que la guerra se limpie por obra del relato quirúrgico, anticipando lo que vendrá luego en la novela, ese segundo junio que equivaldría a una "guerra limpia", pero que la novela no cuenta.[5] La entrada de Malvinas se produce por mera coincidencia de nombres, cuando un cabo registra el llamado telefónico proveniente "de Malvinas, del centro Malvinas" en el cuaderno de comunicaciones del cuartel (41). La referencia al centro clandestino de detención que en el *Nunca más* figura como Pozo de Quilmes o Chupadero Malvinas establece la continuidad entre el terrorismo de Estado y la guerra en el Atlántico Sur. El nombre Malvinas no volverá a aparecer en la novela. Sin embargo, en el epílogo, "Treinta del seis", la fecha que señala el día posterior a la nueva derrota de la Argentina frente a Italia en el mundial del 82, el narrador encuentra en el diario la nómina de caídos en combate y entre ellos figura el hijo del doctor Mesiano. Al principio de la novela, el narrador había presumido que el hijo de Mesiano, cuatro años menor que él, debía de admirarlo porque "en el caso de que hubiese una guerra, yo podía ser un héroe, y él no" (26). El comentario funcionaba como una suerte de ironía trágica. El lector sabe que en ese primer segmento temporal en el que transcurre la novela no hubo ninguna guerra (pese a la inminencia de un enfrentamiento bélico con Chile por un conflicto de soberanía en el Canal Beagle) sino que ésta se producirá recién cuatro años después, contra Gran Bretaña y, por lo tanto, podrá conjeturar que al narrador, un conscripto, no se le presentará la oportunidad de "ser un héroe". Así mismo, en una lectura retrospectiva de ese comentario, el narrador se autodescalifica ya que, pese a sus dichos banales, no será él sino el hijo de Mesiano quien muera en esa guerra cuyo nombre se soslaya.

La visión de la guerra y la política como mutuamente intercambiables es parte del saber común que el doctor Mesiano hilvana y el obsecuente

narrador venera, descubriendo altas formas de pensamiento en lo que
no es más que el discurso mediocre del totalitarismo:

> el doctor Mesiano me admiraba con su capacidad para recitar listas enteras
> de personajes de la historia [...] argentina, que habían tenido una actuación
> destacada en la política o en la guerra, si es que cabía hacer tal distinción,
> siendo todavía muy jóvenes [...] "Hay que contar con los jóvenes", decía
> siempre el doctor Mesiano. (81)

Si, por un lado, las voces de horror medido y razonado que la
novela presenta para hablar de la dictadura parecen captar la realidad
de la época con mayor intensidad que si se tratara de denuncias o de
lamentaciones, por otro lado esas veladas alusiones a Malvinas llevan
a que la sombra de la guerra se erija como una presencia más visible,
más eficaz quizá, como lectura de los hechos, que aquella que aparece
en las versiones cómicas de la guerra, donde el desborde y el exceso, tal
vez en virtud de que el recurso haya sido tantas veces repetido, resultan
en interpretaciones menos incisivas.

La escuela es la continuación de la guerra

En *Ciencias morales*, la circunscripción de cierta gramática de los
cuerpos y del poder disciplinario estatal dentro de los límites de los
claustros, y la instalación de la guerra como modelo de lo social,
permiten leer determinadas tensiones que ya estaban presentes en
Dos veces junio y en las ficciones anteriores de la guerra. La novela de
Kohan puede ser leída como una nueva entrada a las ecuaciones críticas
entre cuerpos y textos que el universo Malvinas ya había instalado
en la cultura argentina. Pero el registro no es el desborde y el exceso
de ciertos elementos cómicos, paródicos, farsescos o dramáticos
sino la contención, una contención que el texto practica a partir del
encerramiento hermético del espacio donde las cosas ocurren; pero,
sobre todo, a partir del lenguaje.

Más o menos adosado a un lenguaje que transita los reglamentos
institucionales y burocráticos, y el saber común de la moral y las
buenas costumbres, y tomando mayor o menor distancia respecto de
la perspectiva de los personajes, el narrador practica el arte del disimulo
y la omisión en torno al acontecimiento bélico específico de Malvinas,

para dejar que la guerra como fenómeno social envuelva la totalidad del relato. Como en *Dos veces junio*, también en *Ciencias morales* la guerra de Malvinas se hace presente en su no transcurrir y se cuela, con su carácter elusivo y ausente, a través de los muros de los claustros del Colegio Nacional de Buenos Aires, antiguo Colegio de Ciencias Morales, donde transcurre casi toda la acción. Como en la novela anterior, el personaje principal es una persona ordinaria que juega un papel menor pero esencial en la maquinaria represiva. Una vez más se pone en juego la relación entre un subalterno obsecuente en cumplimiento de su deber y un superior a quien el subalterno admira. De nuevo, el espacio es una institución disciplinaria, no la institución militar sino la escolar. María Teresa es una preceptora novata que trata de ejercer la más eficaz vigilancia sobre el alumnado y que admira al jefe de preceptores, el señor Biasutto, famoso por haber preparado listas negras de alumnos durante los primeros años de la represión. El deseo de agradar al señor Biasutto en el cumplimiento estricto de su deber, pero más que eso un deseo que la propia protagonista desconoce, la llevan a desviarse de las reglas que ella misma tiene que administrar (en un desvío que dentro del sistema de valores que ella representa es inaceptable, porque eso que sucede y no se dice es que María Teresa se excita yendo al baño de varones). La acción se desarrolla entre marzo y junio de 1982, abarcando así el lapso que va desde los días previos al comienzo de la guerra hasta la rendición y la renuncia de la junta militar.

La elusión del acontecimiento bélico se hace más evidente a medida que el narrador en tercera persona ofrece pistas que sitúan cronológicamente la acción y que se vuelven progresivamente más esclarecedoras en tanto el relato (y con él la guerra y la dictadura) se aproxima a su fin: las primeras semanas del ciclo lectivo, la movilización del 30 de marzo en Plaza de Mayo (que, como otros datos de la realidad, entra en el texto elusivamente), la celebración patria del 25 de mayo, la llegada de junio, la cercanía del invierno, la proximidad del acto de homenaje a Manuel Belgrano y del campeonato mundial de fútbol; o las noticias en la radio y la televisión que hablan de diplomacia, festivales solidarios, heroísmo y frío, y van transformando el lenguaje de la madre de María Teresa, de la negociación internacional a la tecnología naviera, las millas, los nudos, o el recuento de aviones. Así mismo, en un plano espacial, el acontecimiento bélico que debería acercarse cada vez más a medida que el hermano de la protagonista se aleja de la ciudad de Buenos Aires en dirección al sur acaba, en cambio, diluyéndose junto con las palabras que escribe desde los diferentes lugares a los que lo trasladan, ya que finalmente, como sabemos sobre el cierre, no va a la guerra. Recién al final de todo, casi a modo de epílogo, cuando la guerra haya terminado, el narrador hará explícitos, en tiempo presente y en un lenguaje más bien informativo, algunos datos que habían sido eludidos antes: fechas y nombres referentes a los lugares y los personajes de la guerra, el nombre de la madre de María Teresa, el apellido familiar, y el nombre "Malvinas Argentinas", que designa a un barrio periférico de la ciudad de Córdoba al que se mudan María Teresa y su familia después de la guerra y de la caída de la dictadura.

El fenómeno de la guerra se cuela a través de los contenidos que deben estudiar los alumnos en el colegio: descripciones de la guerra según Sun Tzu, Maquiavelo, Clausewitz, Zedong. Las citas permiten lecturas sobre la naturaleza de la propia narración y sobre la ubicuidad de la guerra en tanto fenómeno textual y social: "La esencia de las artes marciales es la discreción", "El engaño es una herramienta de la guerra", "La guerra implica incertidumbre", "En muchas guerras la acción abarca la menor parte del tiempo y la inacción la mayor parte", "Admitimos que el fenómeno de la guerra es más inasible y ofrece menos certidumbre que cualquier otro fenómeno social" (58-60). Cuando de lo que se trata es de la guerra de Malvinas, el evento que aparece por televisión, al que María Teresa y su madre asisten desde el *living* de su casa, es el "festival solidario". Pero donde la novela podría haberse servido de la realidad inmediata que representa y haberse desbordado en un repaso mordaz de euforias patrioteras, lo que hay es sólo silencio porque el volumen del televisor está en cero. No hay sonido para esas imágenes; es "pura imagen sin sonido", dice el narrador, "pura gesticulación" (73). Hay un solo momento en el que la palabra guerra se pronuncia con referencia a la guerra de Malvinas, pero esa mención, en boca de la prensa internacional que trata de interrogar a los alumnos del colegio durante un acto, se hace en francés, llevando al límite el gesto de no decir la guerra y dejando, por lo tanto, que esa presencia de lo no dicho sature el relato.

En sus muchas formas de extremar el recurso de eso que está pero no se dice del todo, la novela sigue insistiendo en recorrer el camino inverso al que recorrían las ficciones anteriores. En aquellas ficciones el exceso de un lenguaje construido en torno a la guerra, a las islas y a cierta mitología que los textos mismos ayudaban a construir (proponiendo a la vez su anulación o revisión crítica) desbordaba los relatos: el inventario es vasto y registra elementos tan diversos como la toponimia isleña, la tecnología bélica de los británicos, las canciones patrias en versiones espurias, la participación en la guerra de los temibles *ghurkas* o el contorno extraño y caprichoso de las islas. Aunque el escenario de la guerra no siempre apareciera representado, sus materiales colmaban el relato. *Ciencias morales* propone el planteo opuesto en la austeridad de un lenguaje que dosifica prudentemente las entradas de la guerra en el texto. Lo inglés traspasa las ventanas cerradas del colegio a través del sonido de las campanas de una torre cercana, "con idéntica música a la que, en Londres, caracteriza al Big Ben" (53), o se hace visible en el color "verde inglés" de un envase de colonia (128). Malvinas entra subrepticiamente en el texto porque Gran Bretaña aparece como país enemigo en algunos sucesos de la historia: sus "murmurados designios [...] en el impulso inicial" de la Guerra de la Triple Alianza (119), o las invasiones inglesas, en las que "se echó al intruso arrojando ollas audaces de agua hirviendo" (184). Pero no se dice que, en efecto, en el momento de la acción Argentina y Gran Bretaña están en guerra.

La guerra aparece en las diapositivas de las pinturas de Cándido López sobre la Guerra de la Triple Alianza que los alumnos miran en una clase. Desde la perspectiva de la profesora de plástica, el narrador reflexiona acerca de las posibilidades de la representación a partir de los cuadros de Cándido López. Hay uno, el de la batalla de Curupaití, donde el pintor se pinta a sí mismo herido. Los alumnos aprenden que en ese cuadro el pintor retrata la escena de la batalla desde la altura y en su conjunto, captando cada detalle en su simultaneidad, como si estuviera inventando el cine. La guerra aparece en su totalidad, y en ella está él, Cándido López, el soldado con su mano herida en Curupaití. Acaso se trata del "más discreto y solapado de los retratos posibles" (124), se explica. Es decir, la representación total, abarcadora, y el retrato más bien velado se superponen en una misma representación: son la totalidad y el detalle de la guerra que coexisten.

La escuela en tanto institución de saber y disciplina es un espacio que se presta para la picardía. Eso la novela lo propone de entrada cuando el narrador se refiere al clásico texto decimonónico *Juvenilia*, de Miguel Cané, uno de los ilustres alumnos del colegio. Pero esa propuesta, que abre la posibilidad de leer *Ciencias morales* como reescritura de aquel clásico relato de nostalgias juveniles, no se hace efectiva sino que, una vez más, se contiene. La picardía nunca se produce. Así como la guerra no se nombra y el hermano de la protagonista, que parece que va a ir a la guerra, nunca va, el margen para la infracción o la picardía se abre pero la infracción nunca se produce. Cuanto más se empeña María Teresa en descubrir la contravención a la norma, más se empeñan los alumnos en no dar señales de querer infringirla. Sabemos que en ocasiones los alumnos hacen travesuras como la de intercalar, en medio de las diapositivas preparadas para una clase, una imagen extraña, que nada tiene que ver con el tema en cuestión. Pero la humorada no se produce. Asistimos a la vigilancia de María Teresa, quien desde uno de los cubículos del baño de varones espera descubrir a los alumnos que fuman en el baño, aunque la transgresión nunca tiene lugar. Así, también en esta inversión de las posibilidades de la picaresca, *Ciencias morales* transgrede el sustrato picaresco propio de los textos que se ocupan de la guerra de Malvinas.

Ahora bien, la escuela no es solamente un lugar represivo sino un espacio de circulación de saberes, entre ellos el que enseña los modos de pertenencia nacional. La causa de Malvinas forma parte de esos modos de pertenencia que se adquieren en la institución escolar. Como vimos, el nacionalismo territorialista es de fácil acceso. Uno de los supuestos del saber escolar que le proporcionó a la causa de Malvinas el fundamento de más fácil arraigo es aquel que ve al territorio como la base natural del Estado. La causa de Malvinas entró a los programas escolares por iniciativa del diputado socialista Alfredo Palacios, quien en 1934 presentó un proyecto de ley por el cual se traduciría el libro de Paul Groussac *Les Îles Malouines* (que le daba fundamentación histórica y jurídica a la causa) y se lo incorporaría al currículo de las escuelas primarias (Guber). Así mismo, hay que señalar que el discurso bélico del 82 no nació de un día para otro. Más bien se hizo eco de una literatura escolar que concebía las fronteras como zonas de choque y propiciaba la anexión simbólica de territorios a la nación (Romero). De manera que la escuela no es solamente una institución de coerción sino también un espacio privilegiado de construcción de consenso. La dictadura militar supo aprovechar ese espacio para construir una imagen hegemónica de identidad y pertenencia nacional, utilizando la persuasión como alternativa a un modelo de represión y violencia perpetuos. La novela de Kohan imagina una escuela en la que los saberes circulan, los profesores enseñan y los alumnos aprenden. Pero esta alternativa pacífica, en la cual enseñar y aprender forman parte de las prácticas corrientes de la institución educativa, no excluye la guerra, y eso la novela lo deja bien claro.

LA COSA DE LOS VARONES

Sin duda, una de las líneas de problematización posibles a la hora de abordar las ficciones de la guerra de Malvinas que se produjeron en las últimas tres décadas, o quizá si se trata de leer cualquier relato sobre la guerra, es la cuestión de la homosociabilidad. Los relatos de guerras suelen presentarnos mundos predominantemente masculinos en los cuales las relaciones entre géneros se desdibujan para dar lugar a una economía que desplaza el cuerpo femenino en favor de la homosociabilidad: dentro de esta economía homosocial prevalecen cuestiones como la amistad entre hombres, el honor o el culto al cuerpo masculino. En el caso de Malvinas, se cumple la norma en cuanto a que los escenarios son en su mayoría espacios vedados al sexo femenino: si no es el frente de combate es una trinchera, un mundo subterráneo al que los soldados desertan, el interior de un cuartel o una cancha de fútbol. La guerra es cosa de hombres.

A partir de *Los pichiciegos* (donde las únicas formas de sexualidad son la homosexualidad, la masturbación o la zoofilia, y las únicas mujeres dos monjas aparecidas, quizá las monjas francesas desaparecidas por el capitán Alfredo Astiz, a quienes los pichis encuentran en los montes), no habrá ficción sobre la guerra que no ponga en juego, en mayor o menor medida, esta economía homosocial. Así ocurre con el partido de fútbol como pelea entre "machos" en *La causa justa*, de Osvaldo Lamborghini. Ocurre en la sociedad utópica que en clave paródica presenta *Las Islas*, de Gamerro, donde se imagina el pasaje de la familia heterosexual patriarcal a la familia homosocial. Ocurre con la amistad y la camaradería entre hombres en *El desertor* de Eckhardt o en *La flor azteca* de Nielsen. Ocurre también en toda una zona de las ficciones de Malvinas que aquí no estamos contemplando pero que forma parte de los registros de la guerra. En esas ficciones el mundo homosocial viene de la mano de la solemnidad y del nacionalismo, o simplemente del nacionalismo y la más rotunda estupidez (la novela *Arde aún sobre los años*, de Fernando López, ejemplifica lo primero; la película *Fuckland*, de Luis Marqués, lo segundo).

En *Ciencias morales*, eso que desde la perspectiva de María Teresa el narrador llama "lenguaje de varones" (181) le franquea a la guerra otra de sus entradas al texto. La guerra entra en el relato por medio de ese lenguaje propio del espacio homosocial de los varones, con el que la protagonista va a establecer una relación de temor, curiosidad y deseo insospechado. El olor a cigarrillo que dispara la entrada de la protagonista en ese mundo de los varones –al oler, o creer oler algo en la ropa de uno de los alumnos– remite en su imaginación a un mundo exclusivo de los varones.

En la época en que el Colegio Nacional de Buenos Aires era el Colegio de Ciencias Morales, las cosas debían ser necesariamente más claras y ordenadas porque faltaba la mitad del mundo que ahora lo integra. Así lo explica el narrador al comienzo de *Ciencias morales*: en la época de Miguel Cané "el colegio era todo una misma cosa, era todo de varones" (9). El cuerpo femenino es un intruso en ese mundo que antes les pertenecía sólo a los varones, un mundo en que las voces femeninas disonantes alteran la homofonía del juramento a la bandera, y en el que los alumnos son nombrados por sus apellidos, evocando cierta neutralidad de género en virtud de la cual resulta ambiguo si los personajes nombrados son varones o mujeres. Es el mundo cuya regla de pertenencia más estricta, la regla que lo define como tal, violará la joven preceptora en nombre de la vigilancia, el baño de varones, que en la novela reemplaza el espacio homosocial bélico (la batalla, la trinchera).

A cada lugar, un lenguaje. Y si hay un denominador común en el lenguaje de las ficciones de la guerra éste es la guarangada, cuyo ejemplo paradigmático está en *La causa justa* de Lamborghini, donde lo que dispara el conflicto es la frase "yo te quiero tanto, que te lo juro por mi madre te chuparía la pija si fuera puto" (20). La novela de Kohan introduce esos significados sin dejar que los significantes lleguen a ser dichos. En dos circunstancias solamente ese "lenguaje de los varones" se desborda en un graffiti o en boca del señor Biasutto, y las palabras inquietan, humillan o hieren a María Teresa ("chupo conchas", "mierda", "meadas"). Pero lo que predomina es la paráfrasis torpe que omite la mención de aquellas palabras que, conforme a la moral impuesta sobre los alumnos del colegio y sobre la sociedad en general, le son vedadas a una mujer: "la cosa del señor Biasutto" (200), las "cosas" que los varones "hurgan y extraen" de sus pantalones (112), las "cosa[s] rotunda[s]" que les salen "hacia adelante" (83), "esas cosas tan ciertas con que los varones [...] expiden" fluidos que María Teresa adivina del otro lado de las paredes (91). Pero también la guerra se dice mediante eufemismos, porque también ahí la novela omite y se contiene. Así, lo que se dice del hermano de María Teresa no es que en cualquier momento lo pueden llevar a las islas, sino solamente que se encuentra "movilizado" o que ha sido "trasladado". En definitiva, los acontecimientos que se espera ocurran en esos mundos homosociales, para los cuales la novela construye un clímax (la ida del hermano a la guerra, la infracción a las normas en el baño de varones), nunca suceden. Eso que legitima la existencia del sistema represivo (recordemos que para Foucault el poder punitivo del soberano no es otra cosa que una prolongación de su derecho a hacer la guerra) nunca sucede. Lo que sucede, en cambio, es la violación de María Teresa por parte de su jefe.

Ese acontecimiento que sí se dice (dos veces, porque sucede dos veces) condensa el horror de la dictadura, cuya dimensión se mide en todo eso que *Ciencias morales* contiene y se contiene de decir: no solamente que el sistema represivo necesitó de cada uno de su engranajes mayores y menores para funcionar, sino que la maquinaria totalitaria, esa maquinaria organizada de muerte que instauró un estado de excepción en la Argentina, está hecha de crímenes y de criminales comunes: sí, el señor Biasutto confeccionó las listas negras que llevaron a la desaparición de varios alumnos del colegio, pero también es un violador. También ahí, sin embargo, lo que ocurre no ocurre del todo, o al menos no ocurre de acuerdo con lo que se esperaría ocurra en una violación. Una vez más, eso que sería esperable que ocurra dentro de los postulados de la trama (sería de esperar que María Teresa descubriera a algún alumno fumando en el baño; sería de esperar que su hermano fuera a Malvinas), o dentro de ciertas expectativas extratextuales, tampoco tiene lugar. En la primera violación, María Teresa supone, con terror, que la "tremenda cosa" de Biasutto tendrá alguna participación en la violación, pero "la cosa del señor sigue tan ajena a todo como ha estado desde el principio" (200). El señor Biasutto, queda claro aunque no se diga, es impotente, y su único recurso, en la primera y la segunda violación, será su mano derecha, que "[m]uta como lo hacen esas peculiares orugas de guerra, capaces de retraerse o desplegarse para aquí o para allá, según las necesidades tácticas que se van presentando" (197).

La guerra entra así una vez más, ahora desde la perspectiva de un narrador que observa de modo distante la situación más bien patética del violador impotente. Pero la guerra no es la defensa de la patria, que los alumnos deben aprender a actuar en el juramento a la bandera, sino una penosa mano que, a falta de algo propiamente viril que esté a la altura de esos enérgicos discursos masculinos que en la guerra suelen arengar a las tropas, se transforma, hurga y viola.

Es necesario recordar que, junto con la tortura, la violación fue una práctica sistemática de los represores durante la última dictadura. Así mismo, en muchas guerras convencionales a lo largo de la historia mundial la violación fue una forma de subyugación del pueblo enemigo, ya fuera como demostración de conquista o como práctica de limpieza étnica. En el caso de la causa de Malvinas, el ideario nacionalista argentino ha llevado siempre adosada la marca del machismo y la opresión de género, y esto es algo que los discursos ficcionales han reproducido de manera acrítica o, por el contrario, han sabido cuestionar y confrontar. Así, este episodio del violador impotente en la novela de Kohan se inscribe como comentario en un universo de ficciones que ponen en juego la relación entre la virilidad (o su ausencia) y el mundo bélico.[6]

SIN RETORNO

Dentro del relato estatal represivo al que el narrador de *Dos veces junio* adscribía y asistía se colaban también ciertas voces de resistencia: la voz del parroquiano que, mientras la Argentina juega el mundial de fútbol, escucha música clásica en sus auriculares y cuando un policía le pregunta por el resultado dice que los equipos siguen empatados, o la de una prisionera de un campo de concentración que resiste quedándose callada. En *Ciencias morales*, esa entrada permite una lectura más acerca de la omnipresencia de la concepción bélica. Mientras se esconde en el baño, María Teresa encuentra impreso en una puerta el resto de un *graffiti* que quiso ser tapado pero que el tiempo y el desgaste de la pintura hicieron regresar: "o muerte". La primera palabra de la leyenda empieza con "P", pero el resto de la palabra no se lee. La leyenda trunca, que el lector puede imaginar como "Perón o muerte", o "Patria o muerte", instala en el texto eso que subsistió de la lucha guerrillera, el segundo término de la disyuntiva, lo que quedó de la épica redentorista de la violencia de los 70: la muerte.

El retorno de Malvinas en los registros de la cultura argentina es, por cierto, insistente. Desde diferentes lugares del espectro político y desde los registros más diversos, la guerra ha sido abordada una y otra vez; desde el cine y la literatura hasta los testimonios y la historia; desde la celebración y el lamento hasta la lectura en clave de farsa, o abordajes más totalizadores que incluyen a la guerra también como drama y la ubican dentro de la tragedia mayor de la dictadura. Por su carácter excepcional, traumático o vergonzante, según quien la mire, la guerra de Malvinas parece modularse siempre como algo que retorna. Estos relatos dicen que Malvinas vuelve una y otra vez; vuelve como farsa, como chiste, como pesadilla, pero siempre vuelve a suceder y a repetirse. Estos relatos insisten, entonces, en el retorno de la guerra. ¿En qué insisten, por su parte, las novelas de Kohan? ¿Por qué la guerra no sucede nunca sino que el relato de su acontecer se omite o se relega?

La película *Iluminados por el fuego* (2005), de Tristán Bauer, si bien no es un buen ejemplo de cómo los abordajes ficcionales aciertan a pensar la guerra mediante propuestas estética y políticamente innovadoras que evaden las prerrogativas nacionalistas, sí vale para ilustrar cómo tales abordajes hacen retornar la guerra.[7] Basado en un libro testimonial de Edgardo Esteban, el film de Bauer cuenta la historia de un excombatiente de Malvinas que ha logrado rehacer su vida después de la guerra. La película comienza cuando Esteban, el excombatiente, recibe un llamado de la esposa de un antiguo compañero de armas que no ha tenido tanta suerte después de la guerra y ha intentado suicidarse. En el hospital, junto a la cama del amigo moribundo, Esteban empieza a recordar la guerra, y el relato cinematográfico se traslada a las islas mediante *flashbacks*. Desde un principio, en virtud de la utilización de este mecanismo narrativo muy corriente en las películas de guerra, *Iluminados por el fuego* construye a Malvinas como herramienta de ejercicio de la memoria. Como evento traumático, Malvinas obliga a reflexionar sobre el pasado, y su reaparición cautiva el presente. Cuando termina la agonía del compañero, Esteban vuelve a las Malvinas y visita el cementerio de Darwin, donde descansan los restos de otros de sus compañeros. Volver a las islas, nos dice la película, es para los excombatientes y para la sociedad la única forma de cerrar esta historia traumática. Pero cuando el protagonista vuelve, lo hace como quien visita un museo; vuelve como podría hacerlo cualquiera que ve la película; vuelve como turista, ve restos de objetos, una cantimplora, zapatillas, fotos y papeles dejados por él mismo en su pozo de zorro, y salda cuentas con su pasado doloroso reapropiándose de esos espacios y de esos objetos, para que entonces el público, presa de un sentimentalismo desbordante, pueda apropiarse del territorio de las islas. Y es ese el modo, también, en que el relato de Malvinas vuelve.

Quizá no existan, en este universo de ficciones, dos ejemplos más opuestos que las novelas de Kohan y esta película, ya que eso que en Bauer es puro desborde, en Kohan es absoluta contención, y eso que en Bauer vuelve y sucede como un ejercicio de memoria, en Kohan es ubicuo. La guerra en las dos novelas de Kohan no puede volver porque está siempre presente, no como evento o accidente vergonzante sino más bien como fenómeno social constitutivo. No hay retorno; hay eso que no se dice pero está ahí, para quien lo quiera ver.

Notas

[1] Sobre ese doble genocidio de la historia argentina se articula el análisis de David Viñas en *Indios, ejército y frontera*. Escrito precisamente cuando la dictadura festejaba el centenario de la Campaña del Desierto, el libro de Viñas trabaja los cruces entre el discurso liberal y el militarismo, entre ciertos imperativos económicos y la necesidad de exterminar a aquel "otro" capaz de hacer tambalear el poder de la oligarquía. Esos cruces se leen desde el fin de la Campaña contra los indios en el siglo XIX hasta el presente de la escritura: "¿Fueron los indios los *desaparecidos* de 1879?", se pregunta Viñas (12).

[2] Según Novaro y Palermo, "[l]a fuerza del territorialismo en los nacionalismos argentinos se puede quizás entender, en un Estado y un país que se estructuraron vertiginosamente, en virtud de su poder de interpelación ante grupos sociales que no tenían entre sí mucho más en común que el suelo: el suelo heredado de los patricios era el mismo que el que habían 'elegido' napolitanos, genoveses, calabreses, gallegos, andaluces, judíos, siriolibaneses; pero ni la lengua, ni el pasado, ni ninguna otra cosa les eran comunes. Si, al decir de Tulio Halperín Donghi, se trataba de encontrar una nación para el desierto argentino, se podía concluir que en el desierto estaba la esencia misma de la nación" (437).

³ Richard Gillespie apunta que las inclinaciones militares de Montoneros fueron rigiéndose cada vez más por la teoría bélica regular a medida que el movimiento se fue desarrollando. Los escritos de Clausewitz resultaron ser una influencia fundamental. La famosa frase citada al principio de este artículo "la usaron al principio los Montoneros para subrayar que su actividad guerrillera formaba parte de la lucha política, pero ahora el aforismo les sirvió como sustituto de una teoría revolucionaria: se utilizó para presentar la escalada guerrillera de 1975 no sólo como una avance militar, sino también, *ipso facto*, como un progreso político. El militarismo se convirtió en el rasgo dominante de la guerrilla mientras las declaraciones estratégicas no bosquejaron únicamente su metodología, sino que hicieron también las veces de teoría revolucionaria" (236-37).

⁴ Como señala Kohan, "Lo que cruza Gamerro es el drama de la guerra y la farsa de la guerra, y de esta manera logra captar la significación que sólo se encuentra en ese punto de cruce: una verdad que no estaba, por separado, ni en las invenciones literarias ni en las verdades testimoniales sobre Malvinas" ("El fin" 8). Además, "La farsa de la guerra de Malvinas y el drama de la guerra de Malvinas pueden coexistir, pero complicadamente, porque la primera requiere la desarticulación escéptica de los valores patrios y el segundo requiere el sostenimiento de la creencia en esos valores. Lo que consigue Gamerro es, en primer lugar, desarmar los mitos argentinos y los discursos del nacionalismo tajante. Y en segundo lugar, hacer hablar a la verdad que existe en el interior de los disfraces y de los simulacros, y no en otro lado; hacer surgir el drama que subsiste en la farsa y se deja ver a través de ella" ("El fin" 10).

⁵ Valiéndose del eufemismo "guerra sucia", con el que el Estado quiso encubrir su accionar terrorista, el filósofo León Rozitchner establece irónicamente la categoría de "guerra limpia" para describir a la guerra de Malvinas. Asimismo, habría que agregar que con los actos de terrorismo cometidos por los militares contra los propios soldados argentinos en las islas (empalamientos, torturas, maltratos), el Estado argentino reafirmó su carácter de Estado terrorista, superponiendo ambas manifestaciones de la guerra, "la sucia" y "la limpia" o, más bien, dejando en claro que no existe tal distinción. Si la actuación del Estado argentino con base en el continente se asimiló tan estrechamente con su actuación en ese pedazo de tierra precaria y fugazmente argentino, la guerra de Malvinas significó la territorialización del terrorismo de Estado, su desplazamiento a las islas, una recolocación espacial, territorial, del terrorismo estatal.

⁶ Se trata, quizá, de una marca del género bélico, que las versiones paródicas o farsescas no dejan de explotar. Un caso paradigmático es la sátira cinematográfica de la Guerra Fría de Stanley Kubrick, *Doctor Strangelove* (1964), donde el mundo bélico se puebla de significantes fálicos al tiempo que el general Jack D. Ripper, un fanático militarista, se confiesa impotente. Las ficciones de Malvinas declinan de diversos modos la relación entre la guerra y los atributos masculinos. En un registro solemne de la guerra, el fracaso de la recuperación de las islas equivale a una pérdida de la virilidad (es el caso de la novela *Arde aún sobre los años*, de Fernando López). En un registro que se pretende cómico pero falla por carecer de toda autorreflexión o distancia irónica, la conquista de las islas se produce a partir de un plan en el que un argentino entra secretamente en las islas e intenta embarazar, también secretamente, a una mujer kelper (es el caso de la mencionada *Fuckland*). En un registro irónico, el destino de un personaje vuelve cierta la equiparación metafórica entre "ser valiente" y "tener huevos" (es el caso de la novela de iniciación *La flor azteca*, de Gustavo Nielsen). Desde registros cómicos y paródicos, el hipotético ocultamiento de una virilidad dudosa detrás de actitudes patrioteras y homofóbicas (en la mencionada *nouvelle La causa justa*, de Lamborghini) o la identificación entre la pérdida de la nacionalidad y la pérdida de la virilidad (en la parodia de romance fundacional decimonónico que construye el cuento "Impresiones de un natural nacionalista", de Daniel Guebel). Esos son algunos ejemplos del modo en que la virilidad aparece como motivo casi obligado de la ficción bélica. En su monumental novela *Las Islas*, Carlos Gamerro

288 • Julieta Vitullo

presenta una versión hiperparódica y chabacana del discurso nacionalista que percibe a la nación como un cuerpo, llevando al extremo la correlación entre los atributos masculinos y las aspiraciones de recuperar las islas, al punto de que las Malvinas son una encarnación de la fertilidad masculina y la Argentina de su virilidad: "la Argentina es una pija parada lista para procrear y las Malvinas son sus pelotas" (Gamerro 56). Cabe mencionar, por último, que en la versión cinematográfica de *Ciencias morales*, *La mirada invisible*, de Diego Lerman, que no transcurre durante la guerra sino que se sitúa justo antes de su comienzo, el señor Biasutto no sufre de impotencia. Al contrario de lo que ocurre en la novela, no hay en la película una correlación a ser explotada entre guerra y virilidad, o una entrada oblicua y trunca de un elemento y otro. El inicio de la guerra aparece en imágenes de archivo del 2 de abril que se intercalan en los créditos finales (el discurso del general Leopoldo F. Galtieri y una Plaza de Mayo colmada de euforia). Este epílogo enrarece más aún el final abrupto y deliberadamente inverosímil con que se cierra la trama de Biasutto y la preceptora. Las imágenes documentales del comienzo de la guerra no otorgan verosimilitud a ese final sino que, más bien, en una interesante apuesta de la película, se vuelven ellas mismas, por contagio, raras e inverosímiles.

[7] Si bien sugiere la imposibilidad de construir un relato épico de la guerra, el film de Bauer acaba por sucumbir al relato territorialista y reivindicatorio de la causa justa. Sobre el final, la voz en *off* del protagonista lamenta que los ingleses se apoderaran "una vez más de nuestras islas y festejar(a)n sobre nuestra sangre". Una leyenda instala luego en los créditos el lema recurrente, "Las Malvinas son argentinas", con el que se reivindica el reclamo sobre las islas. Pese a que el eje de la película no es la reivindicación de las Malvinas argentinas sino un relato denunciatorio del gobierno militar genocida y de los sucesivos gobiernos democráticos que ignoraron los reclamos de los ex combatientes, la leyenda del final introduce la inquietud que muchos de los discursos no ficcionales de la guerra también instalan y frente a la cual la ficción suele presentarse como alternativa: ¿es posible recordar a los que murieron y darles un reconocimiento a los que pelearon esa guerra sin adherir a la reivindicación de la causa?

BIBLIOGRAFÍA

Anderson, Benedict. *Imagined Communities: Reflections on the Origin and Spread of Nationalism*. Londres: Verso, 1991.

Clausewitz, Karl von. *De la guerra*. Buenos Aires: Agebe, 2004.

Foucault, Michel. *Society Must Be Defended: Lectures at the Collège de France, 1975-76*. David Macey, trad. New York: Picador, 2003.

Fuckland. José Luis Marqués. Atomic Films/ Videocolor/ Cinecolor, 2000.

Gamerro, Carlos. *Las Islas*. Buenos Aires: Simurg, 1998.

Gillespie, Richard. *Soldados de Perón. Los montoneros*. Antoni Pigrau, trad. Buenos Aires: Grijalbo, 1998.

Guber, Rosana. *¿Por qué Malvinas? De la causa nacional a la guerra absurda*. Buenos Aires: FCE, 2001.

Guebel, Daniel. "Impresiones de un natural nacionalista". *El ser querido*. Buenos Aires: Sudamericana, 1992. 15-36.

Iluminados por el fuego. Tristán Bauer. Canal + España y otros, 2005.

Kohan, Martín. *Ciencias morales*. Buenos Aires: Anagrama, 2007.

_____ *Dos veces junio*. Buenos Aires: Sudamericana, 2002.

_____ "El fin de una épica". *Punto de Vista* 64 (1999): 6-11.

Kohan, Martín, Oscar Blanco y Adriana Imperatore. "Trashumantes de neblina, no las hemos de encontrar. De cómo la literatura cuenta la guerra de Malvinas". *Espacios* 13 (1993-1994): 82-86.

La mirada invisible. Diego Lerman. El Campo Cine y otros, 2010.

Lamborghini, Osvaldo. "La causa justa". *Novelas y cuentos II*. Cesar Aira, ed. Buenos Aires: Sudamericana, 2003. 9-48.

López, Fernando. *Arde aún sobre los años*. Buenos Aires: Sudamericana, 1986.

Nielsen, Gustavo. *La flor azteca*. Buenos Aires: Planeta, 1997.

Novaro, Marcos y Vicente Palermo. *La dictadura militar 1976-1983: del golpe de Estado a la restauración democrática*. Buenos Aires: Paidós, 2003.

Nunca más: informe de la Comisión Nacional sobre la Desaparición de Personas. Buenos Aires: EUDEBA, 1986.

Romero, José Luis, coord. *La Argentina en la escuela. La idea de nación en los textos escolares*. Buenos Aires: Siglo XXI, 2004.

Rozitchner, León. *Las Malvinas: de la guerra "sucia" a la guerra "limpia"*. Buenos Aires: Centro Editor de América Latina, 1985.

Sarlo, Beatriz. "No olvidar la guerra de Malvinas. Sobre cine, literatura e historia". *Punto de Vista* 49 (1994): 11-15.

Schvartzman, Julio. "Un lugar bajo el mundo: *Los pichiciegos* de Rodolfo Fogwill". *Microcrítica: Lecturas argentinas, cuestiones de detalle*. Buenos Aires: Biblos, 1996. 133-146.

Verbitsky, Horacio. *La última batalla de la tercera guerra mundial*. Buenos Aires: Sudamericana, 2002.

Vezzetti, Hugo. *Pasado y presente. Guerra, dictadura y sociedad en Argentina*. Buenos Aires: Siglo XXI, 2002.

Viñas, David. *Indios, ejército y frontera*. México: Siglo XXI, 1983.

Vitullo, Julieta. "Ficciones de una guerra". *Puentes. Revista de la Comisión provincial por la memoria* 20 (2007): 42-50.

_____ "Relatos de desertores en las ficciones de Malvinas". *Hispamérica: Revista de Literatura* 104 (2006): 29-38.

Latin American Psycho:
Fernando Vallejo y el grito de guerra animal

FERMÍN A. RODRÍGUEZ

Universidad de Buenos Aires - CONICET

1. EL JUGUETE RABIOSO

Figura 1. Camilo Restrepo Zapata, *Bloque de búsqueda.*

Miren al animal: cabeza grande, hocico alargado, fuertes mandíbulas, orejas pequeñas, fosas nasales dilatadas y ojos vacíos; dos puntos negros que evocan la mirada opaca y lejana de los animales no domesticados [figura 1]. El cuello es corto, robusto y arrugado; el cuerpo liso, lustroso y enormemente grueso, con forma de barril, plantado firmemente sobre cuatro patas cortas y regordetas, como una figura de Fernando Botero. Pero el realismo de la figura es riguroso, propio de uno de esos animalitos de juguete que, según John Berger, comienzan a fabricarse simultáneamente con el establecimiento de los zoológicos públicos. Miren cómo mira, impasiblemente, por encima del hombro, en dirección a una maraña apretada de siete mil soldaditos amontonados unos junto a otros en un bloque compacto y rectangular, como un Leviatán aplastado, sin cabeza [figura 2].

Miren ahora cómo lo miran: todos, sin excepción, están apuntándole. No hay entre los muñequitos ningún orden, nada que se asemeje a una formación militar o a un pelotón de fusilamiento. Parece un nido hirviente de insectos, encuadrado por paredes invisibles. Forman un enjambre,

Figura 2. Camilo Restrepo Zapata, *Bloque de búsqueda.*

Figura 3. Camilo Restrepo Zapata, *Bloque de búsqueda* (zoom).

un amontonamiento, una multitud hormigueante erizada de fusiles diminutos, como si fueran antenas [figura 3].

La diferencia numérica entre las dos figuras es absoluta, inconmensurable: de un lado, un extenso plano rectangular de miles de cuerpos minúsculos enredados unos con otros, como una bestia ciliada de mil cabezas; del otro, un solo punto, gordo y voluminoso sobre el que converge una escena donde la jerarquía humana sobre la vida animal aparece espectacularizada [figura 4]. Sin embargo, el todo no carece de equilibrio.

Es menos un campo de exterminio que de batalla, un duelo entre cuerpos que se enfrentan por encima del abismo entre especies, un cruce de miradas que excede la

Figura 4. Camilo Restrepo Zapata, *Bloque de búsqueda.*

simple objetivación del animal por parte del hombre. Un animal va a morir acribillado; un trozo de selva militarizada, alzada en armas, está a punto de tragárselo. Pero retengamos nuestras lágrimas: la vida es el precio que generalmente se paga por sobrevivir.

Las imágenes corresponden a una instalación titulada "Bloque de Búsqueda", del artista plástico Camilo Restrepo Zapata ("Bloque").[1] Fue montada por primera vez en el año 2010, en Medellín. El animal en miniatura es un hipopótamo africano, pero no está allí posando en representación de la especie. Se trata de Pepe, uno de los narco-hipopótamos del zoológico privado de Pablo Escobar, el narcotraficante más famoso del mundo, acribillado en 1993 en una azotea de Medellín por la policía colombiana, en colaboración con un grupo antidrogas de los Estados Unidos.[2] Dieciséis años más tarde, Pepe terminó como su dueño, asesinado por los disparos de un grupo de soldados que posaron triunfalmente alrededor de la bestia muerta en una foto que en 2009 indignó a la opinión pública colombiana.[3]

El título que eligió Restrepo refuerza precisamente la identificación de Pepe con el narcotraficante más famoso del mundo: "Bloque de búsqueda" —explica el texto que acompaña la instalación— era justamente el nombre del grupo de élite creado por el ejército y la policía colombianos "para dar caza a Pablo Escobar" ("Bloque").

La muerte del hipopótamo Pepe fue un escándalo mediático que movilizó a la sociedad civil colombiana, sobre todo en los barrios más ricos de las ciudades. La historia ha sido contada muchas veces: Pepe era un macho joven de una tonelada y media, descendiente de una de las seis parejas originales de hipopótamos que Pablo Escobar Gaviria, en un gesto soberano de exceso y de derroche, se había hecho traer ilegalmente de África para poblar el parque de la Hacienda Nápoles junto con jirafas, gacelas, cebras, canguros, leones, tigres, elefantes, cocodrilos y hasta réplicas de tamaño real de dinosaurios.[4] En compañía de su pareja, Pepe abandonó su condición de objeto de lujo y huyó de la hacienda y del mal humor de Pablito, el hipopótamo alfa de la horda, un viejo cacique de casi cinco toneladas, violento e impredecible como su antiguo dueño. Afuera de las leyes de su clan, el animal llevaba viviendo más de dos años en el río Magdalena en condición de renegado, a ciento cincuenta kilómetros del parque diseñado por los paisajistas de Escobar a imagen y semejanza de las sabanas africanas (o a imagen y semejanza del orientalismo de las élites, que identifican las regiones cálidas con África y sus pueblos). Ni las autoridades provinciales ni los ambientalistas sabían muy bien qué hacer con los hipopótamos, una especie invasora que, según los especialistas, sin predadores naturales, amenazaba multiplicarse sin control en un ecosistema ya lo suficientemente quebrado por la guerra entre carteles de droga, la violencia de los paramilitares, las masacres y los desplazamientos forzados de poblaciones campesinas.

Pescadores de la zona del Magdalena Medio habían denunciado haber avistado en el río a un monstruo parecido al del Lago Ness, pero en general los habitantes de la región aseguraban que el animal era manso y que no hacía nada más que matar alguna que otra vaca o destrozar alguna cerca. Pero había que hacer algo, y el Estado decidió intervenir en defensa de la propiedad privada y de la seguridad de los ganaderos y pescadores de la región (Castaño). Décadas de guerra sucia contra la guerrilla le habían enseñado al Estado a ponerse al margen de la ley para matar sin cometer un asesinato. La pena de muerte no se hizo esperar. El Ministerio de Medio Ambiente otorgó un "permiso de caza de control" que autorizaba a dos cazadores alemanes, altos ejecutivos de la multinacional *Porsche* en Colombia, a ir tras los pasos de Pepe y familia para sacrificarlos en nombre de la seguridad ecológica de la región. En compañía de una brigada del ejército colombiano, que repite en más de un sentido la cacería de Pablo Escobar, el "Bloque de búsqueda" salió tras el rastro de Pepe, aunque esta vez como farsa. Sus horas estaban contadas: es un animal y, por lo tanto, incapaz de mentir, de fingir, de borrar su rastro, de ocultarse disimulando sus propias huellas. Pepe muere poco después de varios disparos de rifles de larga distancia limpios y precisos al corazón y a la cabeza, pastando tranquilamente no en un estado de naturaleza recuperado sino en un vacío jurídico creado a su alrededor por una decisión soberana (Agamben).

La protesta de instituciones ambientalistas, y la reacción y movilización en la calle y en Internet de la clase media conmovida por el sacrificio de Pepe, impidieron que su pareja y su cría corrieran la misma suerte. Al grito de "Salvemos a los hipopótamos de la Hacienda Nápoles" y en nombre de un fondo biológico común, cientos de manifestantes –muchos con máscaras de hipopótamo y remeras con la leyenda *Save the hippos*– marcharon hacia la sede del Ministerio del Medio Ambiente en nombre de los derechos sagrados de la vida, exigiendo la revocación de la sentencia de muerte. Sensibilizado por la crueldad del ejército y por el destino de víctimas de los inocentes animalitos, el capital privado no dejó pasar la ocasión de exhibir su rostro humano. Una de las cerveceras más grandes de Colombia, Bavaria, se ofreció a financiar las tareas de captura y traslado de los animales de regreso a los estanques artificiales de la Hacienda Nápoles, una operación cuyo costo se estima que asciende a 40 mil dólares por cada hipopótamo.

Es posible que la muerte del hipopótamo de Escobar guarde alguna relación con la imaginación del presente de América Latina.

Inseparable de la sombra que proyecta su cuerpo sobre el fondo blanco, el muñequito de plástico está rodeado de un archivo de imágenes y de nombres asociados con la violencia que lo ronda, una selva de significantes suplementándose unos a otros según un movimiento en el que perseguidor y perseguido se relevan frenéticamente. De hecho, Pepe nunca fue simplemente Pepe. Cuerpo totémico, el cadáver del hipopótamo es en primera instancia una suerte de negativo del de Escobar, el narcotraficante muerto. Restrepo observa que los militares que participaron de la cacería descuartizaron a Pepe tal como los paramilitares suelen descuartizar a sus víctimas. "Fue como una venganza contra Escobar", comenta Restrepo a propósito de un asesinato que repite como farsa la muerte del jefe del cartel de Medellín.[5] Pero Pepe también es un "falso positivo", tal como se conoce a las víctimas civiles del conflicto armado, simples campesinos, obreros e indigentes que el gobierno hace pasar por guerrilleros o narcos, blancos indefensos de la represión estatal. Sin pasar por alto que los narcotraficantes enemigos de Escobar, que colaboraron con las fuerzas de inteligencia colombiana en su captura, se hacían llamar "los Pepes", los Perseguidos por Pablo Escobar (Ruchansky).

El peso alegórico que soporta la imagen vuelve al animal una bestia de carga simbólica de fácil consumo para una cultura de masas que, al reducir la anécdota a un caso más del "realismo mágico" de la política, nos distrae de la materialidad de una escena donde antes que nada, lisa y llanamente, sin magia o sin ninguna otra magia que la del Estado soberano, *matan a un animal*. Juguete de la historia colombiana más reciente, el hipopótamo de Escobar no es un personaje en la tradición de la poética simbólica del *boom*. Su identidad estética y política se localiza en un territorio diferente, brutal y explosivo, poblado de desechos sociales animalizados que han dejado de pertenecer a la sociedad, a la familia, a la ley de la nación, a lo humano mismo, sin futuro ni pasado, privados de derechos y blanco de los mecanismos de la violencia soberana.

Donde hay animales sueltos hay vidas precarizadas y desechables, hay abandono por parte del Estado, hay exposición a la violencia soberana, hay capitalismo agresivo y salvaje, hay producción de una animalidad generalizada y difusa, hay miedo y necesidad de seguridad frente a un enemigo intangible del cual la seguridad supuestamente nos salva: la droga, el extremismo, la corrupción, la inmigración ilegal, el desempleo, vidas subhumanas sin forma que amenazan el orden normativo y jerárquico. Anexada al poder, la retórica del animal sirve para trazar sobre el campo de lo vivo una serie de umbrales entre lo biológico y lo social en torno a los cuales se juega la humanidad o la no-humanidad de individuos y grupos. A fin de cuentas, estamos en un campo de batalla donde el ser llamado animal funciona como acusación más que como descripción o como símbolo. Criatura del umbral, el llamado animal atraviesa el cuerpo como un fuego cruzado entre la represión estatal, el crimen organizado, los grupos paramilitares, las bandas de sicarios y la guerrilla de las FARC.

2. El retorno del animal a la política

En diálogo con las imágenes que circularon por la esfera pública, la instalación de Restrepo localiza un síntoma del presente de América Latina: el retorno del animal al campo de la imaginación política y estética. Es curioso, pero en un sociedad fracturada por el crecimiento explosivo de la división y la exclusión social, donde el discurso de la seguridad asfixia la vida cotidiana y las llamadas "nuevas guerras" contra el crimen organizado o el terrorismo se vuelven una relación social permanente, ¿por qué la muerte de un animal, en continuidad con la larga serie de asesinatos políticos que atraviesan la historia colombiana, toma relieves fabulosos al punto de convertirse en el crimen que contiene todos los crímenes que ocurrieron en la Colombia de los años ochenta y noventa? (Kaldor 268) ¿Qué lógica política produce y hace circular una imagen semejante, donde el poder se abate sobre una vida indefensa y desechable convertida en objeto de persecución criminal, eliminación física y abandono jurídico? ¿Qué tiene que pasar para que esa muerte sin muerte que, para algunos, define al animal, quede elevada a la condición de antagonismo fundamental?

Puesta en escena política y antropomórfica, la fotografía de la muerte del hipopótamo de Escobar circuló en principio como una fábula en la que, por una productividad ética propia del género, la muerte del animal, en su precariedad y desamparo, se aplica a la vida humana. ¿Qué es lo que captura esa imagen? Víctima o victimario, el animal ocupa de manera inestable todas las posiciones posibles respecto de la violencia (Derrida). Puede ser tanto una criatura inocente e indefensa como una bestia acorralada que pisotea la ley y no respeta ningún límite. En principio, en serie con una larga tradición de iconografía del poder, la imagen exhibe una fuerza tecnológica avasallante que acaba de abatirse sobre la naturaleza indefensa del animal, blanco de una dominación absoluta por parte del hombre. Pero la escena gira sobre sí misma: desde el momento en que la brutalidad inhumana y bárbara es el atributo de la maquinaria militar, lo humano queda localizado del lado del cuerpo inerte de la víctima, objeto de duelo y de compasión. En efecto, frágil y agonizante, la masa amorfa del cuerpo sacrificado del hipopótamo queda investida de valores que lo inscriben de manera más o menos transparente en un campo donde el derecho a la vida del animal se desliza de manera inquietante hacia el campo de los derechos humanos, esto es, el derecho a tener derechos o el derecho de todo ser humano a simplemente sobrevivir, a estar vivo. Se trata menos de una oposición que de una declinación máquina-animal-hombre que culmina en el cadáver: un cuerpo muerto, inmenso y pesado, objeto de la cacería, con respecto al cual la máquina, el animal y el hombre se humanizan y deshumanizan vertiginosamente a través de umbrales de indistinción.

Una versión, digamos, clásica de la anécdota hubiera mostrado a un Pepe politizado, lleno de vida y de furia, comportándose como humano, arriesgando la vida para dejar de pertenecer a un orden inferior, buscando la libertad, apropiándose de un territorio, desafiando la autoridad, poniendo en tela de juicio la ley de la manada y la naturalidad de cualquier orden jerárquico. Según la política de la fábula contemporánea, en cambio, Pepe es un animal lastimoso reducido a la condición de pura víctima, objeto de ayuda y compasión. La antropomorfización propia de la fábula y su política de las especies, que humanizaba a los animales y los dotaba de logos, queda invertida por un zoomorfismo generalizado que sólo puede concebir la vida humana en la figura de la vida desnuda de un animal indefenso, pura identidad territorial y biológica que, en el límite de la significación social, no hace ninguna historia. Así, en nombre de un humanismo despolitizado que reduce la vida a una inocencia que es impotencia, la compasión por la muerte de Pepe termina siendo cómplice del poder deshumanizador que, después de haberla empujado hasta el subsuelo de la historia, dejó la vida al desnudo, abandonada en el campo de la excepción (Agamben).

Naturalizado por un poder que invade la vida cotidiana y coloniza la vida del cuerpo, el hombre parece ser hoy una especie amenazada, mera masa de carne y huesos, víctima de violencia y abandono u objeto de protección y asistencia humanitaria. La noche del cuerpo animal de la especie parece haber caído sobre el sujeto político libre y consciente del humanismo radical, y hoy el hombre, en inquietante continuidad con el animal, sólo puede concebirse como vida desnuda, deshumanizada, despojada de todo poder, incapaz de actuar políticamente o de articular una demanda de igualdad en un lenguaje que sea algo más que una mera expresión de dolor o sufrimiento retumbando en el hueco de una máscara de hipopótamo.

El hecho de que el *tableau* de Restrepo disponga de un animal todavía vivo –a punto de morir, pero vivo– transforma la economía general de la escena. En "Bloque de búsqueda" el hipopótamo no es todavía un objeto cadavérico bajo la mirada de un poder soberano que se afirma en el dominio y la apropiación brutal del animal. Se trata de un encuentro que tiene tanto de enfrentamiento como de reconocimiento mutuo, de narcisismo, de complicidad, de fascinación especular. Son dos juguetes rabiosos frente a frente en un campo de batalla, dos soberanías en guerra, dos modos de estar afuera de la ley: por un lado, el cuerpo ominoso del ejército, el "Bloque de búsqueda" estatal, maniobrando maquinalmente en el campo de la excepción al que, bando de por medio, había sido arrojado el hipopótamo por una decisión soberana; por el otro, el animal renegado, ciego de furia que, después de haber desafiado al macho alpha de la horda, rompió con la ley natural de la comunidad de sus congéneres para convertirse en una fuerza descontrolada lanzada con violencia contra cualquier obstáculo que se le oponga. La soberanía se representa como una fuerza bruta desnuda, identificada con un animal salvaje y peligroso, detrás del cual se asoma el narcotraficante. Ambos "son gorditos, lampiños, extremadamente agresivos, no particularmente inteligentes pero muy fuertes, y todo lo que hacen es por territorio y por hembras", observa Antonio von Hildebrand, director de *Pablo's Hippos*, un documental que encuentra en la historia de los hipopótamos la repetición en clave de farsa de la vida y la muerte de Pablo Escobar (Calderón).

En cualquier caso, como vida desnuda e indefensa o como fuerza bruta avasallante, como violencia afuera de la ley o como vida precarizada reducida a la condición de residuo eliminable, el animal ronda la estructura de un tipo de poder que, por encima de las leyes y en nombre de la seguridad y del mantenimiento del orden, está en guerra con la vida misma de ciertos grupos criminalizados y abandonados a su suerte en una zona liberada tanto de la protección como del control del Estado. Ambiguo, el gobierno de la vida en el capitalismo tardío tiende a una política de la muerte que se inscribe en la imaginación pública bajo la figura inestable de un animal feroz o lastimoso.

3. LATIN AMERICAN-PSYCHO

> Esa es la palabra, la gran palabra de Heráclito, *panta rhei*, todo fluye. Fluye este libro que es remedo de la vida como fluye el río, *potamos*, donde me baño yo y se baña el hipopótamo, y juntos vamos pasando con las aguas cambiantes.
>
> Fernando Vallejo, *El fuego secreto*

El poder de llamar al animal para naturalizar lo social se vuelve una función constitutiva de la legitimidad de cierta violencia deshumanizante propia de sociedades desmanteladas por lo que ha sido descrito como "capitalismo del desastre" (Klein); olas destructivas de políticas neoliberales barriendo América del Sur desde comienzos de los años setenta, desmantelando el estado de bienestar y abandonando a sociedades enteras a las fuerzas irrestrictas del libre mercado.

Cuando el poder se trasforma en biopoder y la fuerza no es un último recurso sino el punto de partida de una secuencia de violencia soberana, la muerte del animal se convierte en mecanismo de legitimación de un tipo de coerción que no busca asegurar la paz sino crear y mantener por la fuerza la naturalidad de un orden normativo que decide y distribuye sobre el campo de lo vivo las vidas que merecen ser vividas y las muertes que no valen la pena, que no merecen ser lloradas (Butler). Se trata de una violencia militar y policial que, en el reverso del terror económico global y la erosión de la autonomía del Estado-nación, trabaja disciplinariamente en el umbral entre lo biológico y lo social como aparato de captura que excluye toda posibilidad de vida sin domesticar. Una nueva forma de la guerra, ubicua, de un solo bando, dirigida contra una serie de enemigos intangibles –la droga, el terrorismo, la "inseguridad"–, funda este reino animal de la política, que invoca a la bestia para diseñar un medio afectivo de vulnerabilidad y miedo en torno a la peligrosidad de ciertas vidas criminalizadas y abandonadas en el campo de la precariedad, la excepción jurídica y la miseria planificada (Hardt y Negri 3-33). Se trata de un peligro cuasi-biológico, un enemigo racializado y, en el límite, animalizado, que funciona como principio de segregación, eliminación y normalización de una sociedad reducida a población de seres vivos, esto es, a un cuerpo múltiple de innumerables cabezas sobre el que el biopoder traza la frontera entre lo que debe vivir y lo que debe morir (Foucault 56).

La Virgen de los sicarios, la novela de 1994 de otro artista de Medellín, Fernando Vallejo, es tal vez el espacio donde con más ferocidad se escucha la invocación ambigua del animal como modo de construir espacios sociales inseguros, zonas de no-derecho en el reverso de la ley. Paseo por la tierra de los muertos vivos, la novela narra en el lenguaje onírico de la violencia los sueños de exterminio de Fernando, un viejo gramático cosmopolita sin ganas ya de vivir quien, después de décadas de exilio voluntario en el primer mundo, vuelve a morir al "país más criminal de la tierra" (36, 8). Con el tono antipatriótico y antinacional de un sujeto globalizado, Fernando va a convertirse en una máquina de guerra lanzada contra el cuerpo biológico de la nación entera y el Estado nacional, ineficiente y corrupto que, en nombre de la ley y los derechos individuales de los ciudadanos, se niega a aplicarle mano dura a la horda de "gentuza agresiva, fea, abyecta, esa raza depravada y subhumana, la monstruoteca" (67). Se trata de las clases populares, precarizadas y excluidas del nuevo orden socioeconómico global que el salto modernizador de nuestro fin de siglo dejó al desnudo, abandonadas en un estado permanente de violencia y de excepción conservadora. Son cuerpos que el nuevo Estado global que habla a través de Fernando dejó de reconocer, ríos de pobres salidos "de cualquier hueco o vagina" como ratas de alcantarilla bajando desde las comunas que rodean la ciudad (75).

En compañía de un joven sicario, desocupado por la muerte reciente de Pablo Escobar, Fernando se va abriendo paso entre esos flujos torrentosos de vida indeseable producida como mero residuo o desecho eliminable. Desde que comienza la historia y Fernando entra con Alexis a un cuarto repleto de relojes "detenidos todos a distintas horas burlándose de la eternidad, negando el tiempo", la sucesión se interrumpe y el tiempo se desdobla (9). Duplicado por Alexis –su deseo, su sombra– Fernando queda arrojado afuera del tiempo cronológico, estancado en el eterno retorno de una violencia infernal por la que se desliza el puro presente de una escritura de la que emanan consignas alucinadas y desbordes de fantasías reprimidas, sin punto de vista exterior desde donde ordenar y juzgar lo representado. Faltaba un novelista en tercera persona que "atestiguara, que anotara, con papel y pluma de tinta indeleble" lo que Fernando dice o no dice, lo que es realidad, deseo o presunción, pasado o presente, vivido o soñado (93).

Según el procedimiento que atraviesa la poética de Vallejo, a saber, que la vida "se hace novela" desde el momento en que se la vuelca sobre el papel –sobre todo si se lo hace en primera persona y jugando con las posibilidades del pacto autobiográfico–, el narrador de *La Virgen de los sicarios* descarta la etnografía y apela a la literatura para decir una verdad política traumática e insoportable que a los cronistas de la realidad se les escapa porque tiene la forma de una ficción (*El fuego secreto* 173). Allí donde los sociólogos "andan averiguando" o donde los narradores en tercera persona tratan de "meterse en la mente de otros" (15), el gramático de *La Virgen de los sicarios* sólo pretende "adivinarle el alma" (14) a ese vacío de sentido que encarna Alexis, objeto de deseo más que de representación que el lenguaje de la narración persigue apasionadamente entre multitudes de animales humanos, brutales y agresivos, luchando por sobrevivir en una sociedad exasperada por la violencia del libre mercado.

Joven desecho urbano, sin pasado ni más futuro que el tiempo vacío del consumo y la muerte por encargo, Alexis es una pura pulsión de muerte que vive en el presente y arrastra a Fernando fuera de sí, hacia un mundo paralelo donde el deseo es cumplimiento y el verbo se hace carne. El joven, que "no respondía a las leyes de este mundo" (16), se dedica a ejecutar los deseos del hombre de letras y a convertir sus palabras en acto, como si en la Colombia de nuestro fin de siglo por fin se convirtiera en realidad el viejo sueño de los letrados latinoamericanos de transformar la sociedad por medio del discurso.

En su desemejanza, el viejo gramático y el joven sicario forman un monstruo de dos cabezas, un solo cuerpo "inseparable en dos personas distintas" (56) lanzado como una máquina de guerra suicida contra la vida misma. Es la bestia soberana, reinando en un estado microscópico de excepción donde la temporalidad (de la ley, de la historia) ha quedado suspendida, y sin mala conciencia ni reparos pequeño-burgueses se puede matar sin cometer asesinato. Ayer país de gramáticos, hoy tierra de sicarios y de animales sueltos, en la Colombia de *La Virgen de los sicarios* no existe metáfora ni hay diferimiento del sentido.[6] La palabra es cumplimiento, el verbo se hace literalmente carne, las palabras matan al actualizar lo que un orden discursivo calla o excluye para poder constituirse como tal: el núcleo de transgresión en el corazón mismo de la ley, el trasfondo de violencia clandestina e ilegal en el reverso del estado de derecho.

Todo comienza por un deslizamiento del sentido, aquel que va del "lo quisiera matar" del gramático –"Yo a este mamarracho lo quisiera matar" (24)– al brutal "Yo te lo mato" o "Yo te lo quiebro" del sicario (25): cuestión de semántica, que abre un mundo posible de asesinatos sin más realidad que la de un deseo imposible de asumir como propio. Un *hippie* ruidoso, tres soldados, un taxista grosero, una mujer embarazada y su pequeño hijo, una empleada de cafetería, un grupo de chicos de la calle, un defensor de los pobres, sin contar un mimo y un Hare Krishna, van cayendo uno por uno bajo el deseo despótico de Fernando que, en una suerte de heroísmo de la alienación, sin tentaciones morales ni sentimientos humanos, va hundiéndose en la materia deseante de una sociedad abandonada a las fuerzas del libre mercado, en guerra con la vida misma.

Fernando pierde la cuenta; los muertos son más de cien... ¿Hasta dónde será capaz de llegar este deseo terrorista de depurar la vida? ¿Cuán lejos puede ir el lenguaje en esta exploración en clave del vitalismo reaccionario de un campo anárquico de multiplicidades salvajes, atravesado por imaginarios nacionales en desintegración? Sólo cuando un animal irrumpe en el campo de la representación, la mano dura del escritor parece vacilar hasta detenerse. Fernando es un amante de los animales: "son el amor de mi vida, son mi prójimo, no tengo otro, y su sufrimiento es mi sufrimiento y no lo puedo resistir" (*La virgen* 79). En el imperio del deseo de Fernando, cualquiera puede morir como un perro, menos un perro, un perro de la calle que agoniza caído en una alcantarilla después de ser atropellado por un auto. Hace días que estaba muriendo, no tiene salvación, hay que sacrificarlo, pero en ese momento el ángel exterminador se esfuma de su lado, como si el fantasma de su goce se desvaneciera: en efecto, el sicario se niega esta vez a disparar. El velo de la fantasía se levanta y Fernando, obligado por primera vez a hacer justicia por mano propia, recibe desde el fondo de lo real la mirada implorante y dulce del animal que "me acompañará mientras viva" (80).

Se trata de una llamada silenciosa a la que Fernando responde, "una llamada muda, angustiada, ineludible", que "me llamaba arrastrándome hacia su muerte" (80). En ese umbral intensivo donde la vida se desliza hacia la muerte, en la frontera misma entre el lenguaje y el cuerpo, Fernando queda asomado al horror del abismo del otro; una noche animal que va a tragárselo. La realidad se vuelve real y Fernando se gana su derecho a la muerte: sin nada que se interponga entre él y lo que acaba de llamar su "prójimo", vio la Cosa a los ojos; vio el objeto último de su deseo en lo que éste tiene de insoportable e impenetrable; vio el núcleo inhumano de la humanidad, una presencia inerte y enigmática que lo divide brutalmente y que, después de haber matado, lo dejará abandonado en el campo de los muertos vivos como un títere o un autómata, incapaz de sentir o de sufrir. Fernando sacrifica al animal de un tiro al corazón y se dispara un tiro en el pecho que Alexis alcanza a desviar. La escena gira vertiginosamente y al día siguiente será Alexis quien muera de un balazo en el corazón, en plena calle y con los ojos bien abiertos, después de llamar por primera vez a Fernando por su nombre.[7]

¿Qué quiere el animal de mí? ¿Qué consigna se transmite a través de esa mirada sin palabras, en el límite mismo del lenguaje? ¿Despertar a la precariedad de la vida del otro? ¿Nacimiento de la prohibición de matar? O, como sugiere Judith Butler, ¿nacimiento del deseo de matar, de un poder absoluto de infligir una violencia infinita sobre una vida precaria e indefensa?[8]

4. EL ALUVIÓN ZOOLÓGICO

> El animal político moderno es un animal literario.
>
> Jacques Rancière, *El desacuerdo*

El asesino de Alexis, otro sicario de nombre Wílmar, no tarda en cruzarse con el deseo de muerte de Fernando que, lejos de haberse aplacado, está intacto y no ha cedido a la tentación que representa la domesticación ética de un otro reducido a su imagen y semejanza. Como los sicarios, Fernando vio algo en los ojos vacíos de su víctima, algo traumático, de una intensidad asfixiante, de una alteridad radical, frente a lo cual su deseo no retrocede. Por el contrario, recrudece, toma fuerza y se proyecta sobre las barriadas que rodean Medellín, un mundo alucinado repleto de animales donde vegetan medio millón de pobres "encaramados en las laderas de las montañas como las cabras" (109). Como el mundo de las comunas, que "se me ha metido en la cabeza" (57), el llamado que Fernando recibe al borde de la muerte del animal desborda la acequia que no alcanza a contenerlo e inunda su voz, crece, se expande por ella, y se lanza contra las comunas como un furioso deseo de muerte purificadora que trepa por las montañas fulminando lo vivo. De las comunas salen, no muy lejos de la zanja donde agoniza como un personaje del realismo social el perro moribundo, las "putas perras paridoras" que transmiten la vida como una enfermedad (67), mujeres embarazadas culpables de la reproducción de una raza degenerada que sólo produce "simios, monos, micos con cola para que con ella se vuelvan a subir al árbol" (95). Son los muertos vivos que habitan Medellín, "pobres seres inocentes" sobre los que el narrador extiende el manto de compasión animalizante que le pone fin a la novela, cuando la voz narrativa se apaga y Fernando se despide con un último deseo que repite, con una voz popular y ajena, la muerte del perro atropellado: "Y que te vaya bien/que te pise un carro/o que te estripe un tren" (127).

En el subsuelo mismo del lenguaje, entre los pliegues de una carne rumorosa, hay algo que insiste, un exceso siniestro de vida desprendiéndose del cuerpo como un fantasma que se apodera de la voz de Fernando y recorre ululante las montañas de pobres que acordonan Medellín. Tierra de animales desconocidos que Fernando dice haber visto "sólo de lejos… soñado, meditado desde las terrazas de mi apartamento" (30), las comunas son el objeto de sus sueños, la condición misma del deseo que alimenta el soñar-escribir. Las villas miserias son "un sueño de basuco" (62) en el que el narrador dice creer, como creen los teólogos en Dios "sin haberlo visto" (90). O en otras palabras: la vida abyecta de las comunas tiene la realidad de una ficción, un campo espectral donde la vida arrecia y no deja de diferenciarse, donde el ansia de matar se superpone con la furia reproductora. La pobreza de las comunas "agarra fuerza" y "se propaga como un incendio en progresión geométrica" (71) por las fantasías del narrador, que no dejan de deslizarse hacia ese espacio donde la vida se reproduce a ciegas.

Se trata de una vida patologizada por la mirada higienista de Fernando, una vida portadora del "gen de la pobreza" (109) multiplicándose desenfrenadamente como una epidemia sin control según una ley eugenésica por la cual "los pobres producen más pobres y la miseria más miseria, y mientras más miseria más asesinos, y mientras más asesinos más muertos" (87). Amenaza ontológica para el cuerpo de la nación, los nuevos pobres urbanos deben ser privados hasta del derecho a reproducirse, en un orden de cosas donde nadie tiene la vida asegurada y sólo sobreviviendo en una guerra de todos contra todos se gana ese derecho a existir que alguna vez los Estados nacionales garantizaban a sus ciudadanos.

Cuando gobernar era poblar, el nacimiento era la forma de inscribir la vida natural en el orden jurídico del Estado-nación. Pero en el orden de cosas actuales "nadie nace con derechos" (107) y todos en la comuna "están sentenciados a muerte" (87). Atravesada por vectores de deshumanización, Colombia dejó de existir y el mapa de América Latina se desnacionaliza en medio de "una guerra sin fin no declarada" (45), con bandas locales enfrentándose salvajemente por cuestiones territoriales, "como decían antes los biólogos y como dicen ahora los sociólogos" (52). Estamos en el subsuelo de la identidad nacional, en el fin de la historia, afuera del tiempo histórico de la nación, en medio una demografía monstruosa compuesta de desechos urbanos y fragmentos de una lengua corrupta.

Pero "yo no inventé esta realidad, ella me está inventando a mí" (80), aclara Fernando, quien renuncia a la libertad de expresión del escritor burgués para dejarse hablar por las consignas brutales que lo atraviesan, "jirones de frases hablando de robos, de atracos, de muertos, de asaltos"

(68). Los demonios sueltos por Medellín "se nos habían adentrado por los ojos, por los oídos, por la nariz, por la boca" (28), y fuerzan a Fernando a pronunciar palabras feroces, insoportables para el lector: el núcleo traumático sobre el que se funda el orden capitalista global, a saber, la explotación de la vida, el gobierno encarnizado de todos los aspectos de una vida aterrorizada, en estado de shock permanente. Si en las democracias capitalistas el terror se ejerce sobre la base del encubrimiento, porque la violencia soberana no se admite como violencia legítima, en el mundo onírico de Fernando no es necesaria la hipocresía: rotas las defensas, sin represiones de ningún tipo, lo reprimido retorna abiertamente, pidiendo más represión. Porque sólo está "para reprimir y dar bala", el Estado que interpela Fernando no debería perder tiempo y recursos garantizando los derechos humanos de una vida despolitizada cuyo estatuto jurídico y gobierno se han vuelto un campo de batalla (105).

Estamos ahora en el reverso de las viejas y queridas culturas nacionales-liberales, formaciones reactivas que, frente a las masas que no se dejan disciplinar ni articular por el discurso de la modernización, agitan el fantasma de la violencia popular contra la élite letrada.[9] Pero a diferencia de los letrados paranoicos frente a los Matasiete, Facundo, Demetrio Maciel, Doña Bárbara, o al peón patotero de "El Sur", el dandy colombiano de *La Virgen de los sicarios*, doble siniestro de la mala conciencia liberal, no tiene represiones de ningún tipo para traer al discurso el núcleo reprimido y perverso sobre el que se construye el orden burgués: el odio de clase sustrayéndose al Estado de derecho, elevado a poder y explotación de la vida, que vuelve bajo la forma de la amenaza de las clases peligrosas (87).[10] Cruel y despótico, sujeto de lo que Peter Sloterdijk denomina "razón cínica" (saben lo que hacen pero aún así lo siguen haciendo), el narrador es un monstruo de sinceridad que exclama "¡Ricos del mundo, uníos!" (109), porque "el obrero es un explotador de sus patrones, un abusivo, la clase ociosa, haragana", culpable de no enriquecerse, y el único modo de terminar con la lucha de clases es "fumigar esta roña" que se identifica con el enemigo (101).

Es la "guerra total, la de todos contra todos" (87), una guerra que, más que describir, Fernando declara desde el puro presente de la escritura, ese fin de la historia, afuera del tiempo cronológico, de donde brota su discurso, la guerra contemporánea que Hardt y Negri describen como "relación social permanente" (12), como "matriz general de toda relación de poder y técnica de dominación" (13), continuación de la política por medios que no son otros que los del biopoder gobernando todos los aspectos de la vida social. El significante "pueblo", que le sirvió a las culturas de los estados nacionales para enlazar y darle forma humana a la fuerza desterritorializada de los sectores populares, parece haberse desatado, dejando que una multitud arrojada al campo del animal se desparrame sobre un espacio de biopoder donde el orden jurídico se encuentra suspendido: el reino de los *Homo sacer*, los muertos vivientes de las democracias de mercado, arrastrándose espectralmente afuera de la ley como mero residuo o desecho eliminable que el Estado que encarna Fernando desconoce. ¿Puede la vida sin atributos de esta masa abandonada a su suerte en zonas "liberadas" por el Estado global, devenir el sitio de potencias desconocidas? ¿Puede la corporalidad precarizada de los sin nada, ese sujeto sin cualidades hundido en el vacío de la mera vida reproductiva, desafiar la misma dominación que los condena a la reproducción anónima de la especie? La guerra de Fernando contra la multitud es la guerra contra la existencia misma de la política, que comienza cuando hay cuerpos que, por el hecho de estar dotados de palabra, afirman la igualdad; esto es, la contingencia de cualquier orden jerárquico de lo humano presentado como orden natural, es decir, como vida (Rancière 42).

La excursión paranoica de Fernando al campo del otro es, antes que nada, una exploración del umbral entre lo que cuenta como lenguaje y la jerga corrupta de las comunas, reducida a ruido animal por la palabra normativa del gramático.[11] Alexis, por ejemplo, "no habla español, habla en la jerga de los comunas o argot comunero" (22). Los pobres de Medellín sólo hacen ruido con su jerga virulenta, sus imaginarios bastardos, su música estridente, sus telenovelas, sus programas de radio, sus partidos de fútbol, y Fernando se defiende a los tiros "del televisor y sus continuos atentados al idioma" (51) o de las radios a todo volumen que los taxistas de Medellín lo obligan a escuchar a la fuerza (36). Las comunas que atormentan su imaginación son apilamientos promiscuos de casas encaramadas unas sobre otras, "ensordeciéndose con sus radios, día y noche… desgañitándose en vallenatos y partidos de fútbol, música salsa y rock" (58), un infierno destemplado y chirriante en el que arde el alma gramatical de la lengua.

Hecha de jirones del malevo antiguo y "de una serie de vocablos y giros nuevos, feos, para designar ciertos conceptos viejos: matar, morir, el muerto, el revólver, la policía" (22), la jerga violenta de los pobres baja torrencialmente de las comunas cargada de materias abyectas e intensidades ingobernables que arrastran el lenguaje lejos de sus márgenes normativos. Las operaciones de interpretación de Fernando, que traduce para un lector extranjero, quedan excedidas por la vitalidad de una lengua anárquica "incontaminada de letra impresa" que, en su poder de variación y de fluctuación, desborda el cauce regular del castellano globalizado (46).[12] Los sicarios, por ejemplo, "no conjugan el verbo matar: practican sus sinónimos" y la infinidad de variantes que tienen para decirlo es "más que los árabes para el camello" (25).

Lengua sucia, sensorial y visceral, en permanente estado de desequilibrio y mutación, el habla de las clases populares vive monstruosamente como desvío corruptor de la norma. "El idioma es así, de por sí ya es loco" (58), reconoce el gramático, no muy lejos de la vida entendida como campo de diferencias salvajes que Vallejo está estudiando en los ensayos de biología que publicará cuatro años más tarde bajo el título *La tautología darwinista* (1998). Allí la vida será cambio y mutación, y "quererla describir con el lenguaje es como pretender apresar un río que fluye con otro" (68). Como la vida misma, la misma vida que en *La Virgen de los sicarios* se multiplica sin control, el lenguaje es cambiante, inasible, y en su huida hacia delante, desordena la distribución de lo sensible que organiza la dominación.

Materia literaria indecisa, los sicarios proliferan en la orilla más baja del orden neoliberal, cargados de un lenguaje virtualmente explosivo que, saliendo del vacío "como una luz turbia de la oscuridad de unos socavones" (54), fluye por las frases de Fernando y socava la trascendencia autoritaria que late en sus rugidos de bestia soberana. Socavón recóndito del cuerpo o alcantarilla donde agoniza el perro moribundo, Fernando extrae de la noche del ruido animal, donde las voces sólo son expresión del agrado o sufrimiento, palabras incrustadas en la carne como balas, palabras deseadas atribuidas a sus amantes lúmpenes que, a la luz del discurso audible, "me revelarían su más profunda verdad, su más oculta intimidad" (54). No hay al final –o "'A la final', como dicen en las comunas"– afuera de la lengua: después de todo, "el animal político moderno es", según Rancière, "un animal literario, preso en el circuito de una literalidad que deshace las relaciones entre el orden de las palabras y el orden de los cuerpos que determinaban el lugar de cada uno" (54). Declarar que el enemigo político emite ruidos inarticulados es una operación del poder que se desbarata tan pronto como el animal humano, por el solo hecho de hablar, interrumpe violentamente el reino natural de la política.

5. EPÍLOGO

Escuchen el grito de guerra de la bestia soberana respondiendo al llamado del diario de la derecha liberal argentina, *La Nación*. El 6 de abril de 2011 un hombre murió en una villa miseria de Buenos Aires porque la ambulancia enviada a socorrerlo se negó a entrar a atenderlo. Los familiares y vecinos protestaron cortando el tránsito de una autopista aledaña. Primera línea de la guerra de clases y la criminalización/ animalización de la protesta social, el diario abrió un foro *on-line* para que los afectados por el corte de la autopista enviaran su testimonio (los afectados por la falta de asistencia no cuentan, por supuesto). El cronista y analista político Mario Wainfeld comenta los *posts* en los que los vecinos sensibles de Buenos Aires, lectores de *La Nación*, se ensañan con los manifestantes o, más bien, con los pobres. Los más piadosos los exhortan "a liberar las calles para que puedan trabajar los que los mantienen con sus impuestos". Están los que, como Fernando, se inclinan por el exterminio: "fumigar", mociona uno, o "sacar a los chicos de menos de diez años de las villas y quemar al resto de sus pobladores". Otra vertiente se encoleriza porque "los villeros hacen hijos a escala geométrica", y clama "por un patriota que les pase por encima". Una tal Marianne 2 se pone explícita: "Mejor que se mueran", puesto que sólo son "bestias inhumanas".

"No te reproduzcas que no tienes derecho", "no te dejes engañar por los bribones de la democracia" (porque no hay servidores sino aprovechadores públicos), y "respeta a los animales que tengan un sistema nervioso complejo" (porque sienten el mismo miedo y dolor que tú, y por lo tanto son tu prójimo), son los tres preceptos que, a manera de mandamientos, Fernando Vallejo enumeró en el discurso de agradecimiento al recibir en 2011 el premio otorgado anualmente por la Feria Internacional del Libro de Guadalajara (Friera). Deslizándose de la literatura a la vida, Vallejo confirmó que donaría los 150 mil dólares del premio a dos asociaciones protectoras de animales de México. Dos días antes de la inauguración de la feria, a cinco minutos del predio, las autoridades hallaron tres camionetas con 26 cadáveres, producto de la guerra entre carteles de droga.

Notas

1   *Bloque de búsqueda* dialoga con una serie de instalaciones y muestras fotográficas en las que Restrepo Zapata (Colombia, 1973) explora configuraciones sensibles y prácticas culturales elaboradas en torno a la producción, circulación, tráfico y consumo de droga. En *Esto no es una pipa* (2009), en el lenguaje de los catálogos comerciales, fotografió una serie de pipas para fumar bazuco de diferentes estilos y tamaños, construidas mediante el reciclado de objetos disímiles por los propios consumidores y adquiridas en las distintas comunas de Medellín ("Pipa"). *Figuritas en el suelo* (2010) es una instalación montada alrededor de las bolsas de plástico utilizadas por los niños de la calle para aspirar pegamento, recolectadas del piso de un parque de Medellín ("Figuritas"). La muestra incluye fotografías de las bolsas y una máquina inhaladora que reproduce el consumo, inflando y desinflando las bolsas negras. Acerca de la relación entre producción visual y cultura narco en Colombia, ver Santiago Rueda Fajardo.

2   La foto de los miembros de la Policía Nacional de Colombia posando junto al cadáver de Pablo Escobar puede verse en Wikipedia http://es.wikipedia.org/wiki/Pablo_Escobar.

3   Esta foto puede verse en http://www.milenio.com/cdb/doc/impreso/8609952.

4   En el relato de la descomposición de la nación y de los sujetos nacionales, los zoológicos privados marcan núcleos de soberanía locales, afuera del control del Estado. Según esa tensión entre lo histórico y el mito o la alegoría, propia de los textos del boom, en *Los ejércitos* (2007), de Evelio Rosero, el jefe de la guarnición de San José está al mando de una "'tropa' de animales" (164) autóctonos formada por patos, tortugas, babillas, garzas, alcaravanes, chigüiros, vacas para ordeño y caballos, versión empobrecida de las exóticas bestias de Escobar. La cacería de los narco hipopótamos pone en marcha el mecanismo de la memoria que reconstruye Juan Gabriel Vázquez en *El ruido de las cosas al caer* (2011), una novela narrada por un joven profesor de derecho que explora desde el punto de vista de la generación que nació en la guerra contra las drogas la subjetivación de la violencia y los modos oblicuos de retorno del pasado.

5   Acerca de las formas en que la violencia de la guerra civil de los años cincuenta –llamada La Violencia– se inscribe en el lenguaje y en el territorio de los cuerpos descuartizados y deshumanizados por la masacre, ver el texto clásico de María Victoria Uribe.

6   Dos objetos de la política de beneficencia de Bavaria, la empresa fabricante de cerveza dispuesta a financiar el traslado humanitario de los hipopótamos sueltos de Escobar, marcan claramente este deslizamiento. En 1992, como parte de la celebración del quinto centenario de la llegada de los españoles a América, Bavaria habría prometido financiar la terminación del *Diccionario de construcción y régimen de la lengua española*, el proyecto inconcluso de Rufino José Cuervo. Además de gramático y filólogo, Cuervo fue uno de los precursores de la actual Bavaria (Deas 37).

7   La escena del perro agonizando retorna pocos años después en *El desbarrancadero* (2001). Pero esta vez, Fernando lo saca de la alcantarilla y lo lleva hasta un albergue a morir de una muerte "biopolítica" por una inyección de Eutanal que repite la muerte asistida que Fernando piensa darle a su padre enfermo. El albergue "es como un agujero negro del universo porque el dolor que concentra es tan grande que la luz que a él llega en él se muere, de él no sale" (110-11).

8   Acerca del rostro agonizante como extrema precariedad del otro, como cifra de una interpelación moral no vocalizada, que abre en el sujeto una dimensión ética, ver Judith Butler.

312 • Fermín A. Rodríguez

Para Butler, lo que transmite el rostro sufriente, en su extrema vulnerabilidad e indefensión, es tanto la angustia como el deseo de matar. Entre el temor de sufrir violencia y el temor de infligirla, entre la tentación de matar y la apelación a la paz –concluye Butler– el rostro es el origen de la dimensión ética de un sujeto que lucha contra ese primer impulso asesino.

9   Acerca de la reconstrucción de una voz profanadora de las identidades naciones y culturales en la literatura latinoamericana contemporánea en el marco de las desnacionalizaciones de los años noventa, sigo a Josefina Ludmer, "Territorios del presente. Tonos antinacionales en América Latina".

10 Lidia Santos lee la alianza como "la convivencia, cada vez más estrecha, de la clase hegemónica de Colombia con el narcotráfico" en el marco de las "nuevas guerras" en las ciudades globalizadas donde la hegemonía neoliberal debilita el monopolio de la violencia que define el Estado moderno (561).

11 Acerca de la gramática y la filología como vocabulario de la hegemonía conservadora, y su singular prominencia en la vida pública de Colombia, ver Malcom Deas y su reconstrucción de la ciudad letrada alrededor de las figuras de Rufino José Cuervo y Miguel Antonio Caro. Ver también Erna von der Walde Uribe. A partir de la obra de Caro, el presidente gramático que gobernó Colombia entre 1894 y 1898, Walde Uribe analiza la función normativa y reguladora de la gramática en la configuración política del país. El dominio de una lengua pura, excluyente para las mayorías mestizas e indígenas del país, está en la base de la legitimación de un poder político amurallado por normas gramaticales y restricciones lingüísticas. En este sentido, dice Walde Uribe, la ciudad de las letras colombiana es anti-letrada, porque en vez de ser un espacio de debate e integración, excluye todo lo que no se somete a su orden.

12 Acerca de la relación de extranjería de Fernando con su propia lengua y su política de traducción interna, ver Manzoni.

BIBLIOGRAFÍA

Agamben, Giorgio. *Homo Sacer: Sovereign Power and Bare Life*. Daniel Heller-Roazen, trad. Stanford: Stanford UP, 1989.

Baker, Steve. *Picturing the Beast. Animals, Identity and Representation*. Manchester: Manchester UP, 1993.

Berger, John. "¿Por qué miramos a los animales?" *Mirar*. Barcelona: Gustavo Gili, 2001. 9-31.

Butler, Judith. *Precarious Life: The Powers of Mourning and Violence*. London; New York: Verso, 2004.

Calderón, Verónica. "Los hipopótamos de Pablo Escobar". *El País*. 1 Mar 2011. <http://cultura.elpais.com/cultura/2011/03/01/actualidad/1298934011_850215.htm>. 29 sept 2012.

Castaño, José Alejandro. "¿A dónde van los hipopótamos tristes?" *Periodismo narrativo en Latinoamérica*. 5 jun 2010. <http://cronicasperiodisticas.wordpress.com/2010/06/05/%C2%BFa-donde-van-dos-hipopotamos-tristes/>. 29 sept 2010.

Deas, Malcom. "Miguel Antonio Caro y amigos: gramática y poder en Colombia". *Del poder y la gramática, y otros ensayos sobre historia, política y literatura colombianas.* Bogotá: Tercer Mundo, 1993. 25-60.

Derrida, Jacques. *La bête et le souverain.* Vol. I. París: Galilée, 2008.

Foucault, Michel. *Genealogía del racismo.* Madrid: La Piqueta, 1992.

Friera, Silvina. "El ídolo de los perros. Fernando Vallejo recibió el Premio FIL". *Página/12.* 28 de noviembre de 2011. <http://www.pagina12. com.ar/diario/suplementos/espectaculos/17-23650-2011-11-28. html>. 29 nov 2011.

Klein, Naomi. *The Shock Doctrine. The Rise of Disaster Capitalism.* New York: Metropolitan, 2007.

Hardt, Michael y Antonio Negri. *Multitude. War and Democracy in the Age of Empire.* New York: Penguin, 2004.

Kaldor, Mary. "Cosmopolitanism and Organized Violence." *Conceiving Cosmopolitanism. Theory, Context, and Practice.* Robin Cohen y Steven Vertovec, eds. Oxford: Oxford UP, 2002. 268-78.

Ludmer, Josefina. "Territorios del presente. Tonos antinacionales en América Latina". *Grumo* (2005): 78-88.

Manzoni, Celina. "Fernando Vallejo y el arte de la traducción". *Cuadernos Hispanoamericanos* 651-52 (Sept-Oct 2004): 45-57.

"Pablo Escobar". *Wikipedia. La Enciclopedia Libre.* <http://es.wikipedia. org/wiki/Pablo_Escobar>. 29 Sept 2011.

Rancière, Jacques. *El desacuerdo. Política y filosofía.* Horacio Pons, trad. Buenos Aires: Nueva Visión, 1996.

Restrepo Zapata, Camilo. "Bloque de búsqueda", "Figuritas en el suelo". *Camilo Restrepo Zapata.* <http://www.camilorestrepoz.com/>.14 dic 2011.

Rosero, Evelio. *Los ejércitos.* Barcelona: Tusquets, 2007.

Ruchansky, Emilio. "El pibe bazuco". *Suplemento Radar. Página/12.* 31 oct 2010. <http://www.pagina12.com.ar/diario/suplementos/ radar/9-6583-2010-10-31.html>. 29 sept 2010.

Rueda Fajardo, Santiago. *Una línea de polvo. Arte y drogas en Colombia.* Bogotá: Fundación Gilberto Alzate Avendaño, 2009.

Santos, Lidia. "Entre Dios y los sicarios: las 'nuevas guerras' en la narrativa contemporánea de Colombia y Brasil". *Revista Iberoamericana* LXXIV/223 (Abril-Junio 2008): 559-571.

314 • Fermín A. Rodríguez

Sloterdijk, Peter. *Critique of Cynical Reason*. Michael Eldred, trad. Minneapolis: Minnesota UP, 1987.

Uribe, María Victoria. *Matar, rematar y contramatar*. Bogotá: CINEP, 1990.

Vallejo, Fernando. *El desbarrancadero*. Buenos Aires: Alfaguara, 2001.

_____ *La tautología darwinista y otros ensayos de biología*. Madrid: Taurus, 2002.

_____ *La Virgen de los sicarios*. 1994. Madrid: Punto de Lectura, 2006.

_____ *El fuego secreto*. En *El río del tiempo*. México: Alfaguara, 2002.

Vázquez, Juan Gabriel. *El ruido de las cosas al caer*. Buenos Aires: Alfaguara, 2011.

Wainfeld, Mario. "La espera y la privación". *Página/12*. 7 abril 2011. <http://www.pagina12.com.ar/diario/elpais/subnotas/165748-52935-2011-04-07.html>. 8 abr 2011.

Walde Uribe, Erna von der. "Limpia, fija y da esplendor: el letrado y la letra en Colombia a fines del siglo XIX". *Revista Iberoamericana* LXIII/178-179 (enero-junio 1997): 71-83.

A imitação da guerra

João Camillo Penna
Universidade Federal do Rio de Janeiro

25 de novembro de 2010. A Vila Cruzeiro, favela da zona norte do Rio de Janeiro, e quartel-general da facção do narcotráfico Comando Vermelho, foi ocupada virtualmente sem derramamento de sangue, segundo as fontes oficiais, por um contingente de cento e cinquenta policiais do Batalhão de Operações Especiais (Bope) e 30 fuzileiros navais, com quinze blindados da Marinha e da Polícia Militar, incluindo o de modelo M113, da Marinha, usado na guerra do Iraque (*O Globo*, "Ataque"). As forças da ordem, utilizando-se da tecnologia bélica que servira antes na operação militar coordenada pelas Nações Unidas no Haiti, não encontraram praticamente nenhuma resistência da parte dos "vapores", chefes e subchefes do varejo de drogas que ali trabalhavam. A cobertura televisiva da invasão bem sucedida foi seguida minuto a minuto por telespectadores ávidos. A TV Globo, liderando os trabalhos, derrubou a sua grade horária para dar lugar à cobertura exclusiva. As cenas filmadas de seu helicóptero, apropriadamente batizado de "globocop", repetidas insistentemente no dia e nas próximas semanas, e desde então disponibilizadas no Youtube, mostram alvos humanos à distância, empilhados em carros em fuga ou correndo desesperadamente na estrada descampada que separa a Vila Cruzeiro do Complexo do Alemão, a favela vizinha. No dia 28 de novembro teve início uma operação militar ainda mais ampla de ocupação do Complexo do Alemão, imenso conjunto de 13 favelas, que se estende por cerca de três quilômetros quadrados, com aproximadamente 65.000 moradores, considerada inexpugnável pelas forças policiais, devido a sua estrutura labiríntica e múltiplos pontos de entrada e saída. Desta vez, a operação utilizou mais de 2.000 homens, num pool que combinava, além da Polícia Militar, da Polícia Civil e da Polícia Federal, as três forças armadas, em tanques ainda mais numerosos. A ocupação da Vila Cruzeiro tinha por objetivo a instalação naquela favela de uma Unidade de Polícia Pacificadora (a UPP), programa básico de policiamento comunitário, que vem sendo implementado pelo governo do Rio de Janeiro como alternativa às costumeiras intervenções bélicas pontuais do aparelho policial, as chamadas "invasões", com seu saldo variável de mortos, que definiram ao longo da história do estabelecimento do varejo do narcotráfico nas favelas cariocas o essencial da intervenção do Estado nestas áreas. Por isso as autoridades policiais interpretavam a ocupação como a retomada pelo Estado de áreas antes dominadas pelo crime organizado. Dois dias depois, o cientista político Luiz Eduardo Soares, uma das poucas vozes dissonantes dentro do impressionante discurso dominante que exaltava a vitória das forças da ordem sobre as do crime, declarou, no programa Roda-Viva, que não era a comunidade pobre da Vila Cruzeiro ou do Complexo do Alemão que deveria ser ocupada, mas a própria polícia, já que era nela que se situava a raiz do problema da segurança brasileira, e não na favela.[1]

Na sua cobertura da proeza militar supostamente sem precedentes, o jornal O Globo, do Rio de Janeiro, em sua edição de 26 de novembro, reciclou ainda metáforas bélicas conhecidas. A manchete da primeira página dizia: "Dia-D da Guerra contra as Drogas", comparando a ocupação da favela com o desembarque da Normandia da Segunda Guerra Mundial. A manchete do suplemento especial, dedicado à "Guerra do Rio", anunciava: "A fortaleza era de papel", resumindo a euforia que tomou a população do Rio e do Brasil, em torno do sucesso da política de segurança. É impossível não ver nessa "fortaleza de papel" o traço, semelhante e invertido, do famoso epíteto cunhado por Euclides da Cunha em Os sertões (1902), "Tróia de taipa", para qualificar o arraial de Canudos, formado de beatos organizados em torno do líder messiânico Antônio Conselheiro no final do século XIX, que resistiu a quatro expedições do governo e 12.000 soldados, tendo sido a sua população ao final inteiramente dizimada pelo exército.

Como se sabe, a primeira favela do Rio de Janeiro, surgida no final do século XIX, o atual Morro da Providência, situado atrás da Estação de trem Central do Brasil, foi formada pela ocupação de ex-soldados da quarta e última expedição de Canudos, que ali se alojaram depois da campanha, a espera da indenização do Estado brasileiro. O nome *favela*, que passou a designar as habitações de populações pobres, em áreas urbanas ocupadas, traz também a memória de Canudos: designa originalmente um arbusto e o morro nas imediações do arraial, o Alto da Favela, onde sediavam as tropas do governo. Explicita-se por este nexo que não tem nada de acidental, o binômio da pobreza brasileira, sertão-favela, como uma *heterotopia*, segundo o termo de Foucault, ou "contra-locais", "lugares que estão fora de todos os lugares", "espaços inteiramente outros com relação aos locais que eles refletem e dos quais eles falam" ("Des espaces autres" 1575). A matriz heterotópica da favela, da cidade dentro da cidade, é uma transformação da "*civitas* sinistra do erro" (*Os sertões* 291) de Euclides como espelho pobre de não-cidadania da cidade, reverso, ou avesso distorcido da que se dá a ver e viver pelos brasileiros *de bem*.

As invasões da Vila Cruzeiro e do Complexo do Alemão, de novembro de 2010, cristalizam, em chave espetacular e televisiva, um motivo central, épico, na cultura brasileira: a guerra civil.

* * *

Há três obras centrais da literatura brasileira do século XX, como que enfeixando o século, que giram em torno do tema da guerra fratricida. São elas: *Os sertões* (1902), de Euclides da Cunha; *Grande Sertão: Veredas* (1956) de João Guimarães Rosa; e *Cidade de Deus* (1997) de Paulo Lins. Guerras sem dúvida diferentes, contra inimigos diferentes, diferentemente ficcionalizadas (e faccionalizadas) a partir de guerras históricas. O que teriam em comum a campanha armada do governo contra a "Tróia de Taipa", construída por beatos no interior da Bahia, as guerras entre grupos armados de jagunços chefiados por senhores locais no interior de Minas Gerais, e a guerra entre facções do narcotráfico no conjunto habitacional da zona oeste do Rio de Janeiro? A guerra de Canudos tem contornos delimitados, se deu entre 1896 e 1897, desdobrou-se em quatro expedições que se defrontaram contra o arraial, dizimando toda a população, destruindo as suas 5.200 casas, e ao final degolando os últimos sobreviventes. A que é objeto de *Grande Sertão* tem contornos bem menos precisos, ter-se-ia dado

durante a República Velha. A imprecisão da datação da guerra narrada
–"Em um 11 de setembro da era de 1800 e tantos" (Rosa 870), data do
nascimento de Diadorim– contrasta com a relativa precisão da narração
do "jagunço letrado", aposentado, Riobaldo, agora transformado em
pequeno fazendeiro, ao ouvinte silencioso, durante a Coluna Prestes,
entre 1924 e 1927: "Os revoltosos depois passaram por aqui, soldados
de Prestes, vinham de Goiás, reclamaram posse de todos animais
de sela" (131). Já *Cidade de Deus* conclui-se com a ficcionalização da
primeira guerra entre grupos armados de narcotraficantes no Rio de
Janeiro, entre Mané Galinha, Zé Pequeno e Timbó, entre 1976 e 1979
(Manoel Machado da Rocha, o Mané Galinha, morreu em 30 agosto
1979), que se tornaria habitual nos anos seguintes com a formação de
facções armadas territorializadas e a divisão entre elas das favelas do Rio.

Os três romances-limites, que questionam, cada um à sua
maneira, a própria definição do gênero, entretêm relações complexas
e diferenciadas para com os fatos históricos a que remetem, e se
estruturam a partir de um tratamento *científico* objetivo, elaborando
sínteses literárias novas e propondo, em cada caso, com força, a relação
entre ciência, observação e literatura. Devido à matriz específica da
literatura brasileira e o forte foco no problema da mimesis realista
de sua crítica, esse aspecto concentrará os esforços de reflexão sobre
cada obra, em que, exceção feita a *Grande Sertão*, cujo caráter de obra
romanesca é inquestionável, o próprio estatuto literário é posto em
dúvida. De fato, a atribuição de *Os sertões* ao gênero romance não é
evidente, tendo sido desde a sua publicação objeto de polêmica. O livro
de Euclides situa-se rigorosamente na fronteira entre ciência e literatura,
e é como gênero fronteiriço, ao mesmo tempo literário e científico,
que deve ser lido. Com *Cidade de Deus*, a relação constitutiva que a obra
entretém com a pesquisa etnográfica, e sintomaticamente indicando
uma subida de tom no registro da violência, o estatuto ficcional da
obra terá que ser defendido na justiça em processos judiciais movidos
contra o autor e sua editora, por sobreviventes da guerra narrada no
romance, nos quais Paulo Lins se baseara para criar seus personagens.
De modo bastante característico, a crítica formula os diversos projetos
como constituídos de um elemento *transcendente*, no qual o documento,
ou o dado científico empírico, é transcendido ou essencializado pela
imaginação ou pela ficção.

Interessante observar que as três obras resultam de pesquisas de campo em moldes estritamente etnográficos. Sabemos que Euclides da Cunha esteve em Canudos entre 16 de setembro e 3 de outubro de 1897, ou seja por 18 dias, tendo testemunhado a queda do arraial, no dia 5 de outubro, já de Monte Santo, onde estavam sediadas as tropas do governo (Galvão, "Introdução" 15-16). Guimarães Rosa elabora elementos contidos em suas anotações de campo, além de ter à sua disposição uma extensa familiaridade com a cultura regional dos Gerais. Em maio de 1952, ele viajou pelo sertão de Minas na companhia de vaqueiros, durante dez dias. As cadernetas com as anotações desta viagem são os cadernos *A boiada* 1 e *A boiada* 2.[2] Paulo Lins trabalhou como pesquisador da antropóloga Alba Zaluar em duas pesquisas sobre violência, "Crime e criminalidade nas classes populares" e "Justiça e classes populares", e como informante de Zaluar, enquanto morador do conjunto habitacional Cidade de Deus, entre 1986 e 1993 (Lins 549). A novidade etnográfica de *Cidade de Deus* consiste precisamente nessa mudança de perspectiva: a pesquisa de oito anos replica a experiência existencial na comunidade. O narrador e informante antropológico passa de objeto a sujeito, dotado de uma perspectiva objetivada sobre a sua própria história, ao narrar fatos que se dão com pessoas que às vezes conhecera como morador da Cidade de Deus.

* * *

Carl Schmitt colocou no centro da sua definição de política a distinção entre amigo e inimigo, característica da guerra. Que a modernidade tenha obscurecido as zonas de contraste sobre as quais Schmitt baseava a sua definição de política, ao confundir os contornos definidos que separavam o inimigo público (*pólemios, hostis*) do privado (*ekhthrós, inimicus*), a guerra entre estados (*pólemos*) da guerra civil (*stásis*), estabelecidos por Platão na *República* (Schmitt 28), ao embaralhá-los em uma zona de indistinção, parece-me uma constatação evidente a ser feita da leitura dos jornais hoje em dia, e tarefa necessária para a atualização de Schmitt. O que não significa de maneira nenhuma que as guerras tenham desaparecido, ou se tornado menos violentas e mortíferas. Pelo contrário. Apenas passaram a se basear em distinções mais fluidas e móveis, que dissipam e reconfiguram constantemente a distinção entre amigo e inimigo, não para enfraquecê-la, apenas tornando-a mais difusa. Em que ponto a paz armada em que vivemos hoje adquire os contornos de uma guerra, não mais "fria", como se denominou o período de conflito do mundo polarizado entre o bloco do socialismo real e o capitalismo, que ruiu em 1989, mas "quente", ubíqua e pulverizada, como reconhecemos ser a forma que ela toma hoje em dia? Em que ponto o inimigo privado se torna inimigo público, a guerra civil se torna guerra entre estados, a polícia se transforma em forças armadas, a população civil em militar? Esta indistinção está, me parece, no cerne do retorno forte à discussão sobre o estado de exceção, no pensamento contemporâneo, que circunscreve uma violência constitutiva no próprio Estado.

Tudo isso sugere um novo status da guerra contemporânea, que exige que se repensem estas polaridades de base, a começar pela polaridade original, que modela as outras, entre guerra e política, que Schmitt retrabalha de maneira original. Refiro-me à definição de guerra estabelecida canonicamente por Clausewitz, "a guerra é uma simples continuação da política por outros meios" (27), certamente uma fonte importante de Schmitt. Fórmula esta que Foucault atualizou, invertendo-a: "a política é a guerra continuada por outros meios" (*Em defesa da sociedade* 22). De fato, habituamo-nos a pensar a relação entre guerra e política como uma continuação uma da outra, desde Clausewitz. Entre Clausewitz e Foucault, no entanto, é preciso observar que muda o paradigma. A frase de Clausewitz estabelece que os fins da violência são em última análise políticos, a guerra consistindo apenas um dos meios com que estes objetivos podem ser atingidos. O paradigma é político. Já a frase de Foucault pensa a guerra como paradigma da política, ou seja, do poder: "o poder é a guerra" (*Em defesa* 22). Neste caso é a guerra que se torna o paradigma. Guerrear é ou bem uma forma de fazer política ou é a política, o poder, que é uma forma de guerrear. Apesar da continuidade (ou identidade para Foucault) entre os dois polos, tanto um como o outro partem de uma distinção evidente entre política e guerra, a política como uma interrupção da guerra, um acidente, uma modulação na substância da paz. Os tempos de paz são a regra e os da guerra, a exceção. Foucault reforça a distinção (o "poder político pára a guerra"), mas apenas para suspendê-la, reinserindo-a em uma relação perpétua de força, no que ele denomina com acerto uma "guerra silenciosa" (*Em defesa* 23).

A literatura trabalha a distinção entre guerra e política a seu modo, traduzindo-a nos termos de uma outra polaridade igualmente contínua: direito (a lei) e vingança, a lei consistindo em uma vingança purificada e vertida na forma legal. Se pensarmos que a forma inicial de lei é a *lex talionis*, aquela que determina que a sanção por um crime é idêntica ao crime a ser sancionado, uma repetição do mesmo ato, tal qual (*talis*), é fácil perceber que o drama registrado pela literatura de modo recorrente, na *Orestéia* de Ésquilo, por exemplo, consiste no esforço da lei de se distinguir do modelo da vingança. A cada vez, o que se estabelece na encenação dramática são as bases do modelo jurídico, o inquérito, por oposição à vingança, ou seja, à troca de cadáveres equivalentes de parentes (o seu morto pelo meu morto). Num outro campo, mas no fundo o mesmo, o princípio da épica é a vingança justa: a ira de Aquiles contra Heitor, tema da *Ilíada*, se justifica pelo assassinato de Pátroclo; o duelo de Enéias com Turno é justificado pelo assassinato de Palas, na *Eneida*. É esta noção que subsidiará a noção de guerra justa (*bellum justum*), teorizada por Santo Agostinho, e toda uma tradição ligada a ele, estabelecendo a legalidade da violência, como reação a uma agressão anterior, que colocara a vida do indivíduo ou da comunidade em perigo, justificando desta forma o direito à guerra (*jus ad bellum*), purificada de seu conteúdo vingativo (Walzer).

Adaptadas ao uso literário, as fórmulas de Clausewitz e Foucault dariam algo como: a lei (a justiça) é a simples continuação da vingança por outros meios. É este o ponto pelo qual devemos iniciar a nossa leitura dos romances brasileiros que mencionei acima. Ora, o que salta aos olhos, em cada um dos três romances, é que em todos eles identificamos o mesmo fracasso de instauração de uma figura pública da lei, substituída em cada caso pelo exercício essencialmente privado da vingança, justificada ou não, contra algo que poderíamos designar como um *inimigo público*, matriz poderosa da configuração da *publicidade* do Estado. Em cada caso, esboça-se (ou não) um projeto de superação da vingança na figura abstrata da lei, e do Estado, mas a conclusão é sempre uma só: a lei fracassa em elevar-se acima da pura vingança, como assassinato justificado do inimigo. O resultado a ser confirmado é que temos sempre violência mal justificada, má justificativa para o mal. A justiça pública mostra-se no máximo como uma caricatura da vingança privada; e a suspeita que se sugere: de que não há justiça pública, nem no Brasil, nem em lugar nenhum, e que o que chamamos com este nome não passa de uma justiça privada legitimada.

* * *

Observemos o traçado desta linha sinuosa: Euclides escreve seus dois primeiros artigos (ou um artigo em duas partes) sobre Canudos, para o *Estado de S. Paulo*, "A nossa Vendéia", em 14 março e 17 julho 1897, exaltando o "devotamento" das "forças republicanas" no lento mas inexorável avanço da submissão completa das forças rebeldes (*Diário* 52). O paralelo com a Revolução Francesa, entre Canudos e a Vendéia francesa, os beatos de Antônio Conselheiro e os Chouans, põe a campanha sob a égide de uma guerra ideológica entre o monarquismo religioso regressivo e o progressismo republicano, nos primórdios de uma república essencialmente militar e germinada na Escola Militar da Praia Vermelha onde Euclides estudara. A submissão urgente da sublevação monárquica, que uma suspeita conspiratória via associada a monarquistas estrangeiros, e que adiava a inevitável derrota, é comparada a empresas coloniais de monta: a Inglaterra submetendo os zulus e os afgãs; a França, Madagascar; a Itália, os abissínios, configurando uma espécie de colonialismo interno ao Brasil, entre o litoral do sul civilizado e o interior do norte bárbaro e atrasado. Os "reveses notáveis" que as potências europeias sofreram seriam coroados no Brasil pelo mesmo desenlace: a vitória dos "exércitos regulares aguerridos e bravos e subordinados a uma disciplina incoercível" (*Diário* 53). O episódio consistiria em "uma página vibrante de abnegação e heroísmo" (*Diário* 59).

A perspectiva que pauta *Os sertões* é diametralmente oposta a esta. Desde a "Nota Preliminar" o que temos é uma deposição em juízo no tribunal da história acerca de um "crime", um dos "crimes das nacionalidades" (781), perpetrado pelo mesmo exército, e que deveria ser denunciado (67). É como "testemunha" autonomeada em "protesto" que Euclides depõe no último capítulo de *Os sertões*, "Últimos dias". Nas reportagens enviadas ao *Estado de S. Paulo*, percebemos um sutil deslizamento da figura heroica que transita das tropas do governo para os resistentes, cujo "heroísmo soberano e forte" deveria ser afinal incorporado à "existência política", isto é, ao Brasil, e que, esta sim, consistiria em uma "vitória", e não a vitória militar anunciada antes nos primeiros artigos de jornal (*Os sertões* 208).

Em *Os sertões* a reversão é rigorosa, conforme podemos observar no episódio da degola dos prisioneiros, realizada pelos soldados em "covardias repugnantes", e "sancionadas pelos chefes militares" (727), que culminará com o assassinato de todos os "prisioneiros válidos colhidos na véspera", na noite de 2 para 3 de outubro (779). Euclides dá três exemplos do tratamento dado a prisioneiros sobreviventes. O primeiro, de um negro anônimo, é o mais emblemático da inversão de perspectiva. O negro, levado diante do general-de-brigada João da Silva Barbosa, que convalescia em sua tenda, deitado em uma rede, é descrito inicialmente como um "orango valetudinário", um "animal" (731). Ele não merecia ser interrogado, por isso não precisou transpôr o limiar da tenda, que parece definir a soleira que separa a humanidade da animalidade, falando ao general de fora. O confronto é definido por figuras diametralmente opostas: um negro anônimo animalizado, em pé; e um militar de alta patente, de estirpe familiar brasileira nomeada, deitado. A um gesto simples do general, de dentro de sua rede e de sua tenda, um cabo colocou no pescoço do negro uma corda para iniciar o procedimento sumário do enforcamento de praxe. Neste ponto inicia-se a transmutação do personagem: de orango passa a "estatuária modelado em lama" (732). A metamorfose é impressionante e repentina. O negro "retifica-se", a cabeça firma-se nos ombros, ele adquire um ar "desafiador de sobranceria fidalga", e transforma-se em "velha estátua de titã", "vertical e rígida" (731-2). A contraposição com o general refastelado em sua rede é nítida: a malemolência horizontal do militar, símbolo da passividade confortável das elites, contrasta com o estoicismo da vítima que auxilia o cabo a meter a corda em seu pescoço. A vítima da vilania militar é moldada pelo enobrecimento do suplício. Metamorfose inversa à do exército, em uma rigorosa "inversão de papéis" (732). A degola é a resposta mais simples à erradicação do remorso impudente que os prisioneiros vivos representavam na consciência das forças do governo pelo simples fato de estarem vivos e torna-se um expediente pragmático. O que prometia ser uma vitória da lei e da disciplina militar incoercível transforma-se em uma "charqueada". "Não era a ação severa das leis, era a vingança. Dente por dente" (734).

O verbo "jugular", utilizado por Euclides para designar a degola, quase anagrama de "julgar", desenha em baixo-relevo o julgamento de uma lei inexistente. O crime deveria permanecer sem testemunhas, já que "não haveria temer-se o juízo tremendo do futuro", naquele "parêntese", "erro", "hiato" ou "vácuo" indevassável pela história. É certo que o crime era público, Euclides o sublinha. Porém, ele "não chegaria [...] a correção dos poderes constituídos" (735). O exército é transformado em "multidão criminosa e paga para matar" (735), assassinos a soldo. Aquilo que deveria ser "uma página vibrante de abnegação e heroísmo" se torna uma "página sem brilho" (736), em que desponta um herói fulgurante e ambíguo, o jagunço, como vítima dignificada pelo suplício.

Examinemos brevemente o revestimento teórico do tratamento da guerra em *Os sertões*, o arcabouço do darwinismo social. O fato deste jagunço, como *tipo*, ser visto por Euclides como o "cerne vigoroso da nossa nacionalidade" (190), a etnia mestiça característica do Brasil, o autóctone nacional, uma "população perdida" e retrógrada, insular e etnicamente estável, confere uma extensão inusitada ao extermínio praticado pelo exército. *A Luta das raças* (1883) do darwinista Ludwig Gumplowitz, lido por Euclides em tradução francesa, subsidia a explicação da vitória militar como vitória da raça superior, mas não a justifica. Ao contrário, Euclides a condena inapelavelmente. Esta contradição é o que empresta a *Os sertões* a sua estrutura ambivalente, entre a denúncia do massacre, o juízo da história que a literatura expõe, e a sua explicação científica pelo evolucionismo sociológico (Costa Lima). A "força motriz da História", segundo a expressão que Euclides colhe em Gumplowitz, citada já na "Nota Preliminar" ao livro, é o que moveu o massacre. Mas o livro consistirá em denunciar esta mesma força que a ciência determinista explica como necessidade de uma lei biológica.

O darwinismo social emprestado por Euclides consiste na adaptação do modelo da luta entre as espécies à luta entre raças, operada em parte por Gumplowitz. Mas Euclides percebe claramente que a "luta pela vida das raças" se adapta mal ao problema da mestiçagem, central à descrição étnica do Brasil. "A verdade, porém, é que se todo elemento étnico forte 'tende subordinar ao seu destino o elemento mais fraco ante o qual se acha', encontra na mestiçagem um caso perturbador". Gumplowitz "não considerou este aspecto" (*Os sertões* 202). Na mestiçagem e especificamente na mestiçagem que gerou o jagunço, entendido como tipo étnico, não temos luta, e sim "eliminação lenta", diluição" ou "absorção vagarosa" (202). A diferença seria, antes de mais nada, de ritmo: haveria retardamento, lentidão na mestiçagem e rapidez, "celeridade", na guerra franca. A destruição se dá no entanto, de forma idêntica: num caso a raça forte destrói a fraca pelas armas, e no outro pela "civilização". Explica-se assim a função da Campanha de Canudos, de celeremente arrematar o processo de eliminação iniciado pela civilização. Esta seria a confirmação a posteriori da lei biológica, a "força motriz da História". Afinal, teríamos algo que faltara até então: a guerra. Guerra, é verdade, singular, entre "filhos do mesmo solo", uma guerra (in)civil, neste colonialismo interno, como o escrevi acima. Explica-se assim a ambiguidade do narrador de *Os sertões* para com o tipo étnico do sertanejo, misto de atração e repulsa, marcada no texto pelas expressões sistematicamente ambíguas e antitéticas, como "Hércules-Quasímodo", "Tróia de Taipa", ou "Titã acobreado e potente" (Galvão, *As formas do falso* 18-19).

Que esta guerra seja praticada segundo padrões inaceitáveis pelo *jus in bello*, a regra de conduta justa dentro da guerra, e que o exército brasileiro se comporte afinal como carniceiros em charqueada, ou seja, que ele seja incapaz de se alçar ao nível da justiça e pratique simplesmente a vingança, é o que resume o cerne do drama moral e do juízo a que Euclides submete a república militar em seus primórdios. O que temos aqui é o diagnóstico profundo fornecido pela literatura da privatização da justiça pública, sempre apenas um exercício de vingança privada. *Os sertões* contêm os raios x desta privatização sistêmica da justiça, o que Euclides indicia desde o exame das causas da guerra. Ao contrário do que afirma, a causa próxima da guerra não é "desvaliosa", nem "insignificante" (339). O caso se passara em outubro de 1896. Antônio Conselheiro comprara madeira do coronel João Evangelista Pereira e Melo, um "dos representantes de autoridade" de Juazeiro, para o arremate de uma igreja (339). A madeira não lhe fora entregue. O representante da justiça de Juazeiro, o Juiz Arlindo Leoni, que tinha queixa antiga contra o Conselheiro, não intervém, sabendo que o Conselheiro "revidaria à provocação mais ligeira" (340). Trata-se pura e simplesmente de uma provocação. O juiz fundamenta o telegrama que envia ao governador da Bahia, Luís Vianna, sobre os boatos de que o Conselheiro reagiria. O governador por sua vez envia mensagem ao presidente da República, explicando o ocorrido e aciona o comandante do 3º Distrito Militar sediado em Salvador e suas 100 praças de linha, logo após ouvir falar que os "sequazes de Antônio Conselheiro" (340) se aproximavam de Juazeiro. Com esta cadeia de remissões administrativas, iniciava-se a primeira expedição militar de Canudos.

Ora, o que temos aqui é um caso clássico de aliança entre o poder público e o mandonismo privado, representado pela figura do coronel. As forças do estado, convocadas a seguir, em quatro expedições, da forma que conhecemos, e que *Os sertões* narrará, não está a serviço da justiça pública, e sim das autoridades privadas, visando ao sufocamento e extermínio de um fantasioso arremedo de inimigo público, e corresponde a um uso privado da força pública, no caso o exército. Euclides, tenente do exército, convocado como jornalista para registrar o heroísmo do mesmo exército que representava, na jovem república que acabava de ser proclamada, percebe a extensão genocida da barbaridade cometida em seu nome. A sua mudança de lado, por assim dizer, traindo a corporação a que pertencia e sua patente, indica o caminho de um heroísmo peculiar, que nomeia, pelo seu reverso ausente, o desejo de um espaço público não-existente, como que por vir, e que cabe à literatura propôr.

Em *Grande Sertão: Veredas*, a guerra é convertida em elemento estrutural do romance, a partir do modelo épico da saga, como desenho dual, dialético, que tem no binômio *Dia*dorim-*dia*bo ("o Diabo na rua, no meio do redemunho"), a sua matriz ambivalente. O paradigma schmittiano da política da guerra – a oposição entre amigo e inimigo – é exposto aqui a um teste rigoroso: as incessantes conversões e reviravoltas entre um polo e outro, vividas como traições pelo protagonista-narrador Riobaldo, em um diálogo com um interlocutor inscrito à margem do tecido narrativo. O próprio amor é submetido à antinomia da guerra como amor proibido, homossexual. Riobaldo, passando de um lado ao outro dos bandos em guerra, sentindo-se invariavelmente traidor do lado que abandona ao se inserir, dividido, em outro bando, é o herói por excelência duplo, ambivalente. O romance declina todas as formas de duplicidade, desde o motivo ontológico da existência do Diabo, a antinomia entre ele e Deus, o Diabo consistindo no próprio esquema da divisão,[3] o pacto com ele, até a ambiguidade de gênero de Diadorim-Reinaldo, a "donzela cavaleira". O feixo emblemático do romance, o duelo entre Diadorim e o pactário, Hermógenes, resume todas as linhas da anfibologia estrutural do livro. A indecisão entre amor e amizade, entre Riobaldo e Diadorim, homem e mulher, amor e morte, anjo e demônio, bem e mal, resolve-se com a anulação trágica da ambivalência, sem resolvê-la, derrapando em uma imobilidade sem transcendência, a modo de um moto contínuo repetitivo, que o simulacro do diálogo a um só transforma em tecido narrativo.

Esta matriz não escapou aos primeiros críticos do romance.[4] Antônio Candido ressaltou o "princípio geral da reversibilidade" ("O homem dos avessos" 157), e o fato de que a ambiguidade estrutural de gênero (de Diadorim, mulher-homem), metafísica (entre Deus e o Diabo), de estilo (popular-erudito, arcaico-moderno, claro-obscuro, artificial-espontâneo) desenha um deslizamento entre pólos ou fusão de opostos. Falta abordar no romance a matriz da ambivalência entre público e privado, configurada no ciclo da guerra privada do jaguncismo.

Partamos de uma fórmula de Walnice Nogueira Galvão: o romance é a encarnação do "processo político de consolidação nacional" da República Velha, concluída na ditadura de Getúlio Vargas (*As formas* 64). Daí a importância de Zé Bebelo, como elemento de modernização do cangaço, "única personagem deste livro capaz de raciocinar não em termos de tradição e de alianças privadas de dominação, mas em termos de república e de canais democráticos", num movimento de nacionalização, legalização ou centralização do mandonismo local (*As formas* 64). No entanto, esta leitura não dá conta do fato de que a cena central do livro, o julgamento de Zé Bebelo na Fazenda Sempre-Verde, núcleo forte da representação da justiça republicana no romance, é efetuada sob a égide da soberania sublimada de Joca Ramiro, um dos chefes destes exércitos privados, representante daquilo mesmo que a centralização de Zé Bebelo deveria tendencialmente abolir.

Como tudo no romance é pautado pela regra do dois, há nele também duas guerras. A primeira é a guerra entre o bando de Zé Bebelo e o de Joca Ramiro, a guerra jagunça visando à extinção do jaguncismo, a guerra *dialética*. É a "grande guerra" que determinaria o fim dos bandos. Ela é fundamentada em uma suposta reprovação moral dos "usos de bando em armas invadir cidades", da parte de Zé Bebelo

(Rosa 178). O objetivo seria a instauração de um projeto público, que o conduziria a uma candidatura a deputado e a projetos de construção cívica: "botando pontes, baseando fábricas, remediando a saúde de todos, preenchendo a pobreza, estreando mil escolas" (Rosa 178-9). Para Riobaldo, a excelência moral de Zé Bebelo, no trato da guerra, se cristaliza em um único ponto, o "sistema de não-matar" (Rosa 184). Zé Bebelo não mata os seus prisioneiros, deixa-os viver.

Ora, é precisamente este sistema o utilizado por Joca Ramiro, no julgamento de Zé Bebelo, depois de sua derrota na grande guerra. O modelo utilizado é o do tribunal, com acusação de um júri formado por uma elite representativa dos jagunços, por meio do voto, defesa advocatícia do acusado e sentença, tudo garantido pelo poder soberano de Joca Ramiro. As diversas falas proferidas discutem os modos de punição de Zé Bebelo, cujo crime em última análise, resumido por Joca Ramiro, consiste em "desnortear, desencaminhar os sertanejos de seu costume velho de lei" (Rosa 364). A abolição do jaguncismo visada por Zé Bebelo, a suposta instauração do domínio da lei do Estado, corresponde ao desencaminhamento de uma outra lei, "costumeira" do sertão. A conclusão a que chegam as acusações formais proferidas por todos e sintetizada por Só Candelário é a seguinte: Zé Bebelo de fato não cometeu crime nenhum, "veio guerrear, como nós também. Fez como todo jagunço, guerreou. Não houve crime" (Rosa 372). Titão Bastos nuança o veredito: a guerra de Zé Bebelo "pode ser crime para o Governo, para delegado e juiz-de-direito, para tenente de soldados" (Rosa 377), mas não para jagunços. Como condenar alguém por fazer guerra ao jaguncismo, utilizando-se da mesma guerra que caracteriza a prática jagunça, a não ser por pura desforra contra o inimigo, conforme querem os mais violentos advogados da vingança, Hermógenes e Ricardão? Não há acaso nenhum no fato de que serão os dois que eventualmente assassinarão Joca Ramiro, reinstituindo o modo da vingança que o julgamento da Fazenda Sempre-Verde abolira. Abolido o crime, inviabiliza-se a punição pela desforra, a vingança pura e simples, chegando-se depois de diversas ponderações à punição do desterro para fora do sertão. Zé Bebelo deveria partir para Goiás e não mais voltar ao sertão por um tempo determinado.

Assim como há duas leis, a lei do jaguncismo e lei do Estado, há duas guerras, a guerra jagunça e a guerra do governo. Mas a guerra do governo visa à abolição da guerra, e a jagunça à sua continuação. A instituição do julgamento no seio do sertão, isto é, do "sistema de não-matar", com a abolição da vingança, e sua anulação (abolição da abolição da vingança) a seguir, pelo assassinato daquele mesmo que a fundara, parece sugerir um eterno retorno da guerra como modo de ser da justiça sertaneja.

A segunda guerra inicia-se precisamente com o assassinato à traição de Joca Ramiro por Hermógenes e Ricardão, seus segundos. Numa reviravolta estrutural, Zé Bebelo se torna agora o chefe dos jagunços, logo substituído pelo próprio Riobaldo-Urutu Branco. A morte de Joca Ramiro significa a morte do "decreto de uma nova lei" (Rosa 420). Esta guerra suplementa a primeira, localizando uma terceira posição além da oposição entre forças representativas do governo e dos jagunços configurada na primeira guerra: as forças do jaguncismo se dividem em duas versões, uma injusta, demoníaca, a dos "Judas" traidores, lideradas por Hermógenes, e outra justa, angelical, protagonizada por Diadorim, afilhado(a)/filho(a) de Joca Ramiro, movida pela vingança justa. Confrontado por Riobaldo sobre a sua posição diante do jaguncismo, Zé Bebelo fala também de uma dupla lei: a lei do soldado e a dos "homens valentes que estou comandando" (Rosa 473). Esta lei soberana deve ser distinguida da do jaguncismo diabólico, ilegal, do pactário Hermógenes.

O pacto de Hermógenes com o diabo se firmara com o batismo com "sangue certo", ao assassinar "homem são e justo sangrado sem razão" (Rosa 581). A ascensão de Riobaldo ao poder, e a deposição de Zé Bebelo, expulso pela segunda vez, esclarece o motivo rítmico da repetição –"tudo estava sendo repetido" (Rosa 626)–, configurado metafisicamente não mais na oposição entre Deus e o Diabo, mas na diferença mínima entre duas formas diabólicas, dois pactários, Riobaldo-Urutu Branco e Hermógenes. Confrontam-se afinal nesta segunda guerra duas versões do bando diabólico: o de Hermógenes, pactário e "Judas" traidor, representante do mal, e o de Riobaldo, pactário ambíguo, que abraça o mal pela causa do bem, que trai para ser "justo", e no final das contas se diferencia mal do mal. A "gestão" de Riobaldo-Urutu Branco do bando, após o golpe de estado branco que o empossa no poder, constitui um estudo detalhado da soberania moderna, ou, como ele chama, do "comando": reflexiva, especular, dubitativa. Na batalha de Tamanduá-tão, que se conclui no arraial do Paredão com o duelo entre Diadorim e Hermógenes, ele permanece imóvel, o tiro com que mata Ricardão, meramente demonstrativo, inessencial. O fracasso da instituição do julgamento como esboço do que seria uma possível generalização da lei particular do sertão estabelece a vigência da lei vingativa, privada, do bando, desvinculada da hipótese de justiça transcendente que o romance transforma em memória mítica. "O julgamento? Digo: aquilo para mim foi coisa séria de importante" (Rosa 400). E o juízo do interlocutor citadino, projetado por Riobaldo sobre a ilegitimidade dele: "'O que nem foi julgamento legítimo nenhum: só uma extração estúrdia e destrambelhamento, doideira acontecida sem senso, neste meio do sertão...' o senhor dirá" (Rosa 400). Coisa sem senso ou forma mesma do sentido da justiça, o romance se conclui, de modo perfeitamente realista no que toca o diagnóstico sobre o Brasil, com o fracasso da possibilidade mesma do "sistema da não-morte", e a explicitação da vingança diabólica, particular como forma estabelecida da justiça. Desaparece Deus e o Diabo, morrem o anjo e o demônio: temos a repetição em modo imanente do "homem humano", conforme enuncia o narrador ao terminar a sua narrativa.

Guimarães Rosa converte a figuração do jagunço, estabelecida por Euclides como tipo racializado, em uma enunciação literária do jaguncismo, a partir da descoberta da narração em primeira pessoa do "jagunço letrado". Para tal, aproveita-se dos pequenos vestígios residuais da fala do "inimigo" a ser exterminado, encontrados aqui e ali em Os sertões, atualizando-as e amplificando-os com uma série de outros materiais. A fala aqui não tem, portanto, nada da estela funerária do romance de Euclides: é fala viva, capturada em plena transformação, "magma", diria Guimarães Rosa. É ainda marca da ambivalência estrutural do romance a heroicização das mortes e o fascínio com a tecnologia da guerra. O molde heróico-trágico sublinha, no entanto, o saldo de mortos da guerra (ou guerras), cujo luto cabe mais uma vez à literatura elaborar.

O tríptico de Cidade de Deus, dividido em "A história de Cabeleira", "A história de Bené" e a "A História de Zé Pequeno", cada parte compondo um grande ciclo protagonizado pelo chefe de bando que lhe dá nome, narra o estabelecimento do tráfico de drogas varejista no conjunto habitacional Cidade de Deus, ao longo de quase vinte anos, desde a sua fundação em 1965 até o início dos anos 1980. A criminalidade incipiente e ingênua dos anos 1960 se desenvolve em progressão geométrica, em uma escalada da violência crua e gratuita, até se cristalizar ao final do romance na guerra entre duas grandes facções, agrupadas em torno de dois chefes, Zé Pequeno e Mané Galinha. O tipo do jagunço ou sertanejo, formatado por Euclides da Cunha e convertido em matriz simbólica por João Guimarães Rosa, é aqui desdobrado em uma figura caracteristicamente urbana, o vagabundo, bicho-solto ou malandro, todas variações em torno do tipo do *bandido*. Alba Zaluar salienta a oposição entre malandro e bandido, ambas figuras da marginalidade urbana brasileira, ambos definidos pelo mesmo horror ao trabalho. Mas enquanto o malandro se define pelas estratégias acomodatícias de sobrevivência, através do drible habilidoso da necessidade, o bandido, caracterizado antes de mais nada pela posse da arma de fogo, morre por meio do mesmo instrumento que lhe confere poder (Zaluar 149). O trânsito entre os dois tipos coincide com uma mudança no estatuto imaginário da pobreza urbana brasileira: o malandro continha um programa emancipatório ou redentor da pobreza, sua criminalização folclorizável podia ser vista como fórmula viável e simpática para um compromisso problemático mas possível entre classes; já o bandido, identificado inteiramente com o crime, catalisa exclusivamente o imaginário do medo social. Ele surge em uma cidade já segmentarizada, "dividida" ou "cerzida", segundo as expressões que nomearão os projetos de reconstrução do liame social perdido, nos anos 1990.[5] A escalada criminal ficcionalizada no romance de Paulo Lins só poderia ocorrer em uma cidade artificial segregada de pobres, produzida pela política habitacional de remoção sistemática de favelas incrustadas dentro da cidade, iniciada durante o governo de Carlos Lacerda, na década de 1960, e expandida durante o regime militar.

Os três grandes ciclos do romance abrigam centenas de personagens principais e coadjuvantes, organizados em série, compondo um imenso afresco de micro-fatos e micro-biografias estruturados a partir de uma única célula temática, infinitamente repetida: a violência criminal, e suas manifestações enquanto dinâmica de grupo: a vingança ou a traição entre pares, a rivalidade fratricida entre amigos que se tornam inimigos por razões insignificantes. A partir desta célula única, associações de amigos se formam por aglutinação ou contágio de próximos e parentes, em luta contra agrupamentos simétricos de inimigos, e, por um mecanismo inverso, em seguida, se fragmentam, em uma sistêmica divisão celular binária, semelhante à cissiparidade. Algo como o que Marcel Mauss chamou de "fato social total" – o conceito que funda a antropologia moderna está em jogo aqui (187). Exceto que, se nas sociedades ditas primitivas estudadas por Mauss, temos o princípio da reciprocidade (267), centrado em torno da dádiva, em *Cidade de Deus* temos a sua inversão perversa, a *anti-reciprocidade*, centrada na traição.

A transcendência estrutural presente em *Grande Sertão* é uma referência importante para Paulo Lins. O drama metafísico que transforma a guerra entre homens em um antagonismo entre Deus e o Diabo é substituído por uma brutalidade estanque, sem saída, e uma imanência do mal. A marca da transcendência cruelmente inscrita em baixo-relevo, enquanto ausência, no nome do livro de Santo Agostinho, *Cidade de Deus*, o próprio plano arquitetônico do reino de deus na terra, que batiza o conjunto habitacional, constitui uma memória irônica de sua falta.

A privatização dos serviços públicos, que nos acostumamos a ver estampada nos jornais ao longo das décadas, sob o nome de "corrupção", transparece na parceria entre policiais e narcotráfico, por exemplo, na cena em que o "matuto", que fornece drogas para ambas as facções em guerra, entra em um carro com dois policiais civis (Lins 451). O fornecimento unificado, que ignora a rivalidade dos bandos, sinaliza um negócio amplo, fundamentalmente ambíguo, que lucra com o antagonismo, transcendendo o binarismo primário da guerra entre pobres. Mais uma vez, como nos romances anteriores, a única regra que pauta a justiça é a vingança ou o *justiçamento*, a própria polícia funcionando exclusivamente movida por ela ou por ganhos pessoais.

O terceiro ciclo, de Zé Pequeno, consiste na guerra entre ele, o menino Dadinho da primeira parte, agora adulto, e Mané Galinha, que entra na guerra por causa de uma vingança pessoal. Um belo negro, causa ira ao feio negro, Zé Pequeno, a "ira dos feios", ao vê-lo acompanhado de uma mulher loura, enquanto ele, Zé Pequeno, tinha dificuldades de conseguir mulheres. A seguir ele estupra com requintes de crueldade a namorada de Mané Galinha diante dele, num rito de humilhação extrema. O namorado reage e leva uma coronhada. Após possuí-la, Zé Pequeno sente-se feliz, "não somente por ter possuído a loura, mas por ter feito o rapaz sofrer. Era a vingança por ser feio, baixinho e socado" (399). A cena compõe um quadro sutil das relações raciais, estéticas e de gênero, num resumo das contradições brasileiras: o namoro inter-racial raro e valorizado; o patrimônio da mulher loura num mundo de negros; a rejeição sexual de um lado e a facilidade com as mulheres (origem do epíteto "galinha") de outro; a feiura versus a beleza; a posse da mulher do outro homem diante do outro que a possui.

Manoel – o Mané Galinha – era trabalhador esforçado, trocador de ônibus, dava aula de karatê no Décimo Oitavo Batalhão da Polícia Militar, terminava o ensino médio, e jogava bola nas horas vagas, aos sábados. Tinha uma vida ocupada, centrada na ordem, evitava se meter em encrencas. Uma contraposição termo a termo ao cruel bandido, Zé Pequeno, o que ressalta a violência da agressão. O desejo de vingança começa a se formar rapidamente na cabeça de Mané, mas é apenas após Pequeno ir a sua casa, dando ouvidos a um boato inventado de que Mané se vingaria, matar o seu avô, e em seguida, uma segunda vez, crivá-la de balas, que ele se decide a conseguir uma arma e iniciar a sua vingança. A sua associação com Sandro Cenoura, personagem ficcional composto por Paulo Lins a partir do personagem real Ailton Batata, que participara na "guerra" (e um dos poucos sobreviventes), é mais ou menos óbvia: a disputa acirrada pela ocupação de posições de bocas de venda de droga entre Sandro e Zé Pequeno torna o primeiro um aliado automático daquele que receberá no romance o epíteto de "justiceiro", ao modo das histórias em quadrinhos.[6] O recurso ao epíteto, da tradição épica, compõe o conflito entre o "estuprador" e o "vingador". Zé Pequeno é marcado por um leit motiv insistentemente repetido: "ria fino, estridente e rápido". Grupos cada vez mais numerosos vão se formando em torno de Zé Pequeno e Mané Galinha, de 50, 100 pessoas.

No início da guerra, Mané Galinha segue um padrão ético, adaptando os princípios morais, "civis", que usava antes de começar a sua vingança, para a nova situação. Mas, pouco a pouco, torna-se tão sanguinário quanto o seu inimigo. A vingança justa mobiliza uma guerra justa, o *jus ad bellum*, e um desejo justificado de morte do inimigo, mas em pouco tempo a legalidade da violência é substituída por uma violência que se diferencia cada vez com mais dificuldades do mal, o crime anterior que fundamentava a justiça da vingança. Ja vimos antes o modelo, em *Grande Sertão*. O direito na guerra, o procedimento legal durante a guerra (*jus in bello*) produz uma diferença precária e insustentável com relação ao mal ilegal que motivara a guerra (Waltzer). Ao final, temos duas figuras virtualmente indistintas da violência, em uma guerra entre dois grupos identicamente violentos, numa escalada da vingança nua. O que não impede a formação da mitologia em torno de Mané Galinha, o "bandido bom", mantendo viva a memória de sua vingança entre os moradores de Cidade de Deus. Alba Zaluar atesta que quando realizou a sua pesquisa, alguns anos pós a sua morte, ainda falava-se dele, e não era questão fechada, entre os moradores do conjunto habitacional, o passado criminoso de Mané, posto em dúvida por muita gente. O romance de Paulo Lins retrabalha essa mitologia e se insere nela, produzindo uma figura literária ambígua, um bandido que, sem ser justo, produz uma forma de justiça, dentro dos limites impostos a ela pela contingência da guerra. O livro é um imenso painel sobre a criminalidade urbana brasileira, construindo o diagnóstico sobre o assassinato sistêmico da juventude urbana pobre do Brasil com feições genocidas. Este, em última análise, o resultado da guerra.

Falemos ainda dela. A referência histórica à primeira guerra do narcotráfico no Brasil, ocorrida entre 1976 e 1979, objeto da pesquisa etnográfica de Alba Zaluar, em cuja equipe Paulo Lins trabalhou, segundo um modelo que se generalizaria nas décadas seguintes, cristaliza uma nova tecnologia de guerra, como conflito militarizado entre facções privadas de "soldados", organizados em torno de um "general", em disputa por posições do comércio ilícito, local ou território, numa guerra civil entre pobres, com dizimação maciça da população urbana pobre. Centenas de pessoas foram mortas nesta primeira guerra que instalou uma nova dinâmica no tráfico de drogas no Rio (e no Brasil): chefias locais, sediadas na comunidade, controlando o varejo essencialmente de maconha, ligadas por vínculos afetivos a seus moradores, gerindo uma forma de justiça particular, que ocupava o vácuo dos serviços públicos e das formas públicas de justiça, foram substituídas por uma estrutura comercial, rigidamente hierarquizada, moldada no empreendedorismo corporativo e na cadeia de comando militar, controlando extensões territoriais amplas, ocupando favelas inteiras, ou rede de favelas, e iniciando o processo que desembocará nos dias de hoje, em um número variável de facções ou comandos que controlam a absoluta totalidade das favelas do Rio, segmentarizadas em territórios em conflito, onde exercem poder soberano, constantemente envolvidos em guerras que visam ao controle ou defesa de territórios.

O varejo das drogas deve ser compreendido no interior do fenômeno amplo da economia informal ou subterrânea que ocupa aproximadamente 41% do PIB nos países da América do Sul e Central (Barbosa Filho, Schneider e Tanzi 14). O mundo da ilegalidade do varejo de drogas, conforme representado em *Cidade de Deus*, é dividido a partir do critério do trabalho honesto: de um lado os integrantes do "movimento", os bandidos e teleguiados, e de outro os "otários" (trabalhadores). A prática do ilícito obedece a uma segmentarização rigorosa, rigidamente hierarquizada, em um organograma piramidal estruturado em círculos concêntricos de mando, "donos da boca" e "gerentes" setorializados.[7] A cadeia de funcionamento da operação é um compósito comercial-territorial-político-militar (Misse 3), pautado pela regra única da competição, e sua forma literal, a guerra, em parceria com membros da polícia, que morde um naco variável mas significativo dos custos da operação (em torno de 50% da folha de pagamento, no auge do funcionamento do modelo, hoje em decadência).

Cidade de Deus apresenta o mundo dos grupos de competidores pautados exclusivamente pela regra da superação do rival. A guerra neste caso literaliza a competição desregulada, des-simbolizada e contabilizada em número de mortes do grupo inimigo. Não há acaso nenhum no fato de que a faccionalização do controle do narcotráfico nas favelas do Rio de Janeiro seja contemporânea do desmonte do Estado do Bem Estar nos países centrais e seu equivalente nos estados periféricos, o Estado Desenvolvimentista. A guerra faccionalizada não é nada mais nada menos do que a forma brutal da livre competição em um mercado desregulado ou "flexibilizado", com a retração dos controles e presença do Estado. O que se convencionou chamar, na época, de "capitalismo selvagem", o sistema dominado pela "lei da selva", isto é, pelo instinto animal predatório, em versão diluída da doxa darwiniana, atualiza o darwinismo social do século XIX, como modelo descritivo do funcionamento do mercado financerizado.

A ciência evolucionista que Euclides da Cunha utilizara para explicar a guerra de Canudos, no entanto, mudou de foco. Ou quem sabe o foco é o mesmo, e trata-se de uma nova versão da ambivalência com relação a coletividades extermináveis, regulada agora por um darwinismo econômico. O mundo corporativo é o mundo dos "bichos-soltos", em que o "equivalente universal" da mercadoria financeirizada gere soberanamente o mundo dos "otários" e/ou "trabalhadores".

Isso explicaria a generalização da parceria dos negócios privados nos negócios públicos no mundo contemporâneo, a presença sistêmica dos crimes de colarinho branco e do caixa dois em campanhas eleitorais, o que corresponde a uma espécie de cartelização do espaço público. No capitalismo finaceirizado como é o contemporâneo, os gerentes de tráfico são, de fato, o modelo tenuemente ocultado dos empresários; é o tráfico o protótipo do mercado desregulado, desimpedido dos entraves de uma lei ociosa e avessa aos ganhos, almejado pelo mundo empresarial. Estarei exagerando apenas um pouco ao afirmar que não é o gerente do tráfico quem parodia o gerente de banco, mas o gerente do banco quem parodia o gerente do tráfico, fornecendo mais do que uma metáfora do dia-a-dia da *Realpolitik* do mundo corporativo. É ele o modelo ideal.

* * *

É a literatura quem produz, em cada um dos romances, o ícone poderoso de um diagnóstico social sobre a guerra, sua função, e a função das mortes que produz. Em cada caso, é o paradigma de uma justiça pública que fragorosamente fracassa, como matriz da formação privada do Estado. Desde as manchetes entusiásticas sobre a ocupação militar das favelas, no noticiário de 2010, passando pelo massacre de Canudos, a dupla guerra sertaneja de Rosa, até o relato sobre a fundação do varejo do narcotráfico no Rio de Janeiro, e comunicando-se, em quiasmo, com a ocupação da Vila Cruzeiro e do Complexo do Alemão, o que temos é o desdobramento de um mesmo diagnóstico: a impossível constituição de um paradigma de justiça e de bem moral. "Charqueada" à guisa de República, duelo entre duas versões de pacto com o diabo, guerra liberta de constrições morais por mercados de consumo ilegal, observamos na série o desdobramento de um modelo de privatização violenta da Justiça e do Estado. Em cada caso, a guerra praticada por exércitos privados, ou por um exército nacional privatizado, no caso de *Os sertões*, é incapaz de produzir algo como uma forma aceitável de justiça. Os caminhos deste fracasso são distintos. O que resulta, no entanto, é sempre a mesma coisa: a contabilidade de mortos "inimigos" que a literatura imortaliza, produzindo a seu modo uma mitologia da morte, que purifica a ambivalência a respeito das coletividades mortas que singulariza, tipificando-as. Subproduto do fracasso, a imitação da guerra produz poderosas tipologias nacionais, como figurações do inimigo público. O simulacro de moral pública se funda na gestão mortuária desta guerra contra o inimigo, enquanto espectro ou duplo fantasmático do espaço público.

Confrontando aos romances as fórmulas de Clausewitz e Foucault sobre a guerra e a política com que começamos, temos a constatação sistemática de que o projeto de lei justa desemboca em um programa vingativo, e que a justiça não é mais do que a vingança continuada pelas mesmas (outras) formas. A almejada forma universal e abstrata da lei (a política, o Estado, o poder) coincide no máximo com uma das facções particulares, a vitoriosa (?), que tenta mal ou bem se diferenciar do exercício da vingança violenta. O fracasso desta facção em transformar-se em uma instância superior, revelando ao contrário a sua quase indiferenciação com relação ao mal, constrói um paradigma crítico de grande envergadura, sugerindo o diagnóstico geral sobre a natureza particular do Estado e do próprio espaço público. A levar o diagnóstico a sério, perguntar-nos-íamos se o espaço público não constitui em última análise na gestão de uma moral particular da guerra, ou de uma "guerra particular", para usar o mote de João Moreira Salles e Kátia Lund,[8] contra o inimigo público, forma que toma o espaço público, como objeto de uma tipologia estrita que a literatura modula, ao mesmo tempo em que lhe produz o epitáfio e faz-lhe o trabalho de luto.

Notas

[1] O programa foi ao ar em 30/11/2010. Luiz Eduardo Soares descrevia neste momento da entrevista a situação rigorosamente idêntica à atual da época em que foi Coordenador de segurança, justiça e cidadania do Estado do Rio de Janeiro do governo de Anthony Garotinho (1999-2000). "Enfrentar o problema de fato, de fato partir para um confronto, porque este é o verdadeiro confronto –se quiserem chamar as forças federais, o exército, a marinha, etc., ótimo– mas para ocupar a polícia, e não a favela" ("Roda Viva – Luis Eduardo Soares").

[2] Os dois cadernos de notas inéditos estão no Arquivo Guimarães Rosa, IEB/USP. Ver Martins.

[3] O prefixo grego *dia-* significa, "ao dividir", e em seguida, "ao atravessar". O vocábulo latino cristão *diabolus*, "demônio", deriva do verbo grego *diaballein*, "lançar entre, inserir", e figurativamente, "desunir, separar".

4 Penso em: "Trilhas no Grande Sertão" de Manuel Cavalcanti Proença; "O homem dos avessos" de Antônio Candido, ambos de 1957; "Jagunços mineiros de Cláudio a Guimarães Rosa", também de Antônio Candido, de 1966; *As formas do falso*. *Um estudo sobre a ambigüidade no* Grande Sertão: Veredas de Walnice Nogueira Galvão, de 1972; ou o mais recente: "O romance de Rosa–temas do Grande sertão e do Brasil" de José Antônio Pasta Júnior, de 1999.

5 Refiro-me a *Cidade partida*, de Zuenir Ventura e a *Cidade cerzida*, de Adair Rocha.

6 Ailton Batata, que sobrevivera à guerra, encontrando-se na época da publicação do livro na prisão, reconheceu-se no personagem Sandro Cenoura, e processou por danos morais e materiais todas as empresas ligadas à produção do livro e do filme *Cidade de Deus* (2002): a O2 filmes, a Lumière, a Videofilmes produções artísticas Ltda, a Globo Filmes e a Companhia das Letras. A opção de Paulo Lins nas primeiras edições do livro fora manter os nomes dos personagens ficcionalizados baseados em pessoas mortas, e modificar, como no caso de Ailton Batata, os baseados em pessoas vivas. Já na segunda edição, posterior ao filme e a essa polêmica, além de um enxugamento do livro como um todo, ele padronizou o procedimento, ficcionalizando indiferentemente todos os nomes de vivos e de mortos.

7 Michel Misse produz um impressionante organograma da estrutura do "movimento" nas áreas de tráfico no Rio.

8 *Notícias de uma guerra particular* é o título do documentário que ambos dirigiram em 1999.

BIBLIOGRAFIA

Barbosa Filho, Fernando de Holanda, Friedrich Schneider e Vito Tanzi. *Economia subterrânea. Uma visão contemporânea da economia informal no Brasil.* Rio de Janeiro: ETCO/Elsevier Editora, 2009.

Candido, Antônio. "O homem dos avessos". *Tese e Antítese.* 1957. Rio de Janeiro: Ouro sobre Azul, 2006. 111-130.

_____ "Jagunços mineiros de Cláudio a Guimarães Rosa". *Vários escritos.* 1966. São Paulo: Livraria Duas Cidades, 1977. 111-122.

Cidade de Deus. Fernando Meirelles. O2 Filmes/ VideoFilmes/ Globo Filmes, 2002.

Clausewitz, Carl von. *Da Guerra.* 1832. Maria Teresa Ramos, trad. São Paulo: Martins Fontes, 1996.

Costa Lima, Luiz. *Terra ignota. A construção de* Os sertões. Rio de Janeiro: Civilização Brasileira, 1997.

Cunha, Euclides da. *Diário de uma expedição.* Walnice Nogueira Galvão, org. São Paulo: Companhia das Letras, 2000.

_____ *Os sertões (Campanha de Canudos).* Leopoldo M. Bernucci, ed. São Paulo: Ateliê Editorial, 2001.

Foucault, Michel. "Des espaces autres". *Dits et écrits*, vol. II. Paris: Gallimard Quarto, 2001. 1571-1581.

_____ *Em defesa da sociedade.* Maria Ermantina Galvão, trad. São Paulo: Martins Fontes, 2000.

Galvão, Walnice Nogueira. *As formas do falso. Um estudo sobre a ambigüidade no Grande Sertão: Veredas.* 1972. São Paulo: Editora Perspectiva, 1986.

_____ "Introdução". Euclides da Cunha. *Diário de uma expedição.* Walnice Nogueira Galvão, org. São Paulo: Companhia das Letras, 2000, 11-28.

Globo, O. "Ataque ao Bunker do tráfico". 25 nov 2010. <http://oglobo. globo.com/rio/mat/2010/11/25/tiramos-deles-que-nunca-foi-tirado-seu-territorio-diz-secretario-de-seguranca-apos-ocupacao-da-vila-cruzeiro-923104815.asp>. 04 jul 2011.

Lins, Paulo. *Cidade de Deus.* São Paulo: Companhia das Letras, 1997.

Notícias de uma guerra particular. Kátia Lund e J. Moreira Salles. VideoFilmes, 1999.

Martins, Ana Luisa. "Diadorim belo feroz". *Vozes Femininas: gênero, mediações e práticas de escrita.* Carlito Azevedo, Tânia Dias e Flora Süssekind, orgs. Rio de Janeiro: Sete Letras, 2003. 146-164.

Mauss, Marcel. "Ensaio sobre a dádiva. Forma e razão da troca nas sociedades arcaicas". *Sociologia e antropologia.* Paulo Neves, trad. São Paulo: Cosac & Naify, 2003. 183-314.

Misse, Michel. "As ligações perigosas: mercado informal ilegal, narcotráfico e violência no Rio". <http://www.fflch.usp.br/ds/veratelles/textos_disciplinas/2011/misse.ligacoesperigosas.pdf>. 17 jul 2011. 1-26.

Pasta Júnior, José Antônio. "O romance de Rosa–temas do *Grande sertão* e do Brasil". *Novos Estudos* 55 (1999): 61-70.

Pereira, Merval. "Capitão Nascimento". *O Globo.* 26 nov 2010. <http://oglobo.globo.com/pais/noblat/posts/2010/11/26/capitao-nascimento-343927.asp>. 05 jul 2011.

Proença, Manuel Cavalcanti. "Trilhas no Grande Sertão". *Augusto dos Anjos e Outros Ensaios.* 1957. Rio de Janeiro: Grifo, 1976. 155-240.

Rocha, Adair. *Cidade cerzida. A costura da cidadania no morro Santa Marta.* Rio de Janeiro: Relume Dumará, 2000.

"Roda Viva - Luiz Eduardo Soares: Bloco 2". *Youtube.* 30 nov 2010. <http://www.youtube.com/watch?v=TR-Qxe3wdpQ&feature=relmfu>. 04 jul 2011.

Rosa, João Guimarães. *Grande Sertão: Veredas.* 1956. *Ficção completa,* 2º volume. Rio de Janeiro: Nova Aguilar, 2009.

340 • João Camillo Penna

Schmitt, Carl. *The Concept of the Political*. George Schwab, trad. Chicago: The U of Chicago P, 1996.

Ventura, Zuenir. *Cidade partida*. São Paulo: Companhia das Letras, 1994.

Walzer, Michael. *Just and Unjust Wars*. Nova York: Basic Books, 1992.

Zaluar, Alba. *A máquina e a revolta. As organizações populares e o significado da pobreza*. São Paulo: Brasiliense, 1985.

JUAN PABLO DABOVE es profesor de Literatura y Cultura latinoamericana en la Universidad de Colorado Boulder. Su especialidad es la representación cultural del bandolerismo latinoamericano poscolonial. Sobre el tema ha publicado *Nightmares of the Lettered City: Banditry and Literature in Latin America, 1816-1929* (2007). Su segundo libro sobre el tema es *Bandits and Men of Letters: from Villa to Chávez*, que se encuentra en proceso de publicación. Junto con Juan Pablo Canala (UBA) está realizando una edición crítica de *Juan Moreira* (Eduardo Gutiérrez, 1879) para la Colección Archivos.

SEBASTIÁN J. DÍAZ-DUHALDE es Assistant Professor en el Departmento de Español y Portugués de Dartmouth College, donde también enseña en el programa de Estudios latinoamericanos, latinos y del Caribe, y en el Departamento de Literatura Comparada. Sus intereses principales son cultura visual del siglo XIX, literatura, estudios de medios en el Cono Sur latinoamericano, con énfasis especial en la representación de la guerra y la violencia estatal en Paraguay, Uruguay y Argentina. En este momento se encuentra terminando su libro titulado *La Última Guerra. Cultura Visual, Escritura y el archivo contemporáneo de la Guerra contra el Paraguay (1864-1870)*.

CONSUELO FIGUEROA G. es candidata a doctora en Historia de América Latina por SUNY at Stony Brook. Es académica de la Escuela de Historia de la Universidad Diego Portales e investigadora del Instituto de Investigación en Ciencias Sociales de la misma Universidad. Ha trabajado en historia social, historia de género y actualmente se ha abocado al estudio de las historias nacionales desde una perspectiva cultural y poscolonial. Sus últimas publicaciones son *Revelación del Subsole. Las mujeres en la sociedad minera del carbón (1900-1930)* (Santiago: DIBAM, 2009) y (como editora) de *Chile y América Latina. Democracias, ciudadanías y narrativas históricas* (Santiago: RIL, 2013).

GABRIEL GIORGI estudió en la Universidad Nacional de Córdoba y en New York University, donde actualmente se desempeña como docente e investigador en el Departamento de Español y Portugués. Ha escrito sobre literatura latinoamericana y argentina, teoría queer y biopolítica, y sobre cine. Ha publicado *Sueños de exterminio. Homosexualidad y representación en la literatura argentina* (Beatriz Viterbo, 2004), *Excesos de vida. Ensayos sobre biopolítica* (en colaboración; Paidós, 2007) y *Formas comunes. Animalidad, cultura, biopolítica* (Eterna Cadencia, 2014). Sus artículos han aparecido en revistas de Argentina, Brasil, Estados Unidos y España.

ÁLVARO KAEMPFER es Profesor Asociado de Español y Estudios Latinoamericanos en Gettysburg College (Pennsylvania). Completó sus estudios de Pre-Grado en la Universidad Austral (Chile), su MA en la Universidad de Santiago (Chile), y su PhD en Washington University in St. Louis (Missouri). Su área de investigación explora la relación entre Colonialismo tardío y Modernidad/Globalización en el Cono Sur. Sus publicaciones (libro, capítulos de libros y artículos especializados) abordan una variedad de problemas que van desde las declaraciones de independencia de Argentina, Brasil y Chile como ficciones políticas de emancipación, a los posteriores debates, lecturas y celebraciones del evento independentista.

MARTÍN KOHAN enseña teoría literaria en la Universidad de Buenos Aires y en la Universidad de la Patagonia. Publicó los libros de ensayo *Imágenes de vida, relatos de muerte. Eva Perón, cuerpo y política* (1998, en colaboración), *Zona urbana. Ensayo de lectura sobre Walter Benjamin* (2004), *Narrar a San Martín* (2005), *Fuga de materiales* (2013) y *El país de la guerra* (2014). Algunas de sus novelas son *Los cautivos* (2000), *Dos veces junio* (2002), *Segundos afuera* (2005), *Ciencias morales* (2007) y *Bahía Blanca* (2012).

WLADIMIR MÁRQUEZ-JIMÉNEZ obtuvo su doctorado en Español y Portugués en la Universidad de Colorado en Boulder. Actualmente enseña literatura latinoamericana en el Departamento de Lenguas Clásicas y Modernas de la Universidad de Regis. Es especialista en Literatura Latinoamericana de los siglos XIX y XX. Su interés de investigación se ha concentrado en el estudio de las representaciones literarias de piratas, bandidos y cimarrones en el Caribe, Centro-América y Brasil.

FELIPE MARTÍNEZ-PINZÓN es Assistant Professor en el Departamento de Hispanic Studies de Brown University. Estudió en la Universidad de los Andes (Bogotá) y en New York University. Su investigación se centra en los cruces entre nación, cosmopolitismo y trópico en el siglo XIX latinoamericano. Es autor de *Una cultura de invernadero: trópico y civilización en Colombia (1808-1928)* (en prensa, Iberoamericana Vervuert, 2016).

JOÃO CAMILLO PENNA es magíster por la Universidad de París VIII (Vincennes-Saint Denis) y doctor por la Universidad de California en Berkeley. Es Profesor de Literatura Comparada y Teoría Literaria en la Universidade Federal do Rio de Janeiro. Fue Profesor Visitante en la Universidad de California en Santa Barbara (1997-1998), y en la Universidad de California en Berkeley (2007). Es investigador del CNPq y autor del libro de poemas *Parador* (Mobile, 2011) y del de crítica *Escritos da sobrevivência* (7Letras, 2013). Co-organizó y co-tradujo, con Virgínia de Figueiredo, *Imitação dos modernos* de Philippe Lacoue-Labarthe (Paz e Terra, 2000); además de haber publicado innumerables artículos que giran en torno a la discusión sobre la violencia.

FERMÍN A. RODRÍGUEZ es crítico literario e investigador de Conicet. Es el autor de *Un desierto para la nación. La escritura del vacío* (Eterna Cadencia, 2010), y el coeditor de *Ensayos sobre biopolítica. Excesos de vida* (Paidós, 2007). Enseñó literatura latinoamericana en San Francisco State University, y actualmente enseña teoría literaria en la Universidad de Buenos Aires. Su trabajo gira en torno a cruces entre literatura latinoamericana, teoría literaria e imaginación política.

KARI SORIANO SALKJELSVIK es Associate Professor en literatura latinoamericana en el Departamento de lenguas extranjeras de la Universidad de Bergen, Noruega. Sus intereses de investigación giran en torno a la narrativa decimonónica, la historia de las ideas y las relaciones entre literatura y ciencia. En la actualidad lleva un proyecto de investigación sobre el conservadurismo y la literatura mexicana del siglo XIX.

JAVIER URIARTE es licenciado por la Universidad de la República (Uruguay) y doctor por la Universidad de Nueva York. Actualmente se desempeña como Assistant Professor en el Departmento de lenguas y literatura hispánicas de la Universidad de Stony Brook. Su trabajo se centra en la literatura y la cultura del siglo XIX latinoamericano, especialmente en la representación de espacios en contextos de guerra asociados al discurso de la modernización en Argentina, Brasil, Paraguay y Uruguay. Su manuscrito *Fazedores de desertos: viajes, guerra y Estado en América Latina (1864-1902)* ganó el Premio Nacional de Literatura de Uruguay en la categoría ensayo literario inédito.

ROBERTO VECCHI es Profesor Titular de Literatura Portuguesa y Brasilera en la Universidad de Boloña. En Portugal es investigador asociado del Centro de Estudos Sociais de la Universidad de Coimbra y del Laboratório de Estudos Literários Avançados de la Universidad Nueva de Lisboa. En Brasil, es investigador del CNPq. Es Honorary Professor of Lusophone Studies en la Universidad de Nottingham, Reino Unido. Es presidente (2014-2017) de la Asociación Internacional de Lusitanistas (AIL). Entre sus publicaciones se incluyen *Excepção atlântica. Pensar a literatura da guerra colonial* (Porto, 2010) y, con Margarida Calafate Ribeiro, la organización de textos de Eduardo Lourenço, *Do colonialismo como nosso impensado* (Lisboa, 2014).

JULIETA VITULLO es licenciada en Letras por la Universidad de Buenos Aires y doctora en literatura por la Universidad de Rutgers, New Jersey. Es autora del libro *Islas imaginadas. La guerra de Malvinas en la literatura y el cine argentinos* (Buenos Aires, Corregidor, 2012), además de coautora y protagonista del documental *La forma exacta de las islas*

(2012), dirigido por Daniel Casabé y Edgardo Dieleke. Actualmente es profesora en West Sound Academy, Poulsbo, estado de Washington.